普通高校"十二五"规划教材
旅游管理系列

旅游项目策划教程

王庆生　主　编

清华大学出版社

北　京

内 容 简 介

本书是清华版高等院校工商管理、旅游管理等品牌专业建设规划教材之一;同时也是天津商业大学教育部特色专业(旅游管理)及天津市品牌专业(旅游管理)建设成果的重要组成部分。

旅游项目策划作为策划学原理在旅游项目开发中的运用,是旅游管理专业一门重要的实战型专业课程。本书结合高校旅游管理专业应用型人才培养特色,通过开篇案例、篇中实例和扩展阅读等多种形式的精心安排,力求突破原来单纯说教式的授课模式,启发学生在新颖实战案例阅读中分析与思考。本书分上下两篇共18章。上篇为旅游策划基础篇,包括旅游项目策划概述、旅游项目策划的原理及方法、旅游项目可行性研究、旅游地形象策划、旅游市场与旅游品牌营销、旅游产品策划、旅游商品策划、旅游地产项目策划等;下篇为旅游策划专题篇,分别从乡村旅游、生态旅游、城市旅游、工业旅游、会展及旅游节庆活动、探险旅游、民俗文化旅游、创意旅游、主题旅游、休闲度假旅游等方面进行了阐述。

本书集专业性、知识性及实务性于一体,可供高校旅游管理专业大学生、研究生、政府旅游管理部门工作人员、旅游咨询策划行业和相关科研单位工作人员以及广大旅游爱好者阅读参考。

图书在版编目(CIP)数据

旅游项目策划教程 / 王庆生编著. --北京:清华大学出版社,2013(2023.8重印)
(普通高校"十二五"规划教材·旅游管理系列)
ISBN 978-7-302-32565-9

Ⅰ. ①旅… Ⅱ. ①王… Ⅲ. ①旅游市场-市场营销学-高等学校-教材 Ⅳ. ①F590.8

中国版本图书馆 CIP 数据核字(2013)第 109899 号

责任编辑:杜 星
封面设计:汉风唐韵
责任校对:宋玉莲
责任印制:沈 露

出版发行:清华大学出版社
网　　　　址:http://www.tup.com.cn,http://www.wqbook.com
地　　　　址:北京清华大学学研大厦 A 座　　　邮　编:100084
社　总　机:010-83470000　　　　　　　　　邮　购:010-62786544
投稿与读者服务:010-62776969,c-service@tup.tsinghua.edu.cn
质　量　反　馈:010-62772015,zhiliang@tup.tsinghua.edu.cn
课　件　下　载:http://www.tup.com.cn,010-62770175-4506

印　装　者:三河市铭诚印务有限公司
经　　销:全国新华书店
开　　本:185mm×230mm　　　印　张:26.25　　　字　数:604 千字
版　　次:2013 年 7 月第 1 版　　　印　次:2023 年 8 月第 9 次印刷
定　　价:69.00 元

产品编号:049451-04

前 言

　　本书是清华大学出版社与天津商业大学商学院合作,打造工商管理精品教材,支撑教育部特色专业和天津市品牌专业建设的首次尝试。

　　与我国旅游业快速健康发展的轨迹相吻合,在近三十年的发展历程中,我国旅游规划的理念也大体经历了三个发展阶段,即从资源导向到市场导向再到综合导向。20世纪90年代末以来,旅游规划出现了向市场和产品、产业方向转移以及由宏观规划走向微观设计的趋势,其研究也呈现出多元化的广泛发展趋势。经过三十多年的发展,我国旅游业的产业地位、规模与影响都有质的飞跃。随着旅游产业的深入发展、旅游需求层次的不断升级、旅游市场竞争的日益加剧,旅游资源开发与产品设计、旅游市场开拓与营销、旅游企业经营与管理越来越倚重于旅游策划。这也意味着,我国旅游规划已开始步入重视策划与管理的阶段。

　　在旅游规划与策划研究领域,中国学者发表了相当数量的论著,较有代表性的有:区域旅游开发研究(保继刚,1997),区域旅游规划原理(吴必虎,2001),旅游规划与开发(马勇,2003),中国旅游景区管理模式研究(邹统钎,2006),旅游规划与开发(王衍用、殷平,2007),旅游规划原理(吴必虎、俞曦,2010),旅游规划与开发(王庆生,2011)。在旅游策划领域也有不少论著,主要有:旅游策划学(沈祖祥、张帆,2000),营销实战(张辉,2001),旅游区项目策划与管理实务(彭绍坚,2001),中国旅游策划(陈放,2003),新概念旅游开发(黄郁成,2002),旅游策划教程(肖星,2005),旅游景区项目策划(王衍用等,2007),旅游项目策划(杨振之,2009),旅游策划论(李庆雷,2009),旅游策划理论与实务(王衍用、曹诗图,2010),旅游项目策划与管理(王庆生,2010)等。同时,也有大量论文集中探讨了旅游目的地形象策划、市场营销策划与旅游节庆活动策划等方面。上述研究全方位总结与探讨了中国旅游业发展二十多年来的实践经验和学科体系。

　　基于上述背景,本书一方面选取具有代表性的旅游项目领域,通过对二十多年来国内外数百篇(部)相关研究文献的查阅和全面分析,对其策划与管理进行了系统研究和梳理;另一方面,结合作者及合作者主持完成的部分代表性的旅游项目策划案例进行了典型分析。值得一提的是,本书吸收了我国旅游地产开发全程运营服务商——北京盛宏方景观建筑规划设计有限公司(以下简称盛方咨询)2012年最新的部分策划案例,以及由北京盛方咨询完成的专著《旅游地产概论》(2012)的部分研究成果,力求为读者提供具有理论基础和实战价值的最新版的旅游项目策划教材。

本书的特色在于：

第一，充分吸收与借鉴国内旅游学者在旅游策划领域的相关研究成果，从内容上分为上下两篇共18章。上篇为旅游策划基础篇，包括旅游项目策划概述、旅游项目策划的原理及方法、旅游项目可行性研究、旅游地形象策划、旅游市场与旅游品牌营销、旅游产品策划、旅游商品策划、旅游地产项目策划等；下篇为旅游策划专题篇，分别从乡村旅游、生态旅游、城市旅游、工业旅游、会展及旅游节庆活动、探险旅游、民俗文化旅游、创意旅游、主题旅游、休闲度假旅游等方面进行了阐述。力求较全面多层次提供旅游项目策划的专业与技术知识。

第二，本书结合高校旅游管理专业应用型人才培养特色，通过开篇案例、篇中实例和扩展阅读等多种形式的精心安排，力求突破原来单纯说教式的授课模式，启发学生在新颖实战案例阅读中分析与思考。

本书具体编写分工如下：第一章（王庆生），第二章（王庆生、安秀荣），第三章（王庆生），第四章（王庆生、安秀荣），第五章（王庆生、安秀荣），第六章（王庆生、安秀荣），第七章（安秀荣、王庆生），第八章（许豫宏、李玲），第九章（王庆生），第十章（王庆生），第十一章（王庆生），第十二章（王庆生），第十三章（王庆生、安秀荣），第十四章（王庆生、安秀荣），第十五章（王庆生、安秀荣），第十六章（王庆生、李院）、第十七章（王庆生、史静），第十八章（王庆生）。安秀荣负责本书全部初稿的一校、二校和编辑工作。北京盛方咨询的相关设计人员组织了本书第八章、第十八章以及附录案例的整理和加工。全书由王庆生提出写作思路并统纂、定稿。盛方咨询首席专家许豫宏教授(天津商业大学 MTA 兼职硕士生导师)、总裁李玲女士、开发顾问 CEO 方淳女士参与了本书的策划工作。清华大学出版社杜星编辑等在文稿编辑上付出了大量辛劳。同时，在本书编写过程中参阅并引用了国内外许多学者的研究成果和观点，在此一并对所有文献作者表示诚挚的感谢！

由于作者研究水平有限，本书在选材、论述等诸多方面会有粗疏、欠妥之处，敬请读者不吝指正。

编　者

2013 年 1 月 10 日

《旅游项目策划教程》课程授课建议

课程内容：

　　旅游项目策划作为策划学原理在旅游项目开发中的运用，是旅游管理专业一门新兴的学科。本书结合高校旅游管理专业应用型人才培养特色，通过开篇案例、篇中实例和扩展阅读等多种形式的精心安排，力求突破原来单纯说教式的授课模式，启发学生在新颖实战案例阅读中分析与思考。本书分上下两篇共 18 章，上篇为基础篇（含 8 章），包括旅游项目策划概述、旅游项目策划的原理及方法、旅游项目可行性研究、旅游地形象策划、旅游市场与旅游品牌营销、旅游产品策划、旅游商品策划、旅游地产项目策划等；下篇为专题篇（含 10 章），分别从乡村旅游、生态旅游、城市旅游、工业旅游、会展及旅游节庆活动、探险旅游、民俗文化旅游、创意旅游、主题旅游、休闲度假旅游等方面进行了阐述。本书可为学习者提供旅游项目策划基础与专业知识，具有专业性、知识性及实务性等特点。

　　先修课程：旅游学概论、旅游经济学、管理学原理、市场营销学、旅游规划与开发等课程。

教学内容与课时分布建议：

教 学 内 容	学 习 要 点
上篇：旅游策划基础篇	
第一章　旅游项目策划概述	第一节　中国咨询策划业概述 第二节　旅游项目及其相关概念 第三节　旅游项目策划的概念、类型与特征
第二章　旅游项目策划的原理及方法	第一节　旅游项目策划原理 第二节　旅游项目策划的原则 第三节　旅游项目策划的方法、内容与程序
第三章　旅游项目可行性研究	第一节　我国可行性研究进展 第二节　旅游项目可行性研究的内容 第三节　旅游项目与工业项目可行性研究的对比分析
第四章　旅游地形象策划	第一节　旅游地形象策划概述 第二节　旅游地形象策划的内容与方法

教 学 内 容	学 习 要 点
第五章　旅游市场与旅游品牌营销	第一节　旅游市场营销策划概述 第二节　旅游市场数据收集的内容与方法 第三节　旅游品牌营销策划
第六章　旅游产品策划	第一节　旅游产品概述 第二节　旅游产品开发与策划要点 第三节　旅游线路产品策划
第七章　旅游商品策划	第一节　旅游商品概述 第二节　旅游商品策划要点
第八章　旅游地产项目策划	第一节　旅游地产(项目)概述 第二节　旅游地产(项目)开发的原则、模式及其产品化路径 第三节　旅游地产景观设计要点 第四节　旅游地产项目开发运营模式
下篇：旅游策划专题篇	
第九章　乡村旅游发展策划	第一节　乡村旅游研究概述 第二节　国外乡村旅游发展经验对我国的启示 第三节　中国乡村旅游的发展实践 第四节　乡村旅游项目策划
第十章　生态旅游策划与管理	第一节　生态旅游的内涵及其研究进展 第二节　生态旅游项目策划与管理要点 第三节　自然保护区生态旅游项目策划与管理
第十一章　城市旅游项目策划	第一节　城市旅游的概念及其特点 第二节　城市旅游项目策划要点
第十二章　工业旅游项目策划	第一节　工业旅游概述 第二节　工业旅游项目开发与策划
第十三章　会展及旅游节庆活动策划	第一节　会展及旅游节庆活动的概念及进展 第二节　会展旅游项目策划与管理要点 第三节　旅游节庆活动策划
第十四章　探险旅游项目策划	第一节　探险旅游概述 第二节　探险旅游项目策划要点
第十五章　民俗文化旅游项目策划	第一节　民俗及文化旅游概述 第二节　民俗文化旅游项目策划要点
第十六章　创意旅游项目策划	第一节　创意旅游概述 第二节　创意旅游项目策划要点

续表

教 学 内 容	学 习 要 点
第十七章　主题旅游项目策划与管理	第一节　主题旅游项目的概念及类型 第二节　主题街区项目策划与管理要点 第三节　主题公园项目策划与管理要点 第四节　红色旅游项目策划与管理要点
第十八章　休闲度假旅游项目策划	第一节　休闲度假旅游概述 第二节　休闲度假旅游项目策划要点
附录	旅游项目策划案例选编

授课课时建议：

1. 旅游管理专业(含会展经济、旅游规划、旅游社管理、旅游景区管理、高尔夫管理等方向)本科生应不少于 32 学时。在课时安排上，基础篇八章每章原则上安排不少于两个学时；专题篇十章总学时原则上不少于 16 个学时。

2. 对于旅游管理硕士学术学位研究生，建议按 40～48 个学时安排，在上下篇课时安排上，原则上建议各占总学时的二分之一。

3. 讨论、案例分析等课时已经包括在前面各个章节的教学时间中，普通高校本科教学可酌情安排学习讨论附录案例；研究生教学要求更突出案例部分(含附录案例)。

目 录

上篇　旅游策划基础篇

下篇　旅游策划专题篇

上 篇

旅游策划基础篇

旅游项目策划概述

【案例 1-1】

万绿之宗　彩云之南——昆明世博会理念策划[①]

一、关于世博会

（一）世博会概述

世界博览会（World Expo）是一项由主办国政府组织或政府委托有关部门举办的有较大影响和悠久历史的国际性活动，历来被誉为世界经济和科学技术界的"奥林匹克"盛会。

首届世博会于1851年在英国伦敦举办，至今各国先后举办了40多次各类博览会。纵观世博会的历史，举办者大都是比较发达的欧美国家。截至昆明世博会之前，在亚洲只有日本和韩国举办过世界博览会。

（二）园艺博览会

世界博览会有综合性和专业性之分。园艺博览会是专业性的博览会，是由主办国为广大参展国提供参展舞台、参展国政府出资在东道国无偿提供的展区内建立自己独立的展馆，或在东道国为其准备的展馆内进行装修及布置展品，以便充分展示参展国在园

[①]　编者根据王志纲工作室资料改编：http://www.wzg.net.cn/News/Read.php? vid＝268.

林、园艺领域内的成就。

（三）昆明世博会

中国 1999 昆明世界园艺博览会是经国际展览局（Bureau of International Exhibition，BIE）和国际园艺生产者协会（Association of International Producers of Horticulture，AIPH）批准，并正式注册的 A1 类专业博览会，是由我国政府主办、云南省人民政府承办的 20 世纪末最大规模的国际盛会，主题为"人与自然——迈向 21 世纪"。昆明世博会于 1999 年 5 月 1 日开幕，10 月 31 日闭幕，历时 184 天，会址设在中国云南昆明市北郊金殿名胜风景区，占地 218 公顷。

该次世博会举办期间，先后有 5 位外国国家元首和政府首脑、115 个外国使节团和国际组织代表团前来参观，入世博园参观的海内外游客总人数达 1 000 多万人次。69 个国家和 26 个国际组织参加了本届世博会。其中，84 个国家和国际组织参加了室内展出，35 个国家和国际组织建造了 34 个室外展园，51 个国家和国际组织举办了馆日活动。全国 31 个省、市、自治区以及香港特别行政区、澳门地区和台湾民间组织均参加了昆明世博会。

二、项目策划背景

1996 年年底，云南省负责人亲赴巴黎扛回了举办世博会的大旗。最初云南省政府只是把这次大会作为提高云南省知名度的活动来看待。待筹备工作正式开始后不久，世博局发现筹备工作远非想象的那么简单：不仅会期长（共 184 天），投资巨大，资金短缺，时间紧迫，经验匮乏，而且只能成功，不能失败，绝无退路。如此庞大的项目，指望用边设计、边施工、边修改的传统方式运作，将会非常困难。对于如何把主办一个会议当作一个项目来经营心中没底，担心单靠云南省烟草的财力很难支撑，搞不好此会将成为一个填钱的"无底洞"，成为全省人民的沉重包袱。1997 年 7 月，为了以超常思路办好世博会，云南省政府邀请王志纲工作室作为世博局聘请的经营及形象策划顾问介入世博会。1997 年 8 月，工作室项目组成员和旅游、金融专家抵达昆明，开始实地考察工作。

三、项目分析

（一）巨大挑战

在世博会的历史上，主办地大多是发达国家中经济实力雄厚的中心城市，而我国第一次主办世博会，主会场就放在偏远的内陆城市昆明。如果仅仅是为办世博会而办世博会，这对于经济落后、综合经济实力较弱的云南省来说，将是一个沉重的负担。但办好 20 世纪最后一届世博会是中国政府向全世界作出的庄严承诺，是一项不容推脱的政治任务。

（二）空前机遇

从天时来说，云南经过改革开放以来 20 年的发展，正好到了产业升级换代、二次创业的关键时期，正处于"丑小鸭变成白天鹅"的前夜；从地利来讲，更具有先天的优势，云南拥有世界上独一无二的自然地理条件、巨大的生物资源宝库、丰富多彩的少数民族风情。这些潜在的生物资源和旅游资源具有极大的开发价值；人和，世博会正是一次超级的聚集人气的机会。

四、项目诊断

对云南来说，承办中国1999昆明世界园艺博览会的意义，不单是关系到一个边疆省份能否代表国家成功举办一次国际性活动的问题，而是在于能否通过科学的策划整合云南省及国际、国内的各种相关资源要素，把世博园作为一个超级支点，把长达上百天的世博会作为杠杆，以全新的思路和绝妙的经营手法，撬动起云南这个经济板块。在展示云南全新形象的同时，促成它的经济转型和升级，从而为中国中西部地区的发展闯出一条令人耳目一新的、超常规发展道路来。

五、策略设计

（1）把一个单纯的园艺博览会活动升华为一种撬动区域经济板块腾飞的产业化模式。

（2）把一个政治任务式的园艺博览会变成云南省调整产业结构的契机（从以烟草等为主导，转变为以绿色产业、旅游产业为主导）。

（3）把世博会培植成新的主导产业的超级"招商会"，实现"把云南送出去，把世界请进来"的目标，使云南省提前跨入新时代。

（4）经营要想取得成功有赖于前期的准确定位，只有在这个前提下，才能有效地启动、营造、拓展、引导市场。因此，会前的市场启动工作，要宣传先行。面对云南省现有的各种资源状况及我国传统的宣传机制，用常规的思路来作宣传不可能带来令人满意的效果——托起云南。这首先是因为，浅土难生深根大树，单靠云南自身的力量来搞宣传将会力不从心；其次，传统的新闻机制、办事作风，都会极大地局限宣传效果，从而达不到预期目标。

（5）要实施"反弹琵琶"，送出云南，请回中国和世界的宣传策略。"进军北京"，举办1998金秋北京"云南月"——世博会国庆进京献礼预展。伴随预展，可使广大消费群体对世博会由未知到感知再到认识，产生强烈的参与冲动，从而有效地唤醒目标市场，扩大世博会影响，进而可以掀起云南各地区旅游资源的联动效应，同时又为开展有效的公关、宣传活动创造了舞台。

（6）场馆建设，要从大经营的思路出发，合理规划，埋好预留管线，更要储备充足的土地，为后续的扩展和大规模开发做好准备。

（7）要实现效益延伸，应以世博会为依托成立世博集团，统筹经营世博会。可以延伸发展成为以绿色产业、旅游业、会展业为主的多元化企业集团。

（8）"世博集团"应是总公司、控股公司的概念，并以绿色、旅游、会展产业为重点，吸收国内外的投资者，特别是我国港澳台企业、金融机构以及国内上市公司，联合组建相关产业的股份公司，并取得政府的支持，列入股份制改革的试点。

（9）以世博会的场馆为基础，建设"昆明绿色产业交易市场"，使之成为永不落幕的绿色产业（包括花卉、药材、园艺等）的展销会；以市场为龙头，整合绿色产业的相关资源，形成种植、加工、销售的完整体系，使世博集团成为云南"18 工程"的领头雁。

六、理念创新

世博会作为云南的一篇大文章、大项目，做过以后应该有无形资产沉淀下来，延伸开去。也就是说，从一开始就要围绕办会的宗旨提出一个鲜明的理念，并浓缩成一句口号，向全中国乃至全世界宣扬云南的全新定位和形象，使其随着世博会声名远扬并沉淀下来。

为此，在世博会原有主题"人与自然"的基础上，提出了向世界展示云南形象的核心理念——"万绿之宗，彩云之南"。既体现了人与自然的神韵，更突出了云南的特色和特有的文化底蕴，同时明确了云南绿色产业、旅游产业新的产业定位，并给人留下无限遐想和延伸的空间。这个理念已被众多媒体作为宣传的主题，世博会亦将之作为对世界进行宣传的形象口号。

【讨论与思考】

1. 思考昆明世博会策划对云南省旅游产业发展的意义。
2. 通过阅读该案例，你是如何理解旅游项目策划含义的？

第一节　中国咨询策划业概述

一、咨询与策划的含义及其关系

（一）咨询与策划意义接近

西方惯用"咨询"，东方习称"策划"，日本常用"企划"，而我国经常将这两个概念作等同更替。西方将提供信息与智慧服务的产业称为咨询业，其作为职业与学科，在 20 世纪 50 年代以后有了很大发展，至今已是学理扎实、范畴清晰、行业规范准确、行业组织完善的科学与职业。"策划"一词在中国的出现始于汉代，西汉刘安的《淮南鸿烈·要略》中有"画人事之终始也"，南朝《后汉书·院器传》中有"是以功名终申，策画复得"。其中"画"、"策画"者与"策划"同义，根据 1988 年 12 月版《汉语大字典》，1978 年 10 月版《中华大字典》，1980 年 8 月版《辞海》总共 51 个义项的解释，其最根本的含义是"出谋划策"，意思接近于英文"plan"、"plot"、"engineer"。美国哈佛企业管理丛书编委会的定义为："策划是一种程序，其本质是一种运用脑力的理性行为……策划是找出事物的因果关系，衡度未来可采取之途径，作为目前决策之依据，即策划是预先决定做什么、何时做、如何做、谁来做。"

由此可见,"咨询"与"策划"都是智慧与信息服务,都有一定程序与规范,其内涵与外延基本上是一致的,因此,在中国许多人把"咨询"与"策划"的概念混用。

(二)咨询与策划在概念上的区别

1. 包容性不同

"策划"概念比"咨询"大。企业内部也可以成立策划部门,但企业内部不能成立咨询机构。咨询必须是决策建议主体与决策行为主体的分离,而策划则可以分离,也可以合一。甚至可以说,将系统而有目的地思考并付诸行动都可以理解为策划,而咨询只是受委托提供决策建议,咨询只是策划中的一部分。

2. 倾向性不同

"咨询"倾向于职业化;"策划"则强调其谋略性。"咨询"在西方一直伴随于特定职业产生和发展起来的,其职业倾向毋庸置疑,而"策划"可能是职业,也可能是一种单纯行为,强调的是与盲目行为相反的谋略性。

3. 运营机制不同

"咨询"是一种收费的委托决策建议行为,本质上是商业化和市场化的行为;而"策划"则是可能收费也可能不收费的智慧活动,比如社会组织内部的策划部门,其所从事的全部工作都是智慧活动,但并不直接收取费用,运营机制属于组织内部职能部门的日常运作。

"咨询"概念包容性小而准确,完全是收费的委托决策建议的专门职业;而"策划"概念强调的是其谋略性,在职业化与市场化方面显得含糊,概念的包容量又过大,为认定带来诸多不便。为此,有专家(余明阳,2003)建议今后应逐步将"咨询"作为职业化术语,而将"策划"作为思维谋略来予以强调。

二、咨询业的服务目的与基本产品

咨询业的产品是信息与智力。咨询产品可分为资讯提供、协助管理与综合咨询。资讯提供系提供单纯客观信息;协助管理指提供智力分析服务;而综合咨询则包含以上两类服务。

从产品购买方的实践意义来看,企业咨询一般可分为产业咨询、管理咨询、战略咨询与项目咨询。产业咨询就是告诉企业的生存发展环境;管理咨询就是告诉企业自身的体制结构绩效评估;战略咨询就是告诉企业如何结合内外部环境发展;项目咨询则是为具体目的(非整体战略目标)实施提供信息解决服务。

三、中国咨询策划业发展的四个阶段[①]

(一)"出卖点子":"点"状策划

1992 年 9 月 1 日《人民日报》第一版刊登《何阳卖点子赚钱四十万——好点子也是紧俏商品》的轰动报道,展示了咨询策划营利性的本质特征。此后,《经济日报》、《光明日报》、《中国青年报》、《文汇报》等全国数百家新闻媒体争相报道,何阳被称为"点子大王"。随着其畅销书《何阳的点子》和中央电视台春节联欢晚会播出冯巩、牛群合说的相声《点子公司》,一时间将"何阳"、"点子"、"策划"等名词炒了起来,何阳等人也成为以"出卖点子"为职业的人。

(二)"炒作新闻":"线"状策划

无论是"郑州亚细亚",还是"顺德碧园",从新闻炒作的角度讲,都是策划的成功之作;能将一个并不很发达的中原城市的一个商厦炒得全国闻名,能将一个县级市的房地产项目炒得人们争相效仿,其策划显然已胜过"点子"这样的小招数,这种由一系列新闻包装和形象推广构成的策划,是"线"状策划的典型特征。

(三)"全面诊断":"面"状策划

企业是一个系统,根据"木桶理论",木桶装水的多少取决于其最短的一块木板。又根据"冰山理论",冰山在水上部分只占 1/8,广大的基础是水下的 7/8。于是企业开始从整体来理解自己的发展,"全面诊断"也就应运而生。

"面"状策划的优势在于系统性,它能从系统的角度来思考企业的发展。但往往由于诊断时间有限,服务缺少跟踪,经常是原有问题解决了,新的问题又出现了。

(四)"战略联盟":"体"状策划

这种"战略联盟"包括组织之间的结盟,如企业与咨询策划公司签订长期合作协议,甚至相互参股、股权置换;也包括组织与个人之间的结盟,如常年顾问、独立董事等多种形式。战略联盟的实质在于企业与咨询策划公司之间形成共同依存的关系,咨询策划与企业成为一体,使得咨询策划成为企业发展的一部分。

综上所述,中国咨询策划业发展的四个阶段中,第一、二、三阶段并没有显著的时间顺序,"点"、"线"、"面"策划几乎在 20 世纪 90 年代初同步启动,只是逻辑顺序上的差异。但"体"状策划则明显滞后,出现在 90 年代末,这与市场理性化、市场竞争

---

① 余明阳. 中国咨询策划业全景透视 [J]. 公关世界,2003 (6):6-11.

越来越深入和细致有关。

四、咨询策划业的功能：中国市场生态圈的重要环节

中国咨询策划业是构筑中国市场生态圈的重要环节，其功能集中体现在三个方面：协助企业与政府进行科学决策、打造企事业主体与智慧主体的强强合作、构建专业化分工合作体系。

（一）协助企业与政府进行科学决策

企业与政府在战略与战术层面均面临重大而复杂的决策，有许多方面是自身力量所难以胜任的，其中有宏观的、中观的，也有微观的，集中表现为以下六大方面。

（1）战略咨询策划。战略咨询策划是企业与政府在战略选择与布局上的谋划，是整个策划体系中较为宏观的方面。以城市策划为例，深圳的"示范市"、"先行市"战略定位，大连的"北方香港"抉择都可以称为楷模。上海南京路由过去的"中华购物第一街"调整为"中华休闲第一街"是一个重大战略转变，其理由是由于周边江苏、浙江经济的迅速发展，已经很少有人到上海集中采购了，这与淮海路、徐家汇、四川北路等定位于为本地人购物的场所相比，日显颓势与衰败。为此，上海市有关部门邀请麦肯锡进行战略咨询策划，将南京路战略方面定位为休闲街。

（2）投资咨询策划。投资咨询策划是企业与政府在资本运作中的谋划。青岛海尔集团在成功地成为"中国家电之王"，并于2002年击败"红塔山"攀登中国品牌资产第一的宝座之后，其扩张雄心更为坚定；与美国纽约人寿合资创建的保险公司已在上海开业，在美国的建厂也开始产生效益，可谓生产经营与资本经营双丰收。中国华润集团毅然挥师啤酒行业，几年中连续收购沈阳雪花、合肥廉泉、四川蓝剑、武汉行吟阁等著名企业与强势品牌，越超青岛与燕京，成为产销量第一的中国啤酒企业，重新划分了中国啤酒市场版图。

（3）管理与企业文化咨询策划。管理与企业文化咨询策划旨在建立企业可持续发展的内在后劲和高效运作、价值协同的组织团队而进行的咨询策划。"华为基本法"、"华侨城宪章"等都是管理与企业文化咨询中比较典型的成功案例。

（4）人力资源咨询策划。人力资源咨询策划是着力于建构人才招聘培训、考评、升迁以及薪酬体系计划方面的系统策划，以建立人才经营的框架体系。

近几年伴随猎头公司的成长和跨国公司对本土人才的洗牌，人力资源体系已发生深刻的变革，以薪酬改革而产生的年薪制、期权制等为表征，对人力资源作价值上的重新认知，已产生出观念上的深层革命，也成为专业策划公司业务量巨大的一块市场。

（5）营销咨询策划。对企业进行全面营销诊断，并提出全新的营销体系改造思路，重组营销，重建市场体系是营销咨询策划的本义。随着市场竞争白热化，成本公开、技

术透明、促销方式高度克隆、价格战成了市场主导，于是大量专业咨询策划公司的通道再造，如深度分销体系建构、终端再造，以终端资源的重新配置和终端市场反应速度培育、服务再造（如价值链分解与构成）为突破口，展开了名目多样的营销咨询策划。其中突出的有 TCL 集团与长虹集团对峙中的"速度抗击规模"；海澜集团从服装面料步入服装业主体一体化后的"终端市场挤压"；德力西电气有限公司收编温州营销大军的"相互参股、利益共享"的三级营销架构等。

（6）品牌广告与公关咨询策划。品牌广告与公关咨询策划是旨在建立强势品牌和忠诚受众体系的咨询策划。西方将品牌作为划分"头脑型企业"与"肤体型企业"的分水岭，品牌已成为企业的旗帜与区域的标志以及综合实力的象征。

（二）打造企事业主体与智慧主体的强强合作

咨询策划业的兴起，为中国企事业主体和中国智慧主体两大主体的强强合作打造了前所未有的平台。企事业主体学会了应用社会资源来发展自己，不求所有，但求所用，从而使企业整合了社会力量而变得更加强大；智慧主体也学会了经世致用，明白社会的需求，从而调整自我，展现发展社会的自我智慧与才能。这是知识服务于社会的桥梁，也是双赢发展的必然结果。

（三）构建专业化分工合作体系

委托决策建议，请专业人士进行咨询策划，并不是谁比谁聪明，而是谁比谁更专业，这是社会专业分工合作的必然。同样，也正因为策划是专业化分工的产物，因此其功能是有限的。咨询策划是催化剂，外因毕竟只是变化的条件，内因才是变化的根据。咨询策划就像拐杖，拐杖是无法替代腿的功能的。因此，一旦咨询策划成功，80%的功劳当归为企业家，咨询策划人的功劳只是 20%，不能盲目放大咨询策划的作用。如果误以为只要咨询策划好，根本不需要搞研发、抓质量，这是误人子弟，也是对咨询策划价值的自杀性透支。

第二节　旅游项目及其相关概念

一、旅游项目的概念

（一）项目的定义

关于项目，《辞海》解释为"事物分成的种类或条目"。《现代汉语大词典》认为项目就是"事物分成的门类"。John M. Nicholas（2001）对项目的描述性定义为：项目是一个单一的、可定义的目标或产品，具有独特性（不能复制）、临时性、跨专业性、陌生性、风险性等特征。管理领域的"项目"是指一种管理现象，一项有待完成的任务，这种任务具有复杂性。项目的英文定义可以这样表述：A project is a temporary endeavor undertaken to accomplish a unique purpose。

项目的含义主要包括以下几个方面。

1. 目标的唯一性

每一个项目都有一个唯一的目标，这个目标必须有一个很清晰的定义，即这个项目要做什么。目标是为了满足某方面的需求，项目发起人为了满足这个需求发起了这个项目。一个项目不可能有两个目标，但可以有一些次要目的，最主要的目标却只能有一个，这个目标对与项目的发展起到导航与指引的作用。

2. 项目的临时性

每个项目都有一个开始和结束的时间点，整个项目在两点之间的这段时间里运作。

3. 项目需要资源

整个项目的运作是要解决怎么做，怎样实现项目目标。要完成项目目标，就需要人、财、物、时间等各种各样的资源，要把各种资源落实到人，形成一个由各方面的精英组成的项目组。

（二）旅游项目的基本概念

苏格兰旅游委员会在 1991 年对旅游项目有一个表述：所谓旅游项目应该是一个长久性的旅游吸引物。旅游项目的主要目的是让公众和旅游者得到消遣的机会，使他们做自己感兴趣的事情或者是受到一定的教育；而不应该仅仅是一个游乐场、一场歌舞剧或电影、一场体育竞赛等。旅游项目不仅应该吸引严格意义上的旅游者、一日游者，而且还应对当地居民具有一定的吸引力。

华尔士和史狄文斯（Walsh-Heron and Steven）于 1990 年将旅游项目描述为具有如下特征。

（1）吸引旅游者和当地居民来访，并为达到此目的而经营。

（2）为到来的顾客提供获得轻松愉快经历的机会和消遣的方式，使他们度过闲暇时间。

（3）将其发展的潜力发挥到最大。

（4）按照不同项目的特点来进行针对性的管理，使游客的满意度最大。

（5）按照游客的不同兴趣、爱好和需要提供相应水准的设施和服务。

我们认为，旅游项目是旅游吸引物：它借助于旅游地的旅游资源吸引旅游者和旅游地居民，并为其提供休闲消遣服务；它应该具有持续旅游吸引力，以实现经济、社会、生态环境效益为目标。这里所指的旅游吸引物是一个广义的概念，它既包括了传统意义上的旅游线路、旅游景点，也包括了旅游地的节庆活动、文化背景以及旅游地的旅游商品。

旅游项目除了满足项目的要求之外，尤其强调项目的独特性：

第一，就旅游规划和项目咨询而论，它的独特性还在于项目开发的过程是个资源再造的过程，也是资源价值和产业价值提升的过程。我们做的项目都是基于一定的旅游资源基础上的，也不排除有的资源是在我们做项目的过程中创造出来的、原来所没有的这种资源。

第二，项目开发实际上是在挖掘差异、挖掘项目的资源稀缺性和项目形成后它的垄断和相对垄断条件的一个过程。旅游业的项目不同于一般工商业的项目，很多工商业的项目是可以雷同的、重复的，而旅游规划项目则不然，在同一个地方有一个一模一样的项目恐怕是不行的。

第三，旅游规划项目的组合特征是独一无二的，包括在项目开发的过程中，在资源整合、市场细分后对特定需求的编组，甚至包括对游客的感受的分析。因此，项目策划与开发应该是一个独特创造性活动。

二、旅游项目与相关概念之间的关系

（一）旅游项目与旅游资源

首先，旅游资源所具有的经济特征是一种潜在的经济性。旅游项目与旅游资源相比其经济性的特征就更具有较强的现实性。因为旅游项目是已经开发成形的旅游吸引物，它的产生本身就需要花费一定的资金和人员的投入，其产生的目的就是为旅游地创造巨大的经济效益。

其次，旅游资源所具有的空间特征在旅游项目上的体现也不明显。旅游项目在地域空间上是可以被重复建造的，一地所拥有的旅游项目在另一个地方同样可以见到，著名的主题公园迪士尼乐园在全球范围内的扩张就是一个很好的例子。

再次，旅游项目较旅游资源具有更强的文化性特征。旅游项目是人们设计建造出来，在其设计的过程中就体现了设计者的一种理念，映射出了一种文化内涵，因此，无论是什么样的旅游项目都是人类文明的体现，具有较强的文化性特征。

旅游资源和旅游项目之间是一种依托的关系，即旅游项目的开发必须以旅游资源的存在为基础，而旅游资源的吸引力实现必须借助于旅游项目。可以说，旅游资源是旅游业生产所必需的原材料，而旅游项目就是旅游业生产过程中的初级产品，两者都是旅游业在发展过程中不可缺少的组成部分。

（二）旅游项目与旅游产品

旅游产品也是在旅游规划与开发中经常接触到的一个基本概念，旅游产品和旅游项目之间存在一种类似于点与线的关系。旅游规划与开发意义上的旅游产品同样有广义和狭义之分。所谓广义的旅游产品通常指的就是旅游线路，也就是将一系列的旅游景点（区）以及节庆活动等旅游项目串接起来，为旅游者提供满意、印象深刻的旅行，使其获得一次值得回忆的愉快经历。而狭义的旅游产品指的则是单纯意义上为旅游者提供物质和精神享受的那些旅游景点或节庆活动等。

旅游产品和旅游项目是两个不同而又相互联系的概念。旅游产品是将各种旅游项目和旅游服务以及基础设施组合起来、对外进行销售的无形产品。旅游产品可以被无限地出售，基本上不存在磨损和折旧。旅游项目则是各种旅游吸引物的综合体，较旅游产品相比包含的内容较少，但是稳定性却相对较大。

（三）旅游项目与游乐（娱乐）项目

所谓游乐（娱乐）项目就是为了帮助人们度过闲暇时间，给人们提供精神和物质享受的服务和娱乐设施，它也是以营利为其目的。这样的游乐项目主要是一些主题公园、游乐园以及酒吧、歌舞厅等，这些游乐项目不一定是为旅游者服务的，而是为人们提供一些闲暇娱乐的场合及设施。旅游项目则不同，它不仅包括游乐（娱乐）项目，还包括涉及食、住、行、游、购等方面的其他设施和服务。

第三节　旅游项目策划的概念、类型与特征

一、旅游策划的概念

策划，也叫企划，是一种程序，在本质上是一种运用脑力的理性行为。基本上所有的策划对象都是关于未来的事物。也就是说，策划是对未来要发生的事情作当前的决策。实际上，策划就是一种立足现实、面向未来的活动。旅游项目策划作为策划的一种，就是依据旅游市场的需求（现实需求和潜在需求）和旅游地的资源优势，对该旅游地的旅游项目进行定向、定位的过程，也就是对旅游产品的研制、发展、优化的过程。

简言之，策划是一种程序，指的是依据有关信息判断事物变化的趋势，确定可能实现的目标，以此来设计、选择能产生最佳效果的资源配置与行动方式，进而形成正确决策和实施方案，并努力保障目标实现的过程。它是目标、主题、策略、计划以及评估和反馈等要素的综合统一。"最佳效果"这个质量标准还将把我们的研究引入策略的范畴，进入创造性思维的领域。

项目策划是指以一些具象的客体为对象，构思设计出实现某一目标或效果的新的具象客体，它体现较强的功利性、社会性、创造性、时效性和超前性。

沈祖祥等（2000）认为，旅游策划是指旅游策划者为实现旅游组织的目标，通过对旅游市场和旅游环境等的调查、分析和论证，创造性地设计和策划旅游方案，谋划对

策，然后付诸实施以求获得最优经济效益和社会效益的运筹过程。简言之，旅游策划是对某一旅游组织或旅游产品进行谋划和构想的运筹过程。

杨振之（2002）认为，旅游策划是通过创意去整合、连接各种资源和相关因素，再通过对各细分目标市场需求的调查研究，为市场推出所需要的产品组合，并对其付诸实施的可行性进行系统论证的过程。旅游策划是一个科学的、完整的、理性的体系。它讲究的是程序，追求的目标是解决旅游业的实际问题（杨振之，2005）。

肖星（2005）为旅游策划下的定义是：旅游策划是旅游策划主体为达到一定目标，根据旅游地或旅游企业的旅游资源现实情况及旅游市场发展信息，预测旅游活动和旅游业变化的趋势，通过一定的途径和方法，对旅游地或旅游企业整体发展或局部某项工作或事件进行全面的构思、设计、制定和选择切实可行的执行的方案，使旅游资源的利益与市场需求充分协调，从而形成正确决策和达到高效工作的创造性思维过程。

由上述可以看出，尽管对旅游策划的表述不同，却存在着一些共同点：

（1）旅游策划应该有确定的目标，以利于策划活动的开展。

（2）旅游策划者在进行构思设计方案之前，应当对旅游资源与旅游市场进行深入的研究。

（3）旅游策划是一种创造性的思维活动，与众不同是旅游策划的本质。

（4）旅游策划是一种复杂的过程。

（5）旅游策划是旅游规划有效实施的重要保障。

一般来说，旅游项目策划主要是面对市场的产品策划，[①] 是对项目开发思路和发展战略的总体谋划，重点在于开发项目的本底素质营造，同时也要考虑其形象定位和市场战略。旅游项目策划的目的就在于理清思路、优化方案，避免或减少投资失误，保证旅游项目在市场竞争中出奇制胜、稳妥制胜，并获得持续发展能力。

二、旅游规划与旅游策划

旅游规划是指在旅游系统发展现状调查评价的基础上，结合社会、经济和文化的发展趋势以及旅游系统的发展规律，以优化总体布局、完善功能结构以及推进旅游系统与社会和谐发展为目的的战略设计和实施的动态过程（王庆生，2011）。[②] 旅游规划与旅游策划既有区别，也有联系。

（一）旅游界学者的部分观点

旅游项目策划或者旅游开发策划作为一个崭新的研究课题，目前还没有一个比较明

①　苏少敏，赵飞.关于旅游开发策划的初步探讨［J］.经济与社会发展，2005（7）.

②　王庆生.旅游规划与开发［M］.北京：中国铁道出版社，2011：12.

确的研究范畴。关于旅游项目策划与旅游规划的关系，较有代表性的观点如下。

彭华认为，旅游开发策划是介于项目可行性研究、总体规划、方案设计与发展战略之间的综合性谋划，策划是规划的前提。

刘滨谊则提出，策划—规划设计—管理三个过程的结合构成了现代旅游规划的全过程。

杨振之认为，就旅游规划与旅游策划而言，旅游策划无论从战略层面还是从战术层面来看，都是先于旅游规划的，旅游规划是比旅游策划更大的工程，它是对社会、经济、环境效益的最优化预测后形成的方案。旅游规划比旅游策划更讲求综合效益和协调发展，但是，旅游策划是旅游规划的核心，旅游策划是旅游规划的灵魂，而旅游规划的可行性却是由旅游策划来保证。

王大悟把一个旅游地开发过程分作七个步骤，即旅游发展战略、总体规划、控制详规、修建详规、产品策划和投资开发、营销策划和市场推广、经济效益。他认为，第五、第六两个步骤的重要性不亚于前四个步骤。另外，他还认为，开发策划是单项的、短期的、具体的，而规划是全面的、长远的、原则性的，二者是完全不同的。

李源等人则提出，旅游产品策划是旅游规划中十分重要的一个步骤，是整个规划过程的核心。

林振华认为，旅游发展要靠两"划"（规划和策划，先策划后规划），旅游策划和旅游规划可以协同配合，各擅其长。

（二）旅游规划与旅游策划的主要区别

1. 就概念而言

所谓旅游规划是指在一个地域综合体内的旅游系统的发展目标和实现方式的整体部署过程。规划经相关政府审批后，是该区域各类部门规划和旅游开发、项目规划的依据。因此，规划必然是超前于实践、高于实践的。但规划的好坏，最终还要由实践来检验。规划本身也蕴涵着一定的风险，因此，作为一个好的规划，它未来的预测成功概率必定高。

策划是一个谋划达成目标或事业成功的先发设想及其思维的过程，也是一项计划活动、决策活动之前的构思、探索和设计的过程。明确地说，策划就是一个马上可以付诸实施的可商业化盈利的项目方案，它是对局部资源巧妙利用的策划，是活动的策划，是开拓市场的策划，是充满激情、充满无边无疆想象力和创造力，对市场具有敏锐感悟力和超前引导力的策划。

2. 就理念而言

旅游规划是一套法定的规范程序，是对目的地或景区长期发展的综合平衡、战略指引与保护控制，从而使其实现有序发展的目标。旅游规划是为旅游发展设计的一个框架，所以这个框架必须是长期的、稳定的、必要的。

与规划不同的是，策划是从创造性思维的角度出发，通过对旅游资源的整合，实现资源与市场对接，说到底就是做卖点：力求独树一帜与鹤立鸡群；是做旅游景区的商业感召力；是通过打造旅游地的吸引力、设计具有独特卖点的一种游憩方式，让旅游者高高兴兴地掏出钱来玩，并得到一次愉快的旅游体验。

3. 就任务而言

旅游规划的基本任务是：通过确定发展目标提高吸引力，综合平衡游憩体系、支持体系和保障体系的关系，拓展旅游内容的广度与深度，优化旅游产品的结构，保护旅游赖以发展的生态环境，保证旅游地获得良好的效益并促进地方社会经济的发展。

策划的基本任务则是：针对明确而具体的目标，通过各种创造性思维和操作性安排，形成游憩方式、产品任务、主题品牌、商业模式，从而形成独特的旅游产品，或全面提升和延续老旅游产品的生命力，或建构有效的营销促销方案，并促使旅游地在近期内获得良好的经济效益和社会效益。

4. 就标准而言

国家出台的《旅游规划通则》（GB/T18971—2003）对旅游规划的分类、主要内容、主要任务等都进行了明确的规定，旅游规划必须符合上述要求。而旅游策划则没有统一的标准，其有效性依靠经验、学识等因素。

（三）旅游规划与旅游策划的联系

由上面的分析不难看出，策划可以在规划前，也可以在规划后。在规划前的策划是总体策划，它可以构建战略、进行市场研究、解决规划中存在的一些问题。一个好的规划，必然要高屋建瓴、高瞻远瞩。但由于规划的任务在于把握规划对象长期的发展目标，涉及产业配套、用地控制与平衡等方向性的大问题，存在操作性上的空缺，因此需要进一步进行策划，把规划的大理念转变为产品、项目和行动计划，依托策划报告，再编制详细规划，进行建设。如果在好的规划的前提下，再细分到实际操作中，策划则是一个马上可以付诸实施的可商业化盈利的项目方案。它是对局部资源巧妙利用的策划，是活动的策划，是开拓市场的策划，如张家界的"飞机穿天门"、壶口瀑布的"摩托车飞越黄河"等策划。这里，规划只是原材料和加工后的"半成品"、"毛坯"，而最后拿到市场上去销售、能让旅游者来看来玩来享受的，是充满活力和特色的成品、商品乃至精品。这中间需要企业家的总体策划、财团的融资或投资，需要建筑师的设计，需要文化人的渲染，需要营销人员的千辛万苦，需要当地居民好客的参与，如此等等，均不是规划层面所能包含的。更确切地说，在不违背总体规划原则的前提下，如何细化、策划具体项目和活动的权力属于投资者，而不是规划者。

综上所述，策划与规划的关系可以概括如下。

（1）策划与规划的主体相通、客体相同、内容互相渗透，许多理论是共用的。

（2）无论总体规划还是详细规划都应贯穿策划理念。贯穿得透彻，规划就能出彩。

（3）规划必须经过策划，策划必须有创意。创意是规划、策划的灵魂。规划者将策划贯穿到规划中，规划将与众不同。

三、旅游项目策划类型

（一）按照内容划分

按照内容划分大致有营销策划（品牌策划、媒体策划、广告策划、CIS 战略导入、活动推广策划、整合营销传播等）、基础设施项目建设策划、旅游产品建设与旅游商品策划、旅游节事与会展活动策划、旅游线路策划、各种专题旅游项目策划（如乡村旅游、城市旅游、工业旅游、生态旅游、主题旅游、民俗文化旅游、探险旅游、休闲度假、创意旅游……）等类型。

（二）从策划对象的角度看

从策划对象的角度看可以把旅游开发策划分为动态景观策划、静态景观策划、综合开发策划。

动态景观策划是指策划者以吸引旅游者为目的，将动态景观（如节庆活动、娱乐活动等）转化为旅游产品全过程的谋划。

静态景观策划是指策划者为静态旅游资源或静态潜在旅游资源进行开发所作的内容构建、功能分区、市场策略、可持续发展对策等方面的构思。

综合开发策划是包含动态景观策划、静态景观策划的综合性谋划。

（三）根据策划对象所占地理空间的大小分类

根据策划对象所占地理空间的大小分类可以将综合开发策划分为旅游区综合开发策划、城市综合开发策划和大区域综合开发策划等。

四、旅游项目策划的特征

旅游项目策划从总体上讲，除具有一般项目所具有的特征外，还有其独特性，只有掌握这些，旅游项目策划才能做到有的放矢，获得理想的效果。

（一）功利性

旅游项目策划的功利性主要体现在项目策划能带来综合性的收益。因此，功利性也是项目策划的目的和基本功能之一。旅游项目的策划委托方和策划方在功利性方面关注的内容有所差异，由此可以将项目的功利性划分为长远之利、眼前之利、钱财之利、实物之利、发展之利、经济之利、社会之利、政治之利、权利之利、享乐之利等。

项目的策划就是要在有限的资源条件下，尽可能为项目委托方创造利益或者未来获益的机会。从另一个方面来看，功利性同时又可以作为评价一项策划活动成功与否的基本标准。

从 20 世纪 90 年代开始举办的一年一度"哈尔滨冰雪旅游节"的策划，就充分体现了旅游项目策划的功利性。哈尔滨在推出冰雪旅游节的同时，又举办了冰雪交易会，并与国外和国内大型企业联手推动节日期间文化、艺术、体育活动的全面展开。为了扩大冰雪旅游节的影响，哈尔滨以冰雪旅游节为契机，针对旅游市场展开全方位的联合促销攻势：通过旅游目的地营销和冰雪交易会的贸易营销，塑造哈尔滨"东方莫斯科"和冰雪世界的旅游形象，同时积极打造良好的商业形象。在这样强劲的营销攻势下，美国、日本、法国以及东南亚各国的与会人员以及全国四面八方的商务旅游者云集"冰城"，为哈尔滨带来了良好的经济效益。例如，仅为期一周左右的第十届哈尔滨冰雪节交易会，成交额就达 51 亿多元。此外，还有会展和节庆活动所派生的大量旅游消费收入。可见，哈尔滨冰雪旅游节为促进哈尔滨旅游事业的发展做出了不可磨灭的贡献。

（二）社会性

旅游经济的发展能对社会发展产生影响，为此，从扩大旅游业发展对社会的正面效用角度来看，旅游项目策划还应注重与相关的产业政策、区域社会发展目标相结合，以旅游项目作为推动社会发展的重要工具。也就是说，旅游项目的策划不能脱离社会实际，必须与旅游地的社会发展紧密配合。

我国近年来推出的系列"西部旅游项目"、"红色旅游项目"以及"乡村旅游项目"便是典型的具有较高社会影响力的项目策划。例如西部旅游项目是为了配合西部大开发的国家政策而发起，红色旅游项目以及乡村旅游项目都是以促进贫穷地区的发展为出发点，通过系列旅游项目的开发，实现推动上述区域基础设施、经济发展的目标。可见，突出社会性的特点是旅游项目策划所处现实环境的必然要求。

（三）创新性

旅游项目策划的创新性主要表现在创新型旅游项目的推出。在日趋激烈的旅游市场竞争中，保持高水平竞争力的重要途径就是不断地对旅游产品推陈出新。旅游开发地的发展对于创新型项目的需求更为迫切。受到先发展地区的强大压力，旅游开发地必须按照高起点、差异化的原则进行开发，避免走其他旅游地的老路，只有形成自己独特的个性才能在市场中站稳脚跟。另外，随着信息传递和交流的日益便捷，旅游项目在策划方面的同质化趋势越来越明显，项目的生命周期也不断缩短。因此，项目策划的创新压力特别明显。

此外，旅游项目策划的创新性还表现在旅游项目策划应随具体情况变化而加以调整。即需要旅游项目策划人员具有创造性的思维，不能抱残守缺、因循守旧，要不断地创造新的项目内容或形式。对于别人成功开发的旅游项目，不能生搬硬套，而是要善于依据本地的实际，予以适当借鉴或在其基础上加以创新。我国主题公园在发展上的一哄而上、重复建设的现象就是一个很好的反面教材。我国早期主题公园遭受惨痛失败的主要根源就在于项目主题的选择上缺乏新意。

（四）时效性

旅游项目策划的另一个重要特征就是具有明显的时效性。旅游项目策划的时效性主要来源于旅游资源吸引力和旅游市场需求的不断变化。

旅游项目的策划必须以旅游资源为基础，以市场需求为导向，但是旅游资源在开发上会受到时间的限制，如泰山在冬季就因封山而丧失旅游的功能，山地滑雪旅游项目也只有在冬季才能开展，樱花观赏项目只能在春季举行，泼水节、火把节等民俗节庆资源都有明确的时间规定等。因此，当面对这类旅游资源时，应严格按照其适宜开发的时间段设计项目。而旅游资源的吸引力也会随着市场需求的不断改变而发生变化，传统的旅游项目在一段时间后，其吸引力会慢慢减弱。此时，旅游项目的策划人员就应及时根据变化的市场需求调整项目策划的方向。

（五）超前性

旅游项目的策划必须具有一定的超前性，要在对未来市场需求发展预测的基础上进行策划。项目从策划到建设营运之间存在时间差，并且通常情况下，项目建成后改变其状态或形式需要较高的成本。因此，在旅游规划与开发中，所策划的项目应该在较长的时间内保持吸引力。为此，旅游项目在策划时，要在策划的意识和策划的技术方面保证一定的超前性。所谓旅游项目策划意识的超前性就是指规划者要对未来旅游需求的发展方向有所了解并按照未来的旅游市场需求来设计产品。要具备超前的项目策划意识，规划者一方面应加强自身的理论素养，另一方面还必须深入调查，获取大量国内外的相关信息，以深入了解旅游市场的发展趋势。

旅游项目策划的技术超前性是指在项目设计时应使用最为先进的技术，如利用旅游地信息系统收集相关信息、通过 AutoCAD 制作项目设计图、使用 3DS 等三维软件制作动态的项目效果视频等。一般来说，先进技术和设计方法是项目创新性设计的重要保证。

（六）生态性

自然保护区、风景名胜区、森林公园、地质公园作为旅游区主体构成，无不是生态环境脆弱的地方，实现生态环境保护是旅游项目策划的重要指标。旅游项目策划应充分体现生态性，在保持、改善旅游生态环境的前提下，向旅游者、社区提供各种游憩设施。

（七）人本性

旅游项目开发的目的是向游客提供方便、舒适、震撼、刺激的游憩体验与环境感受，其客体是人，是具有丰富感情色彩和各种需求层次的旅游者。因此，旅游项目策划必须以人为本，围绕以游客为本的观念来进行，必须围绕旅游者的需要来进行，体现以旅游者需求为中心的特点，体现旅游项目的个性与独特性。

本章思考题

1. 简述中国咨询策划业发展的阶段及特征。
2. 试论述旅游项目策划的概念与特征。
3. 结合实际，就旅游项目策划与旅游规划的关系发表个人见解。

第二章

旅游项目策划的原理及方法

教学目的、要求：

熟悉旅游项目策划原理、内容及程序；熟练掌握旅游项目策划原则、内容及程序。

教学重点：

旅游策划原理和方法。

第一节　旅游项目策划原理

一、需求导向原理

（一）概述

旅游策划人员策划出来的旅游产品，只有通过旅游者的消费才能实现其价值，因此，市场是旅游产品的试金石，能否发现并满足市场需求是旅游策划成功与否的关键条件。[①] 一个旅游策划成功的原因有很多，最重要的是顺应了旅游市场需求，如哈尔滨冰雪大世界、西部影视等策划。旅游策划失败的理由也有很多，其中最重要的一点就是不能满足市场需求，如三峡集锦（宜昌）、世界遗产公园（丽江）就是典型案例，由此可见，旅游策划人员必须深刻认识旅游需求的特点和变化趋势，把握旅游市场细分、定位、开拓、竞争的一般规律，坚持以旅游需求为根本导向，这是旅游策划成功的前提条件。

（二）内容

（1）旅游策划应以现实的旅游需求为依据，并充分考虑旅游需求的发展变化趋势，

---

①　李庆雷. 旅游策划论［M］. 天津：南开大学出版社. 2009：115-142.

全面认识人性，深刻把握旅游者的深层心理。从需求的角度评价旅游资源并寻求旅游资源与旅游需求之间的最佳对接点，以使策划出来的产品符合心理学规律和市场需求。策划人员应考虑旅游产品能够带给旅游者什么样的利益和价值，这种利益和价值是否符合旅游者需要。在此基础上策划人员应挖掘产品的潜在价值，创造产品的新价值，建立产品的价值链。

（2）美国心理学家马斯洛提出的需求层次理论把人的需求归结为生理、安全、归属、受尊重、自我实现五个层次。人们进行旅游活动主要是为了满足受尊重和自我实现两个层次的需要，属于高层次的精神需求。但是，在一次完整的旅游活动中，这五种需要应该都有所体现。旅游需求看似简单，但其实际表现是复杂多样且不断变化的，人们至今仍无法完全将其列举出来。旅游需求的层次性、多样性和变动性为策划人员把握旅游需求的特点与发展趋势带来了挑战，同时也为策划人员提供了无限的空间。

（3）通过研究游客心理、决策过程、行为规律，发现旅游需求是旅游策划的基础性工作之一，通常通过深入细致的市场调查进行。市场调查与预测是一门科学，具有严格的工作程序和专门的技术方法。市场调研一般分为五个步骤进行：确定调研对象、选择调研方式、设计调研方案、实施调研、调研后的信息处理。采用的调研方法主要有文案调研法（利用企业内部和外部现有的各种信息、情报资料获取次级资料）和现场调研法（通过发放问卷、面谈、电话调查等方式收集整理第一手资料）。

（4）顺应需求是旅游策划的基本思路，激发需求、引导需求是中级层次，创造需求属于高级层次。社会的高速发展使人类的需要和欲望变为可以诱导、改变和创造的，策划人员的任务就是把握旅游者潜在需求的发展脉络，在恰当时机、恰当地点，以恰当的创新手段去挖掘和显化需求，继而提供相应的产品来满足他们。比如向和尚推销梳子就是创造需求的经典案例。韩国首先利用影视剧冲击中国，让中国人对韩国影视有着很大的认同感，对影视中所体现出的饮食、服饰、优美景色等文化产生向往，继而将影视剧拍摄地包装成旅游观光点，吸引了很多游客前往体验韩剧带来的独特感觉，这也是创造需求的例子。

（三）应用

以"焦作现象"为例。所谓"焦作现象"就是河南焦作市以发展自然山水旅游代替将要枯竭的煤炭资源开发，实现社会经济全面转型，并取得成功的现象。"焦作现象"对资源枯竭型城市的社会经济转型具有深刻的借鉴意义。通过强力实施旅游带动战略，焦作旅游业在短时间内实现了从无到有、从小到大、从弱到强的根本性变化，不但打造了世界地质公园、焦作山水（云台山、神农山、青天河等）、太极拳三大具有国际影响力的主题品牌，开通从北京、上海、郑州等地通往焦作的"云台山"号专列、"青天河"号旅游包机等，还成功创建了中国优秀旅游城市，实现了城市转型，树立了焦作崭新的对外形象。业内外人士把这种变化归结为"焦作现象"。在引人注目的"焦作现象"中，迎合市场需求是其成功的根本原因。焦作拥有丰富而独特的自然和人文旅游资源，但是，焦作重点打造的是以云台山为代表的山水型旅游产品。首先，山水观光与生态休闲一直是我国旅游市场上备受青睐的旅游产品类型，容易被市场所接受，一旦打造成功就具有很大的冲击力。其次，焦作山水填补了区域市场空白。河南省文化底蕴深厚但缺乏灵山秀水，"焦作山水"具有区域的独特性。河南、中原及华北地区近 3 亿人的市场需求和景区面向大众群体的消费水平使焦作山水一经推向市场便迅速取得成功。

　　丽江世界遗产公园是一个违反需求导向原理而失败的典型案例，被称为丽江史上最失败的策划。这一案例发生在 21 世纪的著名旅游城市，的确发人深思。从游客需求方面分析，该项目采用微缩景观的形式再造近在咫尺的丽江古城、玉龙雪山、泸沽湖等遗产景观，被人戏称为"真人面前造假人"。丽江古城、玉龙雪山是来丽江的旅游团队的必游景点，选择到泸沽湖的游客也不在少数。游客在游览真正的丽江古城、玉龙雪山、泸沽湖之后，谁还再对这些粗制滥造的人造景观感兴趣呢？值得思考的是，该项目动工前编制了可行性研究，制定了相关规划，并经过省级相关部门审批，但实际结果却是开业几个月就变得门可罗雀。这告诉我们，市场需求分析是旅游策划的基础性工作，必须深入研究、科学把握旅游市场需求，在此基础上进行的旅游策划才会最终赢得市场。

二、旅游体验原理

（一）概述

　　旅游是人们满足了基本生理需求和物质需求之后追求的更高更新的精神需求，讲求的是旅游者的一种愉悦经历和求知的心路历程。就其实质而言，是一种旅程和暂居的体验，与体验经济有着千丝万缕的联系。

（二）内容

　　（1）旅游经济就是人们去异地体验的全过程的服务经济，旅游消费实质是一种体验消费。旅游策划人员应结合策划对象实际和旅游需求为游客创造丰富而独特的旅游体验。如果把旅游活动比喻成一场演出，那么策划人员就是编剧，他的任务是创作精彩的剧本。

　　（2）旅游体验包括娱乐的体验、教育的体验、逃避现实的体验和审美的体验，让人感觉最丰富的体验是处于四个方面交叉的"甜蜜地带"体验。为了体现特色、突出差异，旅游体验应确定明确的主题，同时以最小的成本获得最丰富的体验是游客普遍心理。因此，旅游策划人员应注意把握旅游体验主题的独特性与体验类型多样化之间的关联。

　　（3）富有吸引力的旅游体验是需要精心塑造的，塑造旅游体验的基本方法包括以下五种。

　　第一，选择一个好的主题。主题是体验的基础，成功的主题往往简单而吸引人。

第二，以正面线索塑造形象。要想吸引游客，就必须创造独特的正面的体验线索，这些线索贯穿如下内容：产品功能、服务质量、旅游环境和体验过程。

第三，消除负面因素。体验塑造过程中必须去除削弱、违反、转移主题的负面线索，并尽量将其转化为正面线索。

第四，提供纪念品。纪念品具有回忆体验的价值，是一种使体验社会化的方法，是旅游体验营销的重要方式。

第五，重视感官刺激。雨林咖啡厅是连续使用五种感官刺激的成功案例。消费者走进咖啡厅，首先听到"嘶嘶"的声音，然后看到迷雾从岩石中慢慢升起，接着皮肤就会感觉到迷雾带来的凉爽，最后消费者可以闻到热带的气息，尝到鲜味，然后被打动。此外，旅游体验塑造中还应注意氛围烘托、场景设计和活动组织。

（三）应用

由于对旅游活动体验属性的重新认识，塑造体验就成为旅游产品开发的核心问题，旅游体验原理也因此成为具有方法论意义的原理。体验策划法就是以这一原理为基础而产生的旅游策划方法，它采用三个层面（主题—线索—活动）、四类体验（娱乐、教育、逃避现实和审美）、五种感觉（视觉、听觉、嗅觉、味觉、触觉）的策划框架，为旅游策划特别是旅游产品和旅游景观策划提供了一种基本方法。

从体验经济的角度进行分析，深圳欢乐谷成功的根本原因就在于为游客创造了独特的快乐体验，可以说是旅游体验经济的典范。欢乐谷二期主题公园分为老金矿区、飓风湾区、香格里拉森林探险区和 URBIS 休闲区（开业后称为阳光海岸）四个主题景区。每个主题景区景观紧扣各个主题故事线，景观的设置表达各自主题内容和场景，在创造主题特色景观的同时，合理布置游览路线、服务网点等功能设施，设计了一系列参与性活动。

除上述之外，李庆雷（2009）还列举了以下旅游策划原理：资源整合原理、信息依赖原理、系统筹划原理、技艺融合原理、创意核心原理、独特卖点（USP）原理、客观可行原理以及综合效益原理等。总之，旅游策划的层次与对象不同，其具体操作方法也不尽相同，应因地制宜地科学运用相应的旅游策划原理。

第二节　旅游项目策划的原则[①]

一、"八化"原则

（一）资源开发"特色化"

特色是旅游开发的灵魂，是旅游产品生命力的体现，没有特色就没有效益，因此旅

---

① 王庆生. 旅游项目策划与管理［M］. 天津：天津社会科学院出版社，2010：14-16.

游项目策划要突出"人无我有，人有我新"的开发方针，绝不能拾人牙慧，要突出自己的特色。没有特色难以形成强大的旅游吸引力，没有特色就不能激发人们的旅游动机。多一份特色就多一份竞争力，从一定程度来讲，有特色就有效益，就有发展。

（二）项目设置"市场化"

旅游业是一个经济产业，在市场经济的大环境下，要以市场为导向，必须考虑市场的需求和竞争力，要把旅游市场的需求和供给情况作为旅游项目策划与决策的基础。一切要按照旅游市场来进行项目设置，同时还要根据旅游资源的冷热原则，预测未来旅游市场的发展趋势，以对旅游项目做出合理的实施开发序列。

（三）旅游氛围"生态化"

目前的旅游趋势是：生态旅游、绿色旅游、回归自然旅游。因此，在旅游开发过程中一定要突出生态化、原始化、自然化，从植被保护到服务设施皆要营造生态化的环境氛围。

（四）游览观光"知识化"

21世纪是知识的时代，对于旅游来讲，随着游客知识层次的提高，对旅游项目的文化内涵也提出了新的要求，这就要求旅游景点要有一定的知识性、科学性，旅游区力求做到科学性、知识性与可观赏性的统一，使游人在游览观光的同时，能够得到知识的陶冶和精神的享受。

（五）建筑设施"景观化"

在旅游项目开发中，每个景点中的建筑设施都应作为景观的组成部分来对待，应该以"园林化"、"景观化"为主，曲径通幽，曲折有度，强调建筑与自然的协调效果，提高观赏性、艺术性。对于以自然景观为主的景区，其区内建筑设施要坚持"宜小不宜大、宜低不宜高、宜藏不宜露、宜疏不宜密"的原则。

（六）旅游服务"系统化"

旅游服务是一个系统工程，要把整个旅游服务看作一个大的系统，在开发建设中，大小系统综合平衡，相互协调，如要想达到吸引力与接待力的统一，就要求旅游资源的开发建设与旅游服务设施、交通设施及基础结构（水、电等）等方面的综合平衡。在行、游、住、吃、购、娱六个方面的服务上，要全面考虑各种设施系统配套，形成综合接待能力，使旅游者以最少的时间、最少的费用，看最多的景点，力求使其舒适、方便、安全。

（七）建设投资"多元化"

旅游项目开发应在突出主题的前提下，把近期投资小、效益大的关键性基础项目规划到位，尽快进入设计与施工阶段，缩短建设周期，提高投资效益，做到全面规划，分期实施。在投资开发上，要明确开发序列，突出重点，多元筹集资金，个人、集体、单位、政府、外资一起上。

（八）开发利用"持续化"

旅游项目开发应贯彻可持续发展的思想，应把保护旅游资源及生态环境视为战略问题加以对待，它不仅关系到旅游区的命运，而且也直接关系到人类未来的生存环境。因此要求在开发过程中，一定要把保护自然资源放在首位，永续利用旅游资源。对于人文旅游资源，必须认真贯彻《中华人民共和国仪物保护法》，要坚持"有效保护，合理利用，加强管理"的思想。

二、"八结合"原则

旅游开发的"八结合"原则即：旅游开发与城市园林景观建设相结合，旅游开发与高科技农业观光相结合，旅游硬件建设与软件配套相结合，远期开发与近期建设相结合，古代题材与现代意识相结合，旅游开发与农民脱贫致富相结合，长远利益与眼前利益相结合，宏观布局与微观建设相结合。

三、"八性"原则

旅游开发应体现的"八性"原则，即知识性、真实性、艺术性、娱乐性、参与性、观赏性、协调性、超前性。值得强调的是，旅游项目策划的协调性原则，主要表现在宏观上的协调和微观上的协调。宏观上的协调主要指与周围大环境的协调；微观上的协调，如景区与景区间的协调，植被绿化与景点内容的协调，建筑物相互之间的协调，建筑设施与整体自然景观的协调，服务设施与旅游区主题的协调等。

第三节　旅游项目策划的方法、内容与程序

一、旅游项目策划思路

旅游项目策划可以说是一种创造性思维过程，[①] 为此策划人首先要根基深厚，具有

---

① 　吴宝昌. 旅游项目策划研究 ［D］. 广西大学，2004.

渊博的知识（如天文、地理、历史及社会学、伦理学、心理学、管理学、营销学等市场知识），形成策划人策划的文化沉淀，在这种文化沉淀中培养创新的思维。其次，策划者要有创造性的思维。策划创新的关键在于能否打破固有的思维模式、走向广阔的思维领域，能否摆脱单一的思维模式、跨入立体的思维空间。

（一）宏观采气、微观求义

1. 宏观采气

"宏观采气"是借用气场的理论，以探讨策划客体的外部环境为客体"定位"，从宏观上理出思路。针对旅游项目策划而言，策划人从宏观的比较和分析入手，首先应做到立足国内，放眼世界，明察世界旅游发展趋势，清楚自身资源在国内外的地位，确立旅游项目的发展方向，明确主题，这样的项目才会与时俱进，不落俗套，进而构思出旅游精品。

2. 微观求义

细节在旅游项目策划中非常重要，把握了细节，就把握了旅游项目策划的深层。如果说"宏观采气"是探讨策划客体的外部环境，为客体"定位"的话，"微观求义"就是探讨客体的内在规律，为客体"定性"。只有在"定位"、"定性"的基础上，才能为客体"定向"。

旅游项目策划"眼"在"创意"，好的创意具有唯一性、排他性。比如 CI 设计，如果模仿别人，就容易雷同，只有从特定客体本来意义上发现特征，才有"唯一性"。

（二）辐集式思维与综合研究

辐集式思维与辐射思考对应，又称收敛思维，是由许多信息中引出一个正确的答案或一个多数人认为最好的答案，或是指以某个思考对象为中心，在指向这个中心的多数设想中找出可行方案的一种思维模式。收敛思维是与发散思维相对应的，又称做收敛思维、求同思维。在旅游项目中运用辐集式思维，往往要借助于发散思维的结果，在搜集了丰富多样的意见的基础上，对多种多样的设想进行分析、概括和整理，从不同的起点方向上指向创造对象，使解决问题的思路在各种限制条件下逐步明确起来，最后集中在一种解法上。例如，在水深不足的海岸上修建码头，通过发散思维，工程技术人员可以获得若干种设想：挖掘近海海底、填海筑港、浮筒式码头、栈桥式码头等。紧接着，他们就要用辐集式思维，按照修建码头的具体技术要求，逐个分析上述设想，通过判断、推理或试验进行可行性研究，最后选出一种或综合成一种现实可行的实施方案。

（三）发散式思维与综合研究

发散式思维是人在进行思维活动时，围绕某个中心问题，向四面八方进行放射状的思考和联想、诱发各种奇思异想的一种思维模式。发散思维又叫扩散思维、辐射思维、求异思维，它可以拓展思维的广度，是创造性思维所不可缺少的思维方式。通过联想、想象，使平时知识的积累、信息量的潜能与思索形成的潜意识相结合，进而迸发出智慧的火花，产生新思想、新见解，实现认识的质的飞跃。发散式思维的特点是思维的流畅性、变通性和独创性，它要求摆脱旧观念和思维定式的束缚，突破线性思维的控制。由同一个来源可以产生众多的信息输出，思维过程并不按固定的路径前进，思维的结果中可能包含着具有较大创造性的设想。因而在进行发散式思维时，就要广泛地收集与这一中心主题有关的各种信息，善于捕捉新信息。发散思维绝不仅仅是为已有的技术成果找到新的用途，更多的是利用它的思维"转换"作用提出解决某个技术课题的新思路。

（四）逆向思维与综合研究

物极势必反，就思维的方向而言，有同向思维和逆向思维。同向思维偏重于"深化"、"跟风"，逆向思维偏重于"反思"、"创新"。逆向思维属于发散性思维的范畴，是一种创造性的求异思维。在旅游项目策划中使用逆向思维，对于培养策划人的思维能力、提高旅游项目的策划水平具有重要作用。在各地争相申报自然、文化世界遗产、风景名胜区的同时，有的旅游区却把目光转向地质公园、生态博物馆即是一种逆向思维。

二、旅游项目策划的方法

（一）头脑风暴法

头脑风暴法又称集体思考法或智力激励法，1939 年由奥斯本首先提出，并在 1953 年将此方法丰富和理论化。所谓的头脑风暴法是指采用会议的形式，向专家集中征询他们对某问题的看法。策划者将与会专家对该问题的分析和意见有条理地组织起来，得到统一的结论，并在此基础上进行项目策划。使用这种策划的方法时，策划人要充分地说明策划的主题，提供充足的相关信息，创造一个自由的空间，让各位专家充分表达自己的想法。为此，参加会议的专家地位应大致相当，以免产生权威效应，从而影响另一部分专家创造性思维的发挥。专家人数不应过多，一般 5～12 人比较合适。会议的时间也应当适中：时间过长，容易偏离策划方案的主题：时间太短，策划者很难获取充分的信息。这种策划的方法要求策划者具备很强的组织能力、民主作风与指导艺术，能够抓住策划的主题，调节讨论气氛，调动专家们的兴奋点，从而更好地利用专家们的智慧和知识。头脑风暴法的不足之处就是邀请的专家人数受到一定的限制，如果挑选不恰当，容易导致策划的失败。另外，由于受到某些专家的地位及名誉的影响，导致专家不敢或不愿当众说出与其他人相异的观点。其优点在于能够获取广泛的信息、创意，互相启发，集思广益，在大脑中掀起思考的风暴，从而启发策划人的思维，获得优秀的策划方案。

（二）德尔菲法

德尔菲法是在 20 世纪 60 年代由美国兰德公司首创和使用的一种特殊的策划方法。德尔菲是古希腊的一座城市，因阿波罗神殿而驰名。由于阿波罗有着高超的预测未来的能力，故德尔菲成了预测、策划的代名词。所谓德尔菲法是指采用函询或电话、网络的方式，反复地咨询专家，然后由策划人做出统计。当所获得的结果具有较大差异性时，由组织者将所获专家意见进行整理总结，再将总结后的观点针对上述专家进行第二轮征询，直至得出比较统一的结论。这种策划方法的优点是：专家们互不见面，不能产生权威压力。因此，该方法可以自由充分地发表自己的意见，从而得出比较客观的策划方案。运用这种策划方法时，要求专家具备项目策划主题相关的专业知识，熟悉市场的情况，精通策划的业务操作。由于这种方法缺乏客观标准，全凭专家的主观判断，且征询的次数往往较多，反馈时间长，因此会影响项目策划的准确性。

德尔菲法的基本方法是：

第一步，把一群富有市场经验且可以相互补充的专家汇集在一起，通常为 30～50 人，并设定控制条件（常用的方法是邮寄调查表以避免群体压力影响）。

第二步，设计、分发第一轮调查表，要求回答者确定或提出某些事件发生的可能性以及发生的可能时期。

第三步，整理第一轮回收的调查表，整理包括确定中间日期和确定两个中间四分位数，以便减少过于乐观或过于保守的极端意见。

第四步，把统计整理的结论制成第二轮调查表寄予同一专家组的成员，要求回答是否同意四分位数范围，如仍是在四分位数之外，请专家们解释原因。

第五步，将第二轮调查表的结果及评论意见整理成表。

第六步，是否有必要再行征询，要看预测的差异是否过大，评论意见的寄发是否有助于专家组形成新的较为统一的意见。

第七步，总结预测结果，包括中间日期、中间四分位数范围，正确对待和消化处理那些意见尚未统一的预测事项。

（三）灰色系统法

系统是指相互依赖的两个或两个以上要素所构成的具有特定功能的有机整体。系统可以根据其信息的清晰程度，分为白色、黑色和灰色系统。白色系统是指信息完全清晰可见的系统；黑色系统是指信息全部未知的系统；灰色系统是介于白色和灰色系统之间的系统，即有一部分信息已知而另一部分信息未知的系统。灰色系统法是指利用一些已知的行为结果，来推断产生该行为的原因或未来模糊的不确定性行为的方法。使用该方法进行旅游项目策划主要是通过现有旅游者的行为模式，推导出未来可能拥有客源市场并获得成功的旅游项目形式。

（四）经验分析法

该项方法主要依据对旅游资源的认识和对市场的认识。首先是策划组应该根据当地旅游资源状况，提出每种旅游资源能够开发成何种功能的旅游项目，把所有这些项目都列举出来，并对其进行功能定义和整理；然后策划组应该根据对市场的认识，分析出旅游市场状况可能会在某个项目出现制约因素，或者在一定的时期内会有制约以及市场价值存在问题；最后根据市场价值和实施的可能排列出各个项目的重要程度。

（五）拍脑瓜法

拍脑瓜法又称创意法，是指策划人收集有关产品、市场、消费群体的信息，进而对材料进行综合分析与思考，然后打开想象的大门，形成意境，但不会很快想出策划案，它会在策划人不经意时突然从头脑中跳跃出来。高尔基说过："文字是巨大而重要的事业，它建立在真实上，它们接触到的一切都要求真实。"意思是坚持以真为本的艺术趣味，并对想象材料进行集中概括加工，这种集中概括的心理过程，正是策划所要经历的过程。

（六）嫁接法

嫁接法即在既有的相关成熟学科的基础上对旅游项目进行策划研究的一种方法。旅游项目策划往往会建立在哲学、文学、艺术、地理、建筑等学科的研究成果基础上。

三、旅游项目策划的内容

（一）旅游项目的名称

项目名称是旅游者接受到的关于该项目的第一信息，因此，项目名称的设计关系到项目在第一时间内对于旅游者的吸引力。有创意的项目名称能够激发旅游者对于该项目的浓厚兴趣，如"海上田园"、"天涯海角"等都能够引发旅游者的无限联想和向往。

（二）旅游项目的风格

项目策划者需要将项目的大致风格用文字或简要的图示描述出来，为下一步的策划工作提供依据和指导。具体而言，旅游项目策划者在风格限制方面应明确指出：

（1）旅游项目中主要建筑物的规模、形状、外观、颜色和材料。

（2）旅游项目中建筑物内部装修的风格，如建筑内部的分隔、装修和装饰的材料。

（3）旅游项目相关的旅游辅助设施和旅游服务的外观、形状和风格，如旅游项目的路标、垃圾箱、停车场、购物商店、洗手间以及旅游餐馆（餐厅）所提供服务的标准和方式。

（三）旅游项目的选址

在地域空间上，规划中要明确每个旅游项目的占地面积及其地理位置，项目的选择主要表现为以下三个方面。

（1）旅游项目的具体地理范围。

（2）旅游项目中建筑的整体布局，以及各个建筑物的位置和建筑物之间的距离。

（3）旅游项目中所提供的开放空间的大小和布局。

（四）旅游项目的内涵

旅游项目策划是旅游规划的前提和依据，是旅游区发展的方向，因此旅游项目要有丰富的内涵，景区管理者从中可以看到景区发展的蓝图，规划者可以从中找到规划的纲领性指导，旅游者亦可得到意蕴悠远、回味无穷的体验。具体包括：透视景区的历史，蕴涵丰富的文化内涵。做到项目有"出"，不是凭空而造；展现景区的美好蓝图，项目有了，规划就定了。项目策划要符合景区的资源现状、市场环境与社区环境，立足于严谨的调查研究，实事求是；项目策划要符合可持续发展原则，努力策划百年项目，项目策划是对当代人和后代人的共同策划。

旅游项目的策划，要明确该旅游项目的产品内涵和体系，如主导产品、支撑产品和辅助产品等。具体可以分为：

（1）规定旅游项目所能提供的产品类型；

（2）确定主导产品或活动。

（五）旅游项目的管理

除了对项目的开发和建设提供指导外，优秀的项目策划者还会对该项目的经营和管理提供相关的建议。因此，旅游项目的策划应针对该旅游项目的工程建设管理、日常经营管理、服务质量管理以及经营成本控制等问题提供一揽子的解决方案。

四、旅游项目策划的程序

在实际工作中，旅游项目策划一般可以分为以下几个步骤。

（一）旅游项目策划的问题界定阶段

1. 旅游项目策划的问题界定

旅游项目策划在旅游规划的前提下进行。旅游规划首先应明确规划范围，旅游规划是旅游业规划和旅游开发区规划的合称。旅游业规划属于行业发展规划，旅游开发区规划是工程建设规划，它以土地利用建设规划为基点（包括景观设计），所有分析最终要落实到土地上。旅游开发区规划需要行业发展规划的指导。明确这一点后，我们就可以根据规划的范围、性质、其他要求等来界定旅游项目策划，进而开展下一步工作。

2. 选择合适的策划人员

旅游项目的创意设计是一项需要丰富经验和创新性的工作，要保证开发出令人满意的旅游项目，旅游规划组应该是由经验丰富的各方面专家组成，包括产业经济、区域经济、规划设计、市场营销、经济和财务分析、环境和基础设施规划、社会学、心理学、文学艺术等领域专家，并且注重队伍中年龄层次结构的合理性，将经验性开发和创新性开发完美地结合起来。

（二）旅游开发地的环境分析

旅游开发地的环境分析包括内部环境分析和外部环境分析。所谓对旅游开发地的内部环境进行分析，主要是对旅游开发地的自然资源、人力资源、物力资源和财力资源的分析，通过分析了解旅游地的人才储备状况、基础设施水平和开发的资金实力；而对旅游开发地的外部环境分析，则主要是分析旅游市场上的市场需求状况、旅游地之间的竞争状况和旅游市场上的旅游需求趋势分析。在此分析的基础上，建立对旅游开发地的社会文化背景的认识以及对旅游市场的较深入了解。

（三）分析开发地的旅游资源特色

旅游项目的特色由当地的旅游资源特色所决定，这是因为旅游项目布置于旅游开发地，需要与区域旅游环境和氛围保持一致。这就需要旅游项目策划者在规划前期工作即旅游资源调查过程中，对旅游开发地旅游资源进行仔细分析，并针对不同的旅游功能分区提出各个旅游分区的旅游资源特色，以此作为设计该旅游功能分区旅游项目的基调。

（四）旅游项目策划的创意构思

在进行旅游项目的策划时，策划者要提出关于旅游项目策划的大致思路。旅游项目构思是指人们将某种潜在的需要和欲望用功能性的语句来加以刻画和描述。这种初步构思可以自创，也可以借用其他旅游地的旅游项目作为原型。但是，此时的构思只是项目策划的方向和概念，并未定型，也不一定具有可行性。

1. 策划创意与基调确定

项目概念创意。运用头脑风暴法或经验分析法，首先进行项目概念创意，并将所有的创意分别单列出来。

2. 讨论项目概念

依据旅游区旅游资源、区位环境、政策环境、投资环境、客源市场环境等对方案进行充分、全面的讨论。

3. 确定项目功能方案

确定重点项目。在经过对项目功能分析和整理的基础上，筛选出合理的、有价值的方案，并对其进行评价，选定重点项目。

4. 项目内涵挖掘包装

实践表明，有了旅游项目方案后，该方案还处于"概念"状态。概念有了，方向有了，路子也就有了。需要强调的是，概念不是产品，不足以走向旅游消费者市场，旅游项目策划要对概念进行内涵挖掘、包装，使概念具象化，提供给各类型旅游者实实在在的旅游产品，为经营者带来经济效益。以天津为例，该市提出重点打造"近代百年看天津"主题形象。从项目策划角度来看，"近代百年看天津"属于概念范畴，所以该概念要想物化为旅游产品，就需要进行内涵挖掘和包装，这就不难理解，天津市正在推出和打造的"意式风情区"、"五大道文化旅游区"、"津湾广场"等项目，正是从"概念"到"产品"转化与过渡的具体举措。

5. 项目形象设计

旅游者对旅游地形象的认知体现了不同旅游产品市场价值的差异。形象的建立和推广需要做大量的工作，其回报期也较长。随着旅游开发热潮的兴起，旅游地之间竞争的加剧，旅游地吸引成本不断提高，而增高部分主要用在形象的推广上。南岳衡山整体形象定位"秀岳衡山、天下法源、火神圣地、休闲养生之所"，这四个方面各有侧重，但并不矛盾，它们都体现了南岳衡山整体形象的不同侧面，应加强协调、融合，归结和统一于南岳衡山整体形象的塑造。

6. 项目可行性分析

旅游项目的可行性分析是指为决定旅游项目是否合理、能否行得通，而在实施前对旅游项目进行全面的技术、经济论证，为项目决策提供科学依据的工作。旅游项目的可行性研究内容包括项目的背景和建设的必要性、项目建设方案、项目建设内容与规模、项目投资估算与效益分析、项目投资经营风险分析等。

（五）旅游项目构思的评价

由于旅游项目策划的市场导向要求以及随着项目设计过程的发展、市场导向作用的日益加深，对于不同的项目构思要进行成本估算和营销测试，通过这种方式来对旅游项目的创意构思进行甄别，将那些成功的概率较小的旅游项目构思淘汰，而保留那些成功的机会比较大的构思，以便于在建设时能将资金集中到几个项目上，提高旅游项目的服务水平和品牌知名度。

（六）旅游项目的策划

在对已有的旅游项目构思进行了甄别之后，就是旅游项目策划的最后一步，即将旅游项目的构思落实成为实实在在的旅游项目创意，并最后通过招标的形式吸引投资者来投资建设。

（七）项目策划书撰写

项目策划书的主要构件一般包括以下方面。

（1）封面：策划主办单位、策划组人员、日期、编号。

（2）序文：阐述此次策划的目的、主要构思、策划的主体层次等。

（3）目录：策划书内部的层次排列，给阅读人以清楚的全貌。

（4）内容：策划创意的具体内容，要求文字简明扼要、逻辑性强、时序合理、主题鲜明；运用图表、照片、模型来增强项目的主体效果；有可操作性。总体上，文笔生动，数字准确无误，运用方法科学合理，层次清晰。

（5）预算：为了更好地指导项目活动的开展，需要把项目预算作为其中一部分在策划书中体现出来。

（6）策划进度表：包括策划部门创意的时间安排以及项目活动本身进展的时间安排。时间在制订上要留有余地，具有可操作性。

（7）策划书的相关参考资料。

五、旅游项目策划的影响因素

总地来说，旅游项目的策划主要受到规划者能力和开发商实力及要求、旅游资源的赋存状况以及旅游市场需求状况三个因素的影响。

（一）旅游规划者能力和开发商实力及要求

旅游规划者和旅游项目的开发商是旅游项目策划中主动性要素，只有充分调动他们的积极性和热情，才能保证项目策划具有较高的效率。通常情况下，旅游规划者在项目策划时最重要的素质当属项目策划的经验丰富程度和所拥有的信息量。

1. 旅游规划者的能力

优秀的旅游项目策划需要一支经验丰富的旅游规划队伍。一方面，他们应该拥有多学科的专业人才；另一方面，规划组成员应大部分具有丰富的规划实战经验。从某种意义上来看，旅游规划对工作经验的要求较高，丰富的规划经验可以为规划者提供更多的思路。因此，规划者要善于在实践中学习和积累，只有见多识广才能胸有成竹。但是，旅游项目策划中的创新性要素也是不能缺少的一个重要内容，而年轻人往往在创新性的思维和能力方面具有相当的优势，因此，规划组成员要注意年龄的合理搭配。

2. 旅游规划工作的信息度

所谓旅游规划工作的信息度是指在进行项目策划时，规划工作人员对各方面信息的敏感程度和处理信息的效率。信息是旅游项目策划过程中分析和决策的依据，它一方面要求项目策划者了解旅游市场上的需求信息，另一方面还要了解旅游市场供给方面的信息。只有充分掌握了这两方面的信息，才能设计出新颖、别致、独具魅力、适宜旅游地开发且满足旅游者需求的旅游项目。

旅游规划者的信息度要从其硬件和软件两方面来考察。首先，信息处理的硬件主要包括对各种信息数据收集和整理时所使用的仪器、设备等。如果这些硬件设施条件优良，则在旅游项目策划时可以大大提高信息的收集和整理效率。其次，信息处理的软件主要包括与信息处理硬件相配套的软件和高素质的信息管理人员以及信息收集的网络。这些方面都对旅游项目策划产生一定程度的影响。

3. 旅游开发商的实力及要求

旅游项目的策划、建设和管理全过程都需要投入大量的资金和时间，因而旅游开发商的实力也会对旅游项目的策划产生一定影响。资金实力不强的旅游开发商无法投入足够的资金对策划的项目做可行性研究，因此无法对所策划项目的质量予以保证。一旦劣质的项目投入建设，其给区域旅游发展带来的负面影响是长远的。因此，为避免出现不负责任的项目开发，通常一些大型的旅游项目的策划都由大型企业或政府出面主持开发。此外，开发商对于规划内容提出的要求也会对项目策划产生影响。

(二) 旅游资源的赋存状况

旅游地的旅游资源赋存状况决定了项目策划的素材来源。通常旅游资源较为丰富的区域，在项目的策划题材上选择性较强。因此，旅游资源的赋存状况对项目策划的影响是先天性的，在缺乏创作素材的情况下，单纯依靠策划师的聪明才智很难有所突破。

(三) 旅游市场需求状况

旅游市场是项目策划成功与否的检验场所，是旅游项目策划中最具影响力的外部要素。首先，在市场经济条件下，旅游项目需要在市场中实现它的价值，旅游项目策划的成效需要在市场中予以客观评价。其次，旅游项目的策划要以市场需求为导向，市场中旅游者的行为模式和未来需求的发展方向是对项目策划影响较大的两个内容。在项目策划之初，策划者必然会对目标市场中消费者的消费心理和消费习惯进行深入的研究，并在此基础上进行有针对性的项目策划。由此可见，项目策划者的创意思维不是随意产生的，而是以目标市场的发展态势为依据，与市场需求的发展保持一致。

【案例 2-1】

潘安故里景区项目理念策划①

一、地理位置

中牟县地处中州腹地,河南省中部,为郑州市市辖县,地理坐标为北纬 34°26′—34°56′,东经 113°46′—114°12′,东邻古都开封,西接省会郑州市,南与尉氏县、新郑市毗壤,北濒黄河与原阳县隔河相望。县境南北长 55 千米,东西宽 35 千米,面积 1 396.83 平方千米。

潘安故里景区位于中牟县城,具有良好的旅游地理位置和基础设施条件。

二、旅游资源及其评价

中牟位于黄河之滨,为华夏文明最早发源地之一,历史文化悠久而灿烂,留下众多文物古迹。据 1984 年文物普查,全县有古文化遗址百余处。主要有王癞岗的裴李岗文化遗址、后魏桐树岗的仰韶文化遗址、八岗老寨的龙山文化遗址。珍贵文物有裴李岗文化遗址出土的石磨盘、石磨棒,仰韶文化遗址出土的沙质陶鼎、镂空鼎足,龙山文化遗址出土的石斧、灰陶器等。馆藏的文物有唐代的铜佛像、风花雪月瓶等,多为国家一级、二级文物珍品。境内著名古迹还有冯庄古墓群、战国梁惠王墓、汉代萧何墓、宋代寿圣寺双塔、八贤王赵德芳墓等。

在纷繁复杂的历史环境中,中牟大地哺育了许多文治武功、彪炳史册的历史人物。战国时期有著名思想家、寓言文学家、道家列御寇,著《列子》20 篇,世称"列子",为诸子百家之一;西晋有著名文学家潘岳、潘尼叔任,潘岳擅长诗赋,辞藻艳丽,流传后世的有《潘黄门集》。明代中牟名人辈出,有为官清廉、不附权贵的南京户部尚书张孟男;有书画皆精、享有"神笔"之称的张民表,著有《原圃集》;此外,刑部尚书刘之凤、兵部尚书可法等都是彪炳千秋的典范,为后人敬仰;清代理学家冉觐祖一生专心著述,撰有《四书五经详说》等 20 余种著作。

(一)潘安其人其事

"潘安"是民间俗称,其实名叫潘岳(公元 247—300 年),字安仁,乳名檀奴,中牟县潘家庄(今中牟县城关镇之大潘庄)人。是西晋时期著名的政治家、文学家。

潘岳"美姿仪","掷果盈车"一典流传至今,"貌比潘安"一语屡见于文艺作品和戏剧之中。潘岳为太康文学的代表人物之一,与陆机齐名,史称"潘陆"。作为西晋文学的代表,《宋书·谢灵运传论》说:"潘陆特秀。"《南齐书·文学传论》也说:"潘陆齐名,机岳之文永异。"潘岳一生在西晋文人中,具有一定的代表性,一生涉及文体多

---

① 王庆生,许韶立,单远慕. 中牟县潘安故里景区旅游开发规划 [R]. 2001.9.

样，著作颇丰。他善缀词令，长于铺陈，造句工整。其作品具有清、绮、艳的风格，为世人所称道。

梁钟嵘《诗品》中将潘文列为上品，并有"潘才如江"的赞语，刘勰《文心雕龙》亦对潘文推崇备至。《昭明文选》中，选潘岳诗文 23 篇为载文最多的文学家。《隋书·经籍志》录有《晋黄门郎潘岳集》十卷，已佚。明人张溥辑有《潘黄门集》流传至今。他经历或直接参与了西晋前期几乎所有重大政治事件，其最辉煌的是其两任县令时期，至今仍被人们所称道。

潘岳少时即以才颖见称，乡里号为奇童，12 岁受知于父友东武戴侯杨肇，许以长女妻之。公元 265 年，潘岳 19 岁，西晋代魏。岳父潘芘为琅琊内史，负责为琅琊王司马伦治理郡国，因此举家东迁。是年潘岳即以《射雉赋》步入文坛，翌年便被辟为司空掾，因而入洛，常与夏候湛游于洛阳郊，世称"连璧"。岳每出，女见之，则萦绕起舞，并投以花果，满载而归。史曰"掷果盈车"。

泰始四年（公元 268 年），晋武帝率群后藉于千亩之甸，岳作《藉田赋》以颂之，名噪一时。然才华遂遭众人所嫉，不迁达十年。咸宁四年（公元 278 年）岳被贾充辟为太尉掾，题《阁道谣》获罪于山涛等人。翌年出为河阳令，在河阳县遍种桃李，史称"花县"。三年后转为怀令，县内遍设逆旅（客店），既方便商贾，促进了经济发展，又有利于地方治安，为史所称道。太康六年（公元 285 年）转尚书度支郎，迁廷尉评，因公事免。永熙元年（公元 290 年）为太傅杨骏主簿。翌年骏反，为楚王玮所杀，岳赖公孙宏救助，仅以身免，除名。晋惠帝元康二年（公元 292 年）为长安令，作《西征赋》。元康六年（公元 296 年），石崇大会文士于金谷园，潘岳与宴唱和。翌年为著作郎，作《马开督诔》。元康九年（公元 299 年），岳为给事黄门侍郎，应诏作《关中诗》，该诗与《马开督诔》阴讽赵王司马伦之暴政及其互相倾轧之恶行。冬作《悼亡诗》以悼念亡妻，为古之名篇。晋惠帝永康元年（公元 300 年），赵王伦执国柄，伦与中书令孙秀一起诬岳与石崇、欧阳建阴奉齐王峒崎同、淮南王允为乱，诛之，夷三族。是年岳 54 岁。

（二）潘安主要文学作品

《射雉赋》：作于晋武帝泰始二年，公元 266 年（20 岁）。

《藉田赋》：作于晋武帝泰始四年，公元 268 年（22 岁）。

《杨荆州诔》：作于晋武帝咸宁元年，公元 275 年（29 岁）。

《秋兴赋》、《景献皇后哀策文》：作于晋武帝咸宁四年，公元 278 年（32 岁）。

《杨仲武诔》：作于公元 278—279 年之间。

《河阳县作二首》、《河阳庭前石榴赋》：作于晋武帝咸宁五年，公元 279 年（33 岁）。

《在怀县作二首》、《太宰鲁武公诔》、《顾内诗》：作于晋武帝太康三年，公元 282 年（36 岁）。

《上客舍议》：公元 290 年，应是潘岳任度支郎时所作。

《答挚虞新婚箴》：作于晋武帝太康七年，公元 286 年（40 岁）。

《家风》、《狭室赋》、《世祖武皇帝诔》：作于晋惠帝永熙元年公元 290 年（44 岁）。

《夏侯常侍诔》：作于晋惠帝元康元年，公元 291 年（45 岁）。

《西征赋》：作于晋惠帝元康二年，公元 292 年（46 岁）。

《闲居赋》、《金谷集作诗》、《为贾谧作赠陆机》：作于晋惠帝元康六年，公元 296 年（50 岁）。

《马开督诔》：作于晋惠帝元康七年，公元 297 年（51 岁）。

《哀永逝文》：作于晋惠帝元康八年，公元 298 年（52 岁）。

《关中诗》、《悼亡诗三首》：作于晋惠帝元康九年，公元 299 年（53 岁）。

（三）旅游资源评价

潘安故里景区资源优势明显，旅游开发区位优越，且紧临省会郑州，交通便利，具有广阔的客源市场。作为名人旅游开发，潘安是中国历史上公认的最有名的"美男子"，也是西晋著名文学家。同时潘安故里在中牟，也具有唯一性和垄断性。大潘庄村有潘安墓，也是重要的旅游资源。因此潘安故里旅游开发，相对于其他寻根问祖旅游和名人旅游开发更具优势。

三、潘安故里开发现状

潘安故里位于中牟县城关镇大潘庄，1996 年始建"潘安故里游乐园"，总投资 600 余万元，目前运转良好。5 年来，虽然潘安故里游乐园吸引了大批游客，并成为对外开放的一个极为重要的窗口，但是作为以才貌出众的潘安，其遗迹、遗址没有得到很好的开发利用。潘安故里具有可观的文化底蕴和旅游潜力，亟待我们正确地认识和大力开发。另外，潘安故里游乐园虽然是以潘安来命名，但其实与潘安没有多少联系，所有的游乐项目明显带有公园的性质，真正的优势并没有发挥出来。

目前园内的主要项目有：射箭场、儿童乐园、空中转椅、小火车、小高尔夫球场、钓鱼池、人工湖、旱冰场、碰碰车、空中飞机、蹦蹦床、空中滑车、游泳池等。目前游乐园与潘安故里景区的主题不太适应。

四、策划原则

（一）市场导向，突出文化品位

旅游业是一个经济产业，必须考虑市场的需求和竞争力，把旅游市场的需求和供给情况作为规划决策的基础。同时要突出文化内涵，旅游业的竞争本质就是文化品位的竞争，因此潘安故里的开发一定要突出文化品位，使游人能够在此得到一定的知识。

（二）明确主题，重视参与性

潘安故里景区的旅游开发，首先要明确此景区是一处以历史名人为主题的寻根、游乐文化旅游区，规划应把古代题材与现代旅游意识结合起来，所设项目在尊重历史的前提下，尽量符合现代人旅游的需要，把丰富多彩的潘氏名人故事，利用多种艺术造型及技术强化表现效果，使其形象化地再现，集科学性、知识性、艺术性和娱乐性于一体。

（三）系统协调、综合配套

潘安故里景区建设，要注意植被绿化与景点内容相协调，建筑设施与整体自然相协调，景点内容与旅游区主题相协调。在综合配套上，力求全面地满足旅游者行、游、住、吃、购、娱六个方面的需求，使各种设施成龙配套，形成综合接待能力，力求使其舒适、方便、愉悦。

（四）多元投资、分期实施

由于潘安故里景区开发资金不可能一次到位，应在突出主题的前提下，把近期投资小、效益大的关键性项目规划到位，尽快进入设计与施工阶段，缩短建设周期，提高投资效益，做到全面规划，分期实施。在投资开发上，要明确开发序列，突出重点，多方筹集资金。

五、指导思想

首先，以优美的园林造景为依托，以潘安墓、潘安祠、潘氏名人园及潘安故居为基础和载体，总体上要突出"寻根"、突出"文化"、突出"美男子"，借题发挥，使潘安"外表美"与"内在美"并重。其次，整个景区以潘氏寻根拜祖为主题，以参与性游乐项目为烘托，以"潘氏祭祖节"和"选美节"为热点，以北朝建筑风格为主格调，以庄严、肃穆、典雅、古朴为景区整体气氛，突出园林化、艺术化、知识化、科学化，是一处集寻根、游乐、休闲为一体的旅游地。再次，中牟要把"潘安故里景区"的开发作为中牟旅游业第二次创业的一种机遇来对待，其目的是通过旅游开发，弘扬中华民族传统文化，沟通国内外潘氏宗亲与祖地之间的经济、文化、信息交流，增强民族团结和统一，促进经济文化共同繁荣。

六、理念策划要点

（一）潘安故里最具知名度

当今社会上，知名度就是生产力。所以各地都在发展"注意力经济"，千方百计吸引别人的注意。

长期以来，国内外许多人知道河南有中牟这个地方，主要因为三件事。第一件事是，《三国演义》中写过东汉末年，曹操由洛阳东逃，路过中牟时，他的好友吕伯奢热情招待他，他听到吕家为宰羊而磨刀的声音，以为是要杀他，所以把吕伯奢一家全杀了。这件事太奇特，所以许多读者因此而记住了中牟。第二件事是，曹操与袁绍的"官渡之战"是在中牟进行的。这件事在《三国演义》中也有描写。第三件事，就是潘安是中牟人，这在唐代人写的《晋书》上是有明确记载的。

第一件事很难进行旅游开发。针对第二件事，已进行了旅游开发，虽在经济收入上目前不尽如人意，但已产生了一定的社会效益。第三件事虽从 1996 年以来已作初步开发，但至今档次不高。

在这三件事上，旅游价值最大、文化含量最丰富的就是潘安故里。

潘安是中牟的形象大使，是极好的牌子，应叫响这个牌子，擦亮这个牌子。让这个牌子叫响河南，享誉海内外。

（二）意义

开发潘安故里具有以下三方面的意义。

1. 为全国创立了一个唯一的男性审美文化景点

潘安是个美男子。中国古代戏曲、小说中提到女人之美，常用"闭月羞花，沉鱼落雁"两句话来形容，而讲到男子的才貌却常用"才如子建，貌比潘安"来表示。这使潘安之名在中国民间几乎家喻户晓（尽管很多人都不知道潘安是中牟人）。

中国古代美女很多。通常说有"四大美女"，即西施、王嫱、貂蝉、杨贵妃。其实这四人中，除西施一般都有外，其他三人有时也换别人代替，以合乎"四大"之数。

据历史文献记载，中国古代美男子很多，但自古以来，人们知道的、认可的，只有潘安一人。

现在，国内关于古代美女的景点，已经开发了很多。如浙江诸暨西施故里、四川广元武则天故里的开发，都收效很好。而关于美男子的景点一个也没有。因此，开发潘安故里，就为中国创造了一个唯一的美男子景点。

2. 使河南多了一个晋代文化景点

河南是中国古代文化的中心。西晋首都在洛阳，魏晋玄学、太康文学都诞生在河南。当时的洛阳话就是全国的普通话。陆机、陆云兄弟是吴人，曾因不会讲洛阳话而感到苦恼。但至今，河南缺少有代表性的高档次晋代文化景点。

目前在河南，西晋以前的夏、商、周、秦、汉、三国都有很多文化旅游景点。西晋以后的南北朝、隋、唐、宋、元、明、清文化旅游景点也很多。唯独没有开发具有影响力的西晋文化景点。潘安故里的开发，为河南历史文化景点的花环链条又补上了一个完整的环节。

潘安，不仅是美男子，而且是与陆机齐名，在艺术成就上超过陆机的西晋首屈一指的文学家。

潘安19岁时，曹魏灭亡，西晋建国。西晋政权只存在41年时间，潘安被害后，政局混乱，十六国政权开始建立，再过十多年，西晋就灭亡了。因而潘安主要生活在西晋的太平时期。通过以潘安为载体，有可能展示西晋文化的精粹，反映西晋文化的风貌和个性。

而且，魏、晋是连在一起的，建好了也许能对官渡古战场起到起死回生的作用。

3. 填补了开封和郑州两个市区之间的旅游空隙

河南旅游重点之一是发展黄河沿线，这是河南的黄金旅游带。但在开封和郑州两个市区之间，目前没有档次高的、有意义的旅游景点。

因此，中牟在旅游上应有突破，而重点开发潘安故里，是最好的选择。

中牟大量生产的大蒜、大瓜（西瓜）、大米、大枣，在旅游上应有其形象代表。

据统计，中国大姓中有60％起源于河南。通过姓氏寻根可以吸引大量海内外华人游客，并迅速提高姓氏起源地的知名度。

近年来，荥阳郑氏、叶县叶氏、温县卜氏（子夏）、太康谢氏、濮阳张氏、卫辉林氏、登封许氏等都在开展姓氏寻根旅游方面取得了很好的成绩。

中牟潘氏也是开展姓氏寻根的重要资源。

在当今中国一百个大姓中，潘姓占第52位；在我国台湾一百个大姓中，潘姓占第42位。在国内外华人人口中，潘姓占有很大比例。而大部分潘姓都承认中牟是他们的祖根所在地。因而在中牟开展潘姓寻根旅游有很好的条件。

可在中牟筹建潘姓故里联谊会，成立潘安及潘姓文化研究会，联络海内外潘姓后裔，研究潘安及潘姓文化，促进潘安故里社会、经济、文化的发展。

（三）主题定位

基于上述情况，中牟县潘安故里的旅游开发，可以初步确定为美男子、晋文化、姓氏寻根三大主题。

美男子是品牌。

晋文化是内涵、核心和背景。

姓氏寻根是一个重要客源市场。

说得专业一点就是可以开展男性审美文化游、晋代文化游和姓氏寻根游。

潘安是美男子，这一点可谓家喻户晓。但潘安是哪里人，很多人都不知道。一定要借助潘安，把中牟的名声推广出去。

（四）功能分区

根据潘安故里目前的现状，结合各旅游资源的主题特色与内容，将潘安故里景区划分为五个小区，即门景区、潘安墓祠区、潘安故居花园区、潘氏名人园、潘安游乐区。

【思考与讨论】

分小组讨论上述潘安故里策划方案，回答以下问题。

1. 上述策划方案中对潘安其人做了大量研究，为什么？

2. 你认为上述方案中的理念策划有无新意？谈谈你的观点。

本章思考题

1. 结合实际简述旅游策划"需求导向原理"及其应用实例。

2. 简述旅游项目策划的内容与程序。

3. 结合实际，就旅游项目策划与旅游规划的关系发表个人见解。

4. 结合实例，谈谈你对旅游项目策划的特色化和知识化等原则的理解和认识。

第 三 章

旅游项目可行性研究

教学目的、要求：

　　了解旅游项目可行性研究的相关知识，如可行性研究的概念、我国可行性研究进展与存在问题、旅游项目可行性研究的内容与意义以及旅游项目与工业项目可行性研究的比较。

教学重点：

　　旅游项目可行性研究的内容。

第一节　我国可行性研究进展

一、可行性研究概述

（一）概念

　　可行性（feasibility）研究是投资项目（investment project）最终决策前进行技术经济论证的一门科学。它的任务是综合论证一个投资项目在市场发展的前景、技术上的先进性和可行性、财务上实施的可能性、经济上的合理和有效性。就内容来看，可行性研究主要包括：市场分析（市场调查、市场预测、市场趋势、综合分析）；技术分析（项目和企业概况审查，资源条件，工程和水文地质条件，原材料、燃料及动力供应条件，交通运输条件，厂址选择条件，环境保护措施，工艺和设备的选择等的评估）；财务分析（微观经济效益分析）；经济分析（国民经济分析，即侧重于宏观经济效益分析）等（付晶晶、汪泱，2005）。

（二）可行性研究的作用

　　投资一个旅游项目，目的就在于最大限度地获得经济效益和社会效益。任何投资决策的盲目性或失误，都可能导致重大的损失，特别是重大项目的决策正确与否，其影响所及会是整个国民经济的结构和规模。对投资项目进行可行性研究的主要作用表现为：

（1）可行性研究是科学的投资决策的依据。任何一个投资项目成立与否，投资效益如何，都要受到社会的、技术的、经济的等多种因素的影响。对投资项目进行深入细致的可行性研究，正是从这三方面对项目分析、评价，从而积极主动地采取有效措施，避免因不确定因素造成的损失，提高项目经济效益，实现项目投资决策的科学化。科学的投资决策是项目顺利进行、投资效益正常发挥的保证。

（2）可行性研究是项目设计的依据。在现行的规定中，虽然可行性研究是与旅游项目设计文件的编制分别进行的，但旅游项目的设计要严格按批准的可行性研究的报告内容进行，不得随意改变可行性研究报告中已确定的规模、方案、标准、厂址及投资额等控制性指标，项目设计中的新技术、新设备也必须经过可行性研究才能被采用。因此，我国建设程序规定，可行性研究是建设程序中的一个重要阶段，是在设计前进行并作为项目设计的依据。

（3）可行性研究是旅游规划实施的依据。只有经过旅游规划可行性研究论证，被确定为技术可行、经济合理、效益显著、建设与生产条件具备的旅游规划项目，才能被列入国家或地方的投资计划，允许项目单位着手组织原材料、燃料、动力、运输等供应条件和落实各项投资项目的实施条件，为旅游规划顺利实施作出保证。旅游规划与开发的可行性研究是旅游规划实施的主要依据。

（4）可行性研究是旅游规划评估的依据。在可行性研究报告中，具体地分析了旅游规划的必要性和可行性，作出最终决策并选出最优方案。旅游规划评估，是在可行性研究的基础上进行的，通过论证、分析，对可行性研究报告进行评价，提出旅游规划是否可行，是否是最好的选择方案，为最后作出投资决策提供咨询意见。可行性研究还详细计算旅游规划的财务、经济效益、贷款清偿能力等详细数量指标以及筹资方案和投资风险等，因此银行就可对可行性研究报告进行审查和评估后，决定对该规划的贷款金额。

二、我国可行性研究存在的主要问题

（一）评估结论均为可行，可行性研究流于形式

在过去较长的一段时间里，可行性研究被认为是费时、费力、费财的工作，甚至被认为是根本没有必要的。尤其是中小企业，没有把可行性研究工作当作影响企业生存与发展的重要工作来抓。导致企业在进行可行性研究时，敷衍了事，使可行性研究成为应付有关部门检查的方法。造成这种状况的存在是由于我国投资体制落后，项目赚不赚钱无所谓，可行不可行一个样，没有经济责任感。

（二）可行性研究过程不规范

在进行可行性研究时，需要由各方面的人才，如工程师、规划师、经济师等组成一个专门的可行性研究小组，对工程项目从各个角度是否可行进行考察和分析论证。可是，有些项目根本没有成立可行性研究小组，只是由建设单位自己凭主观经验编写一份可行性研究报告，交予上级，草草了事。有些项目成立了可行性研究小组，但其组成成员不是缺少技术人员，就是缺少经济人员。普遍存在的问题是，项目法人往往偏重工艺技术等方面的可行性研究，而对项目的市场研究得不够全面和深入；在可行性研究报告中，市场调研阐述得比较笼统，数据来源不够明确，结论的依据也不够充分。同时，在现实中，还存在由上级主管部门指定人员组成可行性研究小组的现象。这样的小组进行工作时，往往凭借主观经验，而不去运用各种科学的方法进行技术、经济上的研究、论证，从而导致结论缺乏真实性和可靠性。

（三）可行性报告不起约束作用

可行性报告是建设项目开展各项工作的依据。我国基本建设程序规定，建设项目应严格按照批准的可行性研究报告的内容设计，不得随意变更可行性研究报告已确定的控制性指标。但是在我国的建设实践中，普遍存在着随意更改工程可行性研究报告内容的情况。而建设规模、产品方案、建设用地和总投资等基础性指标中的任意一项改变都可能改变可行性研究的最终结果。

（四）选用的方法、指标不够科学合理

多数企业在做可行性研究工作时，存在低估投资预算，高估收益，夸大技术和产品的先进性，缩短建设期和效益回收期，选择次要和辅助评价指标，回避主要指标，评价方法单一等问题。

三、我国可行性研究的改进对策

（一）建立和完善可行性研究的机制

在大中企业内应有一批熟悉技术经济、掌握可行性研究方法的人才。在大中城市应有一批从事项目咨询服务的公司，有能力对规划、设计院所所做的可行性研究进行审查，形成制衡监督机制。凡可合资经营的项目，可以利用境外投资项目咨询机构完善制衡机制。

随着对项目可行性研究的重要性逐步认识，国家越来越重视关于可行性研究约束机制的问题。2004 年 7 月 25 日，国务院出台了关于《关于投资体制改革的决定》。在该

文件中，国务院把可行性研究的约束机制的实施进一步具体化，出台了相关的措施，建立政府投资责任追究制度。工程咨询、投资项目决策、设计、施工、监理等部门和单位都应有相应的责任约束，对不遵守法律法规给国家造成重大损失的，要依法追究有关责任人的行政和法律责任。

（二）改进方法，完善指标

由于项目不同，项目目标也不相同，所以各个项目所计算的指标也不同，造成了衡量项目可行性的标准不同，并且由于衡量的方法的误差，也会影响到可行性研究的准确程度，所以在对项目进行可行性分析的时候应该注意到这些问题，尽量改进方法，减少误差，完善指标，对项目可行标准予以全面的考虑。

在市场国际化、经济全球化条件下，项目可行标准应该考虑：技术先进、可靠，经济合理、有利，有市场竞争能力，可以持续发展，符合产业政策，具化解风险能力，项目安全可靠。

在经济全球化、机会和风险共存的今天，项目实施过程中可能会有技术、市场、金融、政治等风险。进行项目可行性研究时，应在对各种风险出现的可能性和危险性进行科学预测的基础上提出切实可行的防范、化解、回避风险的对策措施。

项目可行性研究的可靠性主要在于项目可行性研究时对生产经营期内市场、用户、用途、用量、价格、竞争能力等商情预测的准确性和可靠性，应综合应用德尔菲法、专家意见法、市场人员意见法等定性方法科学地建立数学模型，与用计算机分析计算等定量方法并重，同董事长、总经理的经验、灵感相结合，全面考虑经济全球化、市场国际化的影响，慎重做出预测，为项目可行性研究报告的可靠性奠定基础，为项目决策提供科学依据。

对于结论是可行的可行性研究报告，必要时可从相反立场作不可行性分析，主要内容有项目前提条件分析、决策困难因素分析、带来问题风险分析等。若是项目决策遇到的困难太多，克服困难的成本太大，达到前提条件的投资大于等于收益，致命风险难以避免时，项目不应确立，可行性研究报告不可靠；反之，项目应当确立，可行性研究报告可靠。

第二节　旅游项目可行性研究的内容

一、项目的含义与分类

世界银行将项目界定为，在规定的期限内，为完成某项开发目标（或一组开发目标）而规划的投资、政策、机构以及其他方面的综合体。美国专家约翰·宾（John

Ben）指出，项目是要在一定时间里，在预算范围内需达到预定质量水平的一项一次性任务。

尽管对项目的理解存在一些差异，但一个项目都必须具备三个特征（郑治伟，2000），即项目的一次性、项目有明确的目标、项目作为管理对象的整体性。

项目根据性质可分为基本建设项目和更新改造项目，其中基本建设项目包括新建项目、扩建项目、改建项目、恢复项目和迁建项目等。

根据项目的内容可分为工业投资项目和非工业投资项目。

根据投资主体可分为国内投资项目和"三资"项目。

二、编写可行性研究报告的依据和要求

（一）可行性研究报告的依据

对一个拟建项目进行可行性研究，必须在国家有关的规划、政策、法规的指导下完成，同时，还要有相应的各种技术资料。

可行性研究工作的主要依据有：

（1）国家经济和社会发展的长期计划，部门与地区规划，经济建设的方针、任务、产业政策、投资政策和技术经济政策，以及国家和地方法规。

（2）批准的项目建议书和项目建议书批准后签订的意向性协议等。

（3）国家批准的资源报告，国土开发整治规划、区域规划、工业基地规划。对于交通运输项目要有有关的江河流域规划与路网规划等。

（4）国家进出口贸易和关税政策。

（5）拟建厂厂址当地的自然、经济、社会等基础资料。

（6）有关国家、地区和行业的工程技术、经济方面的法令、法规、标准定额资料。

（7）国家颁布的建设项目经济评价方法与参数，如社会折现率、行业基准收益率、影子价格换算系数、影子汇率等。

（二）编制可行性研究报告的要求

由于可行性研究工作对于整个项目建设过程以至于整个国民经济都有极其重要的意义，为了保证它的科学性、客观性和公正性，有效防止错误和遗漏，对编制可行性研究报告有下列要求。

必须站在客观公正的立场进行调查研究，搞好基础资料的收集。对于基础资料，要按照客观实际情况进行论证评价，如实地反映客观规律、经济规律。可行不可行的结论，应用科学分析的数据来回答，绝不能先定可行的结论，再编选数据。概括而言，应从客观数据出发，通过科学的分析得出最终的结论。

可行性研究报告的内容深度一定要按照国家规定的标准（如误差≤10％），基本内容要完整，应占有尽可能多的数据资料，避免粗制滥造、走形式。在做法上要掌握以下三个要点。

（1）坚持先论证，后决策。要处理好项目建议书、可行性研究、评估这三个阶段的关系，哪一个阶段发现不可行都应停止研究；对于重大项目，如果发现建议书研究不够，应先进行初步可行性研究。多比较选择一些方案，厂址可以先预选，认为可行后，再选定厂址，要进行全面的、更深层次的可行性研究。

（2）调查研究要贯彻始终。要掌握切实可靠的资料，保证资料选取的全面性、重要性、客观性和连续性。

（3）坚持多方案比较，择优选取。为了保证可行性研究质量，应保证咨询设计单位必需的工作周期，防止因各种原因而搞突击，草率行事。

以上三条要求目的是保证可行性研究报告能准确客观反映事实，为决策提供依据，为施工的顺利进行和效益的正常发挥创造一个良好的前提条件。

三、旅游项目的内涵与实施

旅游项目（tourism project）是由项目的概念延伸出来的，郑治伟（2000）认为，旅游项目是指在一定时间范围内，在一定的预算范围内为旅游活动或以促进旅游目标实现而投资建设的项目。它包括景区景点项目、饭店建设项目、游乐设施项目、旅游商品开发项目、旅游交通建设项目、旅游培训教育基地项目等。旅游项目的核心包括项目的主题、项目的策划、项目的布局、项目的市场定位。

一个旅游项目得以顺利实施，一般要经过项目立项（项目建议书）、项目可行性研究报告、项目规划实施方案、资金筹措、项目具体建设等几个必要环节，从而服务于整个景区的发展。

一般实施步骤为：提出项目建议书；决策部门提出审批意见；建设单位编制项目可行性研究报告；决策部门提出可行性研究报告的审批意见（否决项目或提出立项报告→承诺贷款→提出贷款意向）；金融机构提出评估报告（否决项目或承诺贷款）；开始施工。

旅游项目可行性研究的程序：委托有资质的编制单位→旅游项目建议书→旅游项目可行性研究报告→审批与实施。

四、旅游项目可行性研究的内容及其作用

结合旅游项目开发实际，旅游项目可行性研究一般应该包括以下内容：建设项目提出的背景、投资的必要性和可行性；项目市场分析及市场预测，并根据分析结果确定项目建设规模和方案；根据拟建址的地理位置、交通、地形、地貌、气候、水文、社会经

济状况、资源、基础设施、政策、建设方案比较等内容，科学选出项目建设地址；项目建设内容，包括项目的总体布局、建筑风格、项目单体布局、单体设计（功能设计、建设标准、主要设备选型及相应的技术经济指标等）；项目的建设分期和实施进度；项目的投资概算以及资金来源、筹措方式和贷款偿付方案；项目经济效益分析，并得出该项目的静态投资回收期；项目的社会效益及生态效益分析；项目环境影响评价及环境保护规划方案；项目的营销、组织、管理、协调与控制；结论。

　　旅游项目可行性研究的作用主要体现在：为投资者进行投资决策提供依据；为投资者申请项目贷款提供依据；为商务谈判和签订有关合同或协议提供依据；为项目初步设计提供依据等方面。

【扩展阅读】

某旅游开发项目可行性研究报告编制提纲①

一、总论

（1）项目的概述。应包括项目的主要内容、创新点、主要功能等。

（2）简述项目的社会经济意义、目前的进展情况。

（3）简述本地区建设该项目的优势和风险。

（4）项目计划目标。

1. 总体目标。包括项目执行期间（从项目起始时间到计划完成时间）计划投资额；项目完成时达到的目标、实现的年接待能力等。

2. 经济目标。包括项目计划完成时累计实现的旅游收入增加值、旅游外汇收入、净利润等。

3. 技术、质量指标。包括项目计划完成时达到的主要技术与性能指标（需用定量的数据描述）、执行的质量标准、通过的国家相关行业许可认证及企业通过的质量认证体系等。

4. 阶段目标。在项目执行期内，每一阶段应达到的具体目标，包括进度指标、技术开发指标、资金落实额、项目建设情况、实现的旅游收入等。每一阶段目标应是比较详细的，可进行考核的定性、定量描述。

5. 主要技术、经济指标对比。列表对项目实施前后的相关指标进行详细比较。

二、旅游项目的技术可行性和成熟性分析

（1）项目的技术可行性论述。

（2）项目的成熟性和可靠性论述。

---

① 王庆生. 旅游规划与开发［M］. 北京：中国铁道出版社，2011：339-341.

三、旅游项目产品市场调查与竞争能力预测

（1）产品市场调查。包括本旅游项目产品的主要功能，目前主要客源市场的需求量，未来市场需求预测；旅游项目产品的经济寿命期，以及该项目目前处于寿命期的阶段。

（2）竞争能力预测。包括本旅游项目产品的国内外市场竞争能力，替代进口或出口的可能性，预测本旅游项目市场占有份额，以及近期内市场占有率的增长情况，并说明预测的根据。

四、旅游项目实施方案

（1）开发计划。详细描述旅游项目开发工作、准备工作、市场开拓工作的进展计划，以甘特图的形式列出，并明确标出完成各项工作预计所需时间及达到的阶段目标。

（2）建设技术方案。论述该旅游项目的技术路径，并说明在开发过程中将采取的具体技术方法和预计实现的技术参数，提出可以解决上述技术问题的备选方案。

（3）营销方案。论述本旅游项目产品主要的目标市场以及该旅游项目的销售和服务网络等。

（4）其他问题的解决方案。简述旅游活动过程中的"三废"情况及处理的策略和方案。

五、投资预算与资金筹措

（1）投资预算。估算近期完成的投资额，即提出申请之前该旅游项目已实现的投资额，并分项说明资金来源及主要用途。估算本旅游项目在执行期内的计划新增投资。根据项目计划新增投资情况，编制新增固定资产投资估算表和流动资金估算表。

（2）新增资金的筹措。对新增投资部分，需阐述资金筹措渠道、预计到位时间、目前进展情况。

（3）资金使用计划。根据项目实施进度和筹资方式，编制资金使用计划。

六、经济、社会效益分析

（1）旅游项目投资成本分析。按财务制度的规定，估算旅游项目产品的年运营成本和期间费用，并提供计算运营成本的基础；说明对旅游项目运营成本产生负面影响的主要因素以及可采取的对策。

（2）旅游项目盈利预测。根据旅游项目产品的成本和市场分析，预测该旅游项目产品进入市场的情况，并编制该项目五年的盈利预测表，包括收入预测、成本预测、利润预测等。

（3）旅游项目经济效益分析。根据旅游产品营销情况和客源市场占有情况的分析，预测本旅游项目在规划期限内累计可实现的收入、净利润、缴税总额以及创汇等情况。

（4）旅游项目投资评价。计算旅游项目的净现值、内部收益率、投资回收期。

（5）旅游项目社会效益分析。论述本旅游项目的实施将对提高地区经济发展水平的

影响，对合理利用自然资源的影响，对保护环境和生态平衡以及对节能可能产生的影响。

七、项目可行性研究报告编制说明

（1）可行性研究报告编制单位名称、基本情况、负责人、联系电话。

（2）可行性研究报告编制者姓名、年龄、学历、所学专业、工作单位、职务、职称。

八、附件

项目可行性研究报告的专家论证意见。

（1）论证意见。包括对项目可行性研究报告的真实性、科学性、立项意义的评价；对项目可行性研究报告中技术水平描述的准确性、技术路线可行性的评价；对项目投资预算的评价；对项目能否如期完成总体目标、经济指标、技术质量指标、进度目标等内容的评价，并提出修改意见；其他有关建议。

（2）专家论证组的专家名单。包括姓名、年龄、工作单位、学历、所学专业、现从事专业、职务职称、联系电话、身份证号码及专家签名。

【课外实践作业】

依据上述扩展阅读材料，分小组讨论编制某旅游区可行性研究报告。

第三节　旅游项目与工业项目可行性研究的对比分析

1999—2000 年间，为推动我国旅游业快速发展，原国家计划委员会（现改称国家发展改革委员会）出台了专门支持重点景区旅游基础设施建设的投资倾斜政策，由此引发了全国范围内编制旅游基础设施项目可行性研究报告（简称可研报告）及其项目建议书的热潮。最初的可研报告内容框架主要是各省市工程咨询公司等部门借用工业项目可研报告编写体例进行，而且，为了提高可研报告编写的科学性，在编制工作中专门吸收旅游专业领域的专家、学者参与。经过近 10 年的发展，旅游可行性研究的编制规范日益完善，也逐渐形成了旅游项目可研报告的特色。

总地来看，旅游项目与工业项目相比，其可行性研究具有其特殊性和自身的研究规律，主要表现在以下几方面。

一、内在机制和重点

工业项目的可行性研究中，根本因子是原燃料和技术水平，这两者共同决定技术可行性和市场。旅游项目则不同，影响旅游项目的三个根本因子是主题、设计与区位，三者共同决定市场前景，其中规划设计是技术可行性的研究重点。对于旅游项目而言，在效益方面，反映其财务可行性的财务效益决定于客源市场，反映其建设必要性的社会效益和国民经济效益还是主要决定于主题、设计和区位三个根本因子。

二、区位条件

　　旅游项目的产品是一些不可移动的景观和娱乐，其消费特征是广大游客离开其常住地、到达旅游项目所在地才能购买消费，因而距离阻抗成为产品销售的重要影响因素，客源一般呈现随距离衰减现象。旅游项目的市场在空间上呈现向心集聚而不是网络扩散，导致区位具有高度重要的意义。

（一）宏观区位

　　一个项目的区位可以分为第一选址（宏观区位）和第二选址（微观区位）。对于工业项目而言，区位的影响是有限的。在宏观区位上，由于一般工业项目借助促销网络和运输工具可以将产品输送到广大区域，其厂址所在地是 A 还是 B，不及产品质量的影响大。旅游项目则不同，由于其市场吸引力随距离衰减，宏观区位是与主题创意相并列的两个决定性因子。不同的城市经济水平不同，常住人口和流动人口不同，交通便捷度不同，市域周边景点竞争状况不同。一些低级别旅游项目对外地流动人口吸引力很小，单一面向当地市场，第一选址就更为重要。

（二）微观区位

　　一般工业项目仅要求"三通一平"、不污染环境、有充足用地，但旅游项目的要求更多。一般企业的距城市路途时间并不重要，而旅游项目距城市路途时间则决定了属于一日游范围还是两日游范围，后者的市场规模远远小于前者。一般工业项目相互之间关系不大，旅游项目则必须注意与其他项目之间的关系。有些旅游项目由于规划设计的需要，在微观选址时对地形还要求有一定起伏以便营建多种景观。在旅游项目可行性研究报告中，应注意充分进行区位研究，客观、全面地反映区位条件。

三、品牌建设

　　一般企业的产品是多品牌、多品种的，对抵御市场风险有一定作用，旅游项目产品则是十分单一的观光或娱乐产品，品牌只有一个，一旦市场萧条则很受影响。新景观的塑造和娱乐设施的引进均耗资巨大，如果只是部分更新难以形成形象的革新，对市场的带动有限。

　　由于距离阻抗与重复消费低的共同作用，目前不少旅游项目市场表现出开业轰动之后的衰落，投资风险很大，因此在可行性研究中，应强化风险研究和不确定性研究。

四、市场前景

一般工业项目的产品市场前景决定于其市场进入时机，在产品引入期、成长期投资建设工业项目，市场可望在其后若干年内不断上升膨胀，然后才渐趋稳定，直至下降；若在产品成熟期建设，产品的市场前景将不会有上升期，销量一般逐渐下降。

旅游项目则不同，客源市场前景与开业时机关系不大，主要决定于其主题、设计与区位，不同主题和区位的项目具有不同的客源规模，不同设计手法的旅游项目基本具有不同的市场发展曲线。

五、生命周期

一般工业项目和商业、房地产项目生产经营期长，因而其可行性研究报告通常以20年为计算期（20年之后的收支折现后对计算结果影响很小），但是旅游项目则不能也以20年一概而论。

在旅游项目的可行性研究工作中，从当前实践看，人类有持续需求的主题项目如海滨度假村、宗教旅游项目、海水浴场、戏水乐园等生命周期较长，可以也按20年计算，但参与性不强的一般观赏型主题园只能以10年的生命周期计，地方性的小型旅游项目只能以5年的生命周期来测算财务效益。

六、行业指标

作为投资项目，可行性研究中均需将财务效益与一定标准相对照，旅游项目除了净现值大于零外，内部收益率等赢利能力指标不应机械搬用工业项目，而应采用旅游业实际数值。举例而言，中国旅游行业的年投资利润率在1991年为15%，这一数值就成为判断拟建旅游项目属于效益良好、一般还是较差的指标。

【案例 3-1】

三门峡黄河白天鹅生态苑旅游基础设施建设可行性研究报告[①]

一、概况

拟成立的"三门峡黄河白天鹅生态苑旅游开发有限公司"是以三门峡旅游局控股组成的股份有限公司。公司以旅游为主业，兼营餐饮、商业等多种行业，以三门峡特有的自然资源——三门峡库区湿地及黄河上最大的白天鹅栖息地为主要自然景观，另外拟投入资金建设系列相关服务设施。计划将二者结合为一体，将这一风景区建设成为黄河游

---

① 王庆生，吴振虎，等. 三门峡黄河白天鹅生态苑旅游基础设施建设可行性研究报告 [R]. 2001.7.

览线路上的特色景区，使之成为国内外游客"中原旅游"的必到之地。

本项目的开发不仅能为公司的发展带来商机，而且也将为三门峡市及河南省的旅游事业带来新的亮点，预计项目的发展前景光明。

（一）地理位置

拟建的三门峡黄河白天鹅生态苑位于河南省西部黄河三门峡水库南岸。东有崤陵门户，西依曲沃古塞，南靠甘山屏障，北临黄河天险。既是衔接秦、晋、豫三省的战略要地，又是三省交会"金三角"枢纽地，河南通过黄河航运沟通秦、晋。

（二）资源特点

三门峡黄河白天鹅生态苑（简称"白天鹅生态苑"，下同）属于黄河三门峡库区省级湿地保护区的一部分，系黄河上最大的白天鹅栖息地。保护区东起三门峡大坝，西至豫陕交界处，南临三灵盆地，北倚山西省中条山，总面积300平方千米，东西跨度大，水面宽阔，滩涂及水域饵料丰富，是候鸟迁徙停歇和越冬的天然场所。保护区内共有鸟类46种，分属为12目16科。其中最引人注目的是白天鹅。每年12月到次年2月，黄河三门峡大坝拦洪蓄水，良好的水质和生态环境吸引了成千上万只美丽温驯的白天鹅翩翩飞临，在这里栖息。它们体态优雅、洁白如银，每年如约而至，成群翔翔，少则数十只，多则数百只，在黄河岸边集群栖息，嬉戏觅食，使冬日萧瑟的黄河顿显生趣，成为一大景观，成为黄河游的一道亮丽的风景线，吸引许多游人前往观看，使三门峡水库成了我国少有的天鹅湖，成为白天鹅观赏胜地。三门峡市也因此有了"天鹅之城"的美誉。

据《现代汉语词典》解释，天鹅，鸟，形状像鹅而体形较大，全身白色，上嘴分黄色和黑色两部分，脚和尾都短，脚黑色，有蹼。生活在海滨或湖边，善飞，吃植物、昆虫等，也叫鹄。我国拥有三种天鹅——大天鹅、小天鹅、疣鼻天鹅。湿地保护区内除大天鹅、小天鹅以外，还有一级保护动物丹顶鹤、白鹤，二级保护动物灰鹤、黄嘴白鹭、鹊鹞、白尾鹞、纵纹小鸮，省级重点保护动物鸿雁、苍鹭、红嘴山雅等。本项目的建设将使这一良好的旅游观光资源优势转化为经济优势，并将带动当地其他行业的发展。

（三）研究结论

在三门峡市旅游局的大力支持下，我们对本项目的可行性研究作了大量的调查、研究工作，围绕以上几个重要的研究内容，通过从现场调查到市场分析，从数据收集到资料分析，得出以下结论：

第一，旅游是国内外极为重视发展的一个行业，生态旅游又是其中最为受重视的一个方向。"白天鹅生态苑"的开发正是适应了这一市场发展的要求，它的建设不仅能带动区域经济的发展，而且也能起到生态保护的作用，故项目的实施是完全必要的。

第二，拟定的"白天鹅生态苑"地处三门峡地区腹心地带，位于三门峡库区范围内，是全国最大的白天鹅栖息地，位于总面积达300平方千米的省级湿地保护区内。拟建设的区域距三门峡市区仅 6 千米，景区占地约 2 平方千米，旅游区与市区有省级公路相连，观赏区内水、电供应有保证。故从资源条件以及交通、公用设施等方面来看，项目建设条件具备。

第三，"白天鹅生态苑"地处河南省重点开发的"三点一线"的范围之内，将成为三门峡市对外旅游形象的重要组成部分和亮点。这里自然生态旅游资源品位高、景观独特，外部交通条件优越，特别是与目前回归自然、返璞归真的旅游趋势相吻合，并能够对区域经济发展产生重大影响，是一个难得的好项目。但目前景区旅游基础设施薄弱，旅游环境不佳，不能发挥应有的作用，因此有必要通过加强基础设施建设和改善旅游环境，使之能够迅速有效地推动该区旅游及相关消费，拉动经济增长。因此按照国家及省市开发旅游业的相关指示，以及国家计委社会发展司关于"利用国债资金，加快旅游基础设施建设"的报告精神，利用国债资金支持旅游基础设施建设，解决为旅游配套的公路、旅游步行道、供水、供电、排污及垃圾处理等问题，可以在较短时间内集中、有效地推动三门峡市旅游基础设施的完善、配套，促进旅游及经济发展。

第四，由于采取了一系列有效措施，最主要的是在建设方案中将人文景观与自然、生态景观分开建设，所以以最大限度地保护了生态环境的自然性。全部旅游过程中休息、餐饮等均不在生态环境中进行。故对自然、生态环境不会产生任何影响，另外对景区中可能会产生的污染物也采取了有效治理方案，故项目的实施不会对当地生态环境产生负面影响。

第五，投资与效益情况良好。经测算，该项目经济效益良好，投资利润率为 21%，利税率为 23.6%，财务内部收益率（税前）为 21.8%，全部投资回收期为 6.4 年（含建设期），借款偿还期为 7 年（含建设期）。由于本效益指标均按景区全部直接收益测出，而该项目的实施将肯定对三门峡的相关产业带来巨大收益，如住宿停留消费将全部在本市区产生，本项目并无测算。所以该项目的实施实际效益情况将好于上述指标。总之，从经济效益分析情况可知，本项目的实施是可行的。

综上所述，本项目的建设是完全必要的，也是可行的，应抓紧实施，以尽早发挥其良好的经济效益和社会效益。

二、市场分析及建设的必要性

（一）市场分析

目前，假日经济在我国国民经济中的地位愈加重要。旅游休闲消费在理智和有序中又创综合收入新高。发展旅游业已经得到国家经济发展决策者的认同。

市场主要由三方面的因素决定：旅游区本身的魅力、三门峡市本域客源市场、"豫晋陕"黄河金三角和日益扩大的全国乃至海外客源市场。因为"白天鹅生态苑"在河南省旅游开发现势下具有唯一性，尤其是虢国博物馆在当年"十一"黄金周的正式开放，"西有兵马俑，东有车马坑"的理念正在形成，三门峡对国内外游客的影响和感召力也将进一步扩大，所以，只要开发科学，启动迅速，旅游区的知名度会迅速提高，客源辐射力会逐渐增大。根据三门峡市旅游业发展的实际，近年来年均游客总量在 80 万人次左右。在上述项目启动期间，拟建项目区吸引上述年均客源量的 1/5 是有把握的。

（二）目标市场确定

目标市场是旅游区发展的主要推动力，它受到交通条件、景区个性、旅游内容、环境条件等多重因素的制约。根据观赏区的旅游区位、交通条件、资源条件、旅游项目等因素，确定以下目标市场：

一级目标市场（主要市场）：主要是三门峡市域内的城市人口。这是观赏区最早期和最基本的游客。旅游目的主要是周末及节假日消闲、娱乐、观光。旅游特点是以一日游为主，以青少年、三口之家为主，重游率高，消费水平低，在景区开发初期会蜂拥而至，两三年之后数量会趋于稳定。鉴于此，近期建设过程中不要过分宣传促销，要加强节假日旅游高峰期游客的调控，重视对旅游适宜容量的观察研究，切忌尚未建成就对湿地环境、珍禽水鸟造成坏的影响。

二级目标市场（辅助市场）：主要由洛阳、郑州、山西运城（含芮城、运城、永济等县市）、陕西西安、渭南（含渭南、潼关、华阴等县市）等沿黄河陇海一线的城市游客所组成。这是由三门峡所处的"豫晋陕"金三角地理位置所决定的。来自这些地方的旅游者能较早获取旅游信息，还可利用便捷的交通，因此较易实现旅游愿望。二级目标市场的旅游动机主要是观光、参与娱乐。应加大旅游宣传，提高其知名度，使之成为白天鹅旅游市场的主体。

三级目标市场（机会市场）：主要由除以上地区以外来三门峡的过境旅游者（包括海外旅游者）组成。该类旅游者的旅游动机是游黄河风光、品古老文明。这些游客具有地域分布广、消费水平高、文化层次高的特点。因此，要吸引这一部分游客，就必须提高白天鹅的自然文化品位，加强白天鹅的旅游宣传，以及与函谷关、铸鼎塬、白天鹅生态苑的旅游协作。

（三）开发"白天鹅生态苑"的必要性

（1）"白天鹅生态苑"是"大黄河旅游"的重要组成部分。

（2）"白天鹅生态苑"开发是保护环境、保护母亲河的重要行动。

（3）"白天鹅生态苑"开发是市民郊游的需要。

三、项目建设策划方案

（一）开发建设的指导思想

黄河白天鹅生态苑开发，要贯彻可持续发展的思想，把保护生态环境视为战略问题加以对待，要充分发挥黄河自然和人文内涵的优势，以市场为导向，突出生态旅游，使旅游开发与黄河治理相统一；使退耕还林保护母亲河生态环境与园林造景开发旅游相结合；以优美的滨湖风光为基础，以便捷的交通条件为依托，以生态旅游为主题，以保护环境和观览白天鹅为重点，以花卉、园林造景为映衬，以"两个旅游节日"为轰动（春季"黄河旅游节"，冬季"白天鹅观光节"）。力求使"生态苑"达到高品位、高质量、高效益，集科学性、知识性、观赏性于一体，并成为国际国内著名的以黄河风光、回归自然、生态旅游为主的特色旅游区。

（二）开发的基本原则

（1）市场导向，突出生态旅游。

（2）突出特色，加强保护，可持续发展。

（3）建筑物景观化、生态化。

（4）系统协调、综合配套。

（5）全面规划、多元投资、分期实施。

（三）建设项目策划与布局

1. 天鹅湖

在陕州风景区北部，通过围岸工程，使该区形成千亩水面的天鹅湖，并栽植芦苇、荷花、垂柳等湖岸观赏植物进行环境布置。

2. 白天鹅网园

为了使游人能一年四季在此看到白天鹅，规划在天鹅湖沿岸建白天鹅网园。先期网园面积初步定为200亩。

3. "白天鹅生态苑"大门

"白天鹅生态苑"大门（见图3-1）设计简洁大方，以相对的两只天鹅为大门原形，体现生态特点，生动有趣，门卫房和票房即天鹅之身。进大门，迎面为一植物雕塑。大门要稍离公路一段距离，门的设计要以动植物为思路进行设计。在公路南侧游乐区处建筑稍大的停车场，车场周围适当建设小型服务设施，如饭店、商店等。

4. 白天鹅科普馆

白天鹅科普馆作为白天鹅的研究中心，书画室，摄影、电影、标本等全面展示白天鹅形态的专门场馆。

5. 天鹅玉塔及风景长廊

此塔建筑别致，富有动感，主要起招徕过路游客的作用，它是"白天鹅生态苑"的制高点，也是"白天鹅生态苑"的标志性建筑。登塔瞭望，湖光波影尽收眼底，是观湖览胜的最佳地。此塔所处位置是每年冬季白天鹅的主要集居区，也设观天鹅的最佳地。游人在冬季可以登此观水光园色，可以设望远镜供游人观望。西侧沿湖建风景长廊，也设观鸟设施。在观鸟期内，禁止游船驶近天鹅集居区，以利于观赏。

6. 黄河森林公园

黄河森林公园位于虢国博物馆正北，面积1.43平方千米。重点进行园林绿化，营造旅游气氛，形成绿树成荫的环境氛围，并可在绿林中设游人小憩的石凳、石桌、石椅等。

7. 速降设施

速降原名滑索，起源于瑞士。应用于高山运输、高空自救，后发展为军事突袭和体育竞技项目。速降运动同蹦极、攀岩和赛车一样，是一项极具挑战性、刺激性和娱乐性的体育游乐项目。规划在虢国博物馆至沿黄旅游路建设速降设施，连接黄河森林公园，预计跨度 1 000 米，落差 30 余米。

8. 沿黄旅游路及相关设施

1）黄河漂流码头

码头位于沿黄旅游路东口。码头建成斜坡多层阶梯式，以适应湖水水位变化的要求，此码头主要是进行黄河漂流所用。

路线西起陕州城，沿黄河南岸，径直向东偏北，途经虢国博物馆景区，全长 7 千米，是三门峡市沿黄河的一条风景旅游线。设计标准参照部颁三级公路技术标准进行修建。路基宽 7 米，路面宽 6.5 米，沥青路面，全线修建完善排水和防护及其他设施。

2）大河诗廊

大河诗廊位于拟修的沿黄旅游路，在大河诗廊将历代名人所写的黄河诗词选出一部分用碑刻形式，由小到大、由少到多逐步建立起来。这是品位较高的项目，一定要建好。露天或建廊都可以，要量力而行。

3）西河六美

西河六美位于博物馆北侧，北临黄河。三门峡以上的黄河，历史上曾称过"西河"。在"晋陕豫"这个三角地带，历史上曾出现过许多美女。西河六美建筑形式为民间庭院形式，由造景和蜡像组成。如文王迎亲（或秦晋结好）；烽火一笑（褒姒）；鸾凤和鸣（弄玉和萧史的故事）；才女婉儿（上官婉儿赋诗）；杨姐游春（杨贵妃的姐姐，生得妍美，唐明皇封其为虢国夫人）；贵妃沐浴（杨贵妃在陕州温泉洗澡）。

4）礼乐馆

礼乐馆位于博物馆北侧，临黄河，是一处特色明显的娱乐设施，内备制周代各种乐器（如鼓、编钟、编磬、笙、竽箫、笛、埙等），定期或不定期组织专业人员着古装现场表演，游客观赏可设半圆形排座和雅座。内设咖啡、红绿茶及冷饮供游客边观赏边饮用。在无游客时，也可以临时改为现代歌舞厅。并可定期或不定期组织大中型民间文艺活动，龙灯、狮子舞、高跷、旱船、腰鼓、百僧顶灯以及民间戏曲表演等活动。

5）《诗经》风雅廊

《诗经》风雅廊由一回廊组成，位于沿黄旅游路上。《诗经》是我国最早的一部诗歌总集，它也是周代文化组成部分。从收入《诗经》中的 305 首诗歌看，它包括的时代大约有 600 年，就是公元前 20 世纪到公元前 6 世纪，虢国兴衰历史也就在这个时期内。从地域上看，《诗经》有十五国风，包括的地域不出今天的陕西、山西、河南、河北、山东及湖北北部，基本上是黄河流域。在这个范围内虢国的疆域占有重要的位置，因而

《诗经》里反映的周代社会生活和风俗民情，也包含了虢国的社会生活和风俗民情。所以通过《诗经》风雅廊可以更好地向旅游者展现虢国的市井风情。

为了更形象、通俗易懂地表达《诗经》的内容，规划采取一诗一画的形式，用雕塑和绘画相结合的表现手法（即一首诗、一组雕塑或一幅壁画）使游客身临其境，不仅增加了知识，而且还能引起品味、联想，发人遐思，使游客回味无穷。

图 3-1　"三门峡白天鹅生态苑"大门设计效果图（设计人：邓贻富）

【思考与讨论】

1. 通过阅读上述案例，结合目标市场、项目建设策划方案与布局等方面，评价上述旅游项目开发策划方案的可行性。

2. 该可行性研究报告是如何体现对白天鹅生态环境保护意识的？

本章思考题

1. 思考我国可行性研究的现状、问题及对策。

2. 简述旅游项目可行性研究的内容及其意义。

3. 简述旅游项目与工业项目可行性研究的区别与联系。

第四章

旅游地形象策划

教学目的、要求：

　　了解旅游地形象的相关概念，如旅游地形象、旅游地形象的要素资源构成系统、旅游地形象特征等；熟悉旅游主题形象定位方法；掌握旅游地形象策划的内容与方法。

教学重点：

　　旅游地形象策划的内容与方法。

第一节　旅游地形象策划概述

一、旅游地形象的研究意义和内涵

　　形象因素日益成为区域发展的显性因素。为此，各地区为促进地区经济、文化的快速发展，纷纷掀起了形象塑造热。[①] 由于旅游形象对旅游业发展的显著推动作用和带来的巨大效益，自 20 世纪 90 年代中期以来，旅游地形象研究也逐渐成为旅游发展和规划研究的热点。

　　然而，不同学科领域和研究者对旅游形象概念的理解不尽相同。有学者认为，旅游形象问题主要探讨旅游者这一特殊群体对旅游目的地这一特殊类型的地理区域的感知形象，本质上属于地理学中人地关系研究的内容，是旅游地规划和旅游地行销的综合研究产物。[②] 但普遍的看法是，旅游形象是旅游目的地在人们心目中形成的总体印象和评价。可见，旅游形象感知的主体是人，其中更有实质意义的感知主体包括潜在的和现在

---

　　① 仇保兴. 地区形象建设理论与实践 [M]. 北京：人民出版社，1996：1-3.
　　② 李蕾蕾. 旅游地形象策划：理论与实务 [M]. 广州：广东省旅游出版社，1999：39-92.

的旅游者，感知的客体则是旅游地各种综合的自然和人文事象。[①]

谢朝武、黄远水（2002）认为，旅游地形象（destination image）是旅游地的各种要素资源通过各种传播形式作用于旅游者，并在旅游者心中形成的综合印象。[②] 它是个双向的意念系统，从旅游地层面来讲，旅游地形象是旅游地对本身的各种要素资源进行整合提炼、有选择性地对旅游者进行传播的意念要素，它是旅游地进行对外宣传的代表性形象。在某种程度上，它是旅游地自身的主观愿望，是旅游地希望旅游者获得并形成的印象。

从旅游者层面来讲，旅游地形象是旅游者通过各种传播媒介或实地经历所获得的旅游地各种要素资源所形成的意念要素的集合。它是旅游地的客观形象在旅游者心中的反映。

从旅游者角度而言，旅游地形象的要素资源构成系统包括以下 5 个部分。

（1）旅游资源要素。旅游资源要素是旅游地各种自然资源和人文资源的集合体，它是吸引旅游者到来的原动力，也是旅游地的核心吸引力。

（2）旅游地设施要素。旅游地设施要素包括旅游地的基础设施和服务设施，它是旅游者完成旅游行为的物质基础。

（3）旅游地服务要素。旅游地服务要素是旅游地以其资源和设施为基础，使旅游者能在本地完成旅游活动的服务行为的总和。作为特例，服务也能作为主体资源要素来吸引旅游者。

（4）行业管理要素。行业管理要素是旅游地的行业管理制度和行业管理行为的集合。良好的行业管理行为（如高效的投诉反应机制）有助于旅游地良好形象的建立。

（5）社区参与要素。社区参与要素是社区居民和旅游者交往行为的总和，它涵盖了旅游地社区居民的文化素质、对旅游者的态度、社区参与旅游的保障机制等多项因素。将社区参与要素纳入到旅游地形象要素资源的构成系统，可以从系统基础上使策划行为具备广泛的社会基础，并能使旅游地形象的维持和保护得到社区居民的理解与支持。

要素资源的确认是旅游地形象策划的概念基础和保证策划行为科学性的必要条件。作为基准，它有助于旅游地在形象提炼过程中保持其形象资源的完备性和综合性。

二、旅游形象的特征

旅游形象具有主观性与客观性、综合性、稳定性与动态性、特征符号性、可塑性与诱导性。

---

① 林兴良，文吉. 旅游地形象策划研究：以广东省台山市（县）为例［J］. 人文地理，2003(6)：52-55.
② 谢朝武，黄远水. 论旅游地形象策划的参与型组织模式［J］. 旅游学刊，2002(2)：63，64.

（一）主观性与客观性

旅游形象的主观性反映在两个方面：一是旅游形象就其本质是人类心理活动的结果，人们的经历、文化背景和个性特征等差异，会给目的地的认知带来很大影响；二是由于旅游是异地消费，生产与服务同时进行，无法事先体验，异地旅游者与公众很难获取旅游地全面的客观的信息，因此，对旅游产品的主观判断一般多于客观判断。但反映的内容还是客观存在的，只是真实性的大小不同。

（二）综合性

综合性表现在旅游形象的内容上是多层次的。旅游形象的内容可分为物质表征与社会表征两个方面。物质表征包括区域内一切物质景观，主要的物质表征是旅游区环境与景观，如旅游区的位置、外观设计、环境氛围、景观特色、休闲娱乐、旅游设施、产品与服务等，其中最核心的是旅游产品的质量。这是在旅游者或公众心目中与旅游形象直接相关的因素。社会表征包括目的地的社会风气、旅游区的人才、技术、工作效率、管理水平、公众关系等，其中与公众的关系是树立旅游形象最有效的途径。

综合性的另一表现是旅游形象的心理感受是多层面的。旅游形象是旅游目的地在旅游者心目中的感性反映。不同的旅游者的观察角度不同，得到的结果不同。也就是说，旅游者的心理感受是因人而异、因地而异、因时而异的。而且，根据格式塔心理学的完形理论，公众对旅游地的感知印象与评价常常是凭借着对目的地典型空间片段以及一些事件信息而得出的，这些景观片段与信息涉及目的地的方方面面，形成的旅游形象也千差万别。

（三）稳定性与动态性

区域旅游形象一旦形成，便会在旅游者与公众心目中产生印象。一般来讲，这种印象所积累成的形象具有相对的稳定性。其稳定性一方面产生于区域或旅游区的客观物质基础，如地理位置、特定的自然景观、典型建筑等都是相对稳定的，在短时间内不会发生大的变化。只要旅游形象的物质基础是稳定的，旅游形象就是稳定的。另一方面，旅游形象这种稳定性与旅游者和公众具有相同的心理机制相关。这表现在他们的审美判断的标准与反映结果大体相近，并且在一定时间内，如果没有重大因素的影响，就不会发生改变，这样就使旅游形象具有一致的稳定性。好的旅游形象可以给旅游目的地带来稳定的积极影响；而旅游形象较差的则会很难摆脱消极的负面影响。但旅游形象的这种稳定性不是固定不变的，它随着时间的流逝、社会的发展以及旅游者与公众距离的增加而发生变化。一般来讲，这种动态变化是比较缓慢与长期的。

（四）特征符号性

研究表明，并不是所有目的地因素都会影响旅游形象，只有那些易于识别的地方性特征和具有强烈视觉震撼力的景观、一些空间和时间片段上的一个个意象性场景，才可能成为旅游形象的感知因子，深深印刻在人们脑海中。如杭州西湖的三潭印月、雷峰夕照，北京的故宫、长城，安徽的黄山等。这些典型的场景、标志性的景观常常被演化为一系列抽象的理念或标志性的符号。这种符号化的要素可以是物质空间实体（如桂林山水），也可以是抽象的主题口号（如"七彩云南"）。

（五）可塑性与诱导性

虽然旅游形象整体表现是相对稳定的，但是其形象表现的有形物质实体、无形的环境氛围、人的行为活动等表现方式是可以按照人的意愿而发生改变的。也就是说，旅游形象是可以塑造的。塑造的方向就是使形象更加鲜明，富有诱导性。传播学的研究认为，除了人所共知的所谓"客观环境"或实性环境、显性环境的存在外，还存在一个所谓的"媒介环境"或虚性环境、隐性环境。旅游地的各种信息往往通过各种传播途径被旅游者感知，在旅游者心中形成虚幻的"脑海图景"。想象形象与旅游地形象信息的类型与刺激强度有关：好的信息可以诱发旅游者形成好的旅游想象形象，并据此进行出游选择。

三、旅游主题形象系统

（一）系统构成

区域旅游形象是一个多因素、多层次的系统。它可以划分为基础层（旅游主题形象）、基础指标层（景观形象、环境形象、服务形象、社会形象、市场形象）、次指标层（资源规模与丰度、旅游休闲价值、市场营销概况等）、总指标层（历史形象、现实形象、未来形象），如图 4-1 所示。

（二）系统的层次及其转换规律

1. 旅游主题形象系统的层次

旅游主题形象与目的地所处的区位和地理空间整体环境息息相关。地理学研究表明，地球表面不可能存在任何两个自然特征完全一致的区域。地理环境分异规律是客观存在的，不仅在自然界，而且在经济和社会人文方面，旅游景观的空间分布、空间特征上都存在并且呈现一定的等级层次性。也就是说，地理空间整体存在等级层次性。

那么，旅游形象在受地理空间整体等级层次规律的影响下，呈现一定的层次规律

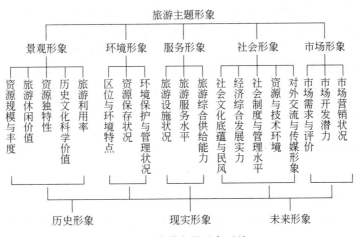

图 4-1　旅游主题形象系统

性。从宏观背景角度来看，一个旅游目的地完整的形象系统至少应该包括宏观地区旅游形象、中观地段旅游形象和微观地点旅游形象三个层次等级。地区旅游形象是从宏观的角度来考察旅游目的地的形象，地段形象和地点形象则分别从中观和微观的视角来研究目的地的旅游形象。随着地域空间尺度的不断扩大，旅游主题形象由地点形象向地段形象和地区形象逐层递进。另外，地区形象和地段形象总是作为旅游目的地的区域背景形象而存在，而旅游点形象又总是成为旅游区的主景形象。

2. 旅游主题形象系统的规律

1）旅游形象的地域递减规律

由于地理空间整体存在等级层次性，不同等级层次的地理空间整体具有一定的相似性。这就为认识地理空间环境提供了一条"认知链"。旅游形象也遵循"认知链"等级层次规律。一个旅游目的地总是从属的不同等级层次的空间构成的一个链条，其具体的内容、特征由其所在的地理空间"认知链"给出。某目的地的旅游形象，总是把它先放在一个更大的区域空间范围内来考虑，然后再一级一级地生成旅游地的形象，依次形成大洲的形象、国家的形象、省的形象、县的形象，然后再在这些形象当中建立旅游目的地的具体形象。后一级形象总是深深地打下前一级形象的烙印，受前一级形象的影响。随着地域范围的逐渐缩小，目的地的旅游形象就越来越具体、清晰。应该指出的是，离目的地越远、对目的地越不熟悉的旅游者，就越是把对目的地旅游形象的生成放到大的区域空间范围来进行，即遵循地域递减规律。

2）旅游形象的转换规律

不同尺度地域空间的旅游形象间具有相对性，在一定的条件下可以相互转化。从行政区的角度，将一个旅游目的地放到微观的小尺度地域范围内可以代表一个城市或景区形象，把它放在一个宏观的大尺度地域范围内可能代表国家或地区的旅游形象（如北京故宫、长城和天安门的形象常常替代为北京的旅游形象）。由于形象的替代，对于同一区域范围内的不同旅游地的背景形象一致性，即因为地域上的邻近关系而产生政治、文化、民族、宗教等因素的雷同，便会产生形象的空间竞争。在旅游形象的定位与设计时应充分考虑到形象的空间竞争关系，挖掘自身的独特之处，形成自己鲜明的个性，以避免恶性竞争。同时也要注意区域内的形象分工与协作。

（三）区域旅游主题形象的形成过程

从时间序列上看，区域旅游主题形象按形成过程可划分为三个阶段，即原生形象、次生形象和复合形象。

第一阶段——原生形象阶段。旅游者或公众在未到达旅游目的地之前，根据自身见识（一般来源于书籍、报刊、广播、电视、朋友等）的积累，所构成的对旅游地的印象就是原生形象。它的形成与传播途径是非常广泛的，家庭、学校、大众传媒、个人经历等，都可能影响或形成旅游者对旅游地的原生形象。同时在旅游决策时原生形象往往是人们产生动机和提出选择方案的根本原因。

第二阶段——次生形象阶段。旅游者或公众有了旅游动机，就会在旅游行为发生之前有意识地主动收集与旅游目的地相关的各类信息，一般来源于旅游资讯的刊物、报纸、电视、旅游机构的旅游宣传手册、旅游地图册、旅行社、网络以及旅游过该目的地的亲朋好友，并对这些信息进行分析、加工和比较，形成对旅游目的地较为清晰的形象认知，即决策感知形象。

第三阶段——复合形象阶段。旅游者对各备选旅游目的地的旅行成本与预期收益进行比较以作出选择决策。到达目的地实地旅游之后，通过自己的经历、结合以往的知识和经验所形成的一个较为完整而清晰的知觉形象就是实地感知形象。它是旅游地形象形成的最终阶段。实地感知形象的来源，除了旅游者对旅游地形象众多构成要素的直接认知和感受以外，还有来自旅游地提供的具体信息。这些信息包括说明、传播旅游地形象方面的信息（如旅游小册子、导游图等），也包括通过旅游商品等载体所传达的旅游地信息。

由上可知，原生、次生旅游形象的形成受旅游者或公众的社会人口统计变量、各种信息及其来源渠道的影响；复合旅游形象则受旅游动机和旅游体验，或者说是旅游目的地给予旅游者的旅游利益的大小影响。旅游动机决定了游客游前和游后的目的地的情感形象。但当目的地能够给予游客所追求的利益时，即使他们的出游动机各不相同，他们对目的地的感受和评价也是类似的。旅游目的地也常以为游客提供某种利益来吸引游客，而游客也以能从目的地获得的利益的多少来衡量目的地形象。所以，在旅游形象形成的过程中给予游客更大的利益是树立良好旅游形象的关键。

第二节 旅游地形象策划的内容与方法

一、不同空间尺度的旅游地形象策划的共性与个性分析[①]

（一）共性分析

1. 具有相同的感知结构

任何空间尺度的旅游形象的感知主体都是指旅游者、当地居民和策划师。感知客体都是指旅游地，其中包括与旅游地有关的直接或间接的信息。因此，它们的感知结构相同，本质上都是指对人对物（抽象或具体、有形或无形）的感知。这为不同旅游地形象策划采用相似的程序提供了可能。

2. 遵循相似的感知规律

首先，无论是省级、市级旅游地还是具体旅游区，人们在做出旅游决策时都会一般首先感知到旅游地的空间位置，进而认知相关的出游信息。其次，相似尺度的旅游地存在形象替代现象。由于地理位置上的临近性或是旅游地类型的相似性，同尺度的旅游地很容易被旅游者尤其是远程旅游者所混淆并产生相同的感知形象。如对于从未到过海滨旅游地的内地游客来说，广东省江门市台山市（县）的上下川岛和阳江市的海陵岛都会被认为海滨旅游地，具有沙滩、海浴的共同特征。此外，不同尺度旅游地的感知都遵循距离衰减规律，即随着距离的增加，旅游地形象逐渐模糊。还有一点不能忽视的是，对不同尺度的旅游地，信息的高密度传播和渗透都有利于提高知名度，从而克服距离长短和空间大小的制约。这一点对于小尺度的旅游地或旅游区的形象传播尤其具有实际意义。

3. 具有相似的策划程序和内容

不同尺度的旅游地形象策划一般都遵循下列的程式：首先是前期的基础性调查，该阶段主要包括受众调查、地方性研究、形象替代性分析等基础性工作。其次是后期的实操工作。该阶段主要是具体设计出旅游地的形象系统，包括进行形象定位，确定核心理念、传播口号、促销途径等，并进行一系列相关的视觉符号设计。

（二）个性分析

1. 具有不同的文脉基础

不同尺度的旅游地在自然、历史、文化、经济等多方面表现出不同的文脉基础。大尺度旅游地因规模大，内容较丰富，体现出复杂性、多元化、整体形象鲜明的特征，而

[①] 林兴良，文吉. 旅游地形象策划研究：以广东省台山市（县）为例 [J]. 人文地理，2003（6）：52-55.

较小尺度的旅游地则往往体现出单一性、简单化，以个体形象感知为特征。例如说起广东，人们的感知形象往往会很冗杂，会感知到岭南文化、改革先驱、富庶之地等，而谈起具体的景点或旅游区，人们一般会首先感知其位置及旅游地类型等。

2. 具有某些不同的认知规律

相对而言，大尺度的旅游地因为数量少、个性突出，传播的频率相对高，容易为旅游者所认知，而小尺度的旅游地共性多、级别低，传播的频率和力度相对较低，因而不易为旅游者识别。这种规律性启示旅游开发者对小尺度旅游地要设计出鲜明的难以替代的形象，否则产品会缺乏竞争优势。认知规律的不同还体现在对不同尺度旅游地识别的内容差异上。一般旅游者对大尺度旅游地的城市风貌、经济活力、环境水平等宏观因素感受较深，而对小尺度旅游地的认识首先是该旅游地的类型，其次是印象最深的局部地段。因此，小尺度旅游地的规划设计、要素布局、景区管理等环节显得尤为重要。

3. 具有不同的策划重点

正如不同尺度旅游地的旅游规划侧重点不同一样，形象策划的侧重点会有所不同。大尺度旅游地（地级市以上）的规划以经济、环境等为并行的目标，牵涉面广，偏重政策手段。作为规划应有之义的形象策划必然会考虑整体的形象，一定程度上弱化旅游的主导功能，强调设计核心形象理念，塑造整体的旅游形象，注重引导性。而小尺度旅游规划在宏观规划的指导下，涉及土地利用等实体性规划，必然更多考虑旅游服务和交通、功能分区、项目组织等环节和内容，重视旅游的主导功能，其形象策划会更多考虑视觉符号设计、宣传口号等实操性的内容，注重可操作性。

二、旅游主题形象定位要点

（一）区域旅游要素分析

尽可能全面地搜集整理区域旅游目的地历史、文化、风物、民俗及旅游观光和度假资源，搜寻区域旅游形象定位的主题，为下一步的工作奠定基础。

（二）旅游主题形象定位的目标

旅游主题形象定位实质上是区域旅游目的地对自我形象的定位。其目的与旅游市场定位不同，旅游主题形象定位不是定位旅游产品的市场范围，而是使旅游产品定位于旅游者心目中一个有价值和富有吸引力的"心理位置"。也就是通过实现目的地自我旅游形象与旅游者和公众的感知形象之间的契合，来为自己塑造一个新的旅游形象；或者强化在目标市场中已树立起来的某一正面旅游形象；或改变目的地自我宣传的旅游形象与旅游者和公众所持有的感知形象之间存在很大差异的问题、目的地旅游形象缺位问题、负面旅游形象问题。也就是说，目的地旅游主题形象定位旨在服务于目的地旅游形象的塑造与提升。

（三）旅游主题形象定位的原则

（1）从宏观大环境着眼。主题形象定位既要考虑旅游目的地本身的资源特点和优势，又要考虑市场发展的态势，还要考虑它在整个国民经济发展中的地位以及与同行业的竞争状况，不能只从资源本身的角度去考虑问题。

（2）有发展的眼光。在确定旅游主题形象时，必须注意资源的潜在开发和市场的未来趋势，用发展眼光看待问题，尽可能考虑到未来的发展。

（3）具有个性化特征。旅游主题形象定位，要体现创新意识和个性化特征。所设计的主题既要求有别于同类型旅游地，同时还必须是人们心目中尚处于"空白"的地方，即有创造性突破。

（四）旅游主题形象定位的理念

旅游形象理念要具有象征性、易识记性和可传播性的字、词或句，言简意赅地构造出区域旅游目的地独特的核心旅游利益。

（五）旅游主题形象定位的表达

旅游形象定位表达是定位工作的关键，表达是否能清晰准确、恰到好处地传播定位概念，将直接影响定位工作的成败。因此，需要做到既在情理之中，又于意料之外，以多种形式和手段获取高端形象位置来表现其独特性。

【扩展阅读】

基于旅游目的地品牌管理过程的定位主题口号评价：
以我国优秀旅游城市为例[①]

定位主题口号的好坏关键要看它是否发挥了应有的作用。定位主题口号的根本作用便是要告诉消费者目的地特质可向他们提供哪些方面的独特利益，不能反映消费者利益的口号是毫无意义的。消费者利益可通过目的地定位主题口号的价值内容和表述方式两个方面来体现。以往中外学者对目的地定位主题口号评价标准的研究基本上都可归入这两个范畴。西方学者大多遵循饶瑟尔·利夫斯（Rosser Reeves，1961）在广告学中提出的独特卖点（unique selling proposition，USP）的概念，认为旅游定位口号必须识别

---

① 曲颖，李天元. 基于旅游目的地品牌管理过程的定位主题口号评价：以我国优秀旅游城市为例 [J]. 旅游学刊，2008（1）：30-35.

出目的地产品与众不同的品质，打造某种主题利益。约翰·瑞查德森和朱迪·科恩 (John Richardson & Judy Cohen, 1993) 进一步提出了所谓独特卖点必须符合的 4 个衡量标准：①必须有其价值命题；②价值命题应限于一个或少数一两个；③价值命题应该能够反映目标市场的利益；④利益必须具有独特性。戴维德·克莱那斯凯和瑞查德·吉特尔森 (David B. Klenosky & Richard E. Gitelson, 1997) 对美国 260 家旅行社的经理人员进行了电话访谈，分析他们对美国各州旅游宣传口号的感知。其中被认为最有效的口号都具备以下 3 个特点：①容易记忆；②传达了该州的形象；③吸引了正确的市场。

一、旅游目的地定位主题口号的评价标准

为了发挥最大效用，对目的地定位主题口号的评价应首先关注其是否提供了具有独特卖点的价值内容，这主要是通过约翰·瑞查德森和朱迪·科恩提出的 USP 的 4 项标准来衡量；然后再按照重要性排序，看口号是否依次满足了表述方式的 4 个具体要求。这个过程的基本顺序是不能颠倒的：在没有提供独特卖点的信息时，先不用考虑表述方式的问题；同样，除非已经解决了表达清楚的问题，否则就不用思考如何实现接下来那 3 个较高水平的表述要求。能够清楚地表达出自己独特卖点的口号，就是一个"符合一般标准的"口号；而成功地达到以上所有标准的口号，可称之为"理想的"口号。

二、我国优秀旅游城市定位主题口号的评价

2007 年 6 月，曲颖等通过百度搜索和登录当地的旅游官方网站，共搜集到 244 个我国优秀旅游城市的定位主题口号（截至 2006 年年底，我国优秀旅游城市总数为 271 个）。应用先前建立的评价标准，研究者对这 244 个定位主题口号进行了如下两轮的筛选过程：第一轮筛选，分析"符合一般标准的"口号；第二轮筛选，理出那些"理想的"口号。

第一轮筛选的目标是检查这 244 个定位主题口号中有多少个"符合一般标准"，即同时满足瑞查德森、科恩提出的 USP 的 4 项衡量标准和表述方式中的第一条要求。检查结果显示，共有 78 个城市的定位主题口号符合要求，占全部样本总数的 31.97%。其余那些略有欠缺的口号首先没有通过价值内容方面的检验，即在不同程度上违背了 USP4 项标准中的某一条或某几条。价值内容通过的口号，在语言表达上也都做到了简洁通俗、易于理解。这一环节没有出现问题，原因可能部分归结于研究者选取的都是中国优秀旅游城市的口号，其设计水平要高于我国旅游城市口号的平均水平。因为，根据张立建、甘巧林 (2006) 对我国旅游地定位口号的分析结果，语言晦涩、表达不清的现象的确存在。

第二轮筛选的目的是从上述 78 个"符合一般标准的"口号中找出那些也满足了其他 3 条表述要求的"理想的"口号。如前所述，称之为理想，是因为这些口号具备了为实现最佳沟通效果所需要的全部元素。对于剩下的口号，从务实的评价角度来讲，若能再满足其他 3 条标准中的任何一条或两条（不管是否按照既定顺序），都可算得上"优

秀"。虽然，根据广告学的一般规律，在最大程度调动消费者的购买意向上，感性、艺术的语言确实要优于容易识记和传诵的句式，而后者又要优于新颖、突出的设计形式。但现实中，这些具体的语言要求往往难以相互区分和剥离，它们更多地是要通过彼此的有效配合来使整体作用效果"增色"。同时，消费者主观理解和偏好的复杂性也决定了对不同要素实际作用效果进行直观预测的难度。因此，若要对这部分口号做出更加细致和深入的评价，在运用一般沟通规律的基础上，还必须对目标受众的实际感知和偏好情况进行测量。出于研究目的和文章篇幅的考虑，笔者在此没有对这一问题作进一步的探讨，而是采用了模糊综合评价的方法，将那些不限于"符合一般标准"，但又没能满足最佳沟通要求，尚有一定提升空间的口号，统称为"优秀的"口号。

经过筛选，研究者认为共有 6 个城市的口号达到了"理想"的标准，分别是承德的"游承德，皇帝的选择"、无锡的"无锡是个充满温情和水的地方"、深圳的"每天带给你新的希望"、成都的"一个你来了就不想走的地方"、大理的"风花雪月，逍遥天下"和安庆的"游安庆，唱黄梅，每天都是一出戏"。这些口号除了清晰地阐明自己的独特卖点外，还分别在不同程度上满足了另外 3 条表述要求。

剩下的口号中，研究者认为只有满洲里的口号"中俄蒙三国风情兼得的北疆跨国旅游胜地"在表现力上略显欠缺，属于"符合一般标准"，其他 71 个城市的口号基本上都能做到"易于朗读、记忆和宣传"这点，不足之处是在语辞的选择和口号的设计上还不够新颖、艺术，没有太强的吸引力和劝诱力。

我国不少大中城市在口号中都使用了"魅力"、"浪漫"、"温馨"、"休闲"等常见词汇。虽然这些城市因其可感知到的资源丰富性或在"某一方面"所拥有的绝对优势，其独特的品牌形象还是可以生成，但因为这类词汇比较抽象、概括，很难给人以具体的、直观的感受，使得口号无法实现更大限度的成功。如杭州和成都的旅游功能定位同为"休闲"，杭州直抒"生活品质之城，东方休闲之都"，而成都的表述就显得艺术和巧妙得多了。所以，这 71 个城市的口号虽然已是"优秀"，还需不断改进和提升，争取达到理想的标准。

【思考与讨论】

1. 谈谈你对旅游形象定位中口号表达标准的理解和认识。
2. 试就你熟悉城市的旅游形象定位发表看法。
3. 如何体现旅游城市形象定位的独特性、唯一性和不可替代性？

三、旅游主题形象定位的方法

旅游主题形象定位的方法主要有以下几种。

（一）领导者定位：建立领导地位

这是一种旨在占据某一产品类别中第一或领导位置的定位策略。这种定位方法适宜于世界上独一无二、不可替代的旅游资源和旅游产品，如中国的九寨沟、兵马俑，埃及的金字塔、法国的卢浮宫等，具有世界级的历史文化或者自然遗产。资源的无法替代性使得领先定位具有很强的操作，在旅游者依据各种不同的标准和属性建立起来的旅游形象阶梯中容易占据第一的位子，享有领先的旅游形象和被选择的权利，并且使得旅游目的地更加具有旅游吸引力。

（二）比附定位：紧跟行业领导者

这是在竞争品牌领先位置相当稳固、原有位序难以打破重组的情况下，或自己品牌缺乏成为领导品牌的实力和可能的情况下可采取的一种定位策略。比附定位就是放弃旅游形象阶梯的最高位而选择占据第二位次。目的是借助第一品牌已深入人心的旅游形象，在形象阶梯中占据一个比较佳的位置。如牙买加的形象定位表述为"加勒比海中的夏威夷"，我国海南三亚的旅游主题形象定位是"东方夏威夷"。其目的无非是利用夏威夷在世界上知名度很高的旅游地形象来提升自身的形象。如果定位为第三品牌或者第四品牌，不宜采用比附定位法。

（三）逆向定位

逆向定位采用的是逆向思维。引入新的理念、站在知名对象的对立面，从而为自己树立新的形象。逆向定位强调并宣传定位对象是消费者心中第一位形象的对立面和相反面，同时开辟出一个新的易于接受的心理形象阶梯。如美国的"七喜"饮料就是宣称其为"非可乐"，从而将所有的软饮料分为可乐与非可乐两类，"七喜"则自然成为非可乐饮料中的第一位了。又如深圳野生动物园的形象定位，它将人们心目中的动物园形象分为两大类。一类是普通笼式动物园，这种方式已被大家所熟知。另一类为开放式的动物园，即人在观光车内，而动物则采取自由放养的形式，除了猛兽区以外，游客都可以和动物近距离接触。这样的动物园既增加了新奇性，又增加了参与性。自从深圳野生动物园成为国内第一个城市野生动物园以来，这样的游览方式备受大家的欢迎，各地野生动物园纷纷建立起来。

（四）细分定位：寻找市场空隙

细分定位是在原有的位序序列中，分解出更细更小的类别，在大阶梯中分解出小阶段，然后将自己的品牌定位于小类别或小阶梯的领导位置。空隙定位的核心思想是树立一个与众不同、从未有过的新形象，开辟一个新的形象阶梯。尽管旅游地的数量猛增、旅游形象各异，但目的地旅游形象定位比较适合于空隙定位。这是因为旅游形象十分丰富，仍然存在大量的形象空隙，针对这些空隙进行特色定位，树立自身形象以吸引客源是这种定位方法的特点。例如，中国第一个小人国"锦绣中华"的建立，使国内旅游者心中形成小人国旅游景观的概念，并随着各地微缩景观的大量兴建，产生小人国旅游点形象阶梯，但"锦绣中华"比后来者处于强势地位。

（五）重组定位：重新为竞争定位

旅游地的形象如同旅游地的发展一样，同样存在相应的生命周期。旅游地的发展会经历产生、增长、成熟、衰落几个阶段，当旅游地处于衰落阶段的时候再去宣传老的形象，会令人有陈词滥调之感，吸引力和号召力都会受到很大的影响。人们总是希望有新的东西去取代旧的东西。重组定位并不是一种定位方法，而是原旅游形象采取的一种再定位的策略。重组定位可以促使新的形象替换旧的形象，从而占据一个有利的心理位置。

（六）"高级俱乐部"策略

公司如果不能取得第一名或某种很有影响的特征，而市场空隙又不存在时，便可以采取这种策略。公司可以宣传自己是三大公司之一，或者十大公司之一等。事实上，三大公司的概念是由第三大汽车公司——克莱斯勒汽车公司提出的，而市场上最大的公司是不会提出这种概念的。通过这一概念的提出，将本处劣势的公司纳入"高级俱乐部"中，而俱乐部的成员在受众看来都是最佳的。受众会逐渐淡化公司在行业中的实际实力和地位，而将其同行业中最好的一群公司放在一起考虑，这无疑提升了公司在受众心目中的地位。

四、旅游形象设计

（一）旅游企业形象识别系统

旅游企业形象识别系统包括理念识别、视觉识别、行为识别等三个基本要素。

理念识别指旅游企业的理念精神、座右铭、文化性格、宗旨等。它是旅游企业各种活动的主导和CIS体系的基石。

视觉识别指旅游企业精神与行为的外在化视觉形象设计，它包括基础系统和应用系统。基础系统主要有标志、标准字体、标准色彩等内容；应用系统主要是基础系统在销售系统、办公系统和环境系统中的应用。

行为识别指旅游企业内外各项活动的行为规范策划，展现企业内部的制度、组织管理、教育、生产、开发研究等，并扩展到企业外部各种社会公益活动、公共关系、营销、市场调研等。

旅游企业识别系统实质上是旅游企业的经营思想和经营行为，经过旅游企业内部的自我认同后表现出的旅游企业实态在信息传递后的社会公众识别和认同的过程。

旅游形象作为一个地域形象构建，其组成元素众多，并且很复杂，可以看作是多层次、多方面的 CIS 系统的复合。在考虑旅游地形象建设时，可以重点考虑 CIS 在旅游地的人-地感知形象设计与人-人感知形象设计。

（二）人-地感知形象识别系统

人-地感知形象识别系统是指游客对旅游地的地理空间的形象认知。其主要强调理念形象和视觉形象。

理念形象（MI）是指一个旅游地独特的历史文化、精神面貌、道德水平、宣传口号、发展战略等，是游客对旅游地总的看法，是旅游地形象设计的灵魂。游客通常会用"壮丽"、"雄伟"、"宏大"等描述性的形容词来对旅游目的地进行总的概括和识别。

视觉形象（VI）是旅游地理念形象的外在性的视觉形象设计，包括：

（1）视觉景观设计。旅游者无论通过何种途径建立对旅游地的本地感知印象、决策感知印象，最终都会通过实地旅游后形成对旅游地的实地感知形象。然而在形成实地感知形象中，视觉景观给人以直接的感官感受和冲击力，因此它可以说是旅游形象设计中一个很重要的部分。

（2）旅游地视觉形象区位和空间结构。根据不同旅游功能区对旅游者形成的视觉效应，可将旅游地视觉形象区进一步划分。

① 第一印象区：是指旅游者形成旅游地形象时，最先到达（进入）目的地的区域，如机场区、火车站区、风景旅游区的门景区等。对于首游者而言，第一印象对其随后旅游形象的期望具有关键意义。

② 最后印象区：是指旅游者离开旅游目的地的时与旅游目的地接触的区域，包括最后参观的景点、车站、码头、餐厅以及旅游者离开目的地的边界区。从心理学来看，对于首次来该旅游目的地的人，第一印象区的形象意义比最后印象区大，即先入为主的效应。而对重游者而言，最后印象区的形象意义则更大一些，因为最后印象将会成为旅游者返回后的口头传播信息。

③ 光环区：旅游地中有些区域具有决定目的地整体效应的意义，多数为旅游地的主要景点所在地，只要这些区域具备良好的形象，旅游者就容易认为整个旅游目的地都具有良好的形象；反之，如果旅游者对这些区域产生不良的认知，那么即使其他地点的形象良好，旅游者仍然会形成对整个目的地的不良形象。

④ 地标区：是指旅游地中独一无二的、逐渐成为其标志性的形象特征的并且是旅游者心目中的目的地代表性区域。它是旅游者必到的地方，旅游者在此实地检验心中所

认知的这个地标。地标区往往成为目的地形象指代和传播的象征，可以作为旅游地地标的重要参考，如纽约自由女神所在地等。

（3）视觉符号形象识别。用最鲜明、最醒目的标识及图案概括出旅游地的风物特色。作为旅游地招徕宣传的视觉识别符号，这是旅游企业形象识别系统对旅游地形象策划的重大启示之一。主要包括一个经典的旅游地名称、鲜明醒目的旅游地标徽、代表性的主体色调与标准字体、形象代言人、特色纪念品、旅游地户外广告、网页主题、当地旅游企业视觉形象、旅游地交通工具等。

（三）人-人感知形象识别系统

在人-人感知形象识别系统中，主要强调旅游地的行为形象（BI），即旅游者对旅游地人文环境形象的认知，主要包括：

（1）旅游从业人员形象。旅游从业人员是旅游者进入旅游地最先接触的人，是当地居民的形象代表，直接为旅游者提供服务。从业人员的自身素质和服务水平，对旅游地形象影响极大。所以树立从业人员热诚好客、自觉服务、高效管理的形象对旅游形象正面影响较大。

（2）当地居民形象。旅游地当地居民的服饰、生活方式、思想观念、行为活动构成了旅游地人文环境的核心，特别是居民对旅游者的态度，是友好热情，还是冷漠排斥，极大地影响着游客对旅游地的感知形象。

（3）旅游者形象。到旅游地的游客群体本身就是人-人感知系统的重要组成部分，人们会不自觉地从他人的身份、文化、行为等方面来划分群体如入住酒店的客人，会认为同住酒店的其他客人的身份和地位与自己相当，共同体现酒店的品牌地位。因此游客在旅游的同时，也会注重同游旅游者的文化层次与地位。

【案例 4-1】

九龙洞风景区形象策划[①]

脱胎于 100 多年前工业设计运动的企业形象识别系统（Corporate Identity System, CIS）自 1956 年在美国诞生以来，在 20 世纪 90 年代传入中国，如今已经成为企业营销的重要环节。1993 年元旦广东太阳神全面推出 CIS 视觉形象，地平线上一轮红日勃然升腾，照耀寰宇。这个由 O、A 构成的图案，让人过目难忘。随后，海尔、长虹、康佳、健力宝等企业相继导入 CIS，国内企业界在注重抓好产品质量和服务的同时，开始关注产品和企业形象，并有意识地将生产经营活动从理念（MI）、行为（BI）、视觉

---

① 王庆生，等. 卢氏县九龙洞（群）风景区总体规划 [R]. 2005. 10.

（Ⅵ）三方面围绕"创造品牌"这一中心任务展开。中国市场竞争时代进入形象竞争时代。

在旅游界，以"广之旅"为开端，佛山华侨大厦、深圳世界之窗等企业相继导入CIS后取得了不同程度的效果。

九龙洞（群）风景区是具有风景魅力和文化底蕴的特色旅游区。为了规范景区旅游开发，并使其很好地与世界接轨，专门引入了CIS导入设计。

首先，借鉴国内外景徽设计经验，该景区景徽设计采用了象形和中英文字符系统。九龙洞（群）风景区标志主体由一个经过变形的汉字"九"字所形成。图案的颜色采用中国传统的红、白、黑三种颜色。将白色的"九"字幻化为一条昂首欲飞的龙，龙身象征着蜿蜒曲折的九龙洞洞体，灵动的"白龙"配以红色背景的朝阳，象征着九龙洞景区的旅游业像初升的太阳一样前景光明，充满朝气。下部以三个黑色的大字"九龍洞"来增加整个标志的稳定性与庄重感，预示着景区的旅游业稳步前进。用"龙"字繁体字型"龍"并配以英文名称寓意九龙洞景区文化深厚和走向世界的宏伟目标（见图4-2）。建议进行商标注册。

图4-2　九龙洞景徽

其次，规划设计了九龙洞景区统一的旅游设施标识符号系统，如各类指示牌等。

第三，以注册景徽商标为基础，规划设计了九龙洞（群）风景区旅游商品符号系统，力求使风景区的标识符号统一醒目美观，给游客以深刻的印象。

【思考与讨论】

旅游景区CIS设计如何体现自身特色？

（四）旅游形象传播

1. 旅游形象传播的时机

在旅游形象建设的初始阶段，为了能给游客留下深刻的印象，必须精心选择旅游形象，设计旅游地形象标志、广告、宣传口号，使更多的社会公众认同并产生好感。当旅游地进入发展时期时，应加大宣传旅游地的经营管理状况，推广一系列的促销活动，通过传播相关信息以提高旅游地的美誉度，从而进一步巩固旅游形象。若旅游地所在的地理区域或者是旅游地本身遇到危机（如灾难、事故或者引起不良社会效应的事件），应及时解决、改进和采取相应的补救措施，重塑旅游形象。

2. 旅游形象传播的内容

传播的形象信息内容是可信的，具有针对性、新颖性。

3. 旅游形象传播的媒介

常见的传播媒介主要有电视、广播、杂志、报纸、车辆上的广告、小册子和广告单、网络。

4. 旅游形象传播策略

（1）旅游形象广告策略。现代社会是一个形象消费的社会，广告对形象的传播发挥着巨大的作用。形象广告是旅游形象传播最适当的方式。形象广告以电视传媒的效果为最佳，因为电视以画面和声音的组合传递信息，能紧紧抓住观众的注意力。也可以选择报纸、杂志等平面媒体进行宣传。

（2）网络宣传策略。网络传播相对于传统方式而言，更快捷、传播范围更广、成本相对较低、更新速度更快。目前，越来越多的人喜欢上网安排自己的旅行。特别是现在比较流行的背包旅游者，能更多地在网络上寻找伙伴，浏览旅游信息，安排行程等。同时越来越多的旅游地和企业建立了自己的网站，传播旅游形象和宣传相关的旅游服务。丰富、生动翔实、图文并茂的旅游形象信息已经能够被广泛地为旅游者所接受和喜欢，这对树立旅游形象十分有利。

（3）公共关系策略。公共关系是一项经营管理的职能，主要包括传播沟通、协调关系、塑造形象、决策咨询等。通过公共关系、公司机构与组织，可以得到相关的理解与支持，树立企业或组织机构良好的形象。公共关系一般采用庆典活动，如周年纪念、重要仪式、赞助活动、新闻发布会、制造新闻、举办有影响力的活动等提高知名度与美誉度。

（4）形象传播的节事旅游策略。以整合旅游地形象各个要素、塑造和传播旅游形象为目标的节事旅游策划和设计，关键是选择和发展标志性的旅游节庆，其中节事的主题和级别是最为重要的。能够成为某一个地方的标志性节事活动的对象是非常广泛的，无论是世界性的盛世，还是地方性的节庆；无论是新开发的外来的节庆活动，还是当地的一些传统项目；无论是不定期的活动，还是循环定期举办的活动，都有可能培育和发展成为旅游地的节庆活动。这些节庆活动将成为反映旅游地形象的替代物（例如大连的国际时装节、青岛啤酒节等，都成为了吸引游客的重要内容）。

本章思考题

1. 简述旅游地形象的要素资源构成系统，并举例说明。
2. 如何把握旅游主题形象定位要点？
3. 简述旅游企业形象识别系统（CIS）及其意义。

第五章

旅游市场与旅游品牌营销

教学目的、要求：

了解旅游市场营销和旅游品牌营销的相关概念及进展；熟悉旅游市场数据收集的内容与方法；学会灵活运用旅游市场营销策划和旅游品牌营销策划的理论方法。

教学重点：

旅游市场营销策划的内容框架以及旅游品牌营销的理论与实践。

第一节　旅游市场营销策划概述

一、市场营销的概念

市场营销一词来自英文"Marketing"。国内外学者对市场营销概念的界定已有上百种。菲利普·科特勒（Philip Kotler）认为，市场营销是个人和集团通过创造并同他人交换产品和价值以获得其所需所余之物的一种社会活动。我国学者郭国庆认为，市场营销既是一种组织职能，也是为了组织自身及利益相关者的利益而创造、传播、传递客户价值，管理客户关系的一系列过程。总地来讲，市场营销包含以下几个核心概念。

第一，市场营销的主体既包含营利性企业，也包含非营利性的组织或个人。

第二，企业或组织为了实现自己的经营目标，就要通过市场营销调研、营销计划、营销策略执行等一系列营销管理活动来完成企业组织的任务。

第三，市场营销的对象不仅是市场需要的产品、劳务或服务，而且还包括思想、观念以及人物的营销。

第四，由于市场营销活动受买卖双方各种微观因素以及政治、法律、社会、经济和技术等宏观因素的影响，因此市场营销是一个动态的过程。

第五，营销是企业或组织的一种管理功能。

第六，营销为企业或组织的所有活动提供一个框架。

第七，市场营销把满足顾客需求放在经营的首位，这是一切活动的出发点。

二、旅游市场营销策划的内涵与理论方法

(一) 内涵

营销意义上的旅游市场是指一定时期内，某一地区中存在的对旅游产品具有支付能力的现实和潜在的购买者。市场规模的大小，取决于市场的消费者数量、人们的支付能力和人们的购买欲望，三者缺一不可。而闲暇时间的多少和交通的便利程度是其约束条件。由于旅游活动及旅游业自身固有的特点，旅游市场相对于其他商品而言，具有全球性、异地性、波动性和高度竞争性等特点。

把市场营销观念运用到旅游业营销管理中，往往由于旅游产品的特点，使营销观念很难在企业营销中发挥作用。主要表现在：第一，旅游服务是一种过程、一种行为，而非有形实物，因此旅游服务很难做到标准化，产品质量难以控制；第二，当今世界还没有哪一个国家或地区有充分的资源和接待能力，足以提供符合所有旅游市场需要的产品或服务。因此，每个旅游企业或组织都必须根据自身条件，针对某一特定市场需求，提供产品或服务。另外，市场营销观念是以满足长期旅游需求为目标的，但很多企业（尤其是那些小型的饭店、旅行社、游览部门等）为了竞争和生存，其经营战略重点往往只考虑短期，调查预测也大都是短期范围。

综上所述，旅游营销管理不能只以市场需求为最佳导向：在旅游供给方面应以社会资源为导向，在社会发展上要以旅游者的需求为导向，旅游发展要以有利于社会发展为导向，只有这样旅游企业才能长期存在。此外，旅游企业在提供优质产品以满足顾客需求的同时，还必须以获得企业最佳利润为目标，要采取有效措施把产品质量和企业利润统一起来。

(二) 理论方法运用

1. IMC 的运用

IMC 是 integrated marketing communication 的缩写，即整合营销传播理论，是由美国西北大学教授唐·E. 舒尔兹等人提出的，被认为是市场营销理论在 20 世纪 90 年代的重大发展。舒尔茨认为，整合营销传播是一个业务战略过程，它是制定、优化、执行并评价协调的、可测度的、有说服力的品牌传播计划，这些活动的受众包括消费者、顾客、潜在顾客、内部和外部受众及其他目标。

王涛等（2004）认为，整合营销传播的内涵主要表现在以下几方面。

一是以消费者为导向。以消费者为导向的整合营销传播提醒我们，去找出"消费者需要的是什么"，去"注意消费者"，而不是问"我们的消费者在哪儿"、"请消费者注意"。图 5-1 是一张整合营销传播层次图，很显然，这个策划模式的起点是消费者和潜在消费者的资料库。整合营销传播策划模式和传统营销沟通策划模式的最大不同在于前者是将整个策划的焦点置于消费者和潜在消费者的身上。

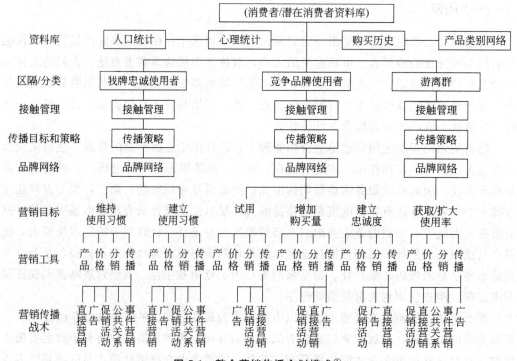

图 5-1　整合营销传播企划模式[①]

这是一个理想的、完全由外而内，以消费者为重心，以消费者需求为导向的营销传播体系。每一个环节都将消费者作为思考与行为方式的出发点。消费者导向在此模式中体现得淋漓尽致，它既是一次整合营销传播的出发点，也是一次整合营销传播的终结点，更是整合营销传播过程中每一个环节的焦点，并继续贯穿于下一次整合营销传播的始终。

下面以日本为例，来说明整合营销传播在具体实践中该如何操作。

在产品开发方面，日本人对整合营销传播可谓深得其精髓。日本的一些大企业经常邀请家庭主妇们聚会，听取主妇对于市场上现有产品的意见，包括产品的品质、功能、

① 王涛. 广告学通论 ［M］. 北京：北京大学出版社，2004：91.

外形、价格、方便性、不足之处等。不管这些建议是否有价值，先收集起来，再对这些信息研究分析，发展出新产品的概念、设计、成本与价格、通路、推广及沟通等要素。假如在现有条件下达不到消费者所需要的产品功能，那么就不投产这个产品；假如不能够将成本降低到消费者满足需求所愿意并能够付出的代价，那么也不投产这个产品；假如新产品不能够在消费者需要的时候恰到好处地在消费者所希望接触的地点出现，企业最后还是会决定不投产新产品。至少等能够做到了这些，再让新产品正式大量投产。

二是关系营销。传播的更高一层次，则是沟通——双向传播。长期的良好的沟通，将在企业、产品、品牌与消费者之间建立一种牢固而稳定的友谊。这种友谊的最高级别为"一对一"的关系。将消费者都发展成企业、产品和品牌的个人化朋友，令消费者因感情归属，其或是荣誉感而发生购买行为，这就是关系营销。

三是以资料库为基础。以消费者为核心，必须对消费者和潜在消费者有深刻而全面的了解。这有赖于企业在长期的营销过程中建立的资料库。

四是整合。"整合"是整合营销的关键所在。美国科罗拉多大学传播研究所，将整合传播的概念由窄而宽分为四大层次，即形象的整合、持续一致的声音、良好的倾听者以及世界级公民等。上述实质上是对各种营销传播工具的整合；而对企业内部和外部所有资源的整合，以求其销售的产品或服务能提供给消费者最佳的组合，并因此获得最大的利润，则是更高层次的整合。

一般认为，整合营销传播是一个营销传播计划的概念，其基本含义是：要求充分认识用来制定综合传播计划时所使用的各种带来附加值的传播手段，如普通广告、直效广告、销售促进和公共关系，并将之结合，提供具有良好清晰度、连贯性的信息，使传播影响力最大化；消费者对一个企业及其各个品牌的了解，来自他们接触到的各类信息的综合（包括媒体广告、价格、包装、售点布置、促销活动、售后服务等），整合营销传播的目的在于使企业所有的营销活动在市场上针对不同的消费者进行"一对一"传播，形成一个总体、综合的印象和情感认同；这种消费者建立相对稳定、统一印象的过程，就是塑造品牌即建立品牌影响力和提高品牌忠诚度的过程。因此，将这一超前的全新理念与中国旅游业的实际状况相结合，研究一套系统而又切实可行的方法来解决中国旅游业的市场营销问题，必将成为我们的旅游组织与企业制胜市场的法宝。

2. 开展市场调研，正确细分市场

我国目前旅游企业之所以会出现恶性降价竞争的局面，就在于这些企业简单地认为旅游市场只是以价格为导向的。事实上，随着人民生活水平的提高，人们已经不仅仅满足于传统的"上车睡觉，下车拍照"的旅游方式，而更在乎的是旅游的品质。这就要求我们的企业要在市场调研的基础上根据消费者的需求细分市场，从而进行正确的市场定位；根据旅游者在目的地的游览和消费行为，确立食、住、行、游、购、娱六要素合理配置、档次和谐的旅游地形象，研究旅游者需求，提供优质、个性化的服务。

3. 重视和大力发展网络营销

所谓网络营销（on-line marketing 或 e-marketing）就是以国际互联网络为基础，利用数字化的信息和网络媒体的交互性来辅助营销目标实现的一种新型的市场营销方式。简单地说，网络营销就是以互联网为主要手段进行的、为达到一定营销目的的营销活动。营销中的品牌、渠道、促销等要素都会在网络营销中得到体现。把互联网引入旅游经营中，企业可以有效地降低产品成本——企业可以廉价的成本寻得最好的供应商和最低的供货价格，以价格最低的原料制造产品，从而降低产品成本；同时互联网还能有效节约顾客成本——网络商城的空间可以无限扩张，里面可以陈列无限多的商品，消费者在网上可以很低的成本搜寻产品信息并订货；网上销售，顾客只是下订单，商品的送交由卖方或物流公司承担，节约了顾客的精力、体力和时间成本。现代市场营销的焦点是顾客，为顾客节约成本就是为企业赢得竞争优势。

【扩展阅读】

基于 4P 的中国入境旅游市场营销[①]

随着国际旅游市场的不断发展，我国传统的市场营销模式已经难以适应市场发展的趋势。如何适应市场需求，提供更有效的营销方式是我国目前入境旅游业发展的核心问题之一。

市场营销的核心思想是给顾客的消费提供更多有效的价值。我国作为旅游目的地，要分析目前旅游市场营销存在的问题，就应该首先明确目标市场的特征及需求，在目标市场的基础上制订出合理的价格，提供市场需求的产品，以及选择合适的促销方式和销售途径。

客源市场方面（market）。从多年旅游统计数据来看，日本、韩国、俄罗斯以及美国一直都是我国最主要客源国，而这些国家大都属于近距离或高经济客源国。其中，近距离客源国的主要特征是文化相近，其旅游需求多为观光和度假。经济发达客源国的主要特征是高消费以及追求时尚，旅游需求多为休闲度假、商旅体验。在明确目标市场以及目标市场的特征和需求的基础上，再来分析我国旅游市场营销在价格、产品、促销、销售渠道方面的问题。

旅游产品方面（product）。旅游产品是吸引游客旅游的核心载体，从我国多年来旅游产品营销的内容来看，长城、天安门、故宫、天坛、兵马俑以及桂林山水 6 个方面代表了我国旅游的品牌和形象，表面上看这些景区（点）将我国最具竞争力的旅游产品展示了出来。然而，对于多元化和时尚化的国际旅游市场需求，我国资源依托型的旅游营

---

① 张佑印，马耀峰. 基于 4P 的中国入境旅游市场营销 [J]. 旅游学刊，2009（4）.

销模式已很难适应市场的需求。纵观国际旅游市场的需求，当前国际旅游市场对旅游产品的需求已由原来的观光产品转化到观光体验，更具参与性的休闲度假、文化体验以及科普科考等高层次、高消费的旅游产品。如从韩国、迪拜等旅游目的地对外宣传的重点不是它们的景区（点），而是豪华的滨海酒店、优美的海滩、高档的航班服务等。而这种高档次的消费必然吸引大量名人去旅游，而名人所带来的名人效应又刺激了普通大众对此目的地的向往，从而形成一种良性循环。从这个层面来看，我国目前对旅游产品的营销层析不够高，未来应着力改变这种重旅游目的地营销，轻旅行社、宾馆饭店、旅游商品以及旅游交通等其他旅游产品的营销模式，平衡基本旅游供给和非基本旅游供给的营销比例。

旅游价格方面（price）。对于外国游客来说，我国长期属于低价格旅游目的地，其原因与我国当前的消费水平有关，也是我国采用薄利多销的渗透性定价策略的结果。从我国入境旅游业发展历程来看，这种定价策略对于我国早期入境旅游的起步和发展起到了至关重要的作用。然而，当前国际市场的趋势为追求享受型旅游产品及高价格高档次的旅游产品。而我国的低价格从另一个角度成了低档次、低质量的反映，所以这种定价策略失去了大量追求时尚、张扬个性、突出享乐的商务休闲旅游者。对此，我国应通过提高产品质量来发展一批高价格的旅游产品，尤其对高档次的滨海酒店、快捷的交通以及优质的导游服务等方面的定价都可适当提高，从而吸引国外追求时尚、豪华的高消费型旅游团队。

旅游促销方面（promotion）。促销的种类和内容非常繁多，我国当前促销的最主要方式是价格促销。然而，这种促销忽略了入境游客的特征。由于我国的入境游客多来自经济发达国家，所以价格促销对入境游客吸引力并不强，而捆绑式促销可能对入境游客更具吸引力，如在某个酒店住宿赠送高档次餐饮，在某个景区旅游就有机会获取名人签名照片或和名人合影等活动。另外，还应重视不同国籍、年龄、性别以及受教育程度的游客对各种促销的反应程度，要有针对性地去促销。

旅游销售渠道方面（place）。研究表明，外国游客对我国旅游信息获取的主要途径是旅游代理商，约占45％。然而，这种传统的销售渠道只对已经产生了来华旅游动机的游客有作用，而对于潜在游客的营销作用较弱。随着科技的发展，互联网在游客生活中的作用越来越强，浏览网页已经成为很多人每天生活的一部分，而且上网的群体往往是具有一定经济基础、追求时尚的中青年。这种销售渠道可以让更多的潜在游客了解我国的旅游资源，同时还可以节省大量成本。另外，影视以及明星在旅游目的地营销中的作用也相当重要，尤其是对追求时尚的年轻游客来说，如李小龙的电影，向国外宣传了中国的功夫，使得少林寺成为我国入境旅游的重要元素之一。韩国的影视业使得韩国成为中国出境旅游的主要目的地之一。未来我国也应加强明星及影视对旅游的促进作用。

市场营销组合方面（marketing mix）。从我国目前的组合方式来看，4P组合主要是"低价—观光—综合促销—传统渠道",而这种营销组合是旅游起步和发展阶段最合理的组合模式。例如,以观光为目的的游客大都是对价格的态度比较敏感的中老年群体,他们对传统的促销和营销渠道更为信赖。然而,这种市场营销组合也是最低层次的营销组合,它不利于休闲度假以及商务体验旅游市场的发展。对商务旅游的游客来说4P组合应为"高价—体验—公共关系促销—直销";休闲度假游客的4P策略应该为"中价—休闲—新奇性促销—新兴渠道"。总体来看,我国应重点重视近距离、高消费旅游市场的特征及需求,采用多样性的市场营销组合模式去满足未来市场的发展趋势。

【思考与讨论】

中国入境旅游市场的主要制约因素有哪些?

三、旅游市场营销策划的框架结构

(一)环境与资源分析

1. 环境分析

营销策划的第一步是对环境、形势、旅游组织的经营背景进行分析。科特勒认为,如果一个组织要适应变化的周围环境,它必须很清楚它必须适应什么。营销策划的核心是定期地评价组织和企业的劣势、优势、机遇和威胁。

旅游组织的经营环境是复杂且经常变化的。为了进行分析,可以从三个方面进行调研。

第一,宏观环境。包括为旅游区域和旅游企业创造机会和带来威胁的力量,具体包括社会、政治、技术、经济和人口特征等许多因素。

第二,竞争环境。由那些提供了相似的旅游产品,争夺相同客源和目标市场的旅游组织和旅游企业组成。

第三,市场环境。由区域旅游组织一起合作的其他组织和人群构成。在旅游业中,这个"人群"是指现有的和潜在的旅游者。

2. 资源分析

在这个分析过程中,清查旅游组织和旅游区域的旅游资源本底是一项基本工作。

(二)区域目标确定

目标的确定包括三个步骤:确立组织使命、确定长期和短期的目标、确定目前的明确目标。

(三)确定区域策略

在旅游业中,要找到一个可行的策略应经过三个阶段:第一,区域内旅游企业的分析；第二，确定开发产品策略，也就是应如何对待区域提供的主要旅游产品和服务；第三，确立区域增长策略，即决定如何开发旅游产品和市场。

　　值得强调的是，区域旅游产品分析的第一步是确认旅游地的核心旅游产品和服务。例如，一个区域认为它的主要产品包括文化旅游产品、户外旅游产品和观光旅游产品。区域旅游组织可以协助决定开发哪些产品、保持或放弃哪些产品。区域旅游组织面临的挑战是确立适当的标准，去判断不同产品和服务的吸引力。

　　另外，在检验了区域目前的旅游产品后，区域旅游组织应该意识到要增加现有的旅游产品或开发新的可替代的产品。这两方面的思考可以产生四种结果（见图5-2）。

	现有产品	新产品
现有市场	市场渗透	产品拓展
新市场	市场拓展	多样化/分散化

图 5-2　区域增长策略

　　市场渗透策略意味着区域旅游组织将努力向现有的市场销售更多现有的旅游产品和服务。这种策略只有在目前的市场尚未饱和的情况下才有效。市场拓展策略意味着组织通过向新市场提供现有的旅游产品和服务来谋求增加区域的旅游活动。产品拓展策略则指向现有市场提供新产品。

　　产品—市场矩阵可以帮助区域旅游组织为旅游区域和旅游企业用系统的方法去决定新的选择。产品—市场机会分析的结果可以为区域策略方案的制定提供基础。

（四）确定目标市场策略

　　目标市场策略由两个主要步骤组成，即为旅游区域定义和分析产品市场，并协助旅游企业完成该项工作；为旅游区域选择目标市场，并协助旅游企业选择目标市场。当然，目标市场的选择是以市场细分为基础的，这将在下面论述。

（五）区域定位策略

　　定位策略是营销策略的重要组成部分，特别是当竞争者可以提供相似的产品和服务以争夺相同的客源市场时更是如此。

　　对于区域旅游组织而言，定位就是一种寻找特定区域和旅游企业的产品与服务同竞争者的产品和服务之间有意义的差别，并向外界传达这种差别的能力。

　　定位策略的主要步骤如下。

　　（1）评价区域和旅游企业目前在相关市场中的位置。

　　（2）在市场中选择一个适合自身的定位。

　　（3）制定一个策略去实现这个定位，并用这个策略去指导各个旅游企业。

　　（4）执行这一策略。

　　最终，定位策略会落实到产品或服务、价格、分销和促销策略上。

（六）区域营销组合策略

营销组合由影响营销结果的各种因素构成，它实际上是一组定位策略，包括产品定位、价格定位、分销定位和促销定位等各个方面。

（七）区域组织设计

彼得（Peter）和沃特曼（Waterman）提出，组织设计的一个较明智的途径应至少包括 7 个相互依赖的变量，即策略、结构、人员、管理风格、系统、价值观，以及目前和预期的组织优势和技能，即麦肯锡公司的 7S 框架（见图 5-3）。其中，首要的三个要素是策略、结构和系统。

图 5-3　麦肯锡公司的 7S 框架

资料来源：冯若梅，黄文波. 旅游业营销［M］. 北京：企业管理出版社，1999：26.

（八）管理支持系统

营销规划的关键一步，是开发一个帮助组织贯彻各种策略的系统。旅游组织若想成功地执行营销规划，需要三个主要的支持系统，即营销信息系统、营销规划系统和营销控制（评价）系统。

四、旅游目标市场细分

（一）市场细分的概念

市场细分最早是由美国的市场营销学家温德尔·史密斯（Wendell R. Smith）于

20 世纪中叶提出的一个市场营销学的新概念。在我国的旅游市场细分研究中，多数学者关于市场细分概念研究趋于一致。赵西萍（2003）等认为市场细分实际上是根据购买者的需要和欲望、购买态度、购买行为特征等不同因素划分市场的行为过程；王洪滨（2004）指出旅游者需求的差异性是市场细分的关键；张俐俐（2004）强调细分就是划分旅游者群的过程；苟自钧（2005）综合上面观点，指出市场细分的出发点是从区别消费者的不同需求，然后根据消费者购买行为的差异性，把整体旅游市场分成两个或两个以上具有类似需求和欲望的消费者群体。

（二）旅游市场细分的作用

在旅游市场细分作用的研究中，多数学者对以下三方面达成基本共识：市场细分有利于识别和发掘旅游市场，开发旅游新产品，开拓旅游新市场；有利于针对性地制定和调整旅游市场营销组合策略；有利于旅游企业优化资源配置和取得良好的经济效益。俞慧君（2005）提出小企业可利用市场细分来显示自己的实力地位；张俐俐（2005）提出市场细分有利于旅游企业制定灵活的竞争策略；张玉明、陈鸣（2005）提出市场细分有利于企业集中人力、财力、物力、技术和信息，在市场竞争中以小胜大，以弱胜强；苟自钧（2005）提出通过细分有利于满足消费者的需求。

（三）旅游市场细分的因素

旅游市场是由旅游消费者构成的。要细分旅游市场，就需要考虑到以下三个方面。
（1）旅游市场的有形属性。这包括市场的规模、地理位置、消费者的人口特点等。
（2）消费者的行为特点。这包括何时购买、如何购买、影响购买的因素、购买者所属的社会阶层和心理类别、购买原因等。
（3）市场的质量。
以上三方面的关系如图 5-4 所示。

（四）旅游市场细分的方法

目前，多数学者采用三种细分方法：单一变数法，即根据影响旅游消费需求的某一种因素进行市场细分的方法；综合变数法，按影响旅游消费需求的两种以上的因素进行市场细分；系列变数法，按照影响旅游消费需求的各种因素进行系列划分。

美国的市场学家麦卡锡提出了细分市场的一整套程序，主要包括 7 个步骤：选定产品市场范围；了解、列举分类顾客的基本需求；了解不同潜在用户的不同要求；抽调潜在顾客的共同要求；根据潜在顾客基本需求上的差异方面，划分不同的群体和子市场；进一步分析每一细分市场需求和购买行为特点，并分析其原因，以便在此基础上决定是否可以对这些细分出来的市场进行合并，并做进一步细分；估计每一细分市场的规模。

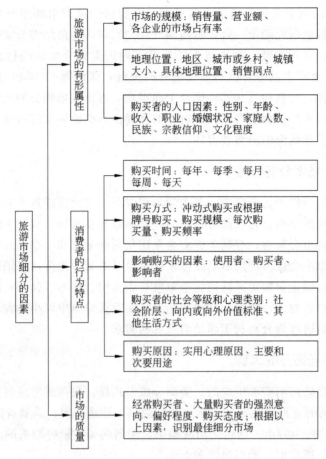

图 5-4　细分市场的因素[①]

国内多数学者认同麦卡锡提出的这七个步骤，同时提出细分市场的程序在实际的操作中可以根据市场的需要来做灵活的调整，不必拘泥于学者提出的旅游市场细分的步骤之中。

第二节　旅游市场数据收集的内容与方法

一、旅游市场数据收集的内容

旅游市场作为旅游产品的直接消费源泉，也可以称之为客源地市场。旅游市场的构

---

① 王庆生. 旅游规划与开发 [M]. 北京：中国铁道出版社，2011：194.

成及其变化趋势是旅游目的地规划以及营销的方向，所有旅游产品的开发都应围绕旅游市场的需求开展。针对旅游市场进行的旅游调查和数据收集是旅游规划过程中市场定位和细分的重要准则，也是最基础的工作。被调查地的所有人都可能是旅游地的消费者，我们称之为潜在旅游者。潜在旅游者是旅游市场的重要构成，也是旅游市场调查的重要内容，任何人都是生活在一定的环境中，他们的行为受一系列外部和内部因素的影响。因此，旅游市场数据的收集是一项内容十分广泛的工作。

（一）旅游市场的结构

旅游市场的结构内涵非常丰富，包括潜在旅游者的年龄构成、收入水平和旅游市场的受教育程度等。针对旅游市场结构进行的数据收集是旅游规划必不可少的内容，通过这些数据的收集可以使规划人员基本了解旅游市场的特征，并初步掌握潜在旅游者的行为规律，是旅游规划的重要依据。

1. 旅游客源的年龄构成

旅游者随着年龄的增长对旅游产品的需求会产生不断的变化。年轻游客可能更倾向于探险或者背包旅行；而随着年龄的增长，人们自身的生理机能会发生变化，他们更倾向于安静的旅游行程。旅行社企业也会根据市场的发展趋势去打造适合于不同年龄段的旅游产品。目前国内的很多旅行社有单独针对中小学生的修学旅游产品，也有针对老年人客源市场而生产的银发旅游产品。

年龄同样可以影响到人们的出游动机，不同年龄组的游客的出游动机会有较大的不同。吴必虎等在20世纪90年代初的一组调查发现，虽然不同年龄段的游客出游的首选都是自然风景观赏，但是年纪大的旅游者偏好于文史类的景点，在选择文物类景点上，50～59岁年龄段的人占据了大多数（32.3%）；在娱乐游戏类的旅游产品上，不同年龄段的旅游者又表现出了不同的兴趣，10～19岁中小学生占据了大多数（41.25%），总体趋势是年龄越高对娱乐性的旅游产品的需求偏好越低。

2. 旅游客源的收入水平

旅游市场客源的收入水平将直接决定着市场的购买力。购买力是旅游管理者必须考虑的一个因素，购买力是形成市场的基本要求。随着我国人民收入水平的不断提高，目前已经有很多人有足够用于旅行游览的可自由支配收入，而且这类人群的数量也在不断地增加。此外，收入水平的高低还将决定客源地居民的出游频率和旅游费用。所有关于旅游行为的调查，无论是官方的人口普查机构、旅游行业协会、专门的市场调查机构，还是媒体的调查都表明，居民收入水平和外出旅游的频率之间存在着直接的关系：家庭收入高，外出旅游的可能性就越大；而且收入越高，越富裕的家庭花在旅游上的消费也就越多。

旅游支出弹性特征明显。人们有能力并且愿意在实际收入持续增加的情况下将更多的消费用于旅游。可以想象的是，除了旅游频率的增加，人们进入旅游地的交通选择和在旅游地的食住水平也会上升一个档次。收入水平还能够通过影响人们的受教育水平而影响人们的旅游选择，后面将会对其进行讨论。

3. 旅游客源受教育程度

客源地旅游者的受教育程度通常也是旅游调查数据收集过程中不可缺少的一部分。教育能够拓宽人们的兴趣爱好，会刺激旅游意愿的产生。随着旅游产业的不断发展，旅游产品供给的不断拓展，旅游者更多地开始追求旅游过程中的精神享受和文化感染力，因此受教育的程度越高，人们的出游率也会增加。

有研究显示：受过良好教育的人在旅游者中占大多数，其旅游消费支出也最多。在那些户主没有取得中学学历的家庭中，仅有50％声称有旅游支出；而那些户主取得中学学历的家庭中，这一比例为65％；在户主受过大学教育的家庭中，这一比例为75％；在户主获得大学学位的家庭中，这一比例则为85％。受教育水平的提高毫无疑问会提高人们外出的旅游倾向。

受教育水平同样可以影响到人们的旅游选择。旅游业发展初期，基于人们（开发商、批发商、旅游者）对旅游认识的局限性，旅游开发商和批发商更倾向于提供给人们观光类的旅游产品。旅游产业是不断发展的产业，随着景区游客量的增加，观光型的景区环境不断受到破坏；而另一方面是随着社会教育水平的提高，人们对旅游的认识逐渐的提高，旅游品位不断的提升，更多的高学历者愿意将目光放在旅游地的文化品位而不再是传统意义的观光。

4. 旅游客源地居民的家庭结构

家庭规模可以影响家庭的出游力。根据 Walsh（1986）的研究，单身家庭对游憩活动的参与率一般小于已婚夫妇家庭，尤其要小于1～4个子女的家庭，但随着家庭内孩子数量的进一步增加，游憩活动的参与率会出现下降。国内也有研究表明，家庭规模和游憩需求的现状、潜力等显著相关：1人家庭的游憩潜力大，但因其收入有限，游憩状况并不理想；5人及以上的家庭游憩现状最好，但因为其游憩需求基本被满足，所以游憩的潜力较低。

此外，一个显著的特征就是合家出游这种现象已经成为世界范围值得注意的市场特征。国内以家庭为基本单位的出游已经占据了大部分的市场份额。以家庭为组织方式的环城游憩的出游占市场全部的40％以上，而且这一比例还在不断地提高。由于绝大多数的家庭是以孩子为重心，所以其出游的时间多选择在寒暑假，而且对安全和卫生的考虑也是其出游过程中的重要因素。

（二）旅游市场的产品供需状况

对旅游市场的供需状况的研究是提供旅游产品的旅游企业必须要进行的过程，是旅游企业制定竞争战略的基本条件。主要包括旅游产品的供需状况、旅游产品的价格定位、旅游市场的信息化程度等。

1. 旅游产品的供需状况

旅游者的需求是旅游企业提供旅游产品的指南，市场导向模式是旅游规划与开发过程中的重要战略模式。旅游企业要想把自己的产品销售出去，就必须对旅游客源地居民的需求进行调查，并对调查结果进行分析以确定要提供什么样的旅游产品。

目的地的旅游供给状况在很大程度上决定着旅游需求能否实现，以及能够在多大程度上实现。从旅游目的地的角度看，目的地的旅游供给状况还决定着旅游需求的规模、类型和结构。所以说，旅游供给因素是影响旅游需求的重要因素。在影响旅游需求的旅游供给因素中，首要的是旅游吸引物的赋存状况。旅游吸引物的赋存状况是目的地发展旅游业的核心依托。旅游吸引物的丰富程度、类型、质量状况等对旅游目的地的旅游吸引力起着决定性作用。研究表明，观光旅游产品往往具有全球性吸引力，度假旅游产品往往具有区域性吸引力，人造景观往往具有地区性吸引力。旅游吸引力的强弱还取决于以旅游吸引物为依托开发而成的旅游产品与旅游者需要能否有效耦合。

在这里，必须明确旅游吸引物不是旅游产品，旅游吸引物等方面的资源优势必须通过产品开发辅以相应的配套设施、形成经济优势，旅游目的地才有好的发展前景。因此，只有树立以资源为基础、以市场为导向的指导思想，明确吸引物与旅游产品的区别，明确资源优势与旅游经济优势的区别，致力于合理的产品开发，才能不断提高目的地的吸引力，更好地引导和刺激旅游需求的增长。

2. 旅游产品的价格定位

旅游产品的价格定位直接影响着人们对旅游产品的需求。西方经济学的价格-需求理论告诉我们：一般情况下，普通产品的价格和需求量有着负相关的关系，即产品的价格越高，则需求量就越小；反之则越大。但是众所周知，旅游产品和普通产品不一样，由于不完善的市场秩序带来的不公平竞争，使得旅游产品的价格越来越低，随之而来的问题是旅游产品品质的下降，旅游服务的质量不断降低。所以价格很低的旅游产品通常不会被大多数人关注，而价位相对较高的旅游产品却供不应求。这种情况的发生是由旅游产品的特殊性质决定的，所以旅游企业必须对旅游产品进行合理的定价，以便能保证吸引更多的客源。

3. 旅游市场的信息化程度

旅游市场的信息化程度决定旅游目的地在游客心中的知名度，旅游目的地向外传播的方式和程度起着很重要的作用。现代旅游的流动频度和广度都较传统旅游有了相当大的提高，旅游目的地作为旅游信息最基本的综合体，必须要拥有一个功能强大的信息系统，以便为各行业、部门及游客提供及时准确的旅游信息服务。20 世纪 80 年代以来，世界各国的旅游目的地管理机构陆续开始尝试利用信息技术手段，统筹和规范旅游目的地旅游信息的收集、汇总处理和有序发布。把建立、完善旅游信息服务体系看作旅游目的地基础设施建设的重要内容，已成为一种世界性的潮流与趋势。

可以借助多种方法，通过对旅游者的调查，来分析旅游市场的社会认知度。Shaw等（1990）归纳了游客研究中常见的调查方法，包括问卷调查法、首尾调查、日记调查、行为观察和认知地图法等（见表5-1）。

表 5-1　游客研究中主要的调查法

方　　法	最适用的场合
问卷调查	过去旅游经历中的旅行态势； 建立旅游者特征剖面
首尾调查	快速访谈得到基本游客数据，常与其后的日记调查法结合使用
日记调查	评估旅游行为，尤其是采用时间预算研究技术
行为观察	非参与者方法：采用人工或仪器记录方式获得游客行为的现场记录； 参与者方法：运用人类学方法详细评价旅游者行为
认知地图法	详细评价旅游者的空间知识

资料来源：吴必虎，俞曦. 旅游规划原理［M］. 北京：中国旅游出版社，2010：61.

二、数据收集的方法

数据收集过程是旅游市场开发的初始过程，也是基础过程。数据的广度和有效度将直接影响整个开发过程的严谨程度。数据的收集可以是小组成员的经验讨论而来，也可以是小组的实地考察得来，在操作过程中要根据不同的情况选择更为有效的方法。

（一）小组座谈法

多数人都将小组座谈这一方法列为效果最差的市场数据收集的方法，或者有人根本就不认为小组座谈可以收集到有效的旅游市场数据。但是事实上并非如此，小组座谈不单单是对旅游业，而且对任何一个行业来说都是一种常用的市场调研方法。使用这种方法的主要目的不是对数据的收集，而是能够起到一种铺垫的作用。通过小组讨论可以加深调研成员对调研目的的认识，同时可以为以后的过程确立参数。

小组座谈法是一种定性调研，即将少量的有关个人（通常为8～12人）组织到一起，就顾客所看重的某一个话题展开深入讨论。典型的讨论话题包括：就某一拟建的景点而言，顾客的关注点会有哪些；对于某一拟推出的广告主题和广告活动，顾客将会做出何种反应等。

小组成员的选择需要谨慎，要经过严格筛选，以便能够全面代表对所研究地区可能有兴趣或者在该地区有利益关系的群众。但是，由于实际筛选工作难以做到科学，因而把将小组座谈会上的推断作为当地一般民众的意见时，调研者必须格外小心。此外，由于负责鼓励大家发言的小组组长在很大程度上会影响到会议讨论的情况，所以调研组织者必须对小组组长进行很好的培训，以使其非常熟悉该次小组座谈的潜在目的。

虽然要注意的问题有很多，但是要想真正搞清楚对决策有影响的因素，小组座谈法始终是最具有价值的途径之一。

（二）科学观察法

科学观察法习惯称为观察法，它是指旅游调查研究者根据一定调查目的和调查提纲的要求亲临现场，直接观察旅游调查研究对象或被调查者的情况，以主动获得有关旅游现象的非语言资料的资料搜集方法。在旅游调查研究中，科学观察法是一种获得直接资料的调查方法，它一般适用于对具体旅游现象的研究，是旅游调查研究的一种最基本的方法。

1. 类型

依据不同的标准，从不同的角度可以对科学观察法作如下划分。

（1）直接观察法和间接观察法，划分依据是观察时是否使用科学仪器。直接观察法就是调研人员用自己的感觉器官进行观察，具有强烈的实感，但受观察者的主观影响较大。间接观察法的主要手段有摄像、录像、探测、遥感等技术，获得的资料较客观准确，但缺乏实感。

（2）结构性观察和非结构性观察，划分依据是研究者对所观察对象的控制性强弱或观察提纲的详细程度。结构性观察指研究者对问题有严格界定，采用标准程序和手段进行观察。非结构观察或称无控制观察，指研究者根据总的观察目标和要求，依据具体情况进行的观察。前者能获得大量翔实资料，但是缺乏弹性；后者简便易行，但所得材料零散。

（3）参与观察和非参与观察，划分依据为研究人员是否参与被观察者的活动。一般来说非参与观察所得资料具有较强客观性，但所搜集资料偶然性较大。参与观察能获得大量真实的感性材料，观察比较全面深入，但主观性较大。

（4）连续性观察与非连续性观察，划分依据为研究人员所实施的观察是否具有连贯性和持续性。

（5）自然观察和实验室观察，划分依据为研究人员实施观察的场所和组织条件。自然观察在自然状态下进行观察，结果真实可信。实验室观察指旅游调研人员在模拟周围条件和环境对调查对象实施有效控制而进行的观察，具有严密性和精确性的特点。

2. 原则

科学观察的实施原则主要有四个，即客观性原则、全面性原则、深入性原则、持久性原则。

（1）客观性原则。要求调研人员按照旅游现象的本来面貌进行观察和记录。观察的客观性是资料有效性的保证。

（2）全面性原则。要求调研人员观察中应从不同侧面、不同角度和不同层次进行多方位的观察，不能以偏概全，以正代反，以局部代整体。全面性是客观性原则的内在要求。

（3）深入性原则。由于旅游现象和被观察者的活动本身错综复杂，必须经过认真的观察才能认识其真实状态。

（4）持久性原则。运用观察法是一项十分单调辛苦的工作，要达到全面、客观、深入的观察要求，调研人员必须保证观察的持久性和恒常性。

3. 优点

科学观察法有许多优点，主要是：

（1）可以直接获得可靠资料。

（2）便于搜集非语言资料。

（3）能够避免人际交往因素的干扰，观察法不依赖语言交流，避免语言交流中可能产生种种误会和干扰。

（4）便于及时获得调查结果。

（5）运作简便、机动灵活。

4. 不足

观察法也有其缺点，主要有：

（1）观察到的现象具有表面性和偶然性。

（2）观察的适用范围受到一定的限制，这主要体现在两方面：一是旅游现象的发生都有一定的时间空间条件，对某种尚未出现的现象、突发的事件或已经发生的现象，都无法采用观察法；二是某些旅游现象，由于受伦理、道德、风俗甚至法律制约，不能借助于观察法。

（3）观察的结果受到观察者自身的限制，主要体现在感官限制和主观意识素质影响。

（4）观察结论难以推及研究对象全体，观察法不适合宏观观察，不适用大面积调查，一般观察样本较小，结果难以量化。

（三）问卷调查法

问卷调查法是指由旅游调研者向被调查者提供问卷并请其对问卷中的问题作答而搜集有关社会信息的一种旅游调查研究资料搜集方法。问卷调查法是现代社会中具有广泛用途和重要作用的一种旅游调研资料搜集方法。

问卷调查法的特点主要有以下几方面。

1. 标准化

问卷调查法统一提问、回答的方式，对所有调查者以同一问卷进行询问，同时以同一种方法发放和填写问卷。由于使用标准化工具进行调查，因而对所搜集资料还便于进行统计分析和定量研究。同时由于标准化，尤其是其多使用封装式提问和回答，也使问卷调查法的适应性和可获得信息的范围受到严重限制。

2. 书面性

采用书面与被调查者进行交流有其特殊作用：第一，这种交流方式可以突破时间的限制，使该方法的实施在时间上有缓冲余地；第二，可突破空间的限制，即借助交通邮政等渠道，可以将问卷发送到广阔的社会区域，在大范围内同时进行调研。但书面性也有劣势，如只能获得书面信息，对文化程度较低的群体不太适用等。

3. 间接性

采用问卷法，调查者一般需要与被调查者直接见面，节省时间、经费和人力，且匿名调查有助于减少被调查者的顾虑。但问卷的有效率和回复率无法保证。

由于问卷调查的种种特性，它有着自身所适用的范围。首先，从旅游调查的规模和范围来说，问卷调查法适用于调查规模较大、范围较广的调查对象。其次，从旅游调查的研究方式来说，问卷调查法适用于定量研究的旅游调查研究课题。再次，从旅游调查的研究对象的总体结构来讲，它也有其一般的适用规律。大致来说，该方法在成分单一的总体中比在成分复杂的总体中更加适用。一个成分复杂的群体，个体的背景往往相关很大，会给问卷的设计带来一定难度。最后，从旅游调查对象的群体类属来看，问卷调查法的适用性也存在差异。一般来说，城市居民比农村居民适用，大城市比小城市适用，文化程度高的群体比文化程度低的群体适用，专业技术人员和公务员比商业人员和工人适用，在中青年中比在老年人中适用，在男性人口中比在女性人口中适用。

（四）文献调查法

文献是指用文字、图像、符号、声频和视频等手段存储在物质载体上，按照一定逻辑组织的有关知识内容的信息记录。文献调查法是指旅游调查研究者通过搜集和摘取文献以获得与调查课题有关资料的方法。文献调查法可以起到两方面的作用：一是能够直接考察社会系统的现状和变迁；二是可以为其他旅游调查研究方法的应用提供有关社会环境的背景资料、历史状况，这为其顺利实施提供基础。

文献根据物质载体的不同可以分为手书型文献、印刷型文献、缩微型文献、音像型文献和计算机存档文献五类。手书型文献是指没有经过正式排印的手写记录，如笔记、手稿、信件、日记、原始记录等。印刷型文献是指将知识内容印刷在纸张等物质载体上的文献，主要有图书、报刊、图册等。缩微型文献是以感光材料为载体，利用光学记录技术，将手写型或印刷型文献予以缩小的文献。音像型文献是一种用有声影片、幻灯片、唱片、录音带、录像带等为载体，以声频和音频方法记录的文献。计算机存档文献是利用磁盘为载体记录的文献。

文献调查法是一种传统的调查方法，它是对人类以往知识的调查，是直接的书面调查，它所获得的信息是回溯性的信息。因此文献调查法有其优点，也有其局限性。

优点主要有：可以超越时空了解广泛的社会情况；可以获得稳定的信息，信息可靠；实施起来相对容易；实施效率相对较高。其投入的人力、物力较少，但获得的信息比其他调查方法都多。

文献调查法的局限性主要有：所得信息主要为书面信息，缺乏生动性、具体性；所获得的信息多为回溯性信息，不能反映新的情况；文献调查法需要人们的阅读理解才能获得信息，因此该方法要求调查者的知识水平较高；文献调查法尤其是手工文献调查法很难获得全面的信息，运用文献调查想法找齐所有的相关文献也不是件容易的事情。

（五）实验调查法

实验调查法是指旅游调研者根据调研目的，有意识地改变和控制研究对象，在创设的理想条件下通过观察、记录来搜集资料，认识其本质及其规律的方法。实验调查法具有实践性、动态性的特点。

实践性是指实验调查法以一定的实践活动为基础，必须通过调查研究者某种实践活动有计划地改变实验对象所处的社会环境，并在此基础上提示旅游现象之间的因果联系，认识实验对象的本质和规律。实践性是实验调查法的本质特点。

动态性是就实验调查法的对象而言。由于实践活动的不断进行，实践对象所处社会环境不断变化，作为实验对象的组织和个人也必然发生不断的运动变化。

实验调查法按照不同的标准，可作不同的分类：

（1）依据调研目的不同，实验调查法可分为研究性实验调查和应用性实验调查。研究性实验调查是旅游调研者以提示社会的本质联系和实验对象的本质及其发展规律为主要目的的调查，如对某一社会理论进行认证。应用性实验调查是以解决社会管理和社会工作的实际问题为主要目的的实验调查。

（2）依据实验环境不同，实验调查法可分为现场实验调查和实验室实验调查。现场实验调查是指调研者在自然现实的环境中进行的实验调查。在这种环境中，调研人员只能部分控制实验环境的变化。实验室实验调查是指调研人员在人工的环境下进行的实验调查，可对实验环境进行严格有效的控制，其特点是环境的人为性。在旅游调查研究中，一般都采用现场实验调查的方法，因为这种实验调查所处的环境都是自然现实的环境，其实验结果偏离现实的程度较低，较易于应用和推广。

（3）依据调查的组织方式不同，实验调查法可分为对照实验调查、多实验组实验调查与连续实验调查。对照实验调查是一种既有实验组又有对照组的实验调查方法。实验组是指旅游调研者用自变量来影响的组，也就是进行实验的组；对照组是指调研者不用自变量进行影响的组，但与实验组各项特征基本相同，用来与实验组进行对照的组。多实验组实验调查是一种有多个实验组的实验调查方法。连续实验调查是指调研者对同一研究对象在不同的时间里进行观察以检验假设的实验方法。这种方法只有单一的实验组，没有与实验组相对照的组，同一组在施加自变量之前是对照组，在施加自变量以后成为实验组。

【扩展阅读】

旅游市场调查研究和预测的题目[①]

为了帮助我们做好旅游市场的调研工作，有针对性地选择调研题目，这里对各国一些专业或业余旅游市场调研人员培训认为比较关注的调研项目罗列出来，供参考：

1. 关于旅游者

（1）看法和特点

① 旅游目的地的形象；

② 对旅游目的地的反应；

③ 对宣传、广告和公共关系的反应；

④ 推销效益；

⑤ 对旅游设施服务水平；

⑥ 对旅游价格；

⑦ 对旅游分配渠道。

（2）关于旅游动机和行为

① 旅行的主要动机是什么；

② 旅行方式：单个旅行，家庭式旅游，团体旅游等；经济，豪华等；飞机，火车或游船旅游等；

③ 对市场经营策略的反应；

④ 对未来海外旅行期望的变化趋势。

2. 关于旅游市场

（1）旅游市场的特点和趋势

① 旅游市场面大小；

② 旅游市场的地理位置；

③ 旅游市场的人口分布特点；

---

① 王庆生. 旅游规划与开发［M］. 北京：中国铁道出版社，2011：188，189.

④ 旅游市场分割情况；

⑤ 旅游市场分类。

（2）旅游产品的分配渠道

① 分配渠道网分布情况；

② 批发商的主要业务职能；

③ 零售商的主要业务职能；

④ 驻外旅游机构在旅游产品分配过程中的作用；

⑤ 旅游产品的其他推销渠道。

（3）旅游市场的变化发展

① 宏观旅游市场发展趋势；

② 不同的旅游产品，在不同的旅游市场里面，适用不同的分配渠道，而导致不同的经济效益。

3. 关于旅游市场的竞争情况

（1）旅游目的地旅游市场竞争基本策略；

（2）竞争者的旅游产品的长处和短处；

（3）竞争对手的市场经营策略；

（4）竞争对手的推销方式和分配渠道；

（5）竞争对手主要的促销活动方式；

（6）竞争对手的旅游价格政策。

4. 旅游市场环境

（1）市场经济形势

① 不同阶层的家庭收入；

② 对旅游产品的购买力；

③ 旅游市场国或地区的宏观经济形势及其币值。

（2）旅游市场社会人口情况与发展趋势

① 人口分布特点；

② 城市化趋势；

③ 城市化人口不同的生活习惯和闲暇时间的特点；

④ 文化、教育水平；

⑤ 不同的年龄群；

⑥ 家庭规模、消费习惯；

⑦ 社会风俗、传统习惯对旅游市场购买力的影响作用；

⑧ 劳动和就业情况；

⑨ 不同市场里面不同的消费者、不同的消费形式。

（3）政治环境

① 消费者的政治倾向性；

② 旅行给旅游目的地或者给旅游市场国带来的政治影响；

③ 政府在开发旅游点方面的作用；

④ 税收政策；

⑤ 政治宣传；

⑥ 入出境手续。

（4）科技发展水平

① 交通条件及其现代化程度；

② 旅游设施的现代化管理、服务水平。

（5）自然环境

① 气候条件；

② 污染程度和环保措施。

5. 关于旅游目的地（旅游资源）

依据我国于 2003 年 5 月颁布实施的《旅游资源分类、调查与评价标准》国家标准（GB/T 18972—2003），科学评价旅游目的地旅游资源情况。

（1）人文旅游资源状况

主要涵盖遗址遗迹、建筑与设施、旅游商品和人文活动等旅游资源状况。

（2）自然旅游资源状况

主要涵盖地文景观、水域风光、生物景观、天象与气候景观等旅游资源状况。

（3）旅游资源综合评价

主要针对旅游资源整体进行评价。

【课外实践作业】

依据上述内容，调查研究某旅游目的地，分析其旅游市场状况，并提出其市场营销策略。

第三节　旅游品牌营销策划

一、何谓品牌

（一）品牌概述

根据著名营销学者菲利普·科特勒（Philip Kotler）的定义，所谓品牌，就是一个名字、称谓、符号或设计，或是上述的总和，其目的是要使自己的产品或服务有别于竞争者。

一般来说，消费者是通过广告来认识品牌的，如果要求消费者形容某品牌的产品，他们的回答通常不会是产品名称、符号或这几方面的描述，而是用形容词来形容品牌的品质。① 因此，品牌研究学者大卫·奥格威认为，"品牌是一个错综复杂的象征，它是品牌属性、名称、包装、价格、历史、声誉、广告方式的无形总和，品牌同时也应根据消费者对其使用的印象，以及自身的经验来界定"。

台湾奥美广告公司总经理庄淑芬进一步发展了这一认识，她认为："每个品牌中都一定有个产品，但不是所有产品都可以成为品牌。如果这个产品与消费者没有更强劲的关系，它只是个产品，不会变成一个品牌。"同时，她也指出了品牌的以下四个层面。

第一层面：品牌的名称和标志的知名度。

第二层面：品牌品质的认知度——好、差、高、低。

第三层面：品牌联想——受众一想到品牌便会联想到相应的东西，反之亦然。

第四层面：品牌忠实度。

营销策划中的品牌，体现为消费者对品牌所蕴含的诸多信息，如名称、标记、符号、发音、利益的提供、产品的特色、市场的评价、发展的历史等的认知和接受的程度，它建立在消费者的心中，更多地体现为一种主观的认识。可以这样说，如果离开受众心智，产品就只能是产品，而不能成为品牌。然而也正因为它是一种观念上的存在，才为通过营销策划建立品牌形象提供了可能。

（二）品牌形象和品牌价值

近年来，品牌资产经营（创造、管理和营销）战略越来越受到企业界的重视。

第一，在市场竞争日趋激烈的经济环境中，绝大多数企业的营销阻力加大，利润普遍降低，企业转而努力使原来为无形资产的品牌价值转为"有形化资产"。

第二，由于流通革命，厂商对消费者的影响力部分转移至流通企业，迫使厂商不得不加强所持品牌对消费者的影响力。

第三，因为商品的平均生命周期缩短，新产品的导入频繁，因此拥有知名品牌的企业面对大量新商品的上市，会越来越重视现有品牌的延长优势。

而一个企业品牌资产价值，主要借助于品牌形象的强化而提高。对厂商而言，消费者对某一品牌所持有的品牌形象即为其品牌力（brand power）。美国 Y&R 广告公司开发出了一个评价模式：

品牌活力（vitality）——差异化（differentation），即消费者认为品牌有特色；适切度（relevance），即消费者认为品牌对自己的生活有重要意义。

品牌知觉优势（stature）——尊重（esteem），即消费者对此品牌的评价高；亲切

---

① 汪涛. 广告学通论［M］. 北京：北京大学出版社，2004：306-309.

感，即消费者认知、理解并且感觉熟悉此品牌。

在此评价模式中，品牌知觉优势及品牌活力是形成品牌力的两大要素。其中，品牌知觉优势是由消费者认知并熟悉品牌所产生的亲近感以及由好感而来的尊重所决定的；而品牌活力则是由品牌对消费者生活的意义所带来的适宜度及该品牌所拥有的特征即差别化所构成。因此，最好的品牌即具有强势品牌力的品牌，是指消费者知觉中市场地位高（品牌形象好）而且有活力（品牌形象上升中）的品牌。

以旅游景区为例，品牌资产的价值通常是景区固定资产价值的数倍，对品牌价值的认知和接受程度直接决定了旅游者是否会来本景区旅游，四川九寨沟和云南丽江古城的成功已经充分说明了这一点。[①]当一个景区的品牌在旅游者心目中建立起不可替代的地位时，品牌资产就具有很大的无形价值，品牌资产运营就是要把这种无形价值转化为有形价值，使景区获得更多的附加价值和利润，促进景区的进一步发展。

二、旅游品牌的概念

（一）旅游品牌的含义

从供给角度看，旅游产品是为满足旅游者旅游活动需要的产品。从需求角度看，旅游产品是旅游者的一次完整的旅游经历。

结合营销学者菲利普·科特勒（Philip Kotler）对于品牌的理解以及旅游产品的相关定义，我们认为，所谓旅游品牌，是指旅游企业在竞争中为便利消费者对自身产品或服务的识别、实现差异化、建立比较优势，以名字、术语、标志、符号、图案或是它们的组合为载体，在消费者心目中形成的一种综合体验和认知。

旅游产品作为服务产品具有明显的生产与消费同时性的特征，它建立在人与人之间关系的基础之上。旅游品牌的实质是关系，是产品及其名称与消费者发生的各种关系的总和。它首先是某种标志、符号；其次是消费者使用某种产品的体验和感受。旅游品牌的终极形态是旅游企业的无形资产。

（二）旅游品牌的意义

中国旅游业的发展经历了从事业接待部门向市场竞争主体的转变，竞争日益激烈。旅游资源、建设主题、质量标准、服务规范、促销手段的趋同对竞争手段提出了更高的要求。人类步入 21 世纪后进入了一个崭新的发展时代，旅游业的发展面临着许多新的机遇与挑战。全力推行品牌经营战略将是未来旅游业发展必然的战略选择。

---

① 朱强华，张振超. 旅游景区品牌管理模型研究［J］. 桂林旅游高等专科学校学报，2004（12）：31.

1. 竞争全球化与旅游品牌

经济全球化是世界经济发展的必然趋势。贸易自由化、生产国际化和金融全球化是经济全球化的主要表现。旅游企业的竞争策略也必须结合经济全球化的背景。加州大学伯克莱·汉斯在《创造强有力的品牌》一书中强调指出：一个企业的品牌是其竞争优势的主要源泉和富有价值的战略财富。用品牌来培育自己的竞争优势，必然成为在国际旅游大市场的竞争中求得生存与获取成功的主要策略。

2. 知识经济化与旅游品牌

在 21 世纪的世界经济中占主导地位的将是知识经济，即以知识为基础，直接依赖知识和信息的生产、扩散及应用的经济。知识经济环境之下，整个社会参与竞争的方式、手段、观念、机制和谋略将会发生深刻的变革，旅游企业必须寻求新的竞争方式。在新的竞争方式中，品牌竞争是一个不容忽视的选择。旅游业是市场开放最彻底、贸易自由化程度最高、国际竞争最激烈的行业之一，实施品牌策略是企业可行、有效的选择。

3. 需求个性化与旅游品牌

在大众旅游时期，旅游者的需求表现为"曾经旅游过"，因而愿意参加具有价格、便利优势的旅行团队，接受标准化、同一化的旅游产品。而新时期的旅游者需要的是"体验与个性"。渴望实现自身个性化的最大满足。不同的个性化需要将对应不同的旅游产品和服务。企业必须实现差异化。而品牌正是产品特色和差异性的集中体现，代表着产品特色和个性的品牌正好能满足新型的旅游需求。企业在有效满足个性化旅游需求的过程中，必然会关注旅游品牌策略的实施。

4. 竞争规范化与旅游品牌

中国成功加入 WTO 后，将享受世贸组织成员所能享有的一切待遇。同时，也必须遵守世贸组织所制定的一切"游戏规则"。在世贸组织的"游戏规则"下，中国目前的主要竞争武器——价格战，将会失灵，而且可能招来世贸组织的制裁。在新的"游戏规则"下，要特别关注品牌利益的维护，企业必须熟悉旅游品牌策略。

5. 消费感性化与旅游品牌

发展初期，旅游市场处于供不应求阶段，消费者只能追求量的满足。伴随旅游业的快速发展，旅游产品类别越来越丰富，人们的购买力也越来越高，中国旅游市场已经转向买方市场，消费者的消费也随之从量的满足发展到了质的满足。旅游消费者购物过程中，在追求商品本身的功能和价值的同时，更注重产品和服务所蕴含的文化价值，产品和服务所能体现的人的身份、财富和地位等各方面的因素，更加追求产品和服务所体现的个性和情趣。而这一切，都能通过旅游产品和服务的品牌来加以集中体现，旅游企业要成功开拓市场，必须关注旅游品牌策略。

三、旅游目的地品牌营销

如前所述，品牌是一个产品给消费者最直接的感受，它是产品名称、术语、标记、符号、图案等要素的组合，是消费者对产品的想法、情感以及感觉的总和，品牌所包含的产品特征、质量以及价值，是这个品牌的核心价值，对于产品的推广具有十分明显的好处。旅游地品牌化，是近年来兴起的一个问题，旅游地的众多旅游项目结合旅游地，可以成为一个整体的产品向外界进行推介。从这个意义上来说，旅游地完全可以进行品牌化的营销。在这种情况下，旅游地的品牌名被相对固定，成为人们了解与熟知某一旅游地的最好方法。旅游地品牌营销的目的，就是扩大旅游目的地市场影响，推动旅游目的地旅游品牌档次的提升，提高其综合效益。

从旅游目的地品牌营销的竞争力内涵来看，旅游目的地品牌营销的竞争力应包含民族文化和地方文化双重内涵，只有具有民族特色、地方特色和文化特色的旅游目的地，才能使旅游目的地的品牌营销竞争力具有持久性和独特性。[①] 世界各国的旅游目的地以其独特的民族文化与地方文化，吸引着世界各地的旅游者。发达国家在发达的经济、整洁的环境、优美的景色等方面，都具有旅游目的地得天独厚的旅游目的地品牌营销条件。与法国的浪漫文化、意大利的典雅文化、美国的现代文化、日本的精美文化相比，中国悠久的历史文化与独特的民俗风情，是吸引越来越多的外国旅游者到中国旅游的主要原因。

成功的旅游目的地品牌营销应具备三方面特点：一是旅游目的地品牌营销的科技力，它是旅游目的地营销成功的基础；二是旅游目的地品牌营销的形象力，它能对来自不同背景的旅游者和潜在旅游者形成较稳定的信心归属，有助于旅游目的地品牌营销的推进；三是旅游目的地品牌营销的拓展力，它是在前两者基础上通过旅游目的地品牌推广所形成的开拓旅游客源市场、征服旅游者的能力，是旅游目的地品牌营销过程中诸因素综合作用的结果。世界"时尚之都"巴黎、"时装之都"米兰、"音乐之都"维也纳、"动感之都"中国香港、"浪漫之都"中国大连等，都是旅游目的地品牌营销的范例。

旅游目的地的品牌营销应注意以下几点。

第一，旅游目的地的品牌营销应注意整合营销与体验营销相结合。旅游目的地品牌的整合营销，不仅包括旅游相关机构、旅游企业、潜在旅游者或社会公众，而且应当将旅游目的地的吃、住、游、购、娱作为整体营销。旅游目的地体验营销，是体验经济中根据旅游者的感官、情感、思考、行动和关联等方面，重新定义的崭新营销理念和思考方式。旅游目的地体验营销的运作模式包括情感模式、节日模式、美感模式、个性模式、服务模式、环境模式、多功能娱乐模式等。旅游目的地体验营销应注重体验性旅游

---

① 　郭英之. 旅游目的地品牌营销 [J]. 旅游学刊，2006（7）：9，10.

产品开发，努力实现体验模式，满足体验需求。

第二，旅游目的地的品牌营销应注意市场同轴与市场辐射相结合。市场同轴的特点是，旅游目的地能充分发挥旅游资源和旅游产品潜力，能在较短时间里提高旅游客源市场占有率和旅游收入，较易提升旅游目的地品牌知名度和旅游客源市场认知度和忠实度，并可防止旅游目的地的竞争者乘虚而入。市场辐射的特点是，根据旅游目的地品牌定位和旅游资源与产品营销影响力的大小选择一个或几个相应的具有一定辐射性的旅游客源市场，既可以选择所受影响较大、具有一定辐射性的旅游客源市场推进，也可以选择低一层次的周边旅游客源市场推进。

第三，旅游目的地的品牌营销应注意广告推介与品牌形象相结合。为了将旅游目的地品牌形象成功推向旅游客源市场，用黄金铺设的广告必不可少，同时也应注意运用两项最流行的法则，即黄金法则和白银法则。所谓黄金法则，即 3B 法则，是指美女（Beauty＋爱情）、动物（Beast＋情趣）、母爱（Baby＋亲情）；而白银法则是指名人效应。

第四，旅游目的地的品牌营销应注意一品多牌与遏制衰退相结合。一是各旅游目的地之间实施严格的市场区隔，并协同对外，相互之间避免同类竞争；二是在旅游营销和广告策略上应充分体现各旅游目的地之间的差异；三是旅游目的地的独特性应具有足够吸引力；四是要依据旅游目的地的旅游资源和旅游产品地方特色及文化特色而行；五是旅游目的地的品牌旅游资源与旅游产品所面对的旅游客源细分市场要具有一定的规模性；六是顺应旅游客源市场的需要，及时调整旅游目的地的品牌定位。

四、旅游目的地的品牌化建设

刘丽娟等学者比较系统地探讨了旅游目的地品牌化建设的相关问题。[①]

（一）旅游目的地品牌化概念

旅游目的地品牌化至今尚无公认的定义，主要分为三种，即把品牌化作为品牌本体的构建，作为传播沟通战略和作为关系集合。第一类概念强调品牌元素在品牌化中的作用，旅游目的地品牌化是选择一系列一致的要素组合，通过积极的形象建设去识别和区分旅游目的地，这些品牌构成元素包括名称、标识、文字、设计、标志、口号、包装等。把品牌化作为一种传播沟通战略的学者则强调旅游目的地品牌化是一种持续、集中的沟通战略，可以部分被定义为传递与特定目的地相联系的令人满意的独特旅游经历的预期。把品牌化作为关系集合的学者则认为，旅游目的地品牌化是人们持有的旅游目的地形象以及与目的地之间的关系。

---

① 刘丽娟，李天元. 国外旅游目的地品牌化研究现状与分析 [J]. 人文地理，2012（2）：27.

基于突出旅游目的地品牌化的独特性和复杂性，布雷恩等（Blain et al）通过文献研究，曾就旅游目的地品牌化给出了一个较为全面的定义，[①] 强调了旅游目的地品牌化的原则和意义。他认为旅游目的地品牌化是一系列市场营销活动的集合，即通过创建名称、标志、徽标、文字标识或者其他图表，以识别和区分旅游目的地；始终如一地传递与旅游目的地相连的令人难忘的旅游经历的预期；巩固和强化旅游目的地与旅游者之间的情感联系；减少旅游者的搜寻成本，降低风险。

旅游目的地品牌化与产品品牌化和公司品牌化具有共性，也存在差别。品牌的功能性、符号性及体验性要素的特殊组合给旅游目的地带来了独特的表征，因此，将已有的品牌化原理应用于目的地层面时应慎重考虑，如果将这些原则一味照搬，而不考虑旅游目的地的公共特性，将会导致商业化的倾向，会破坏旅游目的地社会关系、地理、历史等方面的特性。

（二）旅游目的地品牌构建

1. 旅游目的地品牌定位

随着旅游业发展的标准化和全球化，目的地之间的同质性增强。现阶段，旅游目的地营销者面临的一个最大挑战，就是通过品牌定位，使目的地进入旅游者的决策域中，而相关研究表明，这一决策域一般包括 2～6 个旅游目的地。为了达到这一目标，旅游目的地必须通过定位使自己与竞争者区别开来，并使目标市场的旅游者在决策时能够以正确的理由记住目的地。

旅游目的地品牌定位往往强调东道社会的历史、社会和文化价值的独特性，但由于目的地包含的特质较多，并不是所有使目的地区别于竞争对手的特质对旅游者都是重要的，因此，需要对这些特质进行权衡，从不同的吸引物、文化、康乐设施和地理等因素中抽取一个简洁的品牌定位主题。

定位战略要识别目的地的独特要素，创造品牌个性，同时还要与消费者建立和保持情感联系，创造品牌差异。要实现有效的品牌定位，必须实施营销导向，以目标市场的需求为品牌定位的出发点，实施更为有效的基于消费者价值的定位战略。

2. 旅游目的地品牌个性

旅游目的地品牌化过程中，品牌个性作为旅游目的地的象征，影响旅游者对目的地的感知形象，进而影响对目的地的选择。因此要重视品牌核心个性的界定，保持核心个性的真实性，并使所有市场营销策略如实反映这一个性。到访过目的地旅游者的博客日志为旅游目的地品牌能够深入潜在旅游者内心的独特定位提供了创造性的线索，是旅游

---

① Blain C，Levy S E，Ritchie J R B. Destination branding：insights and practises from destination management organizations [J]. Journal of Travel Research，2005（43）：328-338.

者真实经历的表述，应引起营销者的关注。

3. 旅游目的地品牌设计

帕洛格（Plog）提出，品牌设计就是运用某一标签和短语去反映定位概念，从而快速而简明地传达定位内容的基本要义。[①] 一般来说，旅游目的地可以对品牌名称、主题口号、标志和商标等进行设计，品牌力量来源于这些元素传递信息的一致性。

（三）旅游目的地品牌传播

1. 旅游目的地品牌对外传播

旅游目的地品牌传播的手段是多种多样的，包括广告直销、个人推销、网络营销、宣传册推销、公关活动以及营销人员与游客、事件组织者、旅游记者的合作等。

2. 旅游目的地内部品牌化

大多数品牌沟通活动是指向外部的，但内部利益相关者对旅游目的地品牌进行定义，并提供经历得以实现的条件，因此，内部品牌化在目的地品牌化过程中具有重要作用。

内部品牌化具有不同的层次，瓦苏德万等（Vasudevan et al）通过调查研究，以印度西南部的喀拉拉邦为例，将内部品牌划分为三个层次，即直接利益相关者的内部品牌化、参与旅游经营的当地居民的内部品牌化以及旅游融入当地文化中，其中旅游融入当地文化是内部品牌化的最高层次。

（四）旅游目的地品牌管理

1. 旅游目的地品牌化过程管理

旅游目的地品牌是具有生命周期的，根据品牌与游客关系的不同，可将品牌分为时髦阶段、著名阶段、熟悉阶段和疲劳阶段。成功的品牌管理要能根据市场需求的变化，在保持品牌核心价值不变的基础上，不断发展内涵丰富、彼此联系的品牌个性，延长目的地品牌生命期。

2. 旅游目的地品牌化利益相关者管理

旅游目的地品牌管理要克服利益相关者因利益不同带来的争斗，可将不同利益相关组织的高层管理者集合起来，共同制定旅游目的地品牌规划，并在正式框架下寻求与一些较小、范围广泛的利益相关者合作，建立长期合作关系。

（五）旅游目的地品牌评估

1. 旅游目的地品牌绩效

旅游目的地品牌绩效测量是品牌化过程中的最后一环，可以监测品牌变化，发现品

---

① Plog S C. Leisure travel：a marketing handbook ［M］. Upper Saddle River：Prentice Hall，2004：130.

牌化过程中存在的问题。品牌绩效的测量虽然没有公认的模型，但学者们倾向于使用品牌资产（brand equity）来测定品牌绩效。已有一些学者从消费者角度对旅游目的地品牌资产的评估进行了探索研究，通过理论回顾建立由不同评价维度构成的模型，然后通过实证对模型及各构成维度之间的关系进行验证。一般来说，基于消费者的品牌资产包括以下维度：品牌忠诚；感知质量；品牌形象；品牌显著性；品牌联想；品牌感知和品牌价值。不同维度对品牌资产的影响程度不同，彼此之间的关系也不同。

2. 旅游目的地品牌形象

品牌形象是与品牌本体（brand identity）相对应的一个概念，是基于消费者的视角形成的对某一品牌的认知和印象。品牌形象是旅游目的地品牌化的核心要素，影响旅游者的购买决策和旅游服务的销售，是旅游目的地成功的关键性要素。研究认为，品牌形象的构成还应该包含体验态度和独特形象、品牌形象的不同维度对总体形象的影响是不同的，巴洛格鲁等（Baloglu et al）认为情感形象对品牌总体形象的影响要大于认知形象。邱等（Qu et al）则认为，在出游的不同阶段，不同维度对总体形象的影响程度是不同的，认知形象的影响力最强，其次是独特形象，情感形象的影响力最弱。

品牌形象易受外界因素的影响，会随着时间的变化而变化，且旅游者对目的地品牌的感知形象和营销者预期的形象可能存在差异，因此，营销者需清楚真实形象的重要性，即感知本位（perception is reality），可以在品牌形象建设过程中故意忽略掉某些形象，但如果这种形象尤其是负面形象非常强大时，则需要积极应对。

不同旅游目的地的品牌形象可以相互比较，布维等（Bui et al）通过对关岛和越南品牌形象的研究发现，关岛和越南虽然在资源、位置、气候等方面存在很多共同点，但是关岛的品牌形象要优于越南。

本章思考题

1. 与一般意义上的市场营销比较，旅游市场营销具有哪些特点？试简述之。
2. 如何把握旅游市场营销策划的内容框架？举例说明。
3. 结合实际，试论述旅游品牌营销应注意哪些问题。
4. 旅游目的地品牌管理主要包括哪些方面？

第六章

旅游产品策划

教学目的、要求：

　　理解旅游产品的概念、特性及其类型；熟悉旅游产品（含旅游线路产品）的策划原则与方法。

教学重点：

　　旅游产品的概念与特性；旅游线路产品策划相关知识。

第一节　旅游产品概述

　　旅游规划的核心问题是旅游产品（李明德，1995；申葆嘉，1995），因此旅游产品问题应该放到和市场问题同等重要的战略地位来考虑。这一论点得到许多研究者的认同，如范业正（1998）在其博士论文中提出旅游规划的中心是旅游产品；李淑兰（1995）也认为旅游规划就是旅游产品的"设计与制作"，除进行旅游资源的评估及其他配套设施的协调统筹外，更不能忽略考证该产品能否适应市场的需求。一些从事旅游管理的人员也意识到旅游产品对于区域旅游发展的重要意义，将其提高到发展战略高度来看待（吴统慧、谭良方，1997）。

一、旅游产品的概念

　　关于旅游产品的概念，目前尚无统一的表述。申葆嘉（2010）通过对旅游产品内涵（是什么）和外延（与外部的关系）两个方面的分析，指出"旅游产品是游客通过货币向旅游服务诸行业购买的相关的旅游接待服务，也就是旅游服务诸行业提供的劳务"；[1]并强调，服务是一种劳务，包括有关行业为游客提供的食、住、行、游和代理、安排、

---

[1]　申葆嘉. 旅游学原理：旅游运行规律之系统陈述 [M]. 北京：中国旅游出版社，2010：139.

组织以及相关的专业知识等劳务。

在旅游规划工作中，通常将旅游产品区分为广义、中义和狭义三种情况。

广义的旅游产品是由景观（吸引物）、设施和服务三类要素所构成，其中景观（吸引物）是指自然实体和历史文化实体（包括文化氛围和传统习俗）所组成的中心吸引物，正是由于景观的吸引作用才使潜在旅游者产生出游动机；设施是指旅游者得以进入和满足基本生理需求、高层生理需求的交通等基础设施及食宿等旅游设施，它们通常是一些现代建筑物；服务则是旅游者在体验景观和身处设施场所中接受到的物质或精神上的奢侈享受，它们通常是非物质形态的、人为创造出来的。

通常情况下，只有景观才能构成吸引物，它是旅游产品的核心部分。但这并不是说设施和服务不能构成吸引物，在特定条件下，设施和服务本身就能形成主要的旅游吸引物。前者如小兴安岭林区的道路，本身属于交通基础设施，但在大面积的森林地区，道路可以开发为驾车观光道这样一种当地的主要产品；后者如主题公园内的大型文艺演出，它可以构成文化服务这样一种关键的吸引物。

中义的旅游产品是指景观（吸引物）和设施构成的集合体，它带有较强烈的物质产品特点。在区域旅游规划中，这种产品的开发往往构成规划师特别是受城市规划和园林规划影响较大的旅游规划师最为关注的内容。它涉及旅游景区（点）、交通通信、给排水、能源、旅游住宿餐饮、购物设施等内容。

狭义的旅游产品是指旅游景观（吸引物），它有时可以等同于通俗意义上的旅游景区（点），以及一部分非具象的人文景观。这里仅将这层意义上的景观（吸引物）定义为旅游产品，它是区域旅游规划中相对独立的一个部分。有时，在一些专业机构编制的旅游规划中，会发现列有专章论述"旅游产品"规划，实际上就是这里所指的景观的规划，而有别于通常的旅游产品无所不包的含义。把"旅游产品开发"称为区域旅游规划的核心时，即为暗示着将旅游景观（吸引物）开发规划视为旅游规划的中心问题。

旅游规划的一个重要目的，就是要努力促使旅游区保持吸引力，延长其发展稳定期，防止衰弱期的到来，或者在衰弱期到来之前，就已经未雨绸缪、厉兵秣马，进行旅游产品的再开发，实现更新换代，以使旅游开发进入一个新的发展阶段，步入复兴期的良性循环。

二、旅游产品的特性

旅游规划的基本目的是向旅游客源市场提供符合其消费需求的旅游产品。对于旅游企业和从事旅游与游憩事业的机构来说，旅游者就是市场，旅游经历就是可以营销的产品（Medlik，1991）。

旅游产品是一个复合概念，它在理论上是指旅游者出游一次所获得的整个经历。在经济学家眼中，旅游产品是指旅游经营者凭借着旅游吸引物、交通和旅游设施，向旅游者提供的用以满足其旅游活动需求的全部服务，是由多种成分组合而成的整体概念，是以服务形式表现的无形产品（林南枝等，1995）。白永秀、范省伟（1999）提出了旅游产品"双态说"，即"单纯服务形态"和"服务与物质实体的组合形态"，并以此为据，对旅游产品的构成、特征、营销等进行了重新考察，提出了新的看法。

由于旅游者生活的多要素，因而单一的旅游目的物对旅游者的持续吸引力总是在不断衰减，从而注定了旅游产品必须是一种组合产品的特征（赵克非，1995）。旅游产品还具有综合性、无形性、不可转移性（一般情况下）、生产消费不可分割性、不可贮藏性、易于折损性等特性（林南枝等，1995）。李明德（1993）认为，规划和实践中的旅游产品永远是一种空间和时间并存的点线艺术，因此广而言之旅游产品都是区域性的产品。

部分学者认为，旅游产品主要包括旅游交通、住宿、饮食供应、游览观光、娱乐项目、购物服务、旅游日程和旅游线路、其他专门服务 8 个部分（陶汉军等，1995）。还有一些学者则认为旅游产品典型的、传统的市场形象就是旅游线路（魏小安，1996）；或是以资源为材料，以行、游、住、食、购、娱诸要素及各个环节的服务为零部件，针对客源市场需求，按照一定路线，设计、加工、制作、组合而成的（李海瑞，1995）。这一概念接近于旅行社产品的定义，后者是指旅行社为满足旅游者旅游过程中的各种需要而协同其他有关部门向旅游者提供的各种有偿服务（杜江、向萍，1990）。

相对于旅行社产品来说，饭店产品的含义要简单一些，但它同样与一般物质产品有着明显不同的地方。它首先也是一种组合产品，通常由物质产品、感觉上的享受、心理上的感受等三部分组成；它没有可贮存性，它的运行没有任何中间停歇，24 小时运转；同时它属于一种资本密集型企业（施涵蕴，1990）。

Middleton 等（1998）认为，旅游产品实际上分为两种情况：第一是综合概念，包括旅游者出门旅游至回家期间所有涉及的设施与服务所共同构成的综合体；第二是指某一特定的具有商业性的物品，如吸引物、接待设施、交通、服务等。所有的旅游产品都有一些共同特点，但它们之间也存在各自不同的特质，并以此相互区别（Medlik，1991）。

申葆嘉（1995）根据对旅游的"艾斯特"定义的理解，提出广义旅游产品概念，它包括专业条件（人才因素、物质基础）和社会条件（安全保障、社会意识、居民态度、社区生活、文化要素、公共设施）两个部分，反映了接待地的整体特征。申葆嘉还强调了旅游产品的品质问题，认为产品特色与品质存在密切关系，一个比较完美的旅游产品，它所表现的应该是本民族历史文化的发展特征。

从生产、销售和贸易的角度来看，旅游产品也与其他类型的产品有较大不同。魏小安（1999）指出，对于入境旅游者来说，旅游产品相当于一种出口贸易，具有将旅游产品就地外销的性质，包括就地出口风景、出口劳务、出口商品，具有换汇成本低的优势。总体测算，旅游换汇 1 美元的成本为外贸换汇成本的 70%；由于观光旅游等产品具有一定程度的垄断性，使其在国际市场上具有竞争力；旅游产品的贸易是海外旅游者自行直接前往目的地地区，关税壁垒和反倾销的副作用很少。魏小安还指出，由于对旅游产品的需求就是最终需求，因而这种需求的有效性较大，使旅游产品与其他产品相比具有本质优势；人们对旅游产品的消费可以重复，使旅游需求量得以扩大。

一般来说，工业耐用消费品是一次购买、长期使用，而旅游产品在具有吸引"回头客"的情况下，具有使游客多次重复购买的魅力。虽然观光产品一般是一次性消费产品，但由于这类产品具有不可替代性，江苏省的观光产品不能替代广东省的观光产品，因此两地同时生产观光产品是不会引起严重的产业结构趋同后果，而两地同时选择汽车为支柱产业，则因汽车产品具有相互替代特征，进而导致两省的产业结构趋同并引起恶性竞争。对旅游产业结构的评价，师萍（1999）提出了评价的准则、模型和指标体系。

王莹（1994）撰文提醒读者，旅游产品具有一个与普通产品不同的销售点，即物质产品可以送货上门，而除了旅游商品外，旅游产品不能做到这一点，而必须是旅游者自行前往目的地实现消费行为。旅游产品的这一特点要求在旅游产品促销中，不但要宣传旅游产品本身的特色，还需同时介绍该产品所处地理位置以及如何到达，而在宣传促销时恰恰在这一点上忽略了对交通可达性的介绍。

张辉（1995）指出了旅游产品在销售时的另一个特点，就是质量价格与时间价格的并存，并产生了旅游产品效用与价值的差异。在旅游旺季，需求集中使供给的质量有下降趋势，但价格不仅没有下降反而上扬；在淡季时供给的质量（主要是服务质量而非景观质量）上升，但因景观质量下降，价格也会下降。在旅游经济活动中，时间价格作用力远远大于质量价格的作用力，旅游产品的销售价格总是以时间价格为中心。

三、旅游产品分类

旅游产品是一个开放的系统，随着产品的竞争和市场需求的不断变化，满足市场需求的产品形式也在不断地增减改变。因此要提出一个较稳定的产品分类系统是困难的。迟景才（1998）将所有旅游产品分为传统型和新兴型两大类。冈恩（1988）将吸引物分为两种基本类型，第一种为环路旅行吸引物或线型吸引物（touring circuit attractions），第二种为长时滞留吸引物或聚集型吸引物（longer-stay focused attractions）。前者包括路旁风景区、醒目的自然地区、营地、水上游览区、亲友的家、特殊机构、圣殿和文化遗址、餐饮和娱乐场所、历史建筑物和旧址、民族地区、购物场所、手工艺品制作区等；后者包括度假区、营地、狩猎及水上运动区、机构营地区、度假村、节日节庆场所、会议会展区、游戏中心、运动场馆、贸易市场、科技中心、主题公园等。

在第二次世界大战以来的大众旅游（mass tourism）时代，旅游产品随着旅游者规模的扩大而呈现出新的变化，逐渐出现了一些新的旅游产品。有些学者将适合大众旅游的产品视为一种主要产品大类，并提出与之相对应的非大众旅游产品，称之为"替代性旅游"（alternative tourism）。替代性旅游与大众旅游的差别，就在于其小规模、低开发、重生态的选择性，而传统的大众旅游则是大规模、高强度开发、环境影响较明显的旅游形式。本章将在下文具体产品介绍中对替代性旅游加以进一步描述。

世界传统旅游产品包括观光旅游（自然风光观光、城市风光观光、名胜古迹观光等）及其升级产品；文化旅游（博物馆旅游、艺术欣赏旅游、民俗旅游、怀旧旅游、祭祖旅游、宗教旅游等）；商务旅游（一般商务旅游、会议旅游、奖励旅游、大型商业性活动节事等）；度假旅游（海滨旅游度假、乡村旅游、森林旅游、度假村、度假中心、度假区、野营旅游）；社会旅游 5 类。

新型旅游产品层出不穷。其一是满足旅游者健康需求的健康旅游产品，它是指能够使旅游者身体素质和体况得到不同程度改善的旅游活动，主要包括体育旅游（滑雪旅游、高尔夫旅游等）、保健旅游（医疗旅游、疗养旅游等）。其二是满足旅游者发展需求的业务旅游产品，如修学旅游、工业旅游、务农旅游、学艺旅游、科学旅游、考察旅游等。其三是满足旅游者享受需求的旅游产品，如豪华列车旅游、豪华游船旅游、美食旅游、超豪华旅游等。其四是刺激旅游产品，是指旅游者体验以前从未经历过的某种感官刺激的旅游产品，如探险旅游、冒险旅游、秘境旅游、海底旅游、沙漠旅游、斗兽旅游、观看古怪比赛旅游、狩猎旅游、体育观战旅游等。享受旅游和刺激旅游都可视为感官满足产品。其五是体现旅游者的环保意识的替代性旅游或持续旅游，亦称后大众旅游（赵宇燕，1998），包括生态旅游、自然旅游、社区旅游。另外，既可单独成为一种产品，又与其他产品紧密联系或融合一体的产品形式，就是活化旅游，可以视为第六类产品。

国家旅游局的文献表明，中国在国际、国内旅游市场上形成的旅游产品分为 4 种类型：一是观光旅游产品，以文物古迹、山水风光、民俗风情为特色的具有东方文明和神州风韵的观光产品在世界上具有垄断地位；二是度假旅游产品，其中家庭度假、乡间度假、海滨度假、周末度假、节日度假显示出日益广阔的市场；三是专项旅游产品，包括古代城市之旅、乡村旅游、长城之旅、黄河之旅、长江三峡之旅、奇山异水游、丝绸之路游、西南少数民族风情游、冰雪风光游、寻根朝拜游、青少年修学游、新婚蜜月旅行、保健旅游、烹饪王国游、江南水乡游、佛教四大名山朝圣游以及探险、漂流、狩猎等专项、专线旅游；四是启动生态旅游产品的开发。对专项旅游开发的研究也受到一些作者的注意，如王莹（1995）对杭州新婚旅游的开发研究。

无论是传统产品还是新兴产品，一个较为显著的流行趋势是旅游者对产品中的参与性活动的要求增加。

第二节　旅游产品开发与策划要点

一、旅游产品开发的理念

旅游产品开发是旅游规划与开发的核心内容。只有树立正确的理念，遵循正确的途径和方法，才能设计出好的旅游产品。吕连琴（2008）阐述了当前旅游产品开发规划中应树立的几个理念，即大旅游、大开发理念，市场化、企业化理念，特色化、品牌化理念，绿色化、生态化理念，多层次、多样化理念，整合创新理念。[①]

（一）大旅游、大开发理念

此理念包含大旅游资源观、大旅游产品观、大旅游产业观、大旅游区域观、大旅游协作观、大旅游形象观等多层含义，它强调对旅游资源、旅游产品、旅游产业、旅游形象及其相关地域因素进行综合开发、整体协调和配套。

（二）市场化、企业化理念

旅游产品开发必须牢固树立市场化理念，以旅游市场需求作为旅游产品开发的出发点。没有市场需求的旅游产品开发，只会造成对旅游资源和社会财富的浪费以及生态环境的破坏。坚持以市场为导向，就是要在进行充分的市场调研与分析基础上，进行科学的旅游市场定位，进而确定目标市场的主体和重点，并针对市场需求，对各类预设产品进行筛选、加工或再造，从而设计、开发和组合成适销对路的旅游产品。

（三）特色化、品牌化理念

特色是旅游产品生命力之所在，它往往体现于一定的主题。品牌是旅游产品的名片和通行证，它往往具有良好的、较高的形象认知度。

（四）绿色化、生态化理念

回归自然、向往绿色的生态旅游业已成为当今世界旅游发展的主流趋势。因此，自然生态型旅游产品日益盛行，市场前景十分广阔。而且，这种产品投资相对较少，重游率高，效益显著，并能产生良好的生态和社会效益。文化旅游产品的开发也日益强调以良好的生态环境为烘托，以迎合旅游者越来越高的生态环境要求。旅游设施及服务产品对环保、对绿色的要求也越来越高，并日益成为一种趋势和潮流。环保汽车、环保材

---

① 吕连琴. 谈旅游产品开发规划的理念和途径［J］. 地域研究与开发，2008（6）.

料、生态厕所、生态停车场、生态能源、绿色饮食、绿色酒店、绿色装修、绿色消费等日益普及和推广，为此，在各项旅游产品开发中一定要贯彻绿色化、生态化理念。

（五）多层次、多样化理念

根据旅游功能，旅游产品可以划分为基础型产品、提高型产品和发展型产品三个内部存在递进关系的层次。其中，基础层次的旅游产品以陈列式观览为特征，是旅游业进行深度发展和开发的基础，没有基础层次的繁荣与成熟，一个地区乃至一个国家无法形成规模旅游和特色旅游。提高层次和发展层次的旅游产品分别以表演式展示、参与式互动为特征，是增强旅游吸引力、促使旅游者多次来访和重复消费的保障，也最能体现产品的质量和特色。

（六）整合创新理念

旅游产业发展到今天，大多数地方都有了一定的旅游产品基础。旅游市场竞争的加剧使如何提高旅游产品开发的收益成为旅游规划与开发的重要任务。为了充分发挥现有产品的潜力和挖掘新资源、开发新产品、创造新效益，旅游产品开发必须随时跟踪分析和预测旅游产品的市场生命周期，根据不同时期旅游市场的变化和旅游需求，及时推出新的旅游产品，不断改造和完善老的旅游产品，从而保持旅游业的持续发展。为此，必须树立老产品整合优化、新产品创新开发并重的开发规划理念。

二、旅游产品创新

一般认为，旅游产品的本质属性是提供给旅游者的物象和服务。但随着经济的发展，各种新观念的传播，对旅游产品的内涵有了更深入的创新认识，即把创新理论引入旅游产品领域，将静态的旅游产品概念发展为动态的旅游产品创新。

（一）关于创新理论

西方经济学中创新理论的创始人是美国哈佛大学教授约瑟夫·阿洛伊斯·熊彼特。他在 1912 年提出了"创新理论"，并将之发展为以技术进步为特征的经济思想流派。熊彼特提出"所谓创新就是建立一种新的生产函数，就是一种从来没有过的生产要素与生产条件的新组合"。

按照熊彼特的解释，"创新"与"发明"不同，"创新"的含义广些，它不只限于发明，还要将发明应用于生产实践中，因此创新还包含实际生产过程的应用。创新是完整的过程，发明或创意只是其中一部分，后续的一系列开发活动，如决策、实施、控制、监督、反馈等活动，都属于创新过程。对于旅游产品而言，旅游资源的重新深度开发、旅游线路的重新组合、旅游服务项目的增减或改善、新技术的应用、对竞争对手产品的略加改进、旅游形象的变更等，与全新的旅游项目一样都属于旅游产品创新。

（二）关于旅游产品创新

旅游产品创新就是建立一种从来没有过的旅游资源与旅游条件的新组合。

旅游条件是指为旅游者的旅游活动提供方便的一切物质和劳务，既有旅游业提供的条件，也有社会其他行业提供的条件，还包括旅游活动进行的自然、社会环境。旅游产品创新的形式，就是将旅游资源与旅游条件进行新的组合。

组合的方式有很多，如旅游资源与交通、食宿生活服务组合，就形成一个基本的旅游景点；若干旅游景点与旅游交通、旅行社服务组合，就形成旅游线路；若干旅游线路与旅游管理机构组合就形成一个旅游地；若干旅游地的地域组合就形成旅游区域。不同的组合方式形成不同的旅游产品特色，不同的旅游产品特色吸引不同的旅游者。

组合的手段主要是对技术、信息、人才的有效利用。旅游产品创新的最终目标是取得良好的经济、社会、环境效益。要达到这一目标就要千方百计地吸引旅游者并充分满足旅游者的各种旅游需求。

旅游产品创新要克服企业产品和行业产品的局限性，树立综合旅游产品和总体旅游产品创新的大观念，在重视旅游产品经济效益的同时，也重视其社会、环境效益，重视旅游形象的树立，注意从长远系统的战略观点规划旅游产品，使其具有更长久的市场生命力。

（三）传统旅游目的地的产品创新

传统旅游目的地的产品创新主要包括以下方面。

1. 结构创新

旅游产业结构的调整就是旅游产品结构的创新。从旅游产品的结构来看，产品结构创新主要是对现有旅游产品的补充，即选择性旅游产品的开发，包括对原有产品的组合状况进行整合，加强度假、商务、会议、特种旅游等多种旅游产品的开发，完善产品的结构。

2. 类型创新

产品类型是由旅游目的地的市场和资源的双向比较因素决定的，而旅游经营者和管理者的旅游观念是其形成的主观因素，产品类型直接决定了旅游目的地旅游业的性质和特点。产品类型的创新主要是对原有产品质量的全面提升和开发新产品。

3. 功能创新

功能创新是指运用最新的高科技手段多角度地开发旅游景点和休闲活动的文化内涵，对某些特殊景点和服务设施进行多功能化的综合设计；运用相应的宣传促销理念和手段改变或诱导游客，帮助旅游服务人员树立新的旅游理念，提高游客和服务人员的旅游文化档次，增强景点与游客的沟通，引起共鸣。

4. 过程创新

过程创新是指坚持以市场为导向，在不改变产品本身的情况下，对产品生产的过程重新认识、重新设计，以更有效地满足消费者的需求为出发点，强调过程对市场的适应力。

5. 主题创新

主题创新就是在主体资源不变的情况下，根据旅游产品时尚周期理论的指导思想，随着市场形势的变化适时推出新的产品内容，在动态中把握并引导旅游需求，充分依托市场，引领消费时尚。这一点对于主题公园等人造景观来说尤为关键。

三、区域旅游开发中的昂普分析

针对目前中国区域旅游开发所面临的旅游产品结构性过剩、产品开发由 20 世纪 80 年代的"低投入、高产出"向"高投入、高风险、高产出"的特征变化，我国学者吴必虎（2001）提出了区域旅游开发中应该从资源（resource）、市场（market）和产品（product）三个方面进行程序式评价论证，即所谓的昂普（RMP）分析模式（见图 6-1），[①]从而为区域旅游规划提供基本思路。这一模式在 1999 年进行的洛阳市旅游发展总体规划中得到了操作性应用。

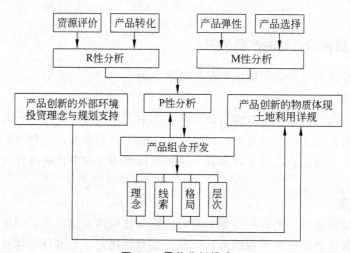

图 6-1　昂普分析模式

①　吴必虎. 区域旅游开发的 RMP 分析——以河南省洛阳市为例 [J]. 地理研究，2001 (2).

四、旅游产品开发与策划要点

(一) 综合导向

根据当前旅游市场规模化、大众化和细分化、差异化的发展态势，更多的旅游目的地应该坚持资源—市场—形象综合导向型的产品开发模式。即旅游产品开发既要考虑旅游资源的情况，又要考虑市场需求的特点，还要从塑造旅游目的地形象角度出发，综合考虑旅游目的地的资源开发、市场定位、产品与项目策划、形象塑造与推广等内容，最终确定开发哪些系列的旅游产品，开发哪些重点产品或项目，重点策划哪些活动、打造哪些品牌，树立什么样的旅游目的地形象等，由此完成旅游规划的核心内容——产品开发。

(二) 三维开发

旅游产品体系的开发应考虑空间、时间和类型三个维度进行综合开发。第一维度是时间维，即按不同的时间进行产品开发或组合，分别开发春夏秋冬四季不同、旺季淡季不同、节假日工作日不同、一日游多日游不同的旅游产品；第二维度是空间维，即按不同的空间尺度进行开发，包括区域内部的产品开发或组合、跨区域线路产品的开发组合，以及根据近、中、远程市场或其他空间市场的不同需求进行的旅游产品开发或组合，如专门针对本地、近地市场开发休闲游乐类旅游产品，专门针对中远程市场开发文化观光、民俗体验旅游产品等；第三维度是类型维，即按不同的旅游资源类型、不同的旅游产品类型（不同的主题特色或不同的功能等）、不同类型的目标市场等进行不同的产品开发或组合。主要有以下三种组合策略。

(1) 市场型组合策略，是针对某一特定的旅游市场而提供其所需的旅游产品。如专门以青年市场为目标，开发探险、刺激、运动、修学等适合青年口味的产品。此类旅游产品针对性强，但由于目标旅游市场单一，市场规模有限，其销售会受到一定的限制。

(2) 产品型组合策略，是指以某一种类型的旅游产品来满足多个目标旅游市场的同一类需求。如重点开发观光旅游产品或生态旅游产品来满足各种各样的旅游者。这类产品开发和经营成本较低，利润率较高且易于管理，同时也有利于做精做细，树立鲜明的旅游形象。但是，采取这种策略会由于旅游产品类型单一而增大旅游经营风险。

(3) 市场-产品型组合策略，是指开发和经营多种旅游产品，并推向多个不同的旅游客源市场。采用此种策略开发旅游产品，可以满足不同客源市场的需要，扩大旅游市场份额或市场占有率，减少旅游产品经营风险等。但增大了旅游开发与经营成本，要求旅游地或旅游企业具备较强的经济实力。

（三）跟踪趋势

当前，为了适应现代旅游消费的需求，旅游业的发展已逐渐由表及里向挖掘文化内涵的方向转化，旅游经营方式和旅游产品形式也正在发生明显的转变。概括而言，现代旅游产品的发展趋势主要有：传统观光型向专题专项型转变；静态陈列型向动态参与型、体验型、刺激型转变；被动式向主动式、自助式转变；单一主题旅游向多元化、个性化旅游转变。具体来讲，当前日益盛行的旅游产品主要有以下几种。

（1）度假旅游：主要有海滨度假、温泉度假、乡村度假、山地度假（主要有冬季的冰雪运动和夏季的避暑旅游）、森林度假、度假村/区、环城游憩带度假（周末一夜游度假、农家乐等）、水库水利旅游、野营旅游等众多种类。

（2）生态旅游：如森林旅游、自然保护区旅游、农业旅游、乡村旅游、野营旅游、探险旅游、科普旅游等。

（3）刺激旅游：主要有探险旅游、冒险旅游、秘境（或神秘地带）旅游、沙漠旅游、观看古怪比赛旅游、狩猎旅游、海底旅游、火山旅游、惊险游艺旅游、斗兽旅游等类型。

（4）康体旅游：主要包括体育旅游、保健旅游等类型。如滑雪、高尔夫、漂流、海滨滑水、攀岩、登山、野外生存、驾车旅游、医疗保健旅游、疗养保健旅游等。

此外，还有以都市风光、文化、购物、娱乐为内容的都市旅游；以农业乡村场景、系列农事活动为特征，使人们体验乡村生活、参与农事活动的农业旅游；依托河流开发开展的漂流、游泳、野炊、渔猎等河流旅游；以海船探险、海洋潜水、标本采集等为主要内容的海洋旅游；以草原狩猎、放牧、采集、民俗体验等为主要内容的草原旅游等。层出不穷的各类新兴时尚的专题、专项、特种旅游已经成为现阶段旅游产品开发的重中之重。

（四）创意构思

随着当前旅游产品市场竞争的日趋激烈，构思和开发创意性的旅游项目成为旅游产品开发与规划的焦点和亮点。旅游项目创意设计与构思不是偶然的发现或灵感的火花，而是在真正掌握了该区域旅游资源特色的市场—项目—资源排比法（根据旅游资源、工作经验建立旅游项目库，根据市场进行项目筛选）以外，通常还采用以下构思方法。

1. 创意激励法

即组成创意小组，在消除种种个体自身和群体之间对创新思维的抑制因素，加强群体间知识、经验、灵感的互相激励和启发基础上，经过多次讨论、创想、比较、筛选来构思旅游项目的方法。

2. 时空搜寻法

即从空间轴、时间轴两个向量上搜寻与本地区位、市场和资源条件的最佳交叉点的方法，中国民俗村、世界之窗等项目就是利用此方法的成功案例。

3. 专业知识综合法

指以某学科或某一领域的专业技术和科研成果为线索，通过浓缩、拓展、综合再现等途径，塑造和提升旅游地吸引力的方法。各种人文科学、自然科学和工程技术科学领域内的专业知识可以给构思者带来取之不尽、富有震撼力和启迪性的创造性构思源泉。此方法的重点在于正确把握符合当地条件、顺应市场需求的科学技术主线，并将之转化为形象生动、参与性强、寓教于乐、环境优美的物化形式。

第三节　旅游线路产品策划

一、旅游线路的概念

有关旅游线路的概念，目前较有代表性的有：

（1）从旅游规划的角度，认为旅游线路是旅游部门为旅游者设计的进行旅游活动的路线，是由交通线把若干旅游点或旅游城市合理地组合起来的路线；或者在一定的区域内，为使游人能够以最短的时间获得最大观赏效果，由交通线把若干旅游点或市域合理地贯穿起来，并具有一定特色的路线。

（2）从市场的角度，认为旅游线路是旅游服务部门（如旅行社）根据市场需求分析而设计出来的包括旅游活动全过程所需提供服务全部内容的计划线路。也可以说是旅游服务部门根据市场需求，结合旅游资源和接待能力，为旅游者设计的包括整个旅游过程中全部活动内容和服务的旅行游览路线。

（3）从综合的角度，从旅游景区规划与管理的角度出发，旅游线路是指旅游规划或管理部门为方便旅游者游览而在旅游目的地的景区、景点内规划和设计的游览线路；从旅游产品的角度出发，旅游线路是由旅游经营者或旅游管理机构向旅游者或潜在的旅游者推销的旅游产品。

从以上对旅游线路的定义可以看出，不同的出发点，对旅游线路的认识不同，强调的重点不同，没有本质上的分歧。构成旅游线路的基本要素是旅游者、交通线、旅游点、旅游服务；旅游线路是围绕着实现旅游审美这一目的而采取的一种方式或途径。

总体来说，旅游线路是指在一定的地域空间内，旅游部门（旅行社、旅游景区等）针对旅游目标市场，凭借旅游资源及旅游服务，遵循一定的原则，专为旅游者旅游活动设计，并用交通线把若干旅游目的地合理地贯串起来的路线。旅游线路不仅是旅游者在整个旅游过程中的运动轨迹，更重要的是包含了旅游者在整个旅游活动中的日程安排和为旅游者提供的"食、住、行、游、购、娱"等一切服务内容及其价格。简言之，旅游线路是指旅游经营企业或旅游管理部门向潜在的旅游者推销的路线。

二、旅游线路与旅游产品的关系

（一）一条旅游线路就是一个单位的旅游产品

林南枝等（2001）认为，从旅游目的地角度出发，旅游产品是指旅游经营者凭借着旅游吸引物、交通和旅游设施，向旅游者提供的用以满足其旅游活动需求的全部服务。旅游产品是个整体概念，它是由多种成分组合而成的混合体，是以服务形式表现的无形产品。具体来讲，一条旅游线路就是一个单位的旅游产品。在这条旅游线路中除了向旅游者提供各类吸引物外，还包括沿线提供的交通、住宿、餐饮等保证旅游活动顺利进行的各种设施和服务。

（二）旅游线路就是旅游产品

刘振礼等（2001）认为，旅游产品是由多个不同性质的旅游点、多种旅游交通方式、若干旅游集散地、各种接待服务设施和多种劳务等因素组成的相对固定的产品。通常也将完全相同的内涵称为"旅游线路"或"旅游路线"。旅游商更经常称他们出售的是"旅游线路"或"旅游路线"。团队旅游者所购买的旅游产品是旅游商销售的旅游线路。

（三）旅游产品是旅游经历

李天元等（2002）认为，对于旅游产品，人们需要从两个层次去认识。其中一个层次是总体旅游产品，另一个层次是单项旅游产品。总体旅游产品是指以在旅游目的地的活动为基础所构成的一次完整的旅游经历；而单项旅游产品一般意义上是指旅游企业所经营的设施和服务，或者说是旅游企业借助一定的设施而向旅游者提供的项目服务。从市场营销角度讲，单项旅游产品也是一种"经历"性产品，旅游经历是通过旅游线路实现的。

总之，旅游产品是指为满足旅游者审美和愉悦的需要，而在一定地域上被生产或开发出来以供销售的物象与劳务的总和。可以说，旅游线路就是旅游产品；反过来，旅游产品可以是一条完整的旅游线路，也可以是旅游线路中的任何一个相对独立的组成部分。旅游线路是旅游产品中一个非常重要的组成部分。

旅游线路作为旅游产品销售的实际形式，它包含了多个方面的组成因素。要将多个因素有机地组合起来以适应不同游客市场，这一工作的难度是相当大的。旅游线路设计的意义及技巧显得格外突出。

三、旅游线路的类型

根据旅游者在旅游过程中的位移距离，所涉及的时间及空间范围、运动轨迹和组织形式、线路组织设计者的思路及线路本身的用途等因素，可以将旅游线路划分为多种不同的类型。

(1) 对于散客、旅行社或旅游信息中心（tourist information center）设计的旅游线路有以下两种形式。

① 拼合选择式线路：即关于整个旅程设计有几种分段组合线路，游客可以自己选择和拼合，并且在旅程中可以改变原有选择。

② 跳跃式线路：即旅行社提供的只是整个旅程中几小段线路或几大段服务，其余皆由旅游者自己设计。

本质上，拼合选择式线路与包价旅游（package tour）线路设计的原理和技术基本上是一致的，跳跃式线路的设计相对简单得多。我们这里涉及的是上述两种形式的线路设计。

(2) 从旅游线路跨越的空间尺度来区分，线路的设计分为以下两大类型。

① 大中尺度的旅游线路设计：它事实上包含了旅游产品所有组成要素的有机组合与衔接，也即已经提及的线路设计。

② 小尺度的线路设计：即旅游景区的游览线路设计，这在很大程度上与旅行社无关，而是旅游规划的内容。

(3) 根据旅游者行为和意愿的特性，旅游线路大致分为以下两大类型。

① 周游型（touring tourism or wanderlust tourism）：该线路的特点在于旅游目的是观赏，线路中包括多个旅游目的地，同一位旅游者重复利用同一条线路的可能性小。

② 逗留型（destination tourism or destination-linked tourism）：该线路的特点是线路中包含的旅游目的地数量相对较少，旅游目的多是度假性质的，同一旅游者重复同一线路的可能性大。

(4) 按旅游线路的空间分布形态，可分为两点往返式旅游线路、单通道式（单线贯通式）旅游线路、环通道式（环行贯通式）旅游线路、单枢纽式旅游线路、多枢纽式旅游线路和网络分布式旅游线路。

(5) 按旅游线路所需的时间分类，即根据旅游者一次出游活动所需的时间，可分为一日游旅游线路、二日游旅游线路、三日游（含多日游）旅游线路等。

四、旅游线路设计的分类与原则

（一）旅游线路设计的分类

旅游线路设计可以分为以下四类。

第一类指区域旅游规划中的线路设计，属于宏观旅游线路的构造设计，重点强调的是城市或景区之间景观的主题性联系，是区域形象与市场营销的着力点。与景区（点）相比较，这种旅游线路是依赖于城市或景区（点）分布的线型产品，通过道路实现对景点之间的有限连接，其先后顺序与连接方式可有多种不同的串联方式，自成网络式的线路体系。

第二类指景区内部的游道设计。旅游景区的旅游线路规划设计是一种微观设计，属于游览线路。在很大程度上，与旅游规划和项目建设有关而与旅行社无关。这种线路是区域旅游线路中的一部分，也是相对完整的一组旅游产品。线路既要保证景区内旅游线路主题内容相对完整、特色突出，又要使整个大区或跨区域的旅游干线结构整体协调。

第三类指旅行社线路设计，属于旅游线路的市场组合设计，是旅行社生产的产品。旅行社线路设计是以市场需求为出发点，以营利为目的，在特定有利润空间的特定区域内，根据时间、交通、景区及旅游六大要素的情况所作的经营性计划。这与旅游规划的线路设计是不同的。

第四类指旅游者自己设计的旅游线路。自助游、自驾车旅游已成为一种时尚。旅游者可根据自己的喜好随意地设计旅游线路。

（二）旅游线路设计的原则

1. 总体规划原则

旅游线路规划的影响因素较多，而且各因素间交互作用，所以旅游线路必须运用整体的、系统的、权衡的观点，通盘考虑各个影响因素。既要考虑供给，也要考虑需求；既要考虑成本高低，也要考虑旅游体验的优劣；既要考虑眼前利益，也要考虑长远利益，注重环境保护，关注可持续发展。可以说，总体规划原则体现了对旅游线路设计、优化过程中，心理需求因素、自然资源环境因素和旅游成本因素等对旅游线路的空间、时间、成本和旅游活动影响的综合考虑。

2. 主题鲜明的原则

从旅游资源角度讲，其旅游审美要素与特征表现都是有限的，表达的审美主题与审美体验也是有限的。旅游线路是突出展示旅游资源所具有的独特的旅游审美主题。为了使旅游线路具有较大的吸引力，在旅游线路设计时，应将与性质和形式有内在联系的旅游点有机结合起来，形成一条主题突出、特色鲜明的旅游线路，并通过旅游交通、食宿、服务、娱乐、购物等项目来进行烘托，做到合理选择、层次鲜明，以突出主题性质。

3. 市场需求的原则

旅游线路规划设计的最终目标是吸引旅游者，完美地实现旅游审美活动。旅游规划时，应分析旅游者的心理特征、行为规律以及需求类型，并依据这些要素规划旅游线路。只有这样才能针对目标市场的需求，规划设计出适销对路的线路，以满足旅游者的需求。这就要根据市场需求和中间商反映的市场信息来开发和更新旅游线路，同时还要审时度势，创造性地引导旅游消费，把旅游者引领到正确的旅游消费中来。

4. 均衡与创新性原则

在旅游线路设计时，要注意各个环节之间的平衡和呼应。保证在主题、景观和服务质量等方面均衡的同时，要体现出线路的特色新意，与众不同的新产品、新服务、新旅游体验。具体要注意：

（1）景观特色组合、顺序要均衡。旅游景点要从不同的侧面来反映旅游主题，一般不宜将特色相同、景色相近的景点集中布局或编排在同一线路中，旅游点之间的距离要适中，以避免大量的时间和金钱耗费在旅程中。同时，要根据游客的旅游心理来安排景点顺序，做到渐入佳境、高潮迭起。

（2）择点适量，冷热结合。为兼顾企业与旅游者利益的双赢，线路要择点适量，并注意冷点和热点的合理结合。

（3）旅游主题、旅游方式、旅游服务不断推陈出新。游客的需求与品位日新月异，旅游线路也要不断开发新产品、新线路满足游客求新求异的心理需求。

5. 资源环境控制保护的原则

旅游资源满足人类目的和未来需要的能力是有限的，在旅游线路设计中，要全方位保护好旅游资源、生态环境和社会文化环境，以资旅游业的永延性利用。首先，慎重选择并优化组合构成线路的各个旅游点。其次，注重基础设施与旅游设施的合理控制，避免造成资源环境的压力。

五、旅游线路设计的影响因素

冯若梅、黄文波（1999）在《旅游业营销》一书中，对旅游线路影响因素进行了专题研究，主要结论如下。

（一）目的地类型

1. 类型总体偏好与线路组织

国外一项研究表明，游客选择目的地首先要求有比较好的环境背景，或者把良好的自然风光作为一项重要的旅游活动内容；在比较单一的自然观光型线路，在与线路产品主题可以匹配的各类目的地中，应该按照游客偏好的程度决定各类目的地的数量结构。

2. 目的地的差异性与类型选择

例如，把访问矿区作为一项旅游活动而对其感兴趣的绝大部分游客，肯定不会是生活在矿区的居民；一个城市居民极不可能为了旅游而去另一个风格相似、并无特殊之处的城市观光。也就是说，一个类型的产品只能吸引一部分潜在的游客。

（二）目的地的级别

在旅游线路组织的实际操作中，具有意义的是具体的景点而不是一个总的大类。很显然，同样的自然山水景观，北京近郊的任何一个景点都不可能同九寨沟、武陵源相比。因此，目的地的级别是线路组织中的又一个重要因素。

（三）目的地的相似性和差异性

这里讨论的是同一条线路中各个目的地之间的相似性和差异性。

（1）多数旅游线路中各节点较相似。比较成功的，如城市观光类型的"哈尔滨-吉林-长春-沈阳 大连"东北主要城市游，"南京-苏州-杭州-上海"华东五市游等；海滨观光类型的"北戴河-山海关-黄金海岸游"等。

（2）依靠主题定位给不同类型的目的地赋予相似的特质。非相似景点组成的线路中，绝大多数都有一个主题，主题的拟定通常依据两类内容。其一，区域范围特征。如海南环岛精华游，将城市风光（海口）、海滨观光（三亚）及山体观光（东山岭、五指山）等联系起来。其二，文化特质。如"丝绸之路"的各条游线，以丝路文化为背景将现代城市景观（乌鲁木齐）、戈壁景观、草原景观等有机结合起来。

（四）目的地的数量

目的地数量适当是旅游线路合理组织追求的又一目标。在目的地数量的选择上，应该考虑旅游者可能出游的时间长度、目的地之间的空间距离以及交通状况。通常情况下，城市间交通耗费的时间不能超过全部旅程时间的1/3，而对于每一天的安排而言，也应遵循以上的游览时间与交通时间之比。

（五）顺序科学

顺序包含两个方面的含义：空间顺序和时间顺序。大多数线路是以空间顺序为其根本指导的。从顺序考虑，对于线路中热、温、冷点通常是以如下方式处理的：第一，起始点和终结点往往选择较热的点，而中间的节点则由各种类型的点交错组织；第二，由一般的旅游点过渡到吸引力较大的点，使游客感觉到高潮迭起，例如对入境游客而言，"广州-桂林-上海-西安-北京"一线的组合便优于其逆向组合。

（六）点间距离适中

点间距离适中的"适中"通常只意味着"不宜过大"。这一点应从以下两个层次去考虑：第一，线路中各节点的距离主要考虑目的地级别的吸引范围；第二，在小尺度线路和节点的每一日安排中，应结合每天的选点量和点的位置，将交通时间控制在整个旅程时间的 1/3 以内。

（七）有限的时间内多选择景点

这个要求实现的前提是不增加额外的旅行负担和疲劳感，不减少对主要目的地的游览时间。应以延长实质的游览时间为实现该目标的手段。

六、旅游线路策划设计的方法

（一）"三位一体"策划设计方法

"三位一体"的方法是指在旅游线路策划设计时要考虑三位因素，即区域旅游主体、旅游客体和旅游媒体，在全面地调查、分析和评价这三个主要因素的基础上，整合策划出旅游线路方案，"一体"即整合成一体。

"三位一体"的旅游线路策划设计主要分为以下两个阶段。

第一阶段是"三位分析"阶段，即对旅游线路策划涉及的供需双方以及中间媒介三个方面——旅游主体（旅游者）、旅游客体（旅游资源）和旅游中间媒体（旅游交通、旅行社、旅游店和公共媒体等）进行全面的调查分析，明确"三个定位"和"两个合理"。

"三个定位"分别是：

① 旅游资源的功能定位。旅游资源具有很多自然、文化特性和众多功能，这些特性和功能都能很好地反映其旅游价值。通过对旅游地的分析，尽量利用其能反映主题的特色和功能。

② 线路的主题定位。结合旅游资源的区域自然环境和人文地理环境特色，确定旅游线路的主题。

③ 线路的形象定位。充分发掘旅游资源的特色和竞争优势，以确定线路的类型和特点，形成其市场特色，并使这种特色得到传播。

"两个合理"分别是：第一，目标市场合理。主要表现在目标市场需求与旅游资源主题吸引力相匹配；线路中产生的旅游时间成本、资金成本最小，旅游利益最大。最小旅游时间比是旅游者衡量旅游利益的一个主要因素，应合理安排旅游资源的布局和控制旅游过程中的中间环节和服务因子，使得游客从时间、距离和消费支出上都感觉到旅游过程收获的利益。第二，旅游交通网络选择合理。主要表现在将各个不同的旅游点有机地联系起来，既考虑线路设计的成本，又能体现出旅游过程的舒适性、安全性、便利性和便捷性，使旅游线路设计收到很好的旅游效果。

第二阶段是"整合一体化"阶段，即通过对三个调查分析结果进行一体化整合，来评估和选择最优的线路设计方案。

一种方法是定性判断。根据资源状况与特色和目标市场的旅游成本因子（如旅游费用、时间和距离）、消费者偏好等现状，规划设计各种不同主题、性质和类型的旅游线路。并用下列标准来进一步修正：

① 是否充分发挥了地区旅游资源优势，对原有旅游线路起到了补充或升级换代的作用。

② 是否有利于提高旅游地的竞争能力和旅游地形象的优化。

③ 是否有利于占有市场，旅游地的社会的进步、经济的发展和环境的改善。

第二种方法是定量分析方法。核心是准确计算各种方案所需成本和将要实现的利润。许多现代化分析手段的应用，将有助于方案的科学选择。这些方法包括等概率法、最大的最小值法、最大的最大值法、乐观系数法、最小的最大后悔值法、贝叶斯法、决策树法、马尔柯夫决策法和模拟决策法等。如运筹学方法，组合最优化是一门学问，通过旅游线路把一个个孤立的景（区）点串联起来，满足旅游者的需要。当旅游者追求最短旅行时间或费用最低时，可以运用运筹学中图论的方法来设计最佳旅游线路。

（二）主题旅游线路设计法

主题旅游是指整个旅游过程都围绕着一个明确的主题而展开的一系列旅游活动，如大连旅游线路设计。大连旅游规划中，依据条件与未来发展，旅游空间功能分区是构建"一核两翼五片区"的总体空间布局，即都市极核（一核）；旅顺口翼、新市区翼（两翼）；东部海韵休闲观光片区、西部海韵休闲度假片区、山水林泉养生度假片区、长海休闲旅游度假片区、中部田园人文旅游片区（五片区）。围绕着"浪漫之都，时尚大连"旅游主题，规划出重点建设五大系列主题旅游产品："浪漫之旅"、"时尚之旅"、"健康之旅"、"清凉之旅"、"文化之旅"。通过精品旅游线路有效串联，塑造"浪漫之都、时尚大连"的旅游品牌和旅游形象。

本章思考题

1. 基于旅游产品的概念，结合实际就旅游产品特性发表个人看法。

2. 基于创新理论，简述传统旅游产品创新的路径，并举例说明。

3. 结合实际，简析旅游线路策划设计的影响因素。

第 七 章

旅游商品策划

教学目的、要求：

　　辨析旅游商品与旅游产品的区别与联系；掌握旅游商品策划的内容和方法。

教学重点：

　　旅游商品策划，主要包括旅游商品的开发方向、旅游纪念品的开发与策划、旅游商品营销等。

第一节　旅游商品概述

一、旅游商品的概念界定

（一）科学界定旅游商品的意义

　　近年来，随着购物旅游在全国范围内蓬勃发展，对旅游购物核心要素即旅游商品的研究引起了政府部门和理论界的关注。但目前国内旅游学者们对旅游商品概念比较模糊，没有统一的认识，常常将旅游产品、旅游购物品、旅游纪念品和旅游商品相混淆，互相替代使用。因此，科学界定旅游商品概念与内涵就显得具有相当重要的理论意义和实践价值。这表现在三个方面：

　　首先，重新界定旅游商品概念，可以避免旅游商品与旅游产品、旅游纪念品等名称混用现象。

　　其次，重新定义后的旅游商品概念扩展了旅游商品的内容，改变了以往学者、旅游管理部门对旅游商品认识的局限性，可以避免在对旅游商品概念认识模糊不清的情况下旅游商品开发的盲目性。

　　再次，可以增加旅游商品对旅游经济的贡献率。以往多数学者所论述的旅游商品，只是旅游商品的主体部分，即旅游纪念品，远远涵盖不了旅游商品的范畴，因而也说明不了旅游商品对旅游经济的真实贡献。重新界定后的旅游商品概念将旅游用品、日常用品及免税商品包括在内，它们的销售收入也应视为旅游商品收入的一部分。

（二）旅游商品的界定

国际上相关旅游企业和组织机构也曾对旅游商品的概念和范畴做出解释。世界旅游组织对旅游购物支出的定义是"旅游者做准备或者在旅途中购买的物品（不包括服务和餐饮）的花费"，其中包括衣服、工具、纪念品、珠宝、报刊书籍、音像资料、美容及个人物品、药品等，不包括任何一类游客出于商业目的而进行的购买，即为了转卖而做的购买。韩国观光公社在研究旅游购物时，指出购物的对象和范围除了以传统的生产方式利用国内生产资料所生产出来的土特产、工艺品和旅游纪念品等之外，还包括各种各样的日常用品。

从这两种解释我们可以得知，旅游纪念品、旅游工艺品都只是旅游商品内涵的一部分。

郭鲁芳等（2008）综合国内外学者研究成果，借鉴学者和相关旅游机构对旅游商品的描述，对旅游商品的概念进行了以下界定，即旅游商品是旅游者在旅游准备阶段、旅游过程中以及旅游结束返程途中，出于非商业和非投资目的而购买的，以旅游用品和旅游纪念品为主体的一切实物商品。[①] 这个定义具有以下几个特点。

（1）旅游商品的购买者一定是旅游者。言外之意是当地居民出于商业目的购买的当地旅游纪念品不能纳入旅游商品统计之中，而且该定义将旅游者的旅游购物行为的时间延伸到启程前和返程途中，将空间扩展到居住地。

（2）该定义借鉴了世界旅游组织对旅游购物品的规定，强调了旅游商品购买动机的非商业性和非投资性，这也与现实情况相符合。旅游者出游为的是体验快乐、寻求愉悦，他们购买旅游商品是为了更好地达到这种目的或者是为他们快乐的经历留下回忆的空间。

（3）该定义指出，旅游商品是以旅游用品和旅游纪念品为主体的一切实物商品。第一，将旅游商品规定为实物商品，区别于以无形服务为主的旅游产品。第二，把旅游用品和旅游纪念品作为旅游商品的主体部分，暗指旅游商品还包括其他部分，如旅游者旅游过程中的生活日常用品以及免税商品。这里，旅游用品是指为旅游而准备的物品，如旅游专用鞋、野营工具之类。旅游纪念品主要包括旅游工艺品、土特产、旅游服务用品和旅游食品。

（4）该定义中没有指明旅游商品的文化要素。郭鲁芳等认为，旅游商品的核心部

---

① 郭鲁芳，吴儒练. 旅游商品：概念·范畴·特征［J］. 江苏商论，2008（10）：94.

分，即旅游纪念品是富有浓厚的地方特色和文化内涵的；而旅游用品、日常用品和免税商品一般都不具备地域性和文化性。旅游者购买这些商品是出于旅游活动需要或商品具有价格优惠。

二、旅游商品的基本特征

作为旅游商品，既具有一般商品的共性，又具备一般商品所不具备的个性。不同时代、民族和地区的人们在历史发展过程中，创造了丰富多彩的地方特色产品，成为区域物产的典型甚至区域文化的象征，从而构成了富有旅游吸引力的物产旅游资源，成为旅游商品的原料。我国历史悠久、幅员辽阔、民族众多，勤劳智慧的各族人民创造了数不胜数的地方特色商品，品种多样、风格各异、技艺高超、举世无双，成为旅游者可以品尝、购买与观赏的对象。

肖星（2005）等将旅游商品的特征概括为以下几个方面。[①]

（一）地域性

旅游商品首先是地域自然环境的产物，受到地域自然条件的制约，从而形成旅游商品的地域性风格，打上地域自然环境和地域文化传统的烙印。旅游纪念品主要分为以下三类。

（1）具有地方特色的土特产，如天津的麻花、云南的茶叶、浙江的丝绸、新疆的葡萄干、东北的人参、广东的荔枝、海南的椰子等。

（2）富有地方传统的纪念品，如北京的景泰蓝、甘肃的夜光杯、贵州的蜡染布、广东公仔、广西壮锦等。

（3）以当地自然风景、历史文化、民俗文化等为题材的纪念性作品，如西安的兵马俑塑像、云南大理的石画像、甘肃敦煌的飞天等。

旅游者在选购具有民族风格的商品时，也会选择具有地方特色的商品。例如，外国旅游者来华，除了购买具有中华民族特色的商品——丝绸、茶叶、瓷器外，还会选购具有浓郁地方特色的商品，如无锡的胖阿福、安顺的蜡染、苏州的扇子、酒泉的夜光杯、张小泉剪刀、潍坊的风筝、肇庆端砚、东来顺的涮羊肉、全聚德的烤鸭、云南的过桥米线、四川的麻婆豆腐、天津十八街麻花等。

（二）民族性

民族性与地域性是旅游商品的生命力之所在。一个民族的感觉、知觉、思维方式，以及民族性格等经常通过物质形式表现出来，使地方特色商品成为民族文化的物质载体

---

① 肖星. 旅游策划教程［M］. 广州：华南理工大学出版社，2005.

甚至符号象征，体现民族文化的创造和传承，从而构成文化旅游吸引物之一。对于旅游者而言，购买富有民族性的旅游商品，就是学习、回忆和欣赏民族文化，因此旅游者每到异域他乡旅游时，总想买些该国该地富有民族性的商品作为纪念。例如，去苏格兰的旅游者，购物首选是苏格兰短裙、风笛、威士忌等；去墨西哥的旅游者，购物首选是宽边草帽、披风、特基拉酒、干辣椒、仙人掌等；去南非的旅游者，购物首选是钻石首饰等；去马来西亚的旅游者，购物会选锡制器皿等；到中国的旅游者，会选购中国的丝绸、古董、印章、瓷器等；去我国新疆的旅游者，会选购维吾尔族的帽子、佩刀、葡萄干、哈密瓜等。总之，凡富有浓郁民族特色的商品常成为旅游购物首选，个中缘由就是民族文化的魅力。

（三）品牌性

富于民族与地域特色的旅游商品是经历了后期的文化积淀与文化传播而被世人所认同，因此具备一定的品牌特征。可以说富有民族与地域特色的旅游商品是品牌商品，具有品牌质量保证，是同类商品中的佼佼者。如"文房四宝"当以安徽宣纸、徽墨、浙江湖笔、广东肇庆端砚为上品，又如香水当以法国巴黎为最，服装以法国和意大利最为出名。

（四）艺术性

许多旅游商品（如工艺美术品）具有独特创意和美的外观，富有艺术性。旅游者旅游目的之一，是为了获得美的感受，具有美感的商品自然成为旅游者购买的首选。旅游商品愈具有艺术性，其感染力就愈强，游客就愈喜爱。例如，中国的砚台本是研墨用的，但有些高级砚台上经常雕刻些麟凤龟龙、山水人物、梅兰竹菊等精美图案，所以这些砚台已不只是实用的文具，而是别具一格、可供陈列欣赏的艺术珍品。

（五）纪念性

由于旅游商品是一个地方、民族物质商品的代表和文化传统的体现，因而最能代表旅游者在一个地方的旅游经历。旅游者的旅游购物动机之一就是为了让自己的旅游经历能够通过旅游商品进行物化。通常旅游者所选择的商品大多是与特定文化环境相一致的、具有明显纪念性的商品。纪念性是旅游商品所具有的能够显示旅游所在地的某种特点、在时过境迁之后又能引起游客美好回忆的属性。纪念性是地方旅游商品的一个基本特征。比如，到苏州的旅游者，多会购买苏绣代表作——双面绣、手帕、枕套等；到福建的旅游者，多会购买安溪的铁观音、福州的寿山石等；到西藏的旅游者，喜欢购买具有藏族文化特色的饰品；到广东的旅游者，喜欢购买富有岭南文化特色的小商品；到桂林的旅游者，喜欢购买以桂林山水为内容的山水画、工艺扇和文化衫等。

（六）实用性

实用性指旅游商品所具有的使用价值，即能在生活中物有所用：或作艺术装饰，如书画作品、艺术挂毯等；或作日常生活之用，如钱袋、中药材、竹制保健品等；或作为玩赏和馈赠之用，如洋娃娃、珠宝首饰等；或作收藏之用，如文物古董等。

（七）旅游吸引性

如上所述，旅游商品一般具有鲜明的特色或个性，对旅游者具有强烈的吸引力，是旅游产品的有机组成部分，可以满足旅游者"食、住、行、游、购、娱"需求中的购物需求。

肖星等强调，旅游商品的基本属性是民族性和地域性，真正体现了旅游商品的生命力。

郭鲁芳把旅游商品的基本特征凝练为以下三个方面。[①]

（1）宣传性。旅游商品的宣传性是指以旅游纪念品为核心的旅游商品具有宣传旅游目的地、吸引更多潜在旅游者来访的功能。旅游商品具有特色性，往往能成为一个旅游目的地的象征。旅游者购买当地的旅游商品，并将之带回居住地，在他们与亲戚朋友交流旅游经历时，起到了宣传目的地的效果。

（2）经济性。经济性是旅游商品的应有之意。对旅游者来讲，旅游者购买旅游商品除旅游商品具有纪念意义外，还可能是因为旅游商品相对较低的价格（旅游商品的生产大多使用当地富足的原料）；对旅游目的地来讲，发展旅游商品市场有利于活跃当地旅游业。此外，当地居民也能从旅游商品的销售中获得经济收入。

（3）效用性。旅游商品同一般商品一样具有使用价值。旅游者或者出于满足旅游活动所需而购买旅游商品，或者出于为旅游经历留下回忆而购买，使旅游者在物质上和精神上同时得到满足。因此，旅游商品具有很强的效用性。

三、旅游商品的类型

作为满足旅游者物质和精神生活需要的旅游商品，种类庞杂，内容丰富。一般包括了旅游纪念品、旅游饮食品和旅游日用品（旅游生活用品与旅游活动用品）等三大类。但在《旅游资源分类、调查与评价》（GB/T 18972—2003）的分类系统中，"旅游商品"主类下的"地方旅游商品"亚类，具体包括了菜品饮食、农林畜产品与制品、水产品与制品、中草药材与制品、传统手工产品与工艺品、日用工业品、其他物品7个基本类型，其中多为农业和手工业产品。

[①] 郭鲁芳，吴儒练. 旅游商品：概念·范畴·特征 [J]. 江苏商论，2008（10）：95，96.

　　根据我国旅游商品市场的现状，钟志平（2003）将旅游商品分为三大类。

　　第一类是资源转化型旅游商品。这是指对旅游地独特的天然资源可以直接或稍微加工既可转化为特色旅游商品的劳动产品，如天然的农副土特产品、根雕、特色的石头、动植物标本等。这些旅游商品的共同特点就是商品外形天然生成，技术要求和生产成本一般较低，利润空间较大。

　　第二类是文化承载型旅游商品。这一类旅游商品主要反映旅游目的地的地方和民族的文化特征，具有很高的纪念价值，如一些以民俗民风、传统民居、特色生活用品和生产工具、历史传说等作为开发素材的旅游商品。根据旅游商品的文化和物质特性，挖掘代表当地文化特色的旅游商品，具有不可替代性，是最具市场潜力的旅游商品。

　　第三类是工艺独特型旅游商品。这一类旅游商品的特色主要是由加工工艺的独特性形成的。在生产实践的历史过程中，我国各民族留下了许多独特加工工艺，创造了许多沉淀着十分浓厚的历史底蕴的地方性特色商品。对这一类旅游商品，我们要继承、开发和创新并重：继承好各民族历史遗留下的生产工艺；开发已经失传的一些传统工艺；对传统工艺进行创新，创造出一些适宜现代化生产的旅游商品。

　　地方特色是旅游纪念品的本质特征。至今为止，不少学者已经对旅游纪念品的特点有所研究。谢彦君（1999）指出旅游购物品的特点是纪念性、艺术性和地方性；陶汉军和林南枝（1994）提出，旅游商品的特点是纪念性、艺术性、礼品性和实用性。然而，只有地方特色（或称地方性）从根本上解释了"旅游纪念品"为什么有纪念意义，可以作为礼品这个问题，并且将旅游纪念品与当地出售的其他商品区别开来。当旅游纪念品成为目的地特色的物质载体，有些甚至成为某个目的地的标志时，旅游者看到它就能回想起某段旅游经历，这时它才具备了纪念性、礼品性。另外，具备艺术性和实用性的商品并非都能成为旅游纪念品。艺术性和实用性只是旅游纪念品地方特色的表现方式，通过这些方式，一件旅游纪念品最终以艺术品、工艺品或者实用物品的形式展现在旅游者面前。因此，地方特色（或称地方性）是旅游纪念品最为本质的特征。

四、旅游商品的价值

（一）实用价值

　　地方旅游商品作为一种有形物品，必须具有实用性，并能够给人们（当地人与旅游者）带来某种用处，体现其价值。在价值方面，地方旅游商品与一般商品不同，它除了满足人们的物质需求外，还因其地方性、民族性、品牌性甚至艺术性，从而满足精神需求。即除了物质使用价值以外，还具有文化价值与艺术价值。前者主要表现为可食（如饮食物品、土特产等）、可用（如"文房四宝"、民族服饰等）；后者主要表现为可以欣赏（如美术工艺品）、纪念（如文物古董）、炫耀（如珠宝）和收藏（如艺术品）。

（二）商业价值

地方旅游商品是地方宝贵的物质、文化和品牌资源。其商业价值主要表现为：

（1）它是一个地区或民族代表性的物质与文化商品，是区域或民族的特色产业之所在，也是区域或民族经济的发展方向之一（如贵州仁怀县的茅台酒产业就成了地方经济的支柱）。

（2）由于地方旅游商品的形成是一个长久的过程，是民族文化或区域文化长期积淀的结果，并取得了广泛的文化认同，因此极具品牌价值，需要深度挖掘、保护利用和营销传播（如烟台红葡萄酒、青岛啤酒等品牌）。

（3）利用地方旅游商品进行环境装饰，可以营造具有地方和民族特色的商业文化氛围，增强商业区、商业企业的吸引力。

（三）旅游价值

地方旅游商品的旅游价值，实际上是商业价值的一部分，其主要表现为：

（1）地方旅游商品是旅游购物和旅游饮食的对象，是旅游产品的有机组成部分。它是构成区域旅游吸引力要素之一，具有旅游实用价值。

（2）地方旅游商品的制作过程，可以开发为观光旅游与体验旅游产品。如传统手工产品与工艺美术品制作过程就具有欣赏价值甚至娱乐价值（如蜡染、剪纸）。

（3）利用地方旅游商品的品牌价值，开展区域旅游营销传播，可增强区域旅游吸引力。

（4）利用地方旅游商品的文化特色，可以创造地方性、民族性的文化环境，增强旅游区点、旅游企业（如酒店）的文化吸引力。

五、旅游商品开发的意义

首先，旅游商品开发可以促进地方经济的特色化和外向型发展，并与商业、旅游业紧密联系起来，形成"农旅互动"、"工旅互动"、"商旅互动"发展的产业态势。在专业化的商品经济时代，农业和工业生产必须依据市场需要，发展具有优势的特色产业及产品，充分发挥地方物产资源优势，形成产业规模及产品品牌，填补区域内外市场空白，而且要打造竞争优势。建立在地方物产资源基础上的旅游商品，是地方经济的特色部分和外向部分（面对外来旅游者）的构成要素。它将有力地推动地方经济的特色化和外向型发展，促进地方产业与外部市场的对接。这对于经济相对落后而旅游业相对发达的地区而言，不失为发展经济的战略选择。

其次，旅游商品开发可以丰富区域旅游产品的内容，树立区域旅游形象，从而增强区域旅游吸引力，推动区域旅游产业的健康发展。

再次，旅游商品开发有利于民族和地域文化的传播。由于地方旅游商品是民族和地域文化的物质载体乃至象征（如红红的中国结、古典优雅的唐装等），所以旅游者对地方旅游商品的购买实际上体现了旅游者对旅游地文化的欣赏甚至认同，促进了旅游地文化的横向传播。同时，当地方旅游商品形成品牌，被海内外旅游者和后代子孙所认可时，旅游商品中所承载的民族和地域文化便得到了传承，成为区域物质文化遗产的代表。

第二节　旅游商品策划要点

一、旅游商品策划概述

旅游商品的开发和营销离不开对旅游商品的策划。旅游商品策划是指策划人员为了达到对旅游商品的有效开发和营销的目的，经过调研分析，运用智力，借助一定方法、技术和手段，而对旅游商品的设计生产、营销传播等进行整体或局部谋划的过程。[①] 由于旅游者对旅游商品的消费主要属于发展和享受型消费（尽管具有满足旅游者物质需要的一面，如旅游饮食品，但许多旅游商品主要为了满足旅游者的精神需要，如旅游纪念品），因此旅游商品的开发和营销一刻也离不开策划的过程。

按旅游商品类型分类，旅游商品策划包括旅游纪念品、旅游饮食品和旅游日用品策划；按旅游商品策划阶段分类，旅游商品策划包括旅游商品开发策划和营销策划。旅游商品策划一般包括前后相连的四个阶段，即调研（如对旅游商品市场需求、区域文化资源与物产资源）、策划、实施和评估，随后在此基础上又开始新的策划循环——一种螺旋式上升的循环。在策划过程中一般会用到调查、设计、电脑模拟等方法。

二、旅游商品的开发策划

地方旅游商品的开发，是指以市场需求为导向，将物产资源转化为商品的经济技术过程，主要包括商业开发与旅游开发。准确地说，旅游开发也是商业开发的一部分。

（一）中国地方旅游商品开发的巨大优势

（1）可供开发加工的原料丰富。中国地域辽阔，物产富饶，有着丰富的农副产品和种类齐全的矿产，能为旅游商品的开发加工提供物质保障。以茶叶为例，有绿茶、红茶、青茶（乌龙茶）、白茶、黄茶、黑茶、花茶等，其中绿茶仅陆羽《茶经》一书就列举了全国138个品种，堪称举世无双。

---

① 肖星. 旅游策划教程［M］. 广州：华南理工大学出版社，2005：188.

（2）有着丰富的民族和地域历史文化内涵，文化积淀深厚，极具品牌价值。品牌既是质量的保证，也是民族与地域文化的体现，是文化长期积淀的产物。如贵州蜡染是2000多年民族历史文化的结晶；茅台酒早在西汉武帝时代已开始酿酿。

（3）工艺传统、技艺精湛、种类齐全、数量很大、品牌众多。以雕塑工艺为例，种类有玉雕、石雕、砖雕、象牙雕、木雕、竹雕、煤精雕、微雕、骨雕、泥塑、陶塑、瓷塑、面塑、纸刻等，技艺手段有圆雕、浮雕（薄浮雕、高低浮雕）、透雕、壁雕等，如东阳木雕等都是驰名中外的品牌。

（二）中国地方旅游商品开发的诸多不足之处

（1）缺乏市场意识，市场调研不够，商品定位两极化，对国际旅游者定位高，对国内旅游者定位低，缺少中档商品。

（2）缺乏品牌意识，各地普遍缺乏拳头购物品，一方面不知道如何利用"特色"物品和"特色"文化光大品牌，树立形象，另一方面不知道运用法律手段保护品牌假货，劣货不少，特别是一些旅游商品被他人甚至国外抢注商标，开发者和生产者的专利意识不强。

（3）缺乏保护意识，只注重眼前功利，没有在开发利用中保护，包括商品出产环境、商品文化与商品品牌的保护。

（4）缺乏深度加工，精雕细凿不够，初级产品较多，产业链不够长。

（5）缺乏特色，花色单一、品种单调，深度挖掘和档次包装不够，特别是旅游纪念品设计的新意和地方特色不强。

（6）缺乏规范经营，商品价格扑朔迷离，购物环境和服务尚欠水准。

（三）中国地方旅游商品开发的方向

对地方旅游商品的开发，首先需要调查，包括市场调研和资源挖掘；然后进行评价和创意，确立开发方向。一般有以下几个方向可以选择。

1. 开发为旅游纪念品

旅游纪念品，指旅游者在旅游活动过程中购买的富有区域与民族文化特色、具有纪念性的一切物品，是旅游商品中最具特色的一类，具体包括文物古董、书画金石、工艺美术品、土特产、中草药材、珠宝首饰、服装等几大类。

旅游发达国家都非常重视旅游纪念品的设计开发，并逐步培育成名牌商品，真正做到了"小商品、大市场"。到欧洲国家旅游，各国各地都有自己的特产和代表性物品，留作纪念，给游客留下美好的回忆。

所以，中国必须重视旅游纪念品的设计开发，其中需要注意：

（1）根据旅游市场的需求，力求多元化、多品种、多规格。旅游者购买旅游纪念品的动机一般有：回味旅游景点和旅游经历；炫耀去过的地方，显示地位；馈赠亲朋好友；有收藏的癖好；自己或家庭使用等。考虑了以上因素，纪念品才有市场，如无锡的双面绣工艺品、井冈山的竹制品等。

（2）要与当地资源、自然风景和文化风情相结合，形成特色旅游商品。这是以当地特有资源为原料，以反映旅游地、旅游区形象和民俗风情为表现形式，以纪念性、实用性和艺术性相结合为方向，具有独特性和持久生命力的商品。具有象征意义、代表地方形象的旅游纪念品往往成为旅游者的首选。旅游纪念品的地方特色要求见"物"而知其地，比如一见到"全聚德"烤鸭，你便会想到老北京；一见到十八街的大麻花，你便能想到它是天津特产；还有西安的兵马俑、铜马车，潍坊的风筝，常州的工艺木梳等，都是让人见了商品就联想到产地，这便实现了开发旅游商品的初衷。所以，对有特色的旅游纪念品的具体要求有：最大限度地开发本地资源，特别是具有一定知名度的资源；鲜明的民族和地域文化特色；做工精细，保证质量；创意独特，外形美观，包装讲究；体积灵巧，携带方便；价格公道。例如，海南的贝壳雕与椰雕、桂林山水画、佛山石湾美术陶瓷、贵州的陶土面具等受到中外游客的青睐。

（3）注意品牌战略，包括给旅游纪念品策划一个好的名称，使之形象化、个性化；好的外形与包装，使之差别化，便于消费者识别；品牌注册，以便保护策划开发者的知识产权，有利于名牌的培育。

2. 开发为旅游饮食品

地方饮食物品包括土特产品、地方主食、地方菜、点心小吃、风味食品、饮品等，其中既可开发为旅游者在旅途中享用的旅游饮食品，也可开发为旅游纪念品（如土特产品），还可以此为基础开展"美食旅游"，吸引游客直接消费。这一方面可以通过区域旅游规划构筑饮食街（城）、风味街（城）、风情街等，对地方美食进行空间性地集中展示；另一方面，可以通过旅游节庆活动，如广州美食节、青岛啤酒节等，对地方美食进行集中展示。

3. 开发为旅游日用品

旅游日用品是指满足旅游日常生活和开展旅游活动的物质装备，具体包括旅游生活用品和旅游活动用品。与旅游纪念品、旅游饮食品重视文化功能相比，旅游日用品开发更注重物质性的实用功能。因此，旅游日用品开发要针对当地的自然环境（如气候）、旅游活动项目进行。例如，戏水项目离不开游泳衣、游泳帽、防水眼镜，高尔夫球项目离不开高尔夫球、球杆、球服、球鞋等。

4. 开发为观光与体验旅游项目

一些地方特色商品的制作过程，特别是富有神秘性、乡土性的传统工艺过程，可以作为观光欣赏和参与休闲项目开发，形成观光旅游与体验旅游产品，实现传统手工产品与工艺品工艺过程的欣赏价值（如蜡染、酿酒、磨豆腐等），以及娱乐价值（如剪纸、陶吧等）。至于对具有地方品牌的农业产品与工业产品制作过程的观光，则可以通过"农业旅游"、"工业旅游"项目来实现。

5. 营造商业与旅游文化环境

地方特色商品的民族性和地域性文化特色是旅游景点景区、酒店、娱乐企业、商业街区和商业企业环境的最好装饰材料。如运用传统雕塑工艺进行景区建筑的雕塑，利用传统纺织品、书法绘画等对酒店环境进行包装等。

三、旅游商品的营销策划

通过营销策划使旅游商品最终为旅游者所购买，是旅游商品开发成功的标志。通过成功的营销策划形成有效的营销策略，对扩大旅游商品的市场份额，实现旅游商品经营者的利润起着决定性的作用。

1. 定位策略

任何旅游商品都不可能满足全部旅游者的需要，故在新商品开发出来之前，就要确定目标市场，进行市场定位。这是旅游商品营销的出发点。例如，开发以收藏为主的、可增值的仿古玩类的新商品，其目标市场就可以定为受过良好文化教育且有一定购买欲望和能力的旅游者；开发实用性的、地方特色浓郁的、价格适中的新商品，就可以将所有旅游者定为目标市场；开发具有保健、医疗功能的新商品，其目标市场可定为中老年旅游者；开发极具时尚性的商品，其目标市场可定为青年旅游者。

2. 价格策略

在确定目标市场后，就应制定相应的价格策略。以老年人为目标市场的商品，其商品定价应是中低价位。因老年人退休后，收入减少，如果商品太贵，无论质量多好，都很难引起他们的购买欲望；较实惠的商品，从心理上和经济上他们都能承受。以白领阶层为目标市场的商品，可制定高价策略。因为他们的收入高，对商品艺术性的要求高于实用性。而且他们认为高价位商品能体现一个人的地位，故价格高、质量好、工艺精的商品能获得其青睐。以青年旅游者为目标市场的商品，可制定中高价策略。因为他们的收入虽然不高，但他们观念新颖、追求时尚、舍得消费，只要是满足他们对时尚的追求以及具有个性的商品，都能引起其购买欲望，价格因素不是影响其购买的决定因素。

3. 品牌策略

旅游商品开发同时也是挖掘民族与地方文化资源。应结合地方历史文化、民俗风情及自然风景，为旅游商品取好名字并注册，设计好标识、外观和包装，然后推向市场，利用传播媒介广泛宣传，树立品牌。无论旅游商品的策划开发还是营销传播，必须与旅游地的综合旅游产品结成一个整体，相互促进。例如，桂林的豆腐乳，其著名的牌子就有花桥和象山，这都是桂林的代表性景点。

4. 传播策略

选择何种方式、何种媒介将旅游商品信息传播给旅游者，这是旅游经营者值得重视的问题。旅游商品作为一种小商品，旅游者作为特殊的外地顾客，如何在两者之间进行传播沟通呢？笔者认为覆盖面较大的广告和中介人物（导游）是最恰当的传播媒介。传统的四大广告媒介——电视、广播、报纸和杂志，对旅游产品的整体传播效果较佳，但对旅游购物品而言，传播效果就不太理想，因为旅游者不会因某地盛产某种物品而专程前往购买。因此，最适合旅游者的广告媒介应是 POP 广告，在旅游景点景区及旅游线路上设置商品宣传牌、灯箱、广告招贴画等；同时，还可以通过导游的讲解与商店服务员的介绍进行宣传。

5. 渠道策略

旅游商品的传统销售渠道模式是各景点景区和旅游定点商店的铺面销售。这种模式具有商品集中、购买方便的优点，但也有店面布置单一、风格雷同，很难激起旅游者购买欲望的缺点。因此，在发挥传统销售渠道模式优势的同时，需要开辟更能满足旅游者消费需求的销售渠道模式。

（1）设立专卖店和专卖柜，实行连锁经营，如土特产专卖柜、纪念品专卖店。设立专卖店和专卖柜，既确保了经营者的利益（因为它是专营的），又保证了商品的质量和价格。

（2）前店后厂。旅游者对生产旅游商品的工艺充满好奇心，如果能让旅游者参观生产制作场地和过程，就会激发出强烈的购买欲望。故将工厂和商店有机地结合为一体，有助于特色旅游商品的销售。例如，天津杨柳青画店，手工作坊就在店后，旅游者参观了手工作坊后，无不为画师的精妙工艺叫绝，选购商品就顺理成章了。

（3）互动促销。让旅游者参与到旅游商品的设计、制作和销售过程中来，让旅游者自行设计和制作商品，然后购买。这可以满足旅游者参与体验、追求个性的要求，具有很大的发展空间。例如，景德镇旅游部门就请旅游者自己动手设计和制造瓷器，成为旅游购物的一大热点。其实，许多旅游购物商品都可采用这种模式，如制扇子、做泥塑、弄风味小吃等。

（4）组合销售。一方面是旅游购物品组合，即把地方土特产、旅游纪念品、旅游日用品、旅游文化用品等集中在一个店面同时销售，减少旅游者频繁进店的麻烦，节省旅客的购物时间。另一方面是旅游购物品与其他商品的组合，如在文化街、步行街等地方特色街道和店铺就可以实行这种组合。

（5）集中销售。一方面是时间性地集中销售，以旅游节庆、会展、庙会等活动为平台进行销售；另一方面是空间性地集中销售，以旅游地的特色商业街、特色市场、特色店铺等为平台进行销售。

【扩展阅读】

我国少数民族地区旅游商品开发问题[①]

从世界旅游动向来看，文化旅游的时代已经到来，对传统文化和民俗风情的关心在增长，这是一个自觉的、特殊的文化运动，这个文化运动方兴未艾。从我国旅游业发展来看，许多自然、人文旅游资源丰富的民族地区纷纷建立以旅游业为支柱产业的发展战略，通过旅游业强劲的产业带动性，促进旅游经济和地区经济的发展。在旅游的"吃、住、行、游、购、娱"六大要素中，"购"是最具潜在需求的、最活跃的要素。民族地区发展旅游商品基础较好，如何把自身优势转化为经济效益，其关键在于充分利用民族文化，创新开发旅游商品。

1. 民族地区发展旅游商品意义明显

（1）旅游商品生产与销售是提高民族地区旅游业经济效益的重要途径。旅游产品生产的构成要素中，旅游购物弹性最大，可挖掘的经济效益潜力也最大。

（2）民族地区通过发展旅游商品可以保存、恢复发展和创新传统纪念品和古老的工艺，加强民族文化保护。我国少数民族地区，由于交通闭塞而保留的民族文化和民间工艺，是一笔难得的财富，但随着现代文明的进入，民族文化受到强烈冲击，民族手工艺开始失传。

（3）发展旅游商品，促进民族地区劳动力就业和社会稳定。旅游商品生产和销售属劳动密集型行业，较之与旅游的其他几个要素来说，具有投入少、见效快、吸收就业人数多的特点。社区居民参与开发生产的门槛相对较低，通过参与开发生产旅游商品，可以使社区居民获得实实在在的经济利益，促进社会稳定和地方经济发展。

（4）民族地区发展旅游商品有利于传播我国少数民族文化，提高旅游地知名度。旅游商品是旅游地形象的体现和载体，代表一地的文化品格，甚至成为象征。旅游商品随着旅游消费者流传到各地，对旅游地起到宣传作用，扩大了旅游地的影响。

2. 现状与问题

（1）民族地区旅游商品在旅游收入中所占比例小，处于初步发展阶段。2001年我国国家旅游局统计数据表明，游客旅游购物仅占其全部旅游消费的21.2%，对于大多数少数民族地区来说，还都远远不能达到这一数字，而同期我国香港、台湾地区以及法国的旅游商品比重为50%～70%。造成这种现象的主要原因，一是各地区一直以来都多重景区景点规划建设，轻旅游商品开发规划。在现有旅游商品开发中，旅游商品开发意识不强，观念落后，思路不开阔；二是由于民族地区整体经济水平低，旅游业起步

---

① 车婷婷，黄栋. 对少数民族地区开发旅游商品的思考 [J]. 商业研究，2005（8）：61-63.

晚，政府的引导和投入都极其有限。

（2）对民族特色和文化内涵挖掘不够，商品雷同、制作粗糙、结构单一。这也是中国旅游商品市场长期存在至今难以解决的问题。造成旅游商品雷同、结构单一的原因，不是因为缺乏资源，而是由于对现有丰富的资源没有很好利用，对民族特色和文化内涵挖掘不够。其他一些如食品、土特产等商品，形象包装较差，档次偏低，附加值低。

（3）支持体系有待完善，研、产、销等环节不配套。主要表现为旅游商品开发专业人才缺乏，科研力量薄弱，旅游商品的生产、销售处于一种自发的、盲目的短期行为之中，假冒伪劣商品充斥市场，价格体系不规范等。

3. 民族地区开发旅游商品的思路

（1）对旅游商品开发给予足够重视是旅游商品开发的前提。

（2）面向市场，加强旅游消费的心理及需求研究，是旅游商品开发的方向。

（3）挖掘民族文化，将文化渗透于旅游商品开发的各个环节是旅游商品开发的关键。

【思考与讨论】

谈谈你对我国少数民族旅游商品开发的看法，并提出个人建议。

本章思考题

1. 简述旅游商品的概念，并就旅游商品与旅游产品的区别和联系发表个人看法。
2. 如何看待旅游商品的特征，试举例说明。
3. 结合实际，简析旅游商品开发的意义。
4. 结合你家乡地方土特产实际，从旅游商品开发角度提出策划建议。

第 八 章

旅游地产项目策划

教学目的、要求：

　　了解旅游地产项目的概念及进展；掌握旅游地产策划要点。初步了解旅游地产景观策划与设计的技术规范，掌握旅游地产项目运营程序。

教学重点：

　　旅游地产的概念及旅游地产（项目）产品化路径；旅游地产运营的 PUD 开发模式。

第一节　旅游地产（项目）概述

一、旅游地产的概念

　　旅游地产是由旅游业和房地产业交叉而产生的一门综合性产物。1999 年传入我国，发展势头良好，直到最近几年这一称谓才"流行"起来。迹象表明，旅游房地产作为一种可以实现经济效益和生态资源可持续发展的创新经营模式，在我国发展前景广阔，逐渐成为新的投资关注热点。

　　具体来说，旅游地产是一个舶来品。它早在 20 世纪 30 年代出现在法国地中海沿岸，它的丰厚回报所带来的魅力使之从欧洲迅速席卷到东南亚，在 20 世纪 80 年代末悄然登陆我国沿海地区，并逐步在全国扩展开来。旅游地产是以旅游区域的景观、生态、文脉及人气资源为开发契机的房地产开发营销模式。旅游地产概念定位为"以旅游资源为核心的地产差异化经营，依赖于稀缺的和为公众所接受的旅游景区为中心，进行地产开发"。一般来说，越是稀有的、唯一的、不可复制的，经营价值就越高。

　　随着社会经济的持续发展和人民生活水平的提高，旅游休闲已逐渐成为一种大众化的生活方式。从直观的表象来说，人们拥有的可自由支配的剩余时间正在迅速增加，休闲开始得到主流价值观的肯定甚至提倡。旅游业态也在发生巨大的转变，这种深刻变革已经体现在项目开发、旅游购物、交通组织、宾馆饭店等各个领域。未来的旅游项目将在广度和深度上更多地走向多主题、多向度，以一种更趋综合性的面貌出现，并形成开放性的、具有游客集散功能的大型旅游休闲社区。

二、旅游地产的功能

（一）旅游功能

旅游地产是依托周边丰富的旅游资源而建，较之一般的住宅，旅游房地产的特点和优势在于它是旅游业和房地产业的无缝嫁接，具有更好的自然景观、建筑景观，同时拥有完善的配套功能和极高的投资价值。

没有一个好的自然环境，旅游地产就没有立足之地，这是作为一个产业链的形成方式。如果没有优美的环境，可以造出一个好的环境资源。旅游地产项目所在地一般都拥有优美的自然环境和稀缺资源，如山、湖、海、森林、气候、温泉等和特色浓郁的人文环境。在具备丰富的自然资源的基础上，嫁接以人文理念。资源始终是旅游地产的命脉，人性之中追求美好的自然环境的本能不会改变，适宜的气候、幽静的环境和丰富的物产综合成为购置旅游地产最基本的理由，也使旅游地产具有了旅游的功能。

（二）度假功能

按照世界旅游组织标准，人均 GDP 达到 3 000 美元，该国或地区将进入度假时代。2009 年，我国 GDP 总量已达 4.92 万亿美元，人均 3 785 美元，个别地区和城市甚至超过一万美元。这意味着，中国从总体上已开始进入度假时代。从观光到度假，这是旅游发展的必然规律。在发达国家和地区，度假旅游、度假生活已经成为一种常态的旅游方式、生活方式。

旅游地产是适应度假生活需要应运而生的产业形态，是以旅游为目的的地产，是承载旅游度假生活的地产。从这个意义上说，旅游地产本身并不是一般意义的房地产，而是一种重要的旅游产品。随着度假生活的行为需求不断增长，人们对旅游地产的需求也将不断膨胀。

（三）休闲功能

随着经济社会的发展和中国人收入水平的提高，越来越多的人开始放慢奔波的脚步，通过休闲享受幸福的生活。休闲，成为目前人们一种新的生活方式。

休闲产业是近代工业文明的产物，或者更确切地说，它是现代社会的产物。它发端于欧美，19 世纪中叶初露端倪。进入 20 世纪，随着科学技术的快速发展，与休闲相关的产业便逐渐应运而生。20 世纪 70 年代进入快速发展时期。

休闲产业是指与人的休闲生活、休闲行为、休闲需求（物质的与精神的）密切相关的产业领域，特别是以旅游业、娱乐业、服务业为龙头形成的经济形态和产业系统，已成为国家经济发展的重要支柱产业。休闲产业一般涉及国家公园、博物馆、体育（运动项目、设施、设备、维修等）、影视、交通、旅行社、导游、纪念品、餐饮业、社区服务以及由此连带的产业群。休闲产业不仅包括物质产品的生产，而且也为人的文化精神生活的追求提供保障。

休闲活动划分为消遣旅游类休闲、文化娱乐类休闲、体育健身类休闲、怡情养性类休闲、社会交往类休闲和其他休闲六大类。以前三者为主，同时结合其他领域的休闲消费初步估算，2009 年我国居民休闲消费最核心部分约为 1.7 万亿元，相当于社会消费品零售总额的 13.56％，相当于 GDP 的 5.07％。

（四）养生（老）功能

按照世界联合国健康组织的调查显示：商业社会中的人群中有 20％的人是患者，75％为亚健康人群，只有 5％是健康人。不难想象，现代社会的快节奏生活和竞争压力使得越来越多的人不堪重负，生态环境恶化和环境污染造成的疾病也在不断威胁着人们的生存安全，全球有 87％的都市人有生态移民的愿望。伴随着人们物质生活水平的提高，养生地产所营造的健康人居理念，越发受到各界追捧。科学规范的市场引导，也使得以健康和养生为主题的地产开发形式逐渐走进了人们的视野并逐步崛起。

1999 年，我国步入人口老龄化社会，自此开始经历规模最大、速度最快的人口老龄化发展过程。截至 2009 年年底，我国 60 岁以上老年人口已达 1.67 亿人，占总人口的 12.5％，且正以每年 3％以上的速度快速增长，是同期人口增速的五倍多。到 2015年，老年人口预计将达到 2.13 亿人，约占总人口的 15％；2020 年达到 2.43 亿人，约占总人口的 18％。人口老龄化将成为未来一个时期我国基本的国情特征。我国的老龄化进程与经济发展不同步，国人未富先老。所以，解决老龄问题，做好老龄社会工作，创造良好的物质基础，实现老年人"老有所养、老有所医、老有所为、老有所乐"的目标成为我国社会主义现代化建设的重要战略。

养生对自然环境的要求相当高，最好是原生态环境，而且有青山绿水，空气清新，宁静幽雅，这些也是最吸引人的卖点。中国传统养生讲究的天人合一，如果权且将"天"理解成"环境"的话，恐怕所有人都只愿意跟优美、洁净的环境"合一"。环境是养生的核心要素、基础条件，其他诸如运动养生、医疗养生等分项可以后天设计，唯有生态环境是先天的、不可再生资源。而旅游地产项目所在地一般都拥有得天独厚的优质自然环境和稀缺资源，适合开展养生活动。

在国内，老年住宅这个特殊的住宅产品刚刚引起人们的注意，随着未来中国老年人口数目的不断增加，需求与供给之间的矛盾自然是越来越激烈。可以预见的是，老年住宅的发展将是未来不可抗拒的必然趋势。老年人居住建筑是指老年人长期生活的包括经济供养、生活照料和精神慰藉三个基本内容的居住场所，包括老年住宅、老年公寓、干休所、老人院（养老院）和托老所，也包括普通住宅中供老年人居住或是使用的部分。

（五）商务功能

快速发展的商务旅游、会议产业、会展产业，促进了旅游地产的商务会议功能的形成。

近年来，商务旅游是发展最快的旅游项目之一，从其规模和发展看，已成为世界旅游市场的重要组成部分，而且仍有巨大的发展潜力。全球每年旅游业收入的 35 000 亿美元中，有 4 200 亿美元属于企业的商旅支出，占全部旅游收入的 12%，并且随着世界经济的发展和全球化进程的推进，这一比例仍会提高。目前全球商务旅游人数约占旅游者总数的 1/3，国际上许多著名的连锁酒店通过调查发现，商务客人已占全球住房游客的 53%，占连锁酒店的 60%。近年来由于许多新兴的旅游项目也推动了商务旅游的发展，例如增长最快的奖励旅游，目前全球每年约有 11 亿～18 亿人次的奖励旅游。

会议产业是指以规模化、集中化、现代化的手段运作会议及相关活动的行业，其属于朝阳产业。会议产业属于第三产业，是一种新兴的产业形式，是市场经济发展到一定阶段的产物。它以文化为其基本内涵，具有带动性。会议产业不仅能创造巨大的直接经济效益，还可以带动上下游的相关产业，是一个集交通宾馆、餐饮、购物、旅游文化交流、区域形象推介、商品交易和投资项治谈为一体的高效益、无污染的"产业链"。

会展产业是新的朝阳产业。近年来，我国已经有 40 多个城市把会展产业作为城市经济发展的支柱产业。就目前该产业在各地的发展状况看，有一个基本相同的特征就是均采用政府主导型的会展发展模式。从效果看，政府型会展发展模式对拓展城市发展空间、提升城市国内外地位起到了极其重要的作用。改革开放 30 多年来，中国会展业在各城市发展迅速，尤其以北京、上海、广州、大连、成都五大会展城市最为活跃，形成了环渤海、长三角、珠三角、东北、中西部五个会展经济产业带。

（六）商业功能

近几年来，以"休闲"为主要需求的商业正在崛起。无论是何种形态的休闲商业还是全新概念的商业广场，都离不开满足休闲商业消费的六大要素，即"吃、住、行、游、购、娱"，即餐饮行业存在的空间、酒店行业的空间、商业交通的空间（城市大交通与商业之间的关系及商业配套的交通体系，尤其是停车位的设置）、商业文化的空间（博物馆、画廊、艺术展）、零售以及百货业的空间、娱乐业的空间（酒吧、KTV、演艺吧、演唱会、话剧）。

可在商业功能基础上，为旅游地产打造现代综合型商业步行街区、民俗特色休闲街区、滨水休闲步行街区、酒吧休闲步行街区、餐饮休闲步行街区等特色商业街区。

第二节　旅游地产（项目）开发的原则、模式及其产品化路径

一、旅游地产（项目）开发的原则、模式及运营策略

随着人们生活水平的提高，休闲时间的增加，中国的旅游业和房地产业都将会有极为广阔的发展前景。旅游地产作为两个黄金产业的交叉型产业，是一个巨大的"金矿"。现在人们消费的四大热点为住宅、汽车、旅游、通信，旅游地产在其中占了两个，因此也成为更多投资者关注的房地产新型业态。

目前，国内各地对发展以旅游地产业为主要构成要素的大型旅游休闲社区都表现出了浓厚的兴趣。其原因主要是，尽管许多地方都具有优美的自然风光和深厚的文化积淀，但相对于本地区巨大的市场潜力和良好的客源集散条件而言，旅游业仍显得滞后。这突出体现在旅游产品的老化和结构失衡上。国内的绝大多数旅游产品都具有自然美景和人文历史积淀相结合的特点，其品质固然很好，但从产品特性来说却趋于同质，都是对悠久文化"昔人已逝"的静态展示，属于观光旅游范畴，很难符合现代旅游需求日益多样化、休闲化、注重参与性的趋势。大型旅游休闲社区，既是对现有文化旅游产品的有力延伸，更是对已显老化的产品序列的重大补充。它的出现将极大地提升项目所在地的综合性休闲度假接待能力与城市人居品质，改善旅游产品在种类和地域上的失衡结构，增强旅游经济的整体竞争力，进而为当地提供一个城市旅游与休闲人居产业全面发展的一揽子解决方案。

随着各种实践的不断成功，有人开始接受旅游景观房产这个新生事物。但是，对于它和普通意义上的房产存在本质上的不同，又有许多人认识模糊。作为一个独立的概念和房产类型，旅游景观房产有其自身的特质。旅游景区成为它的强大配套，而且由于所有这些配套同时都是经营性景区的一部分，是一种产业化的操作，因而其价格并没有比普通楼盘高得离谱。旅居结合——把景区像家一样建造与把家像景区一样建造，已显示出独特的生命力。旅游房地产，顾名思义，就是以多种旅游项目为依托和基础，以优美的景观和良好的配套为主要特征的、具有一定主题的房地产项目。它通过和旅游项目的嫁接与融合，二者互为依托，相辅相成，共同构成一个旅居结合的、融旅游、休闲、度假、居住等诸种功能于一体的大型旅游休闲社区。

但是，需要强调的是，旅游地产目前还不是房地产业未来发展的主流，它的定位应该是旅游开发的主流和房产业的一个分支。正因为这样，它对开发主体的规划设计与建设的专业能力要求极高。有人误以为景观房产是"远郊房产"的另一个名称，是"城市

空心化"带来的必然结果,这是一种错误的说法。因为地理位置的相似性不能说明其本质的相同,这里有个比例和主次的问题。旅游地产的核心是旅游景观,房产只是景区的附属物和配套,是先有景观后有房产。它们不是为房产而房产,而是为旅游而房产(景观房产对旅游休闲业具有的巨大意义只有在这一前提下才得以成立),不能喧宾夺主,将"景观房产"变为"房产景观",对这一属性上的界定是必须清晰的。

(一)项目开发原则

应坚守旅游地产"总体规划,分步实施,先做旅游,后做房产"的项目开发原则。项目建设应强调高起点、大手笔、跨越式,最好是聘请实力雄厚、资质一流的国际知名景观设计公司进行精心设计和规划,做到规划一步到位,实施分步进行。原则上应先做旅游,后做房地产。因此首期的项目中应包括主要的旅游项目,以人气带动区域价值提升(旅游项目的建设与经营要不求营利,只求精品),并可增强项目在政府领导和公众中的号召力,取信于人,为后续开发的顺利实施奠定基础。但由于项目规模巨大,开发周期长,资金压力大,为此,一定要注意合理安排开发的节奏,确保资金链的安全,要将短线开发与长线开发结合。因此也要适当包括一部分房地产,以增加现金流,缓解资金压力。也可先将部分土地作价入股与其他公司成立新的房产项目公司,以尽快变现,从而降低投资风险。

(二)多元产业发展模式

应坚守"综合开发,环境优先,永续利用,全面收益"的多元产业发展模式。旅游地产项目的功能组合极其丰富,配套齐全,因此其子项目往往众多,从而达到相互支撑、降低风险的目的。总体讲,都是由旅游项目、休闲度假项目、人居项目和配套项目四大部分组成。自然生态资源是项目生存和可持续发展的基础,因此项目建设应体现"统一规划,近期、远期兼顾"的精神,正确处理保护与开发的矛盾,防止和杜绝一切破坏性的建设,坚持"严格保护,统一管理,合理开发,永续利用"原则。在规划中应着重处理好一期工程与后续工程、整个项目与各子项目之间的衔接,协调好关系,使各子项目一方面具有相对的独立性,同时又共同组成有机的整体,合理分担整个项目不同的功能诉求。

对项目周边原来的景区、景点,可与之开展多种方式的合作经营,并在尊重历史、科学保护的前提下,重新进行统一的规划、扩充和完善,加强项目间的深度整合,使它们得以重现昔日盛况,以与新开发项目互为补充与呼应,丰富、提升整个区域旅游的游历空间与内涵。由于本身的高端产品特性,决定了旅游房地产项目的建设一定要走"精品化"道路,着力强调项目的个性、品质和创新,并从一开始就全面导入 ISO 9000 和 ISO 14000 体系。它不但要与当地的区域历史地理文脉密切融合与沟通,更要使其得到全新的定位、延续和提炼。

（三）运营策略

应坚守"科学选址，合理立项，低价取地，规避风险"运营策略。

1. 科学选址

区位上，由于成本关系，不宜在城市中心，但必须位于大城市近郊，距市中心直线距离不超过 30 千米。地形地貌上，要求有丰富的自然山水资源。如果自然景观不佳，则应由政府按项目规划的要求挖好湖面及全部河道，平均深度不少于 2 米。同时在湖中堆出岛屿、半岛、港湾等起伏有致、高低错落的地形地貌。

2. 合理立项

项目所在地及周边的环境破坏与工业污染较少，没有高压线、放射性、易燃易爆物品生产或仓储基地，空气质量优良，社会治安状况良好。注意标高不可过低，以免出现洪灾。项目所在地及附近如有排灌工程与设施，应让政府将其移交给项目公司管理及维护。

3. 低价取地

争取较低的地价是根本需要。由于此类项目需要巨大的投入，为扩大现金流，降低投资风险，提高其可持续发展能力，需要政府对其提供强有力的政策扶持，除允许项目配套建设旅居结合的房地产，还要对项目建设用地给予优惠的出让价格。旅游休闲业具有极高的产业关联度，它不但可以促进城市品牌的提升和区域休闲经济的发展，而且还可以形成很长的产业链，从而使其对整个国民经济的带动作用非常突出。但旅游产业本身又具有"高投资、高风险、低收入、慢回报"的基本特征，因此，在与当地政府进行项目谈判时，一般可以获得比普通房地产用地低廉得多的土地。即使经营性用地全部需要公开招标、挂牌出让，也可以有很大的空间（含土地出让金、拆迁、青苗补偿、安置劳力及挖湖造地等除办证费用以外的所有费用，平均为 3 万～5 万元/亩，有的甚至低至一两千元）。但考虑到项目占地面积较大，动辄三五千亩甚至上万亩，因此土地成本总额还是很可观的，有可能对投资方资金造成较大压力。为此，需要从以下几个方面加以变通。

付款方式上，前期准备工作期间（包括工商登记、初步规划、项目立项、土地测量、土地指标审批），只支付定金，其余按土地证发放时间分期支付；土地办证费争取只缴纳中央和省市部分；除了必需的房地产建设用地以外，可以在土地构成中安排大量的水面和农用地，一方面由于是租赁的非建设用地，因此可以加快进度，另一方面也降低了总成本。大量水面除本身即为重要的景观构成要素外，还可以开展水上游乐、农业观光。而农用地也完全可以用于景区绿化、道路、农业观光、草地公园、山地公园或者高尔夫球场等。此外，也需要有部分 40 或 50 年的商业、旅游、综合用地（办证难度相对较低），以用于旅游休闲、产权式酒店、商业、娱乐、教育、文化产业等，容积率、建筑面积、建筑高度和方位不作具体限制，投资方可根据项目需要灵活调整。

土地取得方式上的法律和政策风险及其规避。由于报批建设用地（尤其是70年的房地产用地）指标、征用集体用地需要时间，可以先办出一部分，其余作为预留建设用地，令政府承诺在一定时间内全部办理完毕。为尽可能减少不确定性，合理的付款方式是：在项目总合同书签署、支付定金的同时，与当地政府签订全部用地的50年农用地和水面的租赁协议，从而先明确所有用地的开发权属。同时，要在一开始就针对各子项目成立几个不同的项目公司，并将土地证分成十几本（每本50～200亩），直接落在各项目公司名下，这样便于日后抵押融资以及与别的企业开展多种层面与方式的合作，而且也可以有效地防止土地转让时巨额土地税费的出现。

高度重视公关工作。一定要大力建立和充分利用好省市与本地领导的公关资源，这是项目顺利推进的关键因素之一（在投资环境还不完善、不透明的情况下就更是如此，因为它提供了一条投诉和监督渠道，这是极为重要的稀缺资源）。

同时，要促使当地政府与企业建立起相同的价值取向，使该项目的开发不仅是企业单方的行为，也是政府乐观其成并全力推动的事情。整合宣传是重要保障。大项目的开发涉及千头万绪，必然会遇到各种阻力和障碍，为此，在项目未启动时就要有统一、整合的宣传安排，要提前制作精美的宣传画册、折页等资料，要先入为主，与媒体开展密切合作，尽可能使该项目路人皆知。

4. 规避风险

在规划时对项目的功能分区、交通组织等要有前瞻性，做到30年不落后，尽可能避免建设性浪费的发生。一般来说，通往项目红线的主干道的建设标准应不低于城市标准主干道，辅道不低于二级公路标准，道路还要有统一设计的景观设计；自来水管线直径在600～1 000mm之间；用电采用双回路。由于项目旅居结合的特征，在项目总合同书中，容积率、建筑面积、建筑高度和方位等规划指标不可能作具体限制，这样也便于根据项目需要灵活调整。项目中的水道、陆路、游步道等宜曲不宜直，以起到界定空间、相互借景的作用，并丰富游历内涵和景观的层次。为避免大的人流车流量造成交通阻塞，要尽可能地多用丁字路口而不是十字路口。路面不能用水泥，而需要铺沥青，以降低噪声污染。如果项目所在地的地势过于平坦，则需要规划建设一处高层建筑作为统领全局的视觉中心。

环境保护问题。项目合同中应约定，当地政府负责在项目动工前完成区域内及周边水域的截污工程建设，确保项目区域的环境质量。同时应将该项目的排污管道纳入城市排污主管网，并在区域内建设足够容量的污水集中处理设施。建设过程中要精心保护项目所在区域内及周边的现有全部林木，所有树径在8cm以上的树木一律予以保留，因项目规划和工程建设的要求确需移栽别处的，在保证存活的前提下方可将其移栽于项目所在区域内其他地点。

项目拓展与品牌推广。在签订项目开发总合同书时，应有后续项目储备土地条款和周边一定范围内同等条件下优先开发权条款，避免土地带旺后为他人作嫁衣。由于旅游房地产契合世界旅游休闲和大型人居建设的最新发展趋势，具有主题地产、休闲房产的若干要素，因此，应将它上升到"旅游新城"的高度，注意认真总结经验，提升与包装理念，将它作为一种可移植的全新范式在国内合适的地方加以推广。如若成功，将因此走出一条独具特色的低成本扩张模式，可据此占有大量的土地等稀缺资源，从而为今后的长远可持续发展奠定雄厚的基础，这是此类项目更重大的意义所在。

二、旅游地产（项目）产品化路径

旅游地产行业经过十年的实践探索，在融合旅游景区、旅游度假区、主题公园、旅游服务配套等主题项目模式以后，逐步形成以"休闲度假主题项目＋区域经济运营模式"为理念引领未来的旅游地产八类创新旅游产品形态。

（一）温泉旅游地产

温泉旅游地产出现一枝独秀。温泉开发逐年升温的同时，开发企业开始"全国热恋"温泉旅游地产。目前已经风靡包括山东、海南、福建、四川、重庆等在内的 20 多个省市。在温泉的袅袅热气中，温泉地产不仅给购房者带来全新的居住体验，而且其依傍温泉使房产价值得以极大提升。随着人们对健康养生的消费需求迅速增长，温泉地产的前景得到不少投资人士的青睐。在当前住宅市场调控趋紧形势下，开发商纷纷"求变"，竞相转入旅游地产。

选址至关重要。对于温泉旅游地产的开发运营，选址是关键。旅游地产项目选择的一般性原则包括：是否有旅游资源可挖掘、是否有历史文化资源可以挖掘、是否有"体验式旅游资源"、是否可以借势与周边旅游资源进行深度开发、距离市区是否在一小时车程内，以及能否与项目所在城市定位进行嫁接。对于温泉地产来说，根据春夏秋冬季节的不同，根据南北方气候地理环境的不同，选择不同的生态植被进行景观创意就显得非常重要。如何通过地产项目实现旅游观光、人文体验、休闲养生等功能，这是温泉旅游地产的"灵魂"所在。

在温泉住宅的建筑单体设计方面，需要在满足住户正常的居住功能的基础上，运用入户的温泉资源，打造极具情趣性的温泉休闲空间（温泉健身房、温泉阳台、温泉影音厅等）；也可以根据住户特征，打造特有的温泉功能空间（私家水疗房、私家温泉理疗房）；还可以运用温泉景观打造手法，将温泉融入整个建筑中。

在社区园林景观的打造上，不仅需要考虑到自然景观的赏心悦目和文化景观的寓意表达，更重要的是，充分理解住户在室内室外的休闲游憩习惯，并结合各产业的经营和消费特征，将各种造景要素（山水树石、亭台楼榭等）作为融合住户休闲生活方式的脉络和工具。同时，也将各种温泉休闲业态融入景观中（湖中水疗中心、山林康复中心等），实现社区园林景观的可参与性和可消费性。

在社区配套设施上，在保证基本生活配套（能源、信息、安全等）和休闲配套（健身、娱乐、社交等）的基础上，注重室内装修和园林景观的情景化。

在社区服务的营造中，根据住户日常生活和休闲生活特征，定制公共服务和私家专属服务的综合社区服务系统。公共服务如社区温室、儿童温泉娱乐场、温泉健身场等，私家可以定制的服务包括养生食品药品配送服务、私家水疗服务、私家康复服务等。打造与日常生活紧密联系的温室型会所、康复音乐系统、家庭香氛系统、养生植物和食品配送系统等。

（二）养生养老旅游地产

新兴的养生养老地产项目无疑极具发展潜力。改革开放30多年来，人们的生活逐渐步入小康，也造就了一大批中产和富裕阶层；与此同时，工作压力大、生活节奏快，更多的人处于"亚健康"状态，养生成为现代社会生活中不可或缺的部分。养生养老的需求与供给的矛盾浮出水面，这既是总供给不足的总量矛盾，也是供给结构不合理的结构性矛盾。养生养老服务需求的数量与质量要求都在与日俱增，而集住、养、医疗、康复等功能的综合性房地产项目发展却明显滞后。改革开放与经济的快速发展使我国社会结构、经济结构以及国人的生存、生活方式都发生了一系列的变化，国人的健康意识也在发生着潜移默化的巨大变化。健康的消费需求由简单、单一的医疗治疗型，向疾病预防型、保健型和健康促进型转变。现有的社会经济结构已经促使中国健康消费市场的"消费者"悄然形成了病患群体、保健群体、健康促进群体、特殊健康消费群体和高端健康消费群体。上述群体释放出巨大的对健康市场的需求，由此催生了养生养老项目的开发。

国家在政策上已经给予养生养老地产提供了支持。早在2006年，国务院就发布《关于加快发展养老服务业的意见》，要求积极支持以公建民营、民办公助、购买服务等多种方式兴办养老服务业，鼓励社会资金以独资、合资、合作、联营、参股等方式兴办养老服务业，大力发展社会养老服务机构；2011年发布的《我国国民经济和社会发展"十二五"规划纲要》提及要"加快发展社会养老服务，培育壮大老龄事业和产业，加强公益性养老服务设施建设，鼓励社会资本兴办具有护理功能的养老服务机构，增加社区老年活动场所和便利化设施。开发利用老年人力资源"。随后，民政部发布的《社会养老服务体系建设"十二五"规划（征求意见稿）》指明了"十二五"期间中国养老服务建设体系的目标，提出"2020年我国老年人护理服务和生活照料的潜在市场规模将超过5 000亿元"，这成为养老服务行业中民营企业发展新的风向标。为落实中央文件，各级地方政府也出台了相应政策，号召建立完善的养生养老体系，鼓励民间投资发展养生养老事业。国家的方针和地方的政策支持为民营资本投资养生养老项目提供了较好的有利环境。

对房地产开发商和投资者来说，中国的养生养老地产不仅需要考虑政府政策导向，还需要把控经济和市场的发展方向和规律，并结合当地人民的生活水平和方式，这样才能给市场提供合适的产品。随着养生旅游的日益发展成熟，养生养老地产因其"养生＋旅游＋房产"三管齐下的开发模式也备受社会各界投资者的青睐。

养生地产的出现是人居水平发展一定程度后的必然规律，也是中国旅游产业发展的必经之路。

（三）滨海旅游地产

临海是打造旅游地产的鲜明优势。从资源上讲，世界各国旅游产业和住宅产业，濒临海洋的海岸线都是最佳资源，全世界 60％左右的人住在沿海区域。从经济上讲，沿海地区常常是世界各国经济发达的地区，大量财富聚集在这里，为沿海实施大量旅游地产开发、投资奠定了一个坚实的经济基础。在市场方面，沿海地区对人口具有巨大吸引力，在这个地方还有密集交通网络，足以造成一个一个的城市群，甚至出现很多千万级的滨海城市。而人口集聚是旅游地产的一个重要条件。再者，沿海地区通常是经济发达地区，房价上升空间很大，而且领跑房价上升。

（四）湖岸旅游地产

我国幅员辽阔、地理形态丰富多样，湖泊的数量和类型很多。根据我国自然旅游资源在世界中的地位表明，我国拥有的湖泊景观资源位居世界第三，仅次于北美地区和北欧地区。天然的资源条件使得我国的湖泊旅游得到了较大的发展，为湖泊旅游模式的开发提供了良好的基础资源和保障条件。湖泊旅游项目开发模式与自身湖泊资源有着密切的关系。

（五）流（区）域旅游地产

海河流域的成功开发标志着中国流域旅游地产模式形成割据。海河经济是利用海河河道以及海河两岸土地资源、自然景观和历史文脉，发展以现代服务业为主的第三产业，以及海河两岸的工业、仓储业、运输业和其他产业经济活动的总和。发展海河经济是要通过海河两岸服务型经济带的建设，带动物流、商贸会展、房地产、金融保险等现代服务业的发展，使海河两岸区域成为现代服务业的标志地带、新的经济增长点，以及最能展现当地特色景观的靓丽风景线。

漓江流域具有举世闻名的山水风光。在桂林这样一个自然旅游资源占重要地位的区域，如何处理好城市的开发建设与旅游资源的保护利用的关系，是一个亟待解决的战略问题，对于城市建设的基础产业——旅游房地产业的发展更是如此。漓江流域房地产业必须利用桂林旅游的优势，走与旅游相结合的发展道路。

西江流域经济发展实现跨流域整合。流域包括广东佛山、肇庆、云浮和广西南宁、柳州、梧州、贵港、玉林、贺州、来宾等西江流域城市。"加强区域旅游合作，打造西江旅游黄金带"进行研讨与交流，共同签署《梧州倡议》，达成了携手共建西江旅游黄金带、促进西江流域旅游经济繁荣发展的共识。

杭州市三江两岸流域总体发展全面启动。确立"统一思想认识、明确目标任务、加快工作进度、建立有效机制、营造浓厚氛围"，谋划的500个重大项目将正式开始。在农村环境综合整治、河面清洁整治、乡镇垃圾处理设施建设、非法采砂整治、生态修复、环境监测、工业污染防治、规划编制等方面已做了大量的工作。流域生态保护、流域综合治理是系统工程，也是民生工程。"历史人文、城市建设、城市防洪的有机结合"是三江两岸综合发展的目标原则。把综合治理作为事关全局、影响长远的战略部署，作为造福百姓、惠及子孙的战略工程，作为产业升级、转型发展的重要举措，作为连接皖浙、统筹城乡发展的重大项目，切实摆上更加突出的位置，进一步统一思想，深化认识，充分利用好中央和省委所提供的政策机遇、新安江流域生态补偿机制试点启动所带来的资金支持、国家功能区设置所形成的差异化发展空间、综合治理所创造的成功经验，扎实有效地抓好综合治理，加快形成上下游资源共享、生态共建、环境共保、效益共赢的格局。

（六）文化（创意）旅游地产

随着调控新政对楼市的严酷打压，曾火爆的传统住宅市场成交表现逐渐黯淡。这无疑大大压缩了住宅市场的投资空间，限制了投资客的投资和投机性需求。在此形势下，文化旅游地产却凭借其政策导向性和资源稀缺性优势而成为万众瞩目的楼市新宠。

而随着市场对文化旅游地产的纷纷看好，有越来越多的开发商正在迅速进入文化旅游地产领域。文化旅游地产兴起并在房地产行业形成热潮，是因为2010年以来，随着中央出台了史称"最严厉"的调控政策后，使房地产业面临着历史性的转型，形成了"文化沙尘暴"席卷房地产行业。但文化在房地产开发中的探索创新和凝聚积累，绝非一两句话能说清，或仅一两篇文章可说完，也非进行主题大讨论就能得出正确的答案。文化需要在房地产开发中传承与发扬，换言之，文化需要在房地产开发中践行、总结而提升。

文化旅游地产，是依托自然资源（山林秀水、温泉湿地、人文景观等）和生态气候条件做开发深耕，将水的滋物生灵之茂和山的巍然磅礴之气融入项目中，使建筑从内到外彰显其文化价值，让建筑在自然中听风舒展，让居者体味清闲安逸之空间、静享修身养性之时间，给居者以天人合一的陶然境界。

目前，文化旅游地产的开发营运模式基本有三种：一是以旅游目的伴生地产项目，但其依赖于城市配套；二是以自然资源打造的复合型地产项目；三是以主题旅游（游乐、娱乐）开发的地产项目。对于文化旅游地产营销体系而言，其异差性是最大的挑战。因许多传统房企不具备完整的异地营销的能力，也不适应异地营销的模式，从而影响文化旅游地产的跨界开发和经营。再者，文化旅游地产成功与否，完善的配套是其核心元素之一，也是该项目能否持续运营、长久发展的关键。在进行文化旅游产业操作时，应注意由表及里、由细微到主题、由微观到宏观的不同打造。其项目应着重打造"精、气、神、形、体"五个层面。同时，也应注意并处理好项目的三个横向体系与一个纵向关系，只有这样才能真正让整个项目结构合理、浑然一体。把脉文化旅游地产，还应注意并研究其产业理论、产业结构和产业政策。再者，就是文化旅游地产项目的定位并非越高越好，而是适合最为关键。诚然，文化旅游产业不是一个孤立的产业，作为先导性、统合性的产业定位，也要求其必须在经济发展之外最大限度地支持、引导其他产业经济的发展。文化旅游产业应走联合、整合之路，把"死环境"变成"活载体"，以文化提升固化建筑价值。作为文化旅游地产，应该承担起面向历史传统与遗产的传承使命、面向当代文化与思想的弘扬使命、面向未来发展与自新的创新使命。

文化地产要从消费者需求出发。房地产并不只是钢筋加水泥简单的堆砌，当人们满足了"有其居"之后，开始对住所产生文化和精神层面的要求。没有文化的产品就像是流行歌曲，很容易过时，只有在楼盘上附加文化，才能使建筑持之以恒。因此，做文化地产务必要从消费者需求出发，重视细节。

（七）田园（乡村）旅游地产

田园（乡村）旅游地产是指在农民自由宅基地和农村集体土地上利用庭院、果园、花圃及菜畦等田园景观、乡村人文资源，以家庭为经营主体，为游客提供以农业体验为特色的观光、餐饮、住宿及娱乐等服务的旅游地产。它以农民家庭为基本接待单位，以农业、农村及农事为主要载体，以利用环境资源、体验农村生活为特色，以"吃农家饭、住农家屋、干农家活、享农家乐"为主要内容，以旅游经营为目的。

田园生活是田园旅游房地产发展的吸引力。在乡村休闲产品中，田园生活是较为普及的一类产品。除了与自然亲近，游客更着重田园中"人家"生活的感觉，那是人与自然和谐相处的体验过程。吸引力内容包括：

（1）田园风光——包括田园生活重要的意象，如耕田、梯田、水塘、牧童、耕牛、油菜花、大树、庭院植物等。不同时节的田园有不同的景象。

（2）田园生产生活方式——包括渔、樵、耕、读等，各种农耕器具的展示与使用。

（3）田园生活节奏的体验——田园的手工副业，包括自然经济下的行业，如酿酒、制茶、养蚕、造纸、烧瓷、做风筝、画年画等。

（4）田园四季节庆——围绕农耕文明形成的各种节庆活动。

（5）田园的建筑和小品——村舍、祠堂、庵庙、书院、水车、水井、晒场、草垛等。各个地域有自己独特的风格，让游客乐此不疲。

（6）田园的文化——包括中国士大夫文化、隐逸文化、民俗掌故等，无数的艺术作品都在描绘诗意的田园生活。

田园（乡村）旅游地产可以分为以下产品类型：

（1）农家——一般为农民的生产生活资料，具备接待功能即是"农家乐"。

（2）庄园——一般为企业或个人开发的度假性质产品，综合了餐饮、采摘、住宿、游乐等多项休憩内容，通常以某项农作物或手工副业为卖点，综合各类配套产品，有较大的接待容量，如农庄、酒庄、水庄、山庄等。有的产品档次极高，能满足高端市场的消费需求。一般区位靠近休闲消费市场。

（3）乡村别墅——一般处在近郊，通常配有花卉、果园等，此类别墅有产权和时权的产品选择。

（4）古村——这种类型的产品是旅游房地产中资源条件最好的产品，它在山水、建筑、文化、风光、人物等方面对游客有很强的吸引力。随着可进入性和接待设施的配套，整个产品可以相对较少的投资带来较好的现金流。此类地产的开发，需充分考虑文物保护问题，除了地块选址的问题，还须考虑新建和改造房地产的风格协调问题。

（八）古镇旅游地产

古镇旅游地产作为遗产文化的载体，综合反映了历史城镇旅游地各个方面的成就，形成了独特的历史文化遗产特色和文化品位。每年有300万左右人次的旅游者被江南水乡"小桥、流水、人家"的水乡环境风貌所透出的文化底蕴、温情的人性关怀、水乡居民浓郁的文化风情所吸引，年旅游收入达8亿元，创造了巨大的经济效益，拉动了当地经济快速增长，富裕了水乡古镇的人民，走出了一条"旅游兴镇，强镇富民"的新路。商业古镇作为历史的见证，经历了历史的沧海桑田，保存至今的已不多见，其中的精品是少之又少，所以首先要坚持保护与发展相统一的原则。在尊重自然，维护"人与自然"系统整体利益的前提下，利用历史古镇来发展旅游，使历史遗产区成为人们向往的集自然与文化生态为一体的优秀环境之地。其次，历史古镇的保护应该在其原真性地位不被动摇的前提下，符合古镇文化生态环境的实际。再者，历史与现代相和谐，从建筑风格、整体环境、景观视觉等体现从历史发展到今天城市发展过程中文化内涵的同质性，以及通过这种同质性所表达的历史与现代秩序。最后，历史古镇反映和表达了地域个性与特质，是"城市文化资本"动力机制的重要组成部分，是现代城市文化与城市经营的新生长点。

第三节 旅游地产景观设计要点

一、旅游地产景观与地产价值

（一）景观建设保证地产价值

地产景观的建设对房地产增值有深刻的影响。房地产界这些年来对这个问题的认识是逐步加深的。首先，景观设计对房地产销售价值有很大的影响；其次，景观增强了房地产对建筑功能性贬值的防御能力；再次，对楼盘的开放空间是一种环境的保证，社区在发展到一定阶段时，住区开放的地产景观将对城市面貌作出贡献。

（二）景观投入拉动地产增值

投入在园林景观中的造价在房产升值的比例中占 10% 左右，即每向园林景观投入 10 元，就可以在房价提升中获得 10 倍的收益，这是通过统计数据得到的研究数字，房地产商愿意往里面投资就是这个原因。当然所谓的 1：10 的关系是有一个区间的，通常是指环境质量每改善 1%，价值空间就提升 10%（以安居房普通的居住空间价格作为基数）。

特别要说明的是，建造是完善设计的一个非常重要的后续环境，如果设计和建造这两个环节没有很好地联系在一起，对于景观的创造是不连续的。景观是否可以长久保持下去，要看经营者的水平和能力。很多的景观之所以没有得到很好的维护，没有做到所谓的可持续发展，造成地产环境越来越脏乱，就是因为管理的问题。如果景观设计和建造能够完美协和，园林景观可以成为房地产升值、保值最大最后的空间。

二、旅游地产景观设计的理论要素

（一）生态学

1866 年德国动物学家海克尔首次将生态学定义为研究有机体与其周围环境（包括非生物环境和生物环境）相互关系的科学。生态学由于综合性和理论上的指导意义而成为现今社会无处不在的科学。

（二）景观生态学

1939 年德国生物地理学家特劳尔提出的景观生态学的概念，是在人们解决工业革命后日益突出的人类聚居环境生态问题过程中产生的。他指出，景观生态学由地理学的景观和生物学的生态学两者组合而成，表示支配一个地域不同单元的自然生物综合体的相互关系。景观设计理论通过水平生态过程与景观格局之间的相互关系，研究多个生态系统之间的空间格局及相互之间的生态系统，并用斑块-廊道-基质来分析和改变景观。

（三）行为地理学

环境对人的性格塑造在某种程度上起着一定的作用。一个地方特有的地形地貌和风土人情或者性格之间有着必然的联系，如草原人的豪爽、黄土高原人的憨厚淳朴、江南人的精明能干等。因此，人类在地理环境中的行为过程、行为空间、区位选择及其发展规律，是行为地理学的重要研究内容。环境空间和人的行为、性格、心理的相互关系突出体现在城市居住区、城市公园街道、城市广场、工厂企业园区、城市商业中心等人工环境的设计和使用上。

三、旅游地产景观的设计理念

旅游地产景观的设计首先强调交流，因为地产项目是在什么地区做，对房屋需求的人有什么感想很重要。城市里空间比较少，到处高楼林立，绿化就会令人舒服。城市里做景观，就是使用公园的理念：源于自然高于自然，在整个空间上要考虑管理成本，还要注重绿化和保养，这与发展商要求是相符的。其次做好景观除了生态学外，还有美学和空间的概念：要充分利用大自然。很多人在设计的过程中，没有留意大自然景观形成的过程，所以首要的是理解大自然的美，在设计和营造的过程中，将设计的亮点做出来。旅游地产景观，就是要追求城市设计、公共设计、公园设计、风景区设计的结合。做一个大公共空间，要真正地尊重自然，而不是破坏别人的自然环境。

（一）经济性的理念

由于地产项目都是投资型地产，讲求的是投资回报率，所以如何在满足地产环境营造需要的同时节约成本，就成为各开发商最关心的问题。任何投资主体都会特别强调投入与产出的关系，力求以最经济的投入获得最大化的产出。这就是"经济性"原则。

在构筑景观的时候，应当提倡打造符合不同楼盘需要的、性价比最高的景观作品。豪华型的景观建设投入或许能带来短暂的投资回报，但大投入往往带来大破坏，违反自然及环保原则，不符合长远的社会利益。因此未来景观设计的发展方向一定是回归自然、符合环保、绿色经济、满足人性化需要并且具备可持续发展的条件。经济性的景观作品会随着社会发展的成熟越来越多，设计师的设计着眼点也会从高投入、豪华高档、复杂多样转向突出个性化的创意设计为主要方向。

（二）自然化的环境

《圣经》说："神造万物，各按其时，成为美好。"就植物而言，南方有南方的特色，北方有北方的特点，南北差异正好体现这个世界的多姿多彩。好的设计师是能充分利用当地的植物营造富有当地气候特点的园林景观，而不是靠一味的求奇求异来展示有限的创意。如果一味迁就消费者猎奇的需要，千方百计把南方树种移到北方，这其实本身已违反自然性原则。植物并不都能移植，即便能移植通常也达不到原生地的种植效果，而且移植的施工成本和养护成本都比较高，不符合经济性原则。

强调自然化的环境主要有两个原因：源于自然、回归自然是全人类对环境景观的最高追求，任何人工雕凿都是对环境或多或少的破坏，因此尽量以植物造景为主成为必选之道；符合自然的原则就要尽量做到植物当地化。万物都有其生长规律，盲目引种外地植物导致高死亡率和高成本投入，既违反自然规律，又不能突出当地的气候特色及风土人情。

（三）人性化的尺度

许多地产景观盲目追求大气、好看、气派（如大广场、大人工湖等），忽略了消费者对景观不仅仅是欣赏，而且有使用的需要。"地产景观"是为消费者服务的，不能只图一时的好看、气派而忘了消费者的真正需要。忽略人性化的景观不能长久，且消费者欣赏水平越来越高，更多的是强调观赏性与实用性相结合的景观。

作为设计师，对空间尺度的把握能力是基本要求，但同时也是最容易出错的地方。符合人性化要求的尺度应该以人的感受为焦点，而不是盲目地追求高大、宏伟、开阔或者曲折、错落。让人感觉舒适、使用方便是设计师的任务，因此人性化的尺度就应该以合适为衡量的标准。

（四）参与性功能

强调参与性也就是突出景观的实用性。地产景观与自然景观、城市景观不同，它更多的是服务于社区人群，因此景观功能只停留于观赏是远远不够的，还应该满足人群对景观空间的参与要求。

强调参与性的功能空间能调动人的体验式乐趣，大大提升景观环境的娱乐性附加值，也充分体现景观带给人们的实用价值；参与性的功能空间要注意与观赏性的审美要求相融合，避免强调功能性、突出参与性后降低了景观的观赏性要求，对景观空间产生破坏。

（五）立体化的空间

景观设计手法要多样，层次要丰富。现代景观要与传统园林手法相结合，把地产里的园林景观在适当的地方体现多种层次空间，营造不同视角、不同氛围的环境。增加地产景观亮点，既能促进销售，更能满足人们对立体空间的需要。

应满足人对景观空间视觉审美上的视觉延伸的要求，加强景观空间的层次感和立体感；强调立体化能向本来有限的空间"变化"出更多的空间，甚至能使"死空间"变成"活空间"，化腐朽为神奇；立体化空间能延展人的活动范围，并增加人对景观空间的体验乐趣。

（六）艺术性的感受

强调艺术性的感受是源于人类对艺术的本能性追求。景观设计工作其本质是对人类外部活动空间的营造艺术，失去艺术性就等于对空间只破坏不建设，性质等同于对人类环境的犯罪；艺术性并非只是景观雕塑、小品的堆砌，更是整体景观空间营造出来的一种艺术氛围，是人的感受，往往是不能用语言表达的艺术体验。

艺术性还体现在不同的地区和不同的项目，可以根据不同的文化背景、人文风情、地方特色，加入独特的文化元素，使景观设计作品更具人文艺术特色，也更有历史文化价值。

（七）均好性的布局

均好性即环境资源的均享，整个社区的每幢大楼所处的位置一样好。如果楼盘景观未能做到均好性原则，楼价必然打折扣，各组团的卖价也会相差很大。同时也破坏了人们使用景观环境时的适度集中原则，很容易产生大部分地方没人去，一两个地方人太多的现象，也降低了一个楼盘整体景观环境的使用价值，这是很需要重视的问题。虽然各个楼盘因定位、投入的不同和售价的限制，还很难做到景观均好性，但这是一种发展趋势，也越来越被更多有理想的发展商所重视。

均好性的布局能使资源更加合理地分布利用，避免有限的资源过于集中而产生的环境反差过大。为了地产景观的建设朝市场细分、人群分阶层居住的方向发展，均好性是必须要把握的设计原则之一。

（八）多样化的风格

各地的地产项目各有特色，不但地域、风情、人文、族群会影响地产项目的设计风格，不同层次的消费者审美观也不同，因此不能千篇一律地用一种手法去设计各地不同的项目。造景手法、设计风格多样性是"地产景观设计"时必须把握的另一条重要原则。

不同区域就有不同的风土人情，对人居环境的风格也有不同的喜好和要求；同一区域不同的人群对人居环境也会有不同的审美需要，因此也就会有景观空间不同的风格要求；同一个项目也可以以一种风格为主线，将各种不同风格的景观元素融合在一起，达到中西合璧、异中求同、博采众长的效果。

每一个项目都会有一个鲜明的建筑风格，因此有什么样的建筑风格，就要有同类风格的景观环境与之相配套，这样的项目才能成为人文景观、城市的亮点，也才有更长的生命力。因此设计师能否自由驾驭不同风格的景观设计特点，也成为区别设计师水平高低的重要参考素质。

四、旅游地产景观设计策划要素

所有的景观都是通过景观要素来体现的。旅游地产景观设计策划应该考虑以下因素：地形地貌、植被设计、水体设计、道路设计、地面铺装和设施景观等部分。其中，地形地貌是设计的基础，其余是设计的要素。

（一）地形地貌

地形地貌是旅游地产景观设计最基本的场地和基础。这里谈的地形，是指景观绿地中地表各种起伏形状的地貌。在规则式景观中，一般表现为不同标高的地坪、层次；在自然式景观中，往往因为地形的起伏，形成平原、丘陵、山峰、盆地等地貌。在景观设计时，要充分利用原有的地形地貌，考虑生态学的观点，营造符合当地生态环境的自然景观，减少对其环境的干扰和破坏。同时，可以减少土石方量的开挖，节约经济成本。因此，充分考虑应用地形特点，是安排布置好其他景观元素的基础。景观用地原有地形、地貌是影响总体规划的重要因素，要因地制宜。

（二）植被设计

植被是旅游地产景观设计的重要素材之一。设计中的素材包括草坪、灌木和各种大、小乔木等。巧妙合理地运用植被不仅可以成功营造出人们熟悉喜欢的各种空间，还可以改善住户的局部气候环境，使住户和朋友邻里在舒适愉悦的环境里完成交谈、驻足聊天、照看小孩等活动。植被设计的注意事项如下。

（1）与景观道路、广场有关的绿化形式有：中心绿岛、回车岛等；行道树；花钵、花树坛、树阵；两侧绿化。

（2）最好的绿化效果，应该是林荫夹道。郊区大面积绿化，行道树可与两旁绿化种植结合在一起，自由进出，不按间距灵活种植，实现路在林中走的意境，这不妨称之为夹景。一定距离在局部稍作浓密布置，形成阻隔，是障景。障点使人有"山重水复疑无路，柳暗花明又一村"的意境。城市绿地则要多几种绿化形式，才能减少人为的破坏。在车行道路，绿化的布置要符合行车视距、转弯半径等要求。特别是不要沿路边种植浓密树丛，以防人穿行时刹车不及。

（3）要考虑把"绿"引申到道路、广场的可能，相互交叉渗透，最为理想。使用点状路面，如旱汀步、间隔铺砌；使用空心砌块，目前使用最多是植草砖。波兰有种空心砖，可使绿地占铺砌面 2/3 以上。在道路、广场中嵌入花钵、花树坛、树阵。

（4）道路和绿地的高低关系。设计好的道路，常是浅埋于绿地之内，隐藏于绿丛之中的。尤其是山麓边坡外，景观中的道路一经暴露便会留下道道横行痕迹，极不美观，因此设计者往往要求路比"绿"低，但不一定是比"土"低。

（三）水体设计

不论哪一种类型的地产景观，水是最富有生气的因素，无水不活。喜水是人类的天性。水体设计是旅游地产景观设计的重点和难点。水的形态多样，千变万化。水体设计的注意事项如下。

（1）注意水景设计和地面排水结合；管线和设施的隐蔽性设计；防水层和防潮性设计；与灯光照明相结合；寒冷地区考虑结冰防冻。

（2）无论是一块绿地，还是一个公园的水体，应服从总体要求，有一个统一的构思；池岸是自然，抑或是规则，是隐是现，有无栏杆小径，要看整体的地域位置、风格面貌而定。一个园内不同区域，也可有不同的要求。

（3）多种池岸的做法，可相互配合使用。此岸因近广场其建筑应规则展布，彼岸因近丘陵丛林所以建筑应依山就势，浑然天成，这些设计手法也体现着变化和对比，其关键是建筑景物的过渡转换要自然协调。

（4）池岸的设计要考虑安全因素。一般近岸处水宜浅（2/5～3/5），面底坡缓（1/3～1/5），以求节约和安全。人流密集地方，如何防止落水，也须多费匠心。

（5）水面使用功能不同，如观赏鱼、植荷莲、划舟艇、显倒影、喷水、游泳、溜冰等，也会使景观和水深浅、水波浪不尽相同而影响池岸设计。

（6）选材既关及景观，也决定造价，从经济上也要多加考虑。

（四）道路设计

这里所说的道路，是指旅游地产景观绿地中的道路、广场等各种铺装地坪。它是旅游地产景观设计中不可缺少的构成要素，是景观的骨架、网络。旅游地产的景观道路和多数城市道路不同之处在于，除了组织交通、运输外，还有其景观上的要求：组织游览线路、提供休憩地面。景观道路、广场的铺装、线型、色彩等本身也是景观的一部分。道路设计的注意事项如下。

（1）规划中的景观道路，有自由、曲线的方式，也有规则、直线的方式，形成两种不同的景观风格。当然采用一种方式为主的同时，也可以用另一种方式补充。

（2）景观道路并不是对着中轴、两边平行一成不变的，景观道路可以是不对称的。

（3）景观道路也可以根据功能需要采用变断面的形式。如转折处不同宽狭；路旁的过路亭；还有道路和小广场相结合等。这样宽狭不一，曲直相济，反倒使道路多变、生动起来，做到一条路上休闲、停留和人行、运动相结合，各得其所。

（4）道路的转弯曲折。这在天然条件好的景观用地并不成问题——因地形地貌而迂回曲折，十分自然。而在条件并不太好的地区，为了延长游览路线，增加游览趣味，提高绿地的利用率，景观道路往往设计成蜿蜒起伏状态。但是有的地区景观用地的变化不大，这时就必须人为地创造一些条件来配合园路的转折和起伏。例如，在转折处布置一些山石、树木，或者地势升降，做到曲之有理，路在绿地中。

（5）景观道路的交叉要注意几点：避免多路交叉；尽量靠近正交；做到主次分明；要有景色和特点；安排好残疾人所到范围和用路。

（五）地面铺装

地面铺装和植被设计有一个共同的地方，即交通视线诱导（包括人流、车流）。其目的是方便使用者，提高对环境的识别性。地面铺装的注意事项如下。

（1）广场内同一空间、道路同一走向，用一种式样的铺装较好。这样几个不同地方不同的铺砌，组成一个整体，达到统一中求变化的目的。实际上，这是以景观道路的铺装来表达道路的不同性质、用途和区域。

（2）一种类型铺装内，可用不同大小、材质和拼装方式的块料来组成，关键是用什么铺装在什么地方。例如，主要干道、交通性强的地方，要牢固、平坦、防滑、耐磨，线条简洁大方，便于施工和管理。小径、小空间、休闲林荫道，可丰富多彩一些，如我国古典园林。

（3）块料的大小、形状，除了要与环境、空间相协调，还要适于自由曲折的线型铺砌，这是施工简易的关键。表面粗细适度，粗要可行儿童车、走高跟鞋，细不致雨天滑倒跌伤；块料尺寸模数，要与路面宽度相协调；使用不同材质块料拼砌，色彩、质感、形状等对比要强烈。

（4）建议多采用自然材质块料。接近自然，朴实无华，价廉物美，经久耐用。甚至于旧料、废料略经加工也可利用为宝。日本有种路面是散铺粗砂，我国过去也有煤屑路面；碎大理石花岗岩板也广为使用，石屑更是常用填料。如今拆房的旧砖瓦，何尝不是传统园路的好材料。

（六）设施景观

设施景观主要指各种材质的公共艺术雕塑或者与艺术化的公共设施，如垃圾箱、座椅、公用电话、指示牌、路标等。它们作为旅游地产景观的一些小元素是不太引人注意的，但是它们却又是旅游地产景观中不可或缺的设施。还有一些大的设施在人们生活中也扮演着重要角色（如运动场等）。无论这些设施的大小，它们都已经越来越成为旅游地产整体环境的一部分，也是景观营建中不容忽视的环节，所以又被称为"设施景观"。

旅游地产景观的设计当然应该首先注重实用，同时其所设置的环境也是人们户外活动的场所，所以应该以适合、适用为原则。各项设施、设备应该以满足使用者的需求为主，在符合人性化的尺度下，提供合宜的设施和设备，并考虑外观美，以增加环境视觉美的趣味。必须要了解设施物的实质特征（如大小、质量、材料、生活距离等）、美学特征（大小、造型、颜色、质感）以及机能特征（品质影响及使用机能），并预期不同的设施设计及组合、造型配置后所能形成的品质和感觉，确定发挥其潜能。

另外，设计中还必须考虑到旅游地产设施景观的安全性，以防止它们被盗或遭到破坏，大型的运动设施应建造必要的围护。对于小型的设施应该把它们牢固地安装在地面或者墙上，保证所有的装配构件都没有被移动、拆卸的可能。

第四节　旅游地产项目开发运营模式

一、房地产项目运营模式

（一）分期开发模式

2011 年 8 月 31 日，济南市城乡建设委员会发布《关于办理房地产开发项目经营权证明的通知》。通知指出，开发项目的分期标准主要有四个：第一，依据开发期限及有关要求进行合理分期；第二，先期安排开发项目公共及配套设施建设；第三，10 万平方米以下的原则上不予分期，10 万～20 万平方米的可分二期，20 万平方米以上的每期不少于 15 万平方米；第四，《房地产开发经营权证明》载明的分期内容将作为开发项目分期竣工综合验收的依据。

通知同时指出，限制分期开发规模，主要是为了做好项目的综合验收，如果一个项目分期过多，会影响到整个项目配套设施的完善，配套迟迟做不好，也会影响业主的生活。

目前，国内地产项目的"分期开发"的模式，整体规划性不强，仅是简单地切割土地；名称虽然有联系，但项目之间并无联系，不能体现大盘应有的优势、气魄和辐射力，普遍存在整体性差、规划滞后、资源无法共享和社区感觉不统一等问题。

（二）PUD 开发模式

1. 何谓 PUD

PUD 是 20 世纪 70 年代到 80 年代，西方特别是美国房地产开发发展的另外一个重要阶段。美国地方政府通过许多法令，使得多元化的住宅区域开发成为可能。这个阶段的集中特点是"有规划的单元开发"，这种方式英语称为"planned unit developments"，一般简称为"PUD"。后来在日本和我国台湾都得到了发展。

所谓"有规划的单元开发"，是指政府在开发批准的审核下，不再维持以往的按照住宅地块一块一块地批准，而是为了整体规划的需要，把整个开发区统一审核。

PUD 最基本的思路就是讲求规划的整体性。凡是采用 PUD 的建设项目，不论是住宅、商用还是商住混合建筑，都有一个共同特点，即都是一个整体的规划而不是一个一个地块的设计。任何一个 PUD 项目展开，开发商都会有一个总体的规划，即哪个地块修住宅、哪个地块修公共设施、哪个地块修道路，甚而住宅单元的风格、密度和构形，都会在开发商计量范围内，这不仅避免了传统土地开发模式造成的市区和郊区建筑杂乱无序的状况，而且开发商还可以预测自己掌控的土地何时或何地会产生何样的房屋形态，由此避免由于设计缺乏连续规划性而衍生的建筑群不协调、不匹配等问题。

PUD 之所以能得到开发商的追捧和客户的认同，这得力于它所具有的弹性。任何一个 PUD 项目，它的开发计划可以为适应市场需求而做出相应改变。一旦在施工中发现计划有问题，无法适应市场的变化，可以马上修正 PUD。

2. PUD 重要特点

用 PUD 来进行开发的建设项目，整块土地上的建筑形态不会一模一样。现在的小区建筑，住宅样式、墙面色彩、造型一致，统一中显得单调乏味。PUD 则容许各种各样风格迥异的建筑并存在同一个开放的空间，这些建筑在 PUD 的总规下奇异而和谐地共存。

PUD 具有的特点主要有：

（1）统一规划。根据市场要求，"PUD"的大小不一，有些可以接近新市镇规模，应有尽有，完全是一个独立城镇；也有些仅仅是小型住宅区域。但是，无论大小"PUD"都具有统一的设计趋向，采用统一的规划，在建筑户型、色彩、材料、公共形象、标识甚至类似栏杆、大门、入口、景观、环境艺术等方面都保持一致，形成鲜明的本身形象，这是"PUD"从新城镇中吸收的重要因素。

（2）主题开发。房地产开发商或者根据当时市场流行的要求，提供几个不同的设计风格供选择，或者根据某个主题创造一个新风格。比如以高尔夫为主题的"PUD"社区、骑马"PUD"社区、航海"PUD"社区等，来吸引特定的客户。

（3）组团开发。吸收新市镇的经验，在开发大规模"PUD"的时候，往往采用组团方式，对于相对集中的住宅部分，留出大面积的空间作为自然环境、主题活动使用。美国对于"PUD"内部街道的标准，往往允许比标准马路要窄一些，增加自然空间。

二、旅游地产物业运营模式

一个旅游地产项目的成功，必然分不开各类子项目的健康运营和持续营利。然而，又因为各子项目性质差别较大，项目运营特点差别较大，因此也对运营主体的操作能力提出了较大挑战。下面分别按项目性质差异，对酒店物业、商业地产物业、文化设施、高尔夫度假村等运营模式进行解构，以供借鉴。

（一）酒店物业运营模式

酒店是旅游地产项目中必不可少的一项，从项目前期开发到后期项目营销，酒店都占据了相当重要的地位。随着国内旅游业的发展，中国也逐渐成为全球酒店业聚焦的核心市场，越来越多的本土地产商及投资商开始频繁与国际酒店管理公司进行合作。这些合作大部分是酒店管理公司进行管理输出，也有一些合作直接涉及参股与合资。

1. 委托管理模式

由投资商投资酒店，委托专业的酒店管理公司进行全面管理的合作形式称为委托管理。酒店委托管理就是指酒店管理公司与开发投资商（或业主方）签订酒店委托管理合同，派出以总经理为首的酒店经营管理班子，发挥酒店委托管理专业特长和酒店集团管理优势，对托管饭店进行全权酒店委托管理，即对酒店的经营结果负责，按照酒店经营业绩定期提取酒店委托管理费。

2. 特许经营模式

特许经营是指特许经营权拥有者，即酒店管理公司以合同约定的形式允许被特许经营者有偿使用其名称、标志、专有技术、产品及运作管理经验等从事酒店经营活动的商业经营模式。特许经营的合作方式下，酒店管理公司只为酒店业主提供必要的支持体系以及运营管理服务。

在美国，酒店特许经营模式已经发展得非常成熟，大部分业主更希望采用特许经营的模式。而中国业主由于缺乏管理经验，更加希望酒店由酒店集团来管理，不过随着中国酒店业的不断成熟，特许经营模式也得到了比较好的发展时机。

3. 租赁经营模式

对酒店的经营者来说，租赁经营的模式让管理者拥有完全的自主经营权，同时阶段性地支付固定的租赁费可避免大量的初始资金的投入。对业主来说，这种方式更接近于一种财务性投资。在选择一个好的酒店品牌后，长期的现金流量得到了一定的保证，同时也能提高其无形资产价值。这种酒店经营模式的主要特征是：双方根据所处市场谈判具体租赁协议，租金可包括场地租金，或外加各种资产税、维护费用和保险费用等，也可由一般的固定租金到经营利润的提成。

4. 自主经营模式

酒店的所有者和经营者都是业主。经营理念是希望提供一个能够让人完全放松身心的空间，营业项目包括酒店投资、酒店公寓销售、酒店管理合约、SPA 经营、艺品店、产业销售、设计费及其他项目（包括设计及专案管理、高尔夫球场经营）等，其主营业务为度假村及酒店的管理、开发及投资。

（二）商业地产物业的运营模式

商业地产项目的成功开发，并不仅仅是一个简单的生产与销售过程，而是通过对商业物业的持有和商业运营来实现增值。在商业和地产的组合中，如果说地产是骨骼和肌肉，那么商业便是心脏和血液，而其开发模式就是灵魂，只有三者齐备完善，商业地产才能健康运转。

1. 只售不租

只售不租的模式即开发商只销售、出让产权，销售完成之后基本上就不再进行干预，仅由物业管理部门进行日常的统一维护管理，这是旧有商业地产开发普遍采用的经营方式。开发商可以快速回收投资，进而实现短期套现，减轻资金压力，并且无须承担后期经营的压力和风险，同时投资者也具备完全的经营自主权。

但由于产权被分割出售后，经营权迅速分散，开发商无法进行统一的招商和统一的经营管理，而经营者往往根据自己的判断"什么赚钱卖什么"来选择经营品种，导致业种业态组合混乱，呈现一种无序状态，最终导致经营不善等后果，商铺的价值也大大缩水。

只售不租的商业地产开发模式，只能局限于商业的大宗销售或少量的社区街铺，对于大卖场散铺销售和大型商业街销售，采取只售不租往往引起经营管理失控。由于管理不善导致商场难以经营甚至瘫痪的悲剧在商业地产领域时有发生，甚至已成为一种通病。

2. 只租不售

商业地产开发商掌握产权，对所有的商业物业采取只租不售的形式，期望通过租赁持续性获利。在具体的操作方式上，租赁模式又可分为整体出租、分层或分片出租、零散出租等形式。这种模式需要开发商自己进行市场培育，营造商业氛围，并承担经营风险，通过持续有效的经营管理提升商业价值。如果经营得好的话，有利于打造项目的品牌价值，提升项目的竞争力，使整个物业能长期稳定地成为一个品牌。

但是，缺乏商业经营能力的发展商采取只租不售模式，往往会遇到两难的境况：如果将物业大宗租赁给大商家，虽然经营收益稳定，经营风险降低，但是随着商战的升级，大商家所支付的租金回报较低；如果采取散租模式，虽然能提高预期的租金收益，但由于自身经营能力弱，往往导致商场经营失败。

目前的商业地产只租不售的模式更多地体现在购物中心的开发上，在购物中心遭遇"一卖就死"的黑色定律之后，越来越多的开发商不得不面临购物中心运营的现实。即使面临资金压力，越来越多的购物中心开发商不再急于出售商业房地产产权，而更加看好、注重通过商业项目的管理、运作，提升物业的潜在价值。

3. 不售不租

商业地产开发商对旗下的商业物业不售不租，采取自主经营模式，纷纷介入百货、超市、家居等零售行业。开发商自主经营，既是所有者同时也是经营者，在商业经营中应具有一定的优势。但值得注意的是，由于房地产开发与商业经营隔行如隔山，导致很多商业地产开发商在尝试商业运营时困难重重。

房地产开发商介入商业自营，另一个动因是出于融资考虑。随着房地产开发融资难度加大，一些房地产开发商看中了零售超市百货的流动资金，把零售商场巨大的资金流量视为新的房地产融资渠道。

4. 租售结合

租售结合的模式，就是租一部分售一部分，开发商往往将物业的一部分租给主力店，再销售一小部分商铺，以平衡资金压力和经营风险的矛盾，这种模式具备较高的灵活性和可控性。

采用这种经营模式，要把握好出售和出租的比例及结构。通常情况下，开发商都掌握大部分的产权，出售的只是小部分，往往将高楼层整体出租给品牌商家，以品牌商家为商场经营的主体，发挥它们的品牌效应，将低楼层作为大商家的辅营区分割后出售，即"主力店＋辅营区"的模式，主力店品牌商家的进驻能提升辅营区的销售价值。而销售区和非销售区相对完整独立，即使未来销售区经营出现问题，也不影响高楼层的经营。

租一部分售一部分的"主力店＋辅营区"模式，其运营要点之一在于：以优惠的租金引进零售的主力店、次主力店，尽管它们的租金一般都很低，但这些大品牌的进驻，将聚集人气，带旺该商场，总地来说还是得大于失。运营要点之二在于：通过主力店提升辅营区的销售价值，同时必须找到辅营区的准确定位，真正利用主力店的人流。

5. 开发商与商家联营

开发商与商家联营是商业地产开发经营中一种较新的模式，房地产商在开发商业地产之前，就先与知名商业企业结成战略联盟，在明确了主力店的情况下，对商圈进行准确的分析、合理的市场定位和业态组合可减少各种资源的浪费，同时开发商可以借助商业巨头的品牌效应提升自身的形象，加快中小店的招商进度。

（三）文化设施运营模式

1. 文化街区的运营

可成立专门的艺术区建设管理办公室，推进艺术区当代艺术与文化创意产业的发展。通过对园区的服务中心、展览展示中心和公共服务平台等项目的建设进一步为园区提供完善的服务，按照"保护、开发、稳定、发展"的指导方针对艺术区的核心区域、原创艺术进行有效保护，加强对艺术区的宣传与推广，进一步吸引国内外众多知名的艺术家及艺术机构，为园区内艺术品打造展览展示、交易拍卖的平台，推进园区产业升级，从而展示艺术区的魅力，打造艺术区品牌。

2. 民营博物馆的运营

1）基金会＋理事制

基金会的公益文化品牌是一个营利不分配的机构，营利多少钱都要用在博物馆上。在管理上，基金会接受社会捐赠，这些款项将用于支持博物馆建设，资助文物研究与保护项目。

引入的"理事会制"和"会员制"，每年缴纳一定费用，即可成为博物馆的理事和会员，并享有相应的权利。所有理事都是博物馆共同的主人，可以继承和更换。在国外，能做博物馆的理事是相当高的荣誉，是用钱也买不到的，理事可以对博物馆提供不定期的赞助。此外，各展厅还接受企业捐赠，作为回报，企业享有相应展厅 10 年的命名权。

此运营模式的资金来源主要有三部分：一是来自董事会，由为数不多的几个成功企业家组成，每年进行拨款；二是来自理事会，这部分人不用承担博物馆的社会责任，拥有荣誉头衔，现在国内也有相当成功的人士认识到了这一点，理事对博物馆有不定期的赞助；三是建立了博物馆会员制，每年需缴纳一定金额的会费，享受诸多的优惠政策。

2）股份化经营＋品牌赞助

博物馆所有权股份化，吸引四五家大企业参与，每家持有一定的股份，让这些企业作为博物馆的长期赞助人，把博物馆的产权社会化，寻求博物馆馆机制的新突破。

资金链的构建上已经逐渐走向多元化、社会化和稳定化。一方面有来自国家的政策扶持、税收优惠，有时候甚至还会有专项的资金（一次几十万元不等）；另一方面则来自于博物馆自筹，包括基金会资金、社会赞助资金以及美术馆的门票、会员卡收入、咖啡屋、书店以及刚刚建立的艺术礼品店等商业性收入。其中，社会赞助占据整个资金链中的大部分，会员卡收入在不断上升，书店和礼品店经营不到一年时间就有了很大的发展空间。

3）以房地产养博物馆

地产企业投资建设博物馆，但并不仅仅依靠博物馆的门票与工艺品的收入来支撑博物馆的人工费和外事接待活动的开销以及基础设施费用等，主要依靠的是地产企业的地产项目里供养。

4）政府支持＋基金扶植＋民间赞助

国外私立博物馆大多有政府和各种基金的扶植以及相当数量的社会捐赠。

美国的博物馆在保持自身非营利公益事业机构性质的基础上，立足于美国市场经济的发展现状，大量引入了市场化的理论、方法，建立起了符合其外部环境的管理体系和运作模式。美国博物馆通常都具有很强的品牌意识，十分重视自身形象的确立和维护。美国博物馆一般都会引入企业运营中的 CI 理念，设计制作醒目、统一的博物馆标志，并且将此标志应用于博物馆的宣传资料、管理文件，甚至员工名片上。

美国博物馆的资金来源渠道相当广泛。除了博物馆门票收入外，还包括政府拨款、与博物馆相关的各类纪念品的销售、博物馆会员费、个人和社会团体的捐赠、专项基金运作收益、授权和特许销售费以及借展费等。

美国法律规定，博物馆不得直接动用基金本金，只能使用基金本金所产生的部分利息或投资收益。而且基金利益或投资收益也必须按一定比例充实到本金中去，以保证本金稳定增长。同时，为了保证基金运作能够持续得到收益，美国博物馆的基金一般不是交给本馆的业务人员操作，而是专门外聘职业经纪人负责研究和推荐项目，以期得到专业的建议和管理经验。

（1）捐赠收入。美国的相关法律法规鼓励个人或企业团体支持文化事业的资金或实物捐赠，在税收等方面也给予一定优惠政策。通过多年实践，美国博物馆形成了丰富的筹款经验和一整套规范的操作模式，同时，美国博物馆的筹款工作也日益出现职业化的趋势。在美国的博物馆中，一般都会设立一个负责拓展资金来源的部门——发展部（Development Department），专门负责募集的发展资金。

（2）会员费。为鼓励和吸引更多的公众加入到支持博物馆事业的行列中，美国博物馆不仅十分重视博物馆会员、博物馆之友，而且其相关活动也十分丰富。而博物馆所收取数额不等的会员费也积少成多，成为美国博物馆筹措发展资金的重要渠道之一。

（3）博物馆经营收入。为了满足博物馆观众的各类需求，美国博物馆内一般都设立专门的经营服务部门，为观众提供语音导览、纪念品销售等服务。其中纪念品的销售每年为博物馆带来了大量的收益。

（4）授权和特许经营费。美国博物馆的另一个资金来源就是通过授权和特许经营所取得的收益。一些企业也会围绕着博物馆生产相关的文化衍生品。这些企业通常都会交纳给博物馆一些费用，以求得博物馆的特许授权。此外，博物馆也会开放内部的经营场所给外部的企业经营。既满足了观众的需求，减少了博物馆自主开设相关服务设施的成本，同时也增加了收入。

（四）高尔夫度假村运营模式

高尔夫度假村是指将高尔夫活动作为主要经营业务，为人们提供休闲度假的活动场所，即以高尔夫为其主要载体的体育主题旅馆。

1. 高尔夫度假村主要经营要素

1）高水准的高尔夫球场

高尔夫球场是高尔夫度假村发展的关键所在，球场设计的一般原则是安全、公平、流动、弹性、晋级、球技。球场要想得到顾客更多青睐，球洞必须为各种级别的球手提供公平迎战的机会。一般球场设计两种类型的高尔夫球洞——战略型和冒险型球洞。当今多数高尔夫球酒店以战略型球洞为主，再辅以少数冒险型球洞。高尔夫球场的设计融合了建筑、园林、环境、动力学等多种学科，真正为游客创造休闲、运动、挑战的竞技环境，使高尔夫球的精髓"挑战"得到充分体现。

同时高尔夫球场的维护是个艰巨的工程，如大面积草坪的维护，如果维护不当，会严重污染环境和水质。高尔夫球场更需要注重环保，注重科学技术的运用，寻求球场的高质量与由于高质量的要求而增加的维护成本之间的平衡。要在保护环境的同时创造新的价值。

2）专业的管理人员

高尔夫度假村不同于一般的酒店，它更需要专业化的管理人才。

（1）高尔夫球场维护的专业人才。拥有草皮管理方面的广泛知识，通晓高尔夫球场养护与修理，并结合环保的理念，力求"绿色高尔夫"。

（2）高尔夫专业培训人员。有良好的从业背景、管理能力以及比赛的各种知识，能够培训和指导各级水平的球手，真正将高尔夫文化传达给顾客。

（3）高尔夫用品的销售人员。掌握高尔夫的各种专业知识，具有很强的销售导向，能够指导顾客购买合适的高尔夫用品。

3）完善的配套设施

度假村，顾名思义，就是让游客在休闲时间内真正实现度假的功能，集食、住、行、游、购、娱于一体。高尔夫度假村是以高尔夫运动为主要载体，需要一系列的配套产品和服务与之相完善。高尔夫作为一种豪华、时尚的体育运动项目，需要豪华的设施设备的匹配，如专门的高尔夫用品商场、豪华舒适的客房、时尚健康的餐饮等，以及高尔夫运动项目的指导培训服务、高尔夫会员的个性化服务、定制化服务等。总之，要让游客在高尔夫度假村度假期间有一个完美的高尔夫体验。

4）无处不在的高尔夫文化

高尔夫度假村作为一种主题化的体育饭店，其内部装潢、环境氛围以及固定的服务流程都渗透出一种高尔夫文化的理念。当顾客入住高尔夫度假村之后，这种思维将重复性地被复制，随着复制次数的增加，顾客思维随之依次步入熟悉—亲切—依恋三个不同阶段，也就形成了度假村的忠诚顾客。

高尔夫就是一种文化，一种生活方式。高尔夫度假村意在倡导一种健康、自在和谐共生的生活理念，营造一种高尔夫的人际关系：互相尊重、以礼相待、以球会友，这也正是现代商业文化和社会关系中所追求的和谐和分寸感。

2. 高尔夫俱乐部的运营模式

高尔夫俱乐部将俱乐部和高尔夫运动项目相结合，满足了人们娱乐、休闲、社交等需求，成为大多数高尔夫度假村的主要运营形式。

目前我国家高尔夫俱乐部主要有以下四种模式。

（1）封闭式俱乐部（即会员制俱乐部），指高尔夫球场实行全封闭、严格的会员管理制度，并且有极高的市场定位的一种经营模式。特点是严格的会员管理制度和目标市场，以及对顾客的高标准要求。

（2）半开放式俱乐部，公众的开放性和权利的不等。设置不同的会员形式，会员仍凭会员管理制度中有关规定享受权利和义务，而非会员则按次消费，每次需交相应费用。特点是利用差别定价的原则，吸引不同档次的客人，大多数俱乐部都采用此形式。

（3）开放式俱乐部，是向所有公众开放经营并赋予他们同等权利与职责的一种新型经营模式。特点是顾客大众化和灵活的消费机制：首先，会员只需象征性地交缴一定活动费用即可，突破了原来大额会费的限制，具有极大灵活性；其次实行连锁服务，会员便可在全国连锁机构享受同等权利和服务，从而形成有效的激励机制。目前面对高尔夫消费的大众化，这种形式也受到大家的普遍欢迎。

（4）CTS经营模式，又称"分时高尔夫"模式，指有关机构或个人与高尔夫企业签订协议，享受高尔夫球场在每年特定一段时期内的使用权，并可享受该时期内CTS系统内其他高尔夫球场的使用权，同时享有转让、馈赠、继承等系列权益的一种新型经营模式。特点是一次性的会籍投入，加入CTS系统消费的顾客必须在进入之前支付一次性会费，作为其分时消费的成本投入，会员在一年中特定时期消费不需再交缴其他费用，时间地点不受限制。

【案例 8-1】

天津武清区天和城旅游地产项目开发策划（简略稿）[①]

该策划以天津加快旅游产业融合发展为背景，提出以城市与旅游双功能为驱动的"旅居小镇"概念统领项目12平方千米一级开发权，并创新一地多用的用地理念，通过

---

① 案例提供：天和城（天津）置业投资有限公司，2012.12.

开发策划解决创意型旅游大盘的土地综合利用方式、城市群近郊旅游地产产品创意、功能业态组织、土地利用技术经济指标、服务配套体系及启动区行动计划等问题。

一、区位条件

(一)地理区位

项目地位于天津市武清区下朱庄街，紧邻北辰区，占地约 12 平方千米。

(二)交通区位

京津冀都市圈内重要城市均在三小时半径内。距离北京（五环）71 千米，天津市区 35 千米，天津港 71 千米。被杨北公路、京津塘高速、津蓟铁路、京津高铁、112 高速等交通要道所包围。

(三)经济区位

京津冀都市圈：10 个城市，约 8 000 万人口，地区生产总值 29 835 亿元；国家战略重要区域，全国重要的人口和经济密集区。

京津走廊：武清位于京津综合发展轴，作为天津与北京进行战略对接的主要功能区。

二、开发条件的综合分析

(一)开发模式分析

通过对区域城市发展格局、武清产业经济特征、旅游地产行业发展环境三个角度的分析，从而提出本项目的发展模式建议：项目作为以居住为主要功能的项目，在发展过程中必须跳出"住城、睡城、卧城"等传统的城居、郊居生活方式，创意一种可旅游、可运动休闲、可社交的第三代居住生活方式在天和城得到落地与示范，其发展模式如图 8-1 所示。

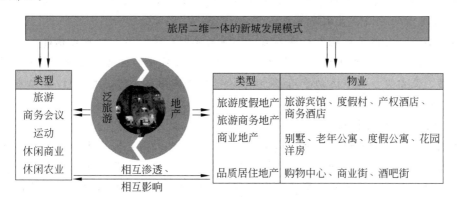

图 8-1　天和城发展模式

(二)场地条件分析

通过场地现状和内外因素的分析，从而提出资源和土地的利用建议。

1. 资源利用建议

资源利用建议如图 8-2 所示。

图 8-2　资源利用建议

2．土地利用建议

通过对水系、湖、绿地等资源保留与利用，并从空间上对项目场地进行较为合理的划分，从绿地平衡上来看，项目地所有地块都已经实现价值增量，但是根据场地资源差异度，会形成不同的使用功能，如南湖周边与高铁湖周边均属于价值较高的公共建设区，其余部分主要为居住区。

（三）市场分析

1．城郊休闲市场的主要特点

以城市居民为主，复游率高，停留时间相对较长，旅游散客化，城郊休闲活动普及化。

2．城郊休闲市场的基本模式

从城郊休闲所对应的市场看，主要包括市民、企业和机关事业单位三类市场。

3．自驾车旅游偏好项目排序

第一名——自然山水观光；第二名——温泉休闲；第三名——乡村旅游（采摘等农事体验）；第四名——水上运动（游船、垂钓）；第五名——运动（足球、篮球、网球、极限运动、高尔夫、汽车运动等）；第六名——露营休闲（烧烤、篝火）；第七名——儿童游乐；第八名——拓展训练（真人 CS、攀岩）。

4．商务会议市场特点

随着京津高铁的开通，北京会议出现向天津转移的趋势，每年大约有 2 万场左右的会议转移到了天津市区，每年通过高铁运输的商务人士达 700 万人次左右。

相关研究表明，目前郊区型商务会议市场上最受欢迎的产品为组合型产品，在满足会议基本需求的同时，根据自身特色各自向医疗、运动、娱乐、生态等方向延伸，并树立了独具特色的品牌，而武清城区的会议市场调研表明，武清主要承接北京和本地商务会议市场，存量较大，但是会议、商务休闲等设施较少，很难满足自身及周边的商务会议需求。

三、总体策划定位

以为人们创造健康生活方式为目标，通过水系网络构建和环境培育提升人居环境品质，以全民休闲运动为核心吸引，打造集商务会议、主题商业、田园风光为一体的具备旅游与城市双功能的京津旅居小镇。

这里是一个通过网络集聚的线下运动交流平台；

这里是一个提供休闲生活方式的旅游区；

这里是一个隐于田园的居住区；

……

四、核心策划项目

（一）承接城市功能，天和城助力武清区环京津休闲生活方式升级

天和城作为以居住为主要功能的新城建设项目，在发展过程中必须跳出"住城、睡城、卧城"等传统的城居、郊居生活方式，创意一种可旅游、可运动休闲、可社交的第三代居住生活方式，并在天和城得到落地与示范。

在城市公共功能的设置中，以打造城市商务休闲中心为目标，通过商业商务功能集聚，布局休闲业态，完善武清区城市商务功能和休闲功能。

（二）培育景观环境，连通水系，建设绿廊，编制网络式生态构架

项目地现状水系发达，包括一条连接武清城区的八支渠、一条连接军用机场的机排河、多条灌溉水渠以及一个2 500亩的南湖。水网相接，水边植被较好，自然的地景资源呈现天然之美。

策划中最大限度保留现状水系、湖面及周边植被，同时规划高铁湖，增加湖面面积15.08公顷。固水生绿，固绿生水，形成天和城的基本生态构架和空间结构。

水系连通后，结合陆路码头及营地打造多条水上主题游览线路，包括船吧水道、高尔夫游船水道、湖上游船线等。水道两侧大量种植经济树种，选择易管理、易成活、少虫害、具有观赏性的树种，如核桃、山楂、文冠果（油料作物）、银杏等各类果树，在保持多种类的同时，形成单独树种集聚，打造百果水廊，同时也形成夏末至冬初的采摘、果林观光的旅游产品。

除水系绿廊以外，未来天和城整体的道路体系也秉承绿廊建设的理念，通过行道树的规模化种植，将主干道打造为以种植柿子树为主灯笼绿廊、以种植银杏树为主的白果绿廊、以种植合欢树为主的合欢绿廊、以种植樱花树为主的樱花绿廊等。

（三）突出核心资源，提升重点区域土地价值，形成区域休闲中心

南湖位于项目地中心位置，是项目地最具价值的区域，为充分凸显旅居小镇的宜居、休闲旅游功能，将南湖及其周边规划为具备旅游和城市商业双功能的功能区（见图8-3）。首先对南湖进行改造，打造环湖游憩带同时建设环湖路，未来可利用环湖路开展环湖赛车和自行车赛事，湖岸建设四处休闲码头，互动水上运营。在环湖游憩带外

围由北向南依次建设温泉商务会议中心、欧洲商业小镇、特色休闲水街。商业业态上主要以休闲商业、文化娱乐等为主题。规模及容量将辐射周边5平方千米范围，即形成未来的城市商业可服务于天津市区北部、北辰、武清等区域，旅游辐射京津区域的格局。

图8-3　南湖旅游休闲板块效果示意图

（四）借助高铁时效，形塑天津魅力，打造"中国高铁第一景观"

高铁湖位于京津城际高铁北侧，是项目地主要的景观界面，主要依据以下两个方面的分析来构建。

首先通过视线定量分析模型（见图8-4）测算出整个高铁湖的宽度和道路、湖泊与建筑高宽比，即三个视觉因素（视力、视野、视距）＋两大变量（速度变量＋天气变量）。

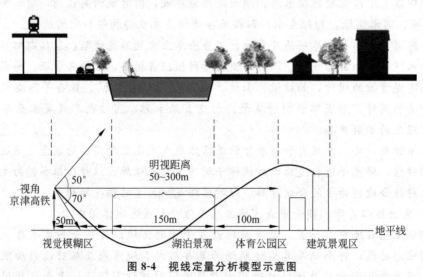

图8-4　视线定量分析模型示意图

其次通过视线唤醒点分析得出高铁沿线景观布局结构。

依据环境评价的二次处理模型，在一次处理中，一致性较少唤醒，高度一致是最愉快的；在二次处理中，复杂性增加唤醒；对于一般复杂愉快是最高的；当一般复杂和较低复杂时，平静是同等水平。这个结果表明，平静既受到评价性的影响，也受到唤醒部分的影响。总之，一般复杂和最一致的标识景观被判断为一般兴奋，最平静/最愉快。另外发现这种标识景观最可能吸引观察者。

由此推导出高铁沿线核心景观布局呈现一核两翼的结构，即位于中心位置的视线核心点，建议采用特色景观吸引，特色群体性建筑在空间上形成一定的视觉延续，两侧的视线唤醒点须以标志性景观或色彩鲜明的建筑物来表达，与周边风格形成对比。

基于以上分析，依托高铁湖带状布局形成一个景观性体育公园和带状商业集群（见图8-5）。体育公园由2千米长200米宽的高铁湖、1千米长30米宽的沙滩、2千米长55米宽的运动场所构成，同时与2千米长的特色景观建筑形成四个层次的彩虹带状空间，构成独特的中国高铁第一景观，成为天和城形象展示墙。同时体育公园也是天和城"网聚运动汇"的主场地。作为中国高铁第一景观，除彩虹带式空间布局，更重要是利用多块场地发挥其广告效应，如湖面、沙滩、运动场的动态景观，以及建筑立面、汽艇等广告动态景观等。

图8-5　高铁湖旅游休闲板块效果示意图

（五）一地多用，结合道路隔离绿带，打造环形高尔夫休闲带

基于天和城打造休闲生活方式旅游区的目标，创意家庭型、趣味性的零距离高尔夫项目，球场兼具道路隔离绿带，环绕整个地块，实现了集约化的一地多用，将绿地景观的辐射价值最大化。结合现状地形将高架小火车、游船等多样交通工具引入高尔夫球场。小火车是南湖东侧连接被南湖断开的高尔夫球场的特色交通工具，同时作为球手中途休息和观景的场所（见图8-6）。游船可提供游客在高尔夫球场水道内穿梭、与球手同行的特殊体验。同时，将休憩空间融入高尔夫球场多变的地形内，如坡顶凉台、半地

下长廊、观景台、地堡式酒吧、阁楼式咖啡吧等，创意集休闲、参与、体验于一体的具备亲和力的高尔夫球场。高尔夫球场绿化带也有效阻隔了周边交通对规划区域内噪声和空气的污染。

图 8-6　南湖东侧连接高尔夫球场的休闲小火车示意图

（六）借助网络平台，通过"网聚运动汇"树立京津健康生活品质形象

"网聚运动汇"是充分利用天和城的湖岸场地、社区运动场地和水系绿廊空间，设计多项趣味运动和大规模常规运动项目，以网络招募方式组织网友，由虚拟走向现实的运动会为创意点，打造运动会的全新模式，每年一届，树立网络体育节庆品牌。未来主要的市场主体即当地居住者及京津两地的周末休闲自驾游客，推出家庭型、朋友型、商务型的以各种运动为特色的项目集合。

"网聚运动汇"不同于主题公园等大投入的项目，而是以竞技挑战吸引游客持续参与通关项目，并辅以小型竞赛活动和周期型大型赛事。具备组织方式灵活、投资小、人气集聚力强等特点，适合项目地未来的主力客群，即短途的多次往返客群。可真正实现旅居一体的健康生活方式。

五、运营开发时序建议

将弹性规划理念应用在开发时序的建议中，按市场规律进行开发阶段的调整。

项目地块中，除一期的 4 500 亩建设用地和水域外，其余地块土地性质大多是一般农田和基本农田，暂不开发。但可一期同步建设设施农业、观光农业、中草药种植等农业产业项目和大场地的运动类项目，既可获得经济收益，又可为一期开发项目环境加分，提升环境品质，为后续开发打下基础。

【阅读与思考】

依据旅游地产策划相关知识，试评价上面的旅游地产策划案例，并阐述理由。

本章思考题

1. 如何理解旅游地产的概念？举例说明旅游地产的主要功能有哪些。

2. 如何理解与把握"科学选址，合理立项，低调取地，规避风险"的旅游地产运营策略？试举例说明。

3. 结合实际，简析旅游地产景观的策划设计理念。

4. 旅游地产运营的 PUD 开发模式的实质是什么？

下 篇

旅游策划专题篇

第九章

乡村旅游发展策划

教学目的、要求：

正确、全面理解乡村旅游的概念；了解乡村旅游的特征及其与农业旅游的
关联；了解国内外乡村旅游发展进展；科学把握乡村旅游开发的原则。

教学重点：

乡村旅游的概念；我国乡村旅游发展对策。

第一节　乡村旅游研究概述

一、乡村旅游的概念

（一）关于乡村旅游概念的界定

国外学者相当重视对乡村旅游概念的研究，认为这涉及乡村旅游理论体系的构建，但目前对概念的界定尚未取得一致意见。

按旅游发生地域的人居密度可以把旅游分为城市旅游（urban tourism）、乡村旅游（rural tourism）与荒野旅游（wilderness tourism）。Dernoi（1991）指出，乡村旅游是发生在有与土地密切相关的经济活动（基本上是农业活动）的、存在永久居民的非城市地域的旅游活动。他还鲜明地指出，永久性居民的存在是乡村旅游的必要条件。

欧洲联盟（EU）和世界经济合作与发展组织（OECD，1994）将乡村旅游定义为发生在乡村的旅游活动。其中"乡村性是乡村旅游整体推销的核心和独特卖点"。因而乡村旅游应该是发生于乡村地区、建立在乡村世界的特殊面貌、经营规模小、空间开阔和可持续发展的基础之上的旅游类型。

Lane（1994）曾对乡村旅游的概念作了较为全面的阐述，认为乡村旅游的概念远不仅是在乡村地区进行的旅游活动那么简单。相反，由于乡村旅游是一种复杂的、多侧

面的旅游活动，不同的国家和地区乡村旅游的形式不同：有些城市和景区旅游并不仅限于城市地区，也扩展到乡村；而有些在乡村的旅游却并不是乡村的，如主题公园和休闲宾馆。

Lane界定纯粹形式的乡村旅游具有下述特征：位于乡村地区；旅游活动是乡村的，即旅游活动建立在小规模经营企业之上，开阔空间，与自然紧密相连，具有文化传统和传统活动等乡村世界的特点；规模是乡村的，即无论是建筑群还是居民点都是小规模的；社会结构和文化具有传统特征，变化较为缓慢，旅游活动常与当地居民家庭相联系，乡村旅游在很大程度上受当地控制；由于乡村自然、经济、历史环境和区位条件的复杂多样，因而乡村旅游具有不同的类型。

乡村旅游包括一系列组成要素：乡村环境、乡村遗产、乡村生活、乡村活动等，其核心是乡村旅游社区（见图9-1）。

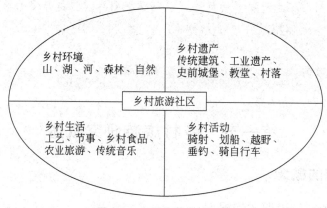

图9-1 乡村旅游构成要素

（二）关于乡村旅游与农业旅游的区别与联系

从总体上看，理论界对于乡村旅游与农业旅游概念的界定与关系论述不尽相同，提法也多种多样。有的研究者认为农业旅游是乡村旅游的一种类型，有的则认为不宜将农业旅游纳入乡村旅游的范围，甚至有的认为乡村旅游是农业旅游的一种类型。

1. 国外学者观点

对于乡村旅游的概念，较典型的定义是英国 Gannon 和 Bramwell & Lane 分别做出的。前者认为乡村旅游是指农民或乡村居民出于经济目的，为吸引旅游者前来旅游而提供的广泛的活动、服务和令人愉快事物的统称。后二者认为乡村旅游不仅是基于农业的旅游活动，而且是一个多层面的旅游活动，它除了包括基于农业的假日旅游外，还包括特殊兴趣的自然旅游、生态旅游，在假日步行、登山和骑马等活动，探险、运动和健康旅游，打猎和钓鱼，教育性的旅游，文化与传统旅游以及一些区域的民俗旅游活动。

Lane 还进一步阐述了乡村旅游与农业旅游的关系。它认为农业旅游是乡村旅游的重要组成形式之一，在欧洲德语区很多地方得到了成功发展，受到农业部和学术界的极大重视，在已出版的乡村旅游文献中，农业旅游或农庄旅游成为最大的、独特的分支。

Nilsson（2002）认为，农庄旅游在某种意义上是典型的乡村旅游。

Edward Inskeep（1991）对乡村旅游的分类有另外一些看法。他在《旅游规划：一种可持续的综合方法》一书中提出，农业旅游、农庄旅游、乡村旅游不加区分，可相互替代。

事实上，国外学者对 rural tourism（乡村旅游）、agri-tourism（农业旅游）、farm tourism（农庄旅游）、village tourism（村庄旅游）等常常混用，而且乡村旅游在不同的国家也有不同的含义。

2. 国内学者观点

刘德谦依据《全国农业旅游示范点、工业旅游示范点检查标准（试行）》中对农业旅游点的界定（"农业旅游点是指以农业生产过程、农村风貌、农民劳动生活场景为主要旅游吸引物的旅游点"）和入选旅游点角度，认为我国正式提出的"农业旅游"的偏重点还是乡村旅游中与生产关系比较密切的那一部分，不能把农业旅游完全等同于乡村旅游。

王云才认为观光农业也称休闲农业或旅游农业，是指以农业活动为基础，农业和旅游业相结合的一种新型的交叉型农业。农业旅游资源只是乡村旅游资源的一个部分，因此把农业旅游等同于乡村旅游是片面的。

杜江等认为乡村旅游是以乡野农村的风光和活动为吸引物、以都市居民为目标市场、以满足旅游者娱乐、求知和回归自然等方面需求为目的的一种旅游方式；认为不宜将农业旅游（观光农业）纳入乡村旅游的范围。

综上所述，我们认为，乡村旅游和农业旅游存在如下关联。

（1）对乡村旅游与农业旅游的界定是从地域和产业两个不同的方面出发，乡村旅游的界定是以城市旅游为参照对象，而农业旅游是以工业旅游为参照对象。

（2）尽管理论界对于农业旅游与乡村旅游的关系没有确切定论，但是学者们基本认同乡村区别于城市的、根植于乡村世界的乡村性是吸引旅游者进行农业旅游的基础，因而这也应该成为界定农业旅游概念的最重要的标志。

（3）对于乡村旅游项目策划来说，乡村旅游与农业旅游概念的界定影响并不明显，因此对于二者概念的严格区分并不是最重要的分析因素。

（4）狭义的农业旅游是指以农业生产过程、农村风貌、农民劳动生活场景为主要旅游吸引物的一种新型的交叉型产业。广义的农业旅游是指把农业与旅游业结合在一起，利用农业景观和农村空间吸引游客前来观赏、游览、品尝、休闲、体验、购物的一种新型农业经营形态，即以农、林、牧、副、渔等广泛的农业资源为基础开发旅游产品，并为游客提供特色服务的旅游业的统称，也称乡村旅游。

（三）农业旅游的发展及其进展

1. 国际农业旅游发展

19世纪中后期，西方发达国家如英国、法国出现了最早的农业旅游活动。早期的农业旅游具有比较鲜明的贵族化特点，普及性不强。20世纪60年代，西班牙开始发展现代意义上的农业旅游，随后美国、日本、波兰等国先后推出农业旅游产品，农业旅游逐渐盛行开来。20世纪80年代后，在欧美一些发达国家，农业旅游已具有相当的规模，并且走上规范发展的轨道，显示出极强的生命力和越来越大的发展潜力。20世纪80年代，欧美发达国家已经开始了大规模发展农业旅游的进程。据法国小旅店联合会的统计，2000—2006年间，该国一直采取乡村度假方式的旅游者占该国游客总数的44％，主要采用这种度假方式的旅游者占72％，还有15％的旅游者一直到同一个乡村度假。2007年罗马尼亚"农家乐"旅游收入已占到全国旅游业总收入的20％。据世界旅游组织统计，欧洲每年旅游总收入中农业旅游收入占5％～10％（匡林，1999）。日本北海道一带的乡村流行"务农"式农业旅游，农业旅游成为日本最有影响力的国内旅游项目之一。

2. 国内农业旅游发展

我国从20世纪70年代初期开始，就采用定点方式开展了一些具有农业旅游性质的政治接待活动。譬如北京近郊的四季青人民公社、山西昔阳县大寨大队、天津静海县小靳庄、上海崇明岛等。

国内真正意义上的农业旅游的兴起，始于20世纪90年代前后。在20世纪80年代后期，改革开放较早的深圳首先举办了"荔枝节"，主要目的是为了招商引资，随后又开办了采摘园，取得了较好的效益。于是各地纷纷效仿，开办了各具特色的农业旅游项目。我国国家旅游局将1998年旅游活动主题确定为"华夏城乡游"，更掀起了我国农业旅游发展的高潮。

"农业旅游"在我国正式提出是在2001年，国家旅游局把推进工业旅游、农业旅游列为2001年旅游工作要点。2005年正式公布了首批全国工农业旅游306个示范点名单。

到目前为止，我国农业旅游发展取得了不少成就，已经成为我国旅游业中一种重要的旅游方式。通过发展农业旅游，许多乡村更是摆脱了贫困，据统计贵州全省已有53万多人通过发展农业旅游摆脱了贫困。也有许多地区通过农业旅游提高了知名度，成为重要的旅游目的地，如四川的龙泉驿、江西的婺源、杭州的富阳等。

二、乡村旅游的可持续发展

乡村旅游被普遍认为是传统农业的后续产业或替代产业。Dernoi 对乡村旅游的分析比较全面，认为乡村旅游为农民提供了第二个收入来源，由于对边缘土地的开发带来了更多的就业，从而减少了人口的流失，它还把城市的新观念带到乡村。它给城市人体验乡村生活的机会，从而提升了他们对乡村问题的认识。它促进了乡村经济的多元化，尤其是手工艺，它有利于改造基础设施。因此，研究乡村旅游的可持续发展具有重要的意义。

（一）乡村旅游可持续发展的原则

（1）符合地方社区的需求，即能够使其生活水准及生活质量得以改善。

（2）满足旅游者和旅游业的需求并不断保持对它们的吸引，以实现经济上的可持续。

（3）保护旅游业赖以生存的环境资源基础，包括自然环境资源、人造环境资源和文化环境资源（Hunter，1997）。

可持续的乡村旅游必须"经济上可行但又不会破坏未来旅游赖以发展的资源，特别是自然环境与东道地区的社会结构（Swarbrooke，1999）"。Sharpley（2000）提出了一个可持续旅游的一般概念模型。Fanlkner 和 Tideswell（1997）提出了一套用于监控可持续旅游开展状况的工作框架。Dymond（1997）归纳了可持续旅游的核心指标包括：场址保护、压力、游客密度、社会影响、开发控制、污物管理、规划工作、重点生态系统、消费者满意度、居民满意度、旅游对当地的贡献。

（二）生存门槛与可持续动力

对于乡村旅游可持续发展，许多研究表明，乡村旅游者以有小孩的家庭、老年人、追求不同体验的城市人、教育水平中等偏上者为主体。乡村性是乡村旅游可持续发展的依托，保持乡村性的关键是小规模经营、本地人所有、社区参与、文化与环境可持续（Brohman，1996）。

Suzanne 等（2001）指出丰富多样的旅游产品、优秀的社区领导、地方政府支持与充足的旅游开发资金等是乡村旅游发展的成功因素。Lane（2000）认为乡村旅游发展已经从参与、开发、合作阶段进入了第二阶段，扩张、兼并、差异化与理解是主要特点。英格兰旅游局在 1991 年对四个地区的调查结果显示：农业旅游业务地方所有的数量越大，它对地方经济的影响越大。乡村旅游可持续发展的核心是本地化的分工合作。

Sharpley（2003）指出，乡村旅游可持续发展的本质就是本地化（localization），即开发的目的主要是满足本地社区发展的需要，建设本地产品供应链，鼓励地方工艺品生产，保证收益最大程度地保留在本地，确保开发力度在环境与社会承载力之内。本地人所有、本地人管理的小型家庭旅馆在乡村旅游中扮演重要角色，因为它们更多使用本地劳动力与本地的建筑材料，从外面买进的食品也不多。由于国内旅游更多使用本地的劳动力与资源，因此它比国际旅游对乡村旅游的贡献大（Clarke et al，2001；Roberts，2001）。

被广泛接受的乡村旅游开发方式是 Murphy（1985）倡导的社区方法（community approach），这种方法发源于社区发展理念：整体的、小规模与当地导向的经济增长与社会变迁（Lynn，1992）。倡导社区实质性地控制、参与旅游开发与管理，并把大部分利益留在社区（WWF，2001）。该方法认为乡村社区成为旅游消费对象，社区业主的领导与居民的参与是关键。虽然旅游者希望接触村落所在地方特有的"真实"文化，但为了保护乡村旅游的命根——乡村文化景观，社区方法要求游客被限制在"舞台化"真实（staged authenticity）的"前台"（front stage）地区（Hall and Richards，2003）。

（三）政府与非政府组织的协作

由于乡村旅游的交叉性，农业与旅游等政府组织以及一些非政府组织结盟合作（partnership），对乡村旅游发展，尤其在基础设施建设、促销、公共安全危机（如口蹄疫）管理、遗产保护等方面起到重大作用（Roberts and Simpson，1999；Sharpley，2003）。

第二节　国外乡村旅游发展经验对我国的启示

一、充分发挥政府主导作用

纵观世界各国乡村旅游的发展壮大，无不与各国政府的支持和鼓励密切相关。英国是世界上发展乡村旅游最早的国家之一，早在 20 世纪六七十年代，英国就兴起了乡村旅游。到 20 世纪 90 年代，农业和畜牧业类的旅游景点已成为与手工艺品中心、休闲类景点、主题公园、文化遗产中心、工厂景点齐名的时髦景点。据英格兰旅游委员会统计，1995 年农场景点、主题公园、工业旅游景点是英国最受欢迎的三大类旅游景点，英国有近 1/4 的农场都开展了旅游活动。

为了支持乡村旅游的发展，英国中央政府农村发展委员会自 1991 年以来，提出向包括景点在内目的明确的私人开发项目提供资金；农业、渔业和粮食部也按计划对一些以农业为基础的景点开发给予财政支持，同时向通过发展旅游来努力使经营多样化的农场主提供资助；乡村委员会也向改善乡村地区旅游设施的项目提供资助，这些政策对于推进英国乡村旅游的全面发展起到了积极作用。

意大利政府也积极鼓励乡村旅游的发展，开展乡村旅游可以享受政府的有关农业低息优惠信贷和税收减免政策；意政府还对全国各地重要农业旅游资源进行了统一评估和协调，以便使各地能充分发挥区域地方特色，避免同质化竞争。

借鉴世界各国经验，我国有条件的地方政府尤其是县、乡两级政府，也可以把发展乡村旅游作为改善农村产业结构、提高农民生活水平、改善农村面貌的大事来抓，统筹规划指导，给以政策及资金扶持，为本地农业旅游的发展创造良好环境。

二、坚持农业主体地位不动摇

英国乡村旅游大多采取以农场为主体的经营方式，一般一个农场旅游景点聘用全日制工作人员在 10 名以内，为发展旅游业进行投资的规模也在 5 万英镑左右，年接待游客四五万人，规模并不大。

英国乡村旅游大多定位于"农业开展多种经营的一个方面"层面上，乡村旅游紧密依托于农业生产活动的开展，虽然农业为了开展旅游又进行了有针对性的建设，但农业的主体地位并没有得到削弱，农业生产本身可能为了方便旅游者观光进行了一些必要调整，但这种调整并没有改变农业生产的性质。

随着乡村旅游的开展，各国乡村旅游的运作也越来越规范，开展乡村旅游一般要到各级政府旅游部门进行登记注册，并在考核通过后发放许可证书。

如意大利政府规定，接待游客用房必须是非农业生产活动用房；游客的食物全部或大部分必须是本地农场或当地农场的产品；乡村旅游应该以从事农业活动为主要内容；乡村旅游主要利用农场的现有条件和资源，允许维修原有的庄园或别墅。

为了保护旅游者的利益，意大利还规定对向旅游者出售的当地农产品的质量和特性进行评估和鉴定，出售价格应低于市场批发价。为了保证旅游者的安全，规定旅游者留宿地应有其活动范围的限制和考虑旅游者自我留宿的能力，向旅游者事先说明设备尤其是电器的使用方法等。

政府在可能的情况下，通过制定相关法律法规，来保证农业旅游的健康发展，同时要鼓励农民建立行业协会，规范乡村旅游的经营与管理。同时还应深刻认识到，即使乡村旅游收入大于农业生产本身的收入，但乡村旅游仍是农业的副产品，农业生产更不能成为为旅游者服务的纯粹的表演行为。

三、乡村旅游产品具有较强的参与性

近年来，国外乡村旅游正在向深层次发展，旅游者不仅"看"而且"做"，由过去欣赏结果变为参与过程，真正体验农活的"原汁原味"。

日本是亚洲开展乡村旅游较早的国家。日本各地农场结合生产独辟蹊径，富有诗情画意的田园风光和各具特色的服务设施吸引了大批国外游客。旅行社也开发了丰富多彩的农业旅游产品，组织旅游者春天插秧，秋天收割，捕鱼捞虾，草原放牧，牛棚挤奶。参加者有农牧学研究人员、学生、银行职员、公司白领等，人均消费 2.5 万至 4 万日元。到了收获季节，旅行社还会选出一小包稻米或茶叶给游客寄去，让游客亲口尝一下自己的劳动果实，服务十分周到。

例如，日本岩水县小井农场是一个具有百年历史的民间综合性大农场。自 1962 年起，农场主结合生产经营项目，先后开辟了 600 余亩观光农田，设有动物农场，可以观赏到各种家蓄在自然怀抱中的憨态，又能增加动物学的知识；牧场馆每天有定时挤奶表演和定时开放奶油加工过程，观赏之余，可以购买到各种包装精美而新鲜的奶制品；别具一格的农具展览馆陈设有各式各样新奇古怪的农用机械，有的是现在使用的，有的是已经被淘汰的，人们可以借此了解农业发展历史和农机具知识；农场旁边，是由废机车改装成的列车旅馆，深受怀古思旧者和青年人的欢迎。

当苹果、梨、葡萄、西瓜之类的瓜果快熟的时候，美国的农庄就在报刊上刊登广告，招揽游客去农场摘水果度假，城里人热烈响应，纷纷根据广告上的示意地图开车前往，美国参加乡村旅游的人数每年达到 2 000 万人次。

目前，在日本、瑞士等国，还出现了更高级的乡村旅游形式——租地自种。城里人在乡下租一块"自留地"，假日里携带妻子，呼朋唤友，到乡下的"自家地里"翻土耕种、施肥浇水，平时则由农场主负责照看。这种浅尝辄止的劳动方式为忙碌的城市生活平添了许多雅趣，深受欢迎。

借鉴外国乡村旅游经验，我国乡村旅游产品开发不能仅停留在"春天看花、秋天收果"的传统产品上，而要提高乡村旅游产品层次。一是要提高可参与性，参与性强是农村旅游一大特点，让游客下地干农活，上树摘蔬果，下河捕鱼虾，上马牧牛羊；二是提高乡村旅游的科技含量，在保持"农味"特色基础上，加大科技在农业旅游项目上的应用；三是丰富乡村旅游产品内容，尽可能多地综合粮、果、蔬、蓄、鱼、草、花等农业资源要素，以丰富的产品组合吸引客流，延长停留时间，提高消费水平。

四、优化旅游环境，保持乡土气息

乡村旅游在世界范围内的蓬勃兴起，其深层次原因是：随着世界人口城市化进度加快，城市病加剧，人们越来越怀念清新的空气、安静的环境、空旷的田野和绿色的大自然氛围，回归自然已成为一种时尚和趋势。因此，生态化的自然环境是乡村旅游发展最重要的前提和保证。

意大利是世界上旅游业发展最早的国家之一，乡村旅游在意大利被称为"绿色假期"。早在 1996 年，意大利全国 20 个行政大区就已全部开展了乡村旅游活动，尤以托斯卡那地区更为突出，每年接待国内外农业旅游者达 20 万人次。意大利将乡村旅游与现代化的农业和优美的自然环境、多姿多彩的民风民俗、新型生态环境及其他社会现象融合在一起，成为一个综合性项目，对农村资源的综合开发和利用、改善城乡关系，起着非常重要的纽带作用。

由于乡村旅游项目大多位于农村或城郊，基础设施建设滞后，因此我国各地在发展乡村旅游时，一方面应加大道路、旅馆、餐厅、通信、厕所等基础设施建设，改善传统农村脏、乱、差的局面；另一方面也要警惕"城镇化倾向"，在建设中坚守原汁原味的乡土气息。

第三节　中国乡村旅游的发展实践

近年来乡村旅游已在我国许多大都市展开，各地在发展过程中逐渐形成了自己的发展模式。依据乡村旅游开发的依托关系，我国乡村旅游主要分为两种类型，即都市依托型和景区依托型。

一、都市依托型：以成都"农家乐"为代表

工业化和城市化进程的加快使得城市环境恶化、交通拥挤、人口密集、人均绿地减少，对自然风光的向往、对休闲概念理解的深入以及人们生活观念的转变，使得以都市郊区和周边地区为目的地的短程旅游不断增长。回归自然、贴近农村生活的乡村旅游在大都市郊区和周边地区迅速发展，其特点是重游率高，易形成忠诚客户，如北京、上海、昆明、成都等城市郊区的乡村旅游都获得了很大的发展。此类乡村旅游可以称为都市依托型，主要指在大城市周边地区发展起来的乡村旅游，其客源市场主要是都市居民。

成都"农家乐"是都市依托型乡村旅游的代表，类似的还有北京的"民俗村"等。其主要特点是依托城市大市场，发展周末休闲度假旅游。特色类型包括以下几种。

（1）农家园林型：以郫县友爱乡农科村为代表。依托花卉、盆景、苗木、桩头生产基地，这是农家乐的发源地。

（2）观光果园型：以龙泉驿的书房村为代表。以水蜜桃、枇杷、梨为依托，发展以春观桃（梨）花、夏赏鲜果的花果观光旅游，使旅游收入已经大大超过果品收入。

（3）景区旅舍型：以远郊区都江堰的青城后山等自然风景区为代表。在景区附近的低档次农家旅舍受到中低收入游客的欢迎。

（4）花园客栈型：以新都县农场改建的泥巴沱风景区等为代表。把农业生产组织转变成为旅游企业，在农业用地上通过绿化美化，使之成为园林式建筑。

此外还有养殖科普型、农事体验型、川西民居型等。

政府通过免收管理费和税费、对农家户进行培训以及实行"三证"管理和实行统一收费标准等方式给予扶持，同时采取星级管理、卫生环保整顿和推进规模、打造品牌一

系列措施推进了成都"农家乐"健康有序地发展。

二、景区依托型：以贵州"村寨游"为代表

景区边缘地带是我国乡村旅游开展最早的地区，景区周边农村居民依托景区游客市场，发展特色农业、饲养业、畜牧业等，开展具有观光、学习、教育等功能的乡村旅游。同时，开展以家庭接待为主，突出乡村生产生活内容的民俗旅游活动。另外，在国家旅游扶贫政策的引导下，一些缺乏发展第一、二产业条件的贫困地区，往往却拥有得天独厚的风景资源。此类乡村旅游可称为景区依托型，主要指在著名风景名胜区周围发展起来的乡村旅游，其客源市场相当大的部分是来自全国各地甚至海外的观光客，其特点是初游率高、重游率低，不易形成忠诚客户，是典型的观光旅游。但是值得关注的是，在某些景区依托型的乡村旅游也开始出现一定数量的重游客，其特点和都市依托型相似。

国内许多人型旅游景区周边会有许多乡村旅游活动。对于贵州每个村寨本身就是景点。贵州省开展的民族乡村旅游主要是依托特色村寨及其群落开发的乡村深度体验型产品，这种旅游产品文化特性非常突出，前期主要吸引的是一批文化探秘的境外游客和研究学者，但随着国际乡村旅游市场的发展，国内旅游者"返璞归真，回归自然"需求的增加，这种结合了传统的文化旅游活动与村寨田园风光的乡村旅游产品表现出特有的发展潜力。在黔东南州巴拉河流域的众多民族村寨中，朗德上寨被文化部授予了享誉海内外的"中国民间艺术之乡"、露天民族民俗博物馆、全国重点文物保护单位等称号，旅游者可以从建筑、饮食、服饰、节日、生产、娱乐、礼仪、道德、信仰等方面窥见苗岭山区的文化和历史。这种模式属于景区依托型，主要依托民族村寨或其他大型旅游景点来开展乡村旅游。

在贵州省乡村旅游开发模式中，以平坝县的"天龙屯堡模式"最具代表性。依托明代遗存的典型屯堡村落的特殊优势，天龙村开创了"政府＋公司＋旅行社＋协会"四位一体的旅游开发模式，大力发展屯堡文化游，走出一条乡村旅游带动经济发展的路子，各方面按照分工各负其责，并享受合理的利益分配，有效地避免了农民从事旅游业可能造成的过度商业化，最大限度地保持了当地文化的真实性。

三、上述两种模式的比较

（一）旅游产品开发方面

在旅游产品开发上，都市依托型乡村旅游目的地应针对回头客实行"家"的模式，通过"家"（打造都市居民的第二个"家"）倡导亲情服务，塑造清洁、安逸、舒适的"家"园形象来赢得市场，塑造忠诚客户群，让农民实现"零距离就业，足不出户挣

钱"，塑造乡村旅游四"家"形象，即农民成旅游者的家人、农家是旅游者的第二个家、农田是旅游者的家园、农产品是旅游者带回去的家礼；而景区依托型乡村旅游针对观光客应该实行"景"的模式，通过"景"打造民族风情浓郁、特色鲜明的"奇村"，提倡村寨景观化，把村寨变为观光旅游线路上重要的一个节点，增强观光旅游核心竞争力——倡导体验服务，与所依托的景区实行捆绑式促销，借景区的"形"，利用重大事件的"势"，扬"民俗村"的"名"，不断赢得大量国内外游客的青睐，在观光市场上争得一席之地。都市依托和景区依托类型特征比较如表 9-1 所示。

表 9-1　都市依托和景区依托类型特征比较

特征因子＼类型	都市依托型	景区依托型（包括村寨）
总体特征	以农村、农园为主要特色，自然性、科技性突出	以民俗民族文化或景观资源为依托，强调乡村文化品位
功能	作为城市居民的第二个家，从吃、住、游等方面满足游客周末休闲度假的需求	大型景区的辅助旅游产品，以民俗风味、农业特色鲜明的旅游项目和餐饮以及娱乐活动为主
特色	家：打造都市居民的第二个"家"——倡导亲情服务，塑造清洁、安逸、舒适的"家"园；四"家"——农民（家人）、农家（第二个家）、农田（家园）、农产品（家礼）	景：打造民族风味浓郁、特色鲜明的"奇村"，提倡村寨景观化——倡导体验服务，借景区的"形"，利用重大事件的"势"，扬"民俗村"的"名"，赢得大量的观光游客
开发条件	依托大都市，交通便利，乡村植被景观保存较好，与城市反差较大	拥有独特的景观资源或者是浓郁的乡村或民族特色
客源市场	具有稳定的城区客源市场，客源的回头率较高，停留时间长	主要是景区的一次性客源，范围较广，停留时间短
典型案例	四川"农家乐"、北京"民俗村"	贵州天龙屯、桂林的龙胜梯田

（二）市场需求的季节性

有淡、旺季分明的特点，如 3 月份的"桃花会"，5—12 月的赏果活动是旅游旺季，以周末经营为主（星期五、六、日三天），每户日均接待游客 40～50 人。一年中淡季有 6 个月，客源不足全年的 20%。如成都龙泉驿区每年 3 月桃花盛开的 20 天里，平均每天的客流量达 6 万～8 万人次，周末每天达 12 万～15 万人次，最高峰期甚至达 20 万人次/天。北京市由于滑雪旅游的出现以及冬季餐饮娱乐的室内化，导致季节性差异有所减弱，但仍然十分明显。

（三）经营方式的灵活性

（1）采用季节差价与人数差价：一般吃住一天消费为成都 40～50 元，北京 70～80 元，因季节价格上下浮动 10%～20%。保持最低价，不打价格战是他们的"共同纲领"。

（2）客源分流机制：互相推荐、共同致富是他们的"行业规矩"。农家乐之间相互介绍无法接待的游客，适当收取一定的介绍费。

（3）"强强联手"、扩大规模是他们的发展思路。经营者的两栖性："农家乐"经营一般都带有"副业"性质，农户除经营"农家乐"外，还有土地经营作为其生活的基本保证。"农家乐"多以农户自住房屋为基础进行经营。为适应顾客的需要，一般"农家乐"都会将原住房加以装修、扩展（实力雄厚的甚至新建娱乐场所），然后添加棋牌、卡拉 OK 等娱乐设备，为游客提供吃、住、娱乐等服务。"农家乐"一般是夫妻经营或父子（女）、母子（女）等直系亲属经营，家庭经营色彩浓厚。雇用的服务员也多为亲戚，季节性经营的"农家乐"更是如此。每到"桃花会"期间，亲帮亲、邻帮邻的现象普遍。北京的民俗村则有典型的非专门化的"两栖型"特点，客房由乡村居民自建，一般改造建设三间客房投入 2 万至 3 万元，有客人来则接待客人，淡季没有客人的时候关闭，或者也可以接待亲戚（乡村地区亲戚往来比较频繁）；家庭旅馆并不是家庭的唯一收入来源，如种植果树、外出做工等为农户提供了其他收入。市场的季节性使这种"两栖型"的经营方式有很强的生命力。

经营主体以中青年农妇为中心：北京市的民俗旅游接待户是以中青年农妇为主体的，没有中青年农妇的家庭（如孤寡老人家庭、老年夫妇加单身儿子的家庭等）便不具备开设家庭旅馆的基本条件。房山十渡西庄村的民俗旅游组织干脆就以"巧姑靓嫂"命名，房山区妇联与十渡风景区管理委员会在 1999 年就向一些农户颁发了"青山野渡，巧姑靓嫂旅游示范基地"的牌子。民俗旅游接待户一般都没有雇佣固定的服务人员，家庭主妇负责日常接待与饮食准备工作，忙的时候一般是请没有接待客人的乡邻（也是农妇）来帮忙，付给一定的报酬。

政府普遍采取先扶持后规制的政策：政府往往把乡村旅游作为扶贫与促进乡村发展的战略来发展，乡村旅游发展的前期在资金、手续、税费、宣传、基础设施建设、培训方面普遍采取扶持政策，然后采取标准管理逐步规制。各种行业协会成立，行业自律行为逐步产生作用。

除了上述两个类型之外，还有特色村寨的乡村旅游类型。特色村寨是乡村建设和发展的历史缩影，也是传统文化的凝固和遗迹。这种类型的乡村旅游和民俗旅游交织在一起，具有浓厚的乡村文化和村落建筑特色。如北京市门头沟区的明清建筑群、福建的客家土楼、贵州的苗乡"寨子"、安徽黄山下的牌坊群等均属于此类。我国乡村旅游的主要类型及其特征如表 9-2 所示。

表 9-2　我国乡村旅游的主要类型及其特征

类型	区位条件	主要特点	客源市场	主要旅游目的	现有实例
都市郊区	大都市郊区，城市绵延带	一定产业化程度的观光农业	都市居民，长住都市的境外人士	休憩、度假	京郊农村、珠三角农村
景区周缘	风景区周围乡村	山水风景之中的田园风光和传统农耕活动	来风景区旅游的游客，境外欧美自助游客	文化观光	河北野三坡、广西阳朔县城周围农村
特色村寨	有可进入性的乡村地区	有特色建筑群和淳朴民风民俗	以城市居民为主的外地游客，境外游客	猎奇、求知	浙江诸葛村、福建土楼、安徽西递村

【案例 9-1】

天津蓟县乡村旅游发展迅速

蓟县位于天津市最北部，是该市唯一的山区县，由于过去农村经济发展不发达，从而保留了良好的生态环境和旅游资源。这里自然风光优美，历史文化悠久，尤其是乡野风光、田园风情、乡风民俗特色鲜明而富有强烈的吸引力。再加上距离天津、北京两大城市仅在一个半小时的车程之内，正好位于城市居民休闲消费圈之内，且交通便利，发展乡村旅游具有得天独厚的优势，从而较早迈入了全国农家乐旅游发展的前列。

从 20 世纪 90 年代起步至今，蓟县农家乐旅游发生了翻天覆地的变化。由十几年前的个别村、个别户发展到了目前的 11 个乡镇、70 个旅游特色村、2 个全国农业旅游示范点，1 100 个农家院旅游户、床位 20 000 张、餐位 30 000 个、农家院旅游出租车 150 辆，果品和蔬菜采摘园 2 800 亩、农家院垂钓园 40 个、乡村农产品旅游购物市场 65 个，从业人员 25 000 人、受益人口 80 000 人。仅 2007 年乡村旅游年接待量就已经达到了 77 万人次/天，年旅游收入超过了 3.36 亿元，户均收入近 4 万元。乡村旅游业已成为蓟县山区库区农村经济发展的重要抓手、统筹城乡协调发展的重要举措、农业增效和农民增收的重要途径。

蓟县旅游特色村的发展是一个在实践中不断探索发展的过程。蓟县坚持"总体部署，规划先行，规范管理，持续发展"的原则，提出了"百村创建，千户发展，万人参与"的旅游特色村发展思路，形成了"政府主导，部门联动，农民主体，公司介入"的发展格局。

一、政府主导

蓟县农家乐旅游自发展初期就得到了各级旅游部门的指导和帮助，尤其是在规划建设、经营管理、市场促销方面。一是在资金上加大引导投入，仅 2007 年就投入专项引导资金近 1 000 万元，用于旅游特色村基础设施建设和农家院旅游经营户的小额贷款贴息，政府引导资金的投入，激发了农民开办旅游的积极性，吸引了有关部门、乡镇、村和农户近 1.5 亿元的资金投入，起到了引导投资、激活产业、树立品牌的巨大作用；二是出台了一系列扶持政策。为推进特色村旅游的发展，2004 年 10 月，在蓟县旅游局的积极建议下，县委、县政府制定下发了《关于鼓励和扶持农家院旅游发展的决定》，县政府每年从财政拿出部分资金，用于旅游特色村的基础设施建设，并在审批、收费、税收等多方面制定了扶持政策。同时，县政府还协调开发行、信用联社，采取银政合作方式，积极争取银行对农家旅游户的贷款支持，九山顶、毛家峪就是银政合作发展特色旅游村的典型。

二、科学规划

2007 年，蓟县聘请旅游规划设计公司编制了《蓟县乡村旅游发展规划》，各旅游重点乡镇也根据全县农家院旅游发展规划和本乡镇实际，编制乡镇旅游特色村发展镇域规划。并要求各乡镇在规划编制中要充分考虑资源状况，有条件的发展旅游村，对于没有条件的，要积极探索如何围绕旅游特色村发展果品、畜禽养殖等产业，服务于旅游特色村。对于可优先发展的重点村，聘请专业设计公司进行整体规划保障，重点打造全景式的乡村旅游典范。

三、规范管理

为加强对乡村旅游的管理，蓟县成立了由主管副县长任组长，旅游、公安、工商、卫生、环保等相关部门领导为成员的农家院旅游工作领导小组，县旅委成立了农家院旅游管理科，各有关乡镇也建立了旅游办公室，各专业村均建立了农家院旅游服务中心，实现了对乡村旅游的县、乡、村三级管理体系。县旅委下发了《蓟县农家院旅游管理暂行规定》，制定出台了《蓟县农家院旅游户服务质量标准》、《蓟县旅游特色村质量标准》，按照标准对各旅游村、农家院旅游户实施严格的星级评定、挂牌管理、办证办照、执法检查。对于旅游特色村公共服务设施，蓟县实行"统一规划、统一设计、统一制作、统一管理"，在全县交通主干道路建成了旅游特色村交通导向系统；在重点专业村内统一设计、设置了各种标志牌、引导牌。在旅游特色村发展的集中区域，建设了三座专业洗涤站，统一配置农家院客房床上用品，统一清洗消毒；2008 年还投入近 600 多万元，为旅游村统一建设垃圾中转设施。同时，还将一些营镇为切入点，全面推广绿色食品统一配送和农家院餐具统一配送，全面促进特色村旅游上档升级。

四、重视服务质量

蓟县成立了农民旅游培训中心，先后举办特色村旅游管理人员、特色村旅游经营人员培训班 500 多期，就服务礼仪、服务技能、导游知识、烹饪知识以及卫生防疫、防火、防盗、环境保护等知识进行培训，培训人员达 15 000 余人次。同时还组织农民赴国内外乡村旅游业发展地区考察学习，还与电视台合作，每年举办一届农家乐厨艺大赛，还组织民间手工技能大赛和环境卫生大评比，使农家乐旅游的整体服务水平全面提升。

五、注重挖掘特色

蓟县坚持"农"字为根、突出特色的方针，根据不同村落在生态环境、文化底蕴、种植养殖结构等方面存在的差异性，确定不同的乡村旅游发展定位，打造一村一个品位，一户一个特色。形成了依托景区型、民俗文化型、自然生态型、采摘型、养殖型等多种类型特色的旅游村。在这些村分别发展了生态观光、享受田园、体验民风以及皮影、草编、缝绣、根雕、泥塑、石艺、漏粉、小杂粮加工等特色旅游项目。在特色村旅游的经营上，各村根据自身民族、民俗特色和游客需求，设计推出了"我到农家过大年"、"当一天山里人"、"村里有我一棵树"、"乡村摄影大赛"、"乡村艺术之旅"、"乡村民俗体育竞赛"等参与性较强的农村特色旅游活动。毛家峪还建成了蔬菜博物馆和传统农具展览馆、农家畜禽动物园等项目，增强了特色村旅游的吸引力，丰富了农家乐旅游的内涵。

六、加大宣传促销力度

蓟县旅委建立了农家乐旅游官方网站，将全县旅游特色村及经营户全部上网，并在旅游特色村服务中心明显位置由旅游部门统一设立了农家乐旅游户公告牌。在津京冀新闻媒体开设了"蓟县农家乐旅游"专栏，录制了"蓟县农家乐"光盘，印制了《蓟县农家乐旅游指南》，拍摄了"农家乐"特色旅游风光片，推出了"洋人农家过春节"等特色旅游主题活动，在京津冀等大城市举办蓟县农家乐旅游产品推介会，与市内各大旅行社进行联谊，搭起了产品推介平台。

七、探索管理模式创新

蓟县在乡村旅游的发展过程中，形成了特色村旅游经营管理的三种模式。一是依托景区型。依托景区丰富的旅游资源和大量的人流，带动周边乡村的旅游住宿、餐饮、购物及传统的配套服务，拉动农副产品、土特产品的销售。二是集体组织型。那些离景区较远，但旅游资源丰富，村两委班子团结实干的村，集体有组织地引导农民，按照统一规划和建设的要求，发展旅游接待设施。这种模式的代表是仁义农家——大峪，康乐农家——大平安，塞上水乡——郭家沟等村。三是公司介入型。毛家峪村就是一个典范。2005年，该村充分发挥资源优势，利用土地等资源入股，与天津永泰红墩集团达成了合作协议，成立了毛家峪旅游发展有限公司，不仅引进了大量资金，而且引进了该公司的一批优秀管理人才和现代经营理念，全面提升了毛家峪农家乐旅游向更高层次发展。

【思考与讨论】

谈谈你对科学发展乡村旅游的认识和看法。

第四节　乡村旅游项目策划

一、乡村旅游项目的特点

（1）旅游资源的丰富性。乡村既有自然景观，又有人文景观；既有农业资源，又有文化资源。乡村旅游资源丰富多样。

（2）乡村旅游的地域性。乡村既有南北乡村之分，又有山地平原乡村之分，还有汉族和少数民族乡村之分。乡村旅游具有明显的地域性。

（3）旅游时间的季节性。乡村农业生产活动有春、夏、秋、冬四季之分，夏、秋季节农业旅游火爆，冬、春季节旅游冷淡。乡村旅游具有很强的季节性。

（4）乡村旅游的可参与性。乡村旅游不仅仅是单一的观光旅游活动，而且还包括劳作、垂钓、划船、喂养、采摘、加工等参与性活动。乡村旅游具有很强的可参与性。

（5）旅游产品的文化性。我国农业生产源远流长，乡村劳作形式繁多，有刀耕火种、水车灌溉、渔鹰捕鱼、采药采茶，还有乡村民风民俗、传统节日、民间文艺等。这些都充满了浓郁的乡土文化气息。

（6）人与自然的和谐性。乡村景观是人类长期以来适应和改造自然而创造的和谐的自然和文化景观，既保持着原来的自然风貌，又浓厚的乡土风情。乡村这种"古、始、真、土"的乡土特点，使乡村旅游具有贴近自然、返璞归真和人与自然和谐的特点。

（7）旅游经营的低风险性。由于乡村旅游是在原有农业生产条件和资源基础上，通过经营方式的调整，不破坏原有生产形态，而使其多功能化、生态化的过程。开发难度小，见效较快，风险较小。

二、乡村旅游项目策划的原则

在乡村旅游项目策划过程中要注意的首要问题是协调好开发与保护之间的关系。一般来说，其开发活动应坚持如下原则。

（1）保护优先原则。乡村旅游的开发必须以乡村旅游资源保护为前提，若没有保护优先原则，在经济利益的驱动下，难免会造成景观破坏及景观差别的缩小乃至消失。

（2）科学管理原则。科学管理是减少旅游开发活动对资源及环境影响的有效手段。根据不同区域的景观敏感性的不同进行分区管理，利用先进的技术手段对旅游活动带入乡村景区系统的物质和能量进行处理。在乡村旅游活动的管理中，可采用制定环境保护及传统文化保护与建设规划、建立环境管理信息系统、开展旅游环境保护科学研究、强化法制观念、健全环保制度、加强游客及当地人的生态意识等对策来加大管理力度。

（3）生态经营原则。生态经营原则要求旅游开发及经营带给生态系统的额外的物质和能量尽可能少。乡村旅游开发不鼓励大兴土木，而是提倡因地制宜，质朴自然。

（4）法制监控原则。管理部门要严格管理和保护环境，根据地域特点，建立健全各项规章制度，然后根据"谁主管、谁负责"的原则分类、分层次、分范围，明确管理职责，配设专人进行监督，以此来加大法制监控力度。

三、我国乡村旅游发展存在的问题

我国乡村旅游由于起步晚，存在着经营管理粗放，服务层次和水平低，服务设计落后，产业的类型单一粗糙，对旅游景区、农业生产的收获活动及传统节庆活动过分依赖，经济效益低等问题。正确认识当前乡村旅游发展中的问题和不足，是发挥以旅游促进社会主义新农村建设的重要前提。

（一）缺乏正确观念和认识，发展思路不清

在发展乡村旅游的过程中，社会各界对乡村旅游的内涵、特点、性质等知识了解不够全面；一些地方政府对乡村旅游的资源优势把握不准，对乡村旅游重视程度不够，主导意识不强，未能形成系统的乡村旅游发展观。

（二）缺乏科学规划

有些地方政府急于发展经济，缺乏科学的整体规划，一哄而上，盲目开发，造成旅游布局不合理，功能雷同，无法实现区域内旅游资源的有效整合，使得乡村旅游的巨大潜力不能有效发挥；一些农民急于致富，既不做市场调查和投资分析，也不做产品规划设计，只是简单地利用现有的农田、果园、牧场、养殖场发展旅游，市场定位不明确，只利用了资源的原始价值，不能创造资源的再生价值，开发层次低，产品品位不高，因而逐渐衰落停业。

（三）政策措施不到位

尽管以旅游促进"三农"发展是中央及地方各级政府的共同认识，但相关的配套政策措施还很不完整，如投资开发优惠政策、保护政策、税收政策、信贷政策、经济扶持政策、鼓励吸引外资政策等方面，还有待于出台并完善。这些配套政策措施的滞后或空白，严重制约了乡村旅游的快速发展。

（四）监管力度弱

目前乡村旅游行政管理部门主要是地方农业部门和旅游部门，各部门之间存在着协调难的问题，常常出现"两张皮"现象，从而使旅游监管出现"挂空挡"现象。另外由

于乡村旅游处于"小"、"散"、"杂"的局面，使得乡村旅游管理部门难以形成中心角色，监管力度较弱。

（五）产品缺乏特色及品牌

我国现阶段乡村旅游活动主要停留在观光、采摘、垂钓等常规项目上，产品单一雷同，各地的乡村旅游产品和服务同质化趋势较严重，缺乏精品和亮点，致使游客重游率低。一些"农家乐"、"民俗游"、"村寨游"等活动内容趋同，缺乏体验、休闲项目，缺乏文化内涵，地域性、个性化特色不突出，难以满足游客的深层次需求，造成游客逗留时间短，消费支出受抑制。

（六）服务设施落后

因为缺乏规划，许多景区没有相关配套的设施设备。有些景区道路凹凸不平，狭窄难行，可进入性非常差；有些景区村户面貌落后，屋内摆设陈旧，卫生及住宿条件让人望而生畏，让游客感觉是在花钱买罪受。

（七）专业人才匮乏，经营管理不规范

乡村旅游的经营主体是乡村居民，他们多未受专业培训，旅游服务意识较差，服务质量较低，经营过程简单粗放，而作为主管部门的旅游管理部门也普遍缺乏专家型的管理人才，现有管理者对乡村旅游理论掌握不够，实践研究不足，往往凭经验办事，缺乏对乡村旅游经营特点和规律的深层认识，影响了乡村旅游的健康发展。

（八）缺乏产业链，综合经济效益低

现有的乡村旅游产品类型集中在吃、住、游等几个主要环节，而行、购、娱等环节的产品尚为空白或严重缺乏，没有形成完整的旅游产业链，乡村旅游上下游相关产业缺乏融通，无法进一步产生更多的延伸产品和服务，影响了乡村旅游综合经济效益的提高。

四、我国乡村旅游发展策划思路要点

（一）产品的升级

产品是任何旅游分支行业发展的核心。[①] 国内现有的乡村旅游产品以民俗村（农家乐）、采摘园（观光农园）等为主体。从国际经验来看，这些并不是未来乡村旅游发展

---

① 吴必虎，伍佳. 中国乡村旅游发展产业升级问题［J］. 旅游科学，2007（3）：12，13.

的主流趋势。未来的方向应该是休闲度假和康体娱乐。由此带来乡村旅游的产品升级转化，如第二住宅、分时农业、滑雪、会展、节事等产品会越来越成为乡村度假的主要吸引物。当然，民俗村（农家乐）、采摘园（观光农园）等形式作为接待的基础，将长期存在发展，如何提升服务质量和形象是下一步的关键。要引导乡村旅游与周边景区景点联动发展，既丰富游线内容，延长游客滞留时间，又形成产业集群规模效应。另外，结合乡村旅游发展的新局面，可适当引入新型农业产品或产销体系，例如超市农业（借助原有旅游商品销售体系，在市区和区县中心地，评选设立一批乡村旅游商品超市或柜台，集中销售有特色的当地乡村旅游商品）、阳台农业（开发能让游客直接带回家的盆栽果蔬）、立体农业、动物农业等。以经济、科技、交通、信息资源等相对优势取代土地等自然资源的原始粗放劣势。

（二）加强营销的细分和深化

要进一步地深入研究市场，通过游客的社会属性、偏好和行为等方面的特征对市场进行细分，针对细分市场进行专门的营销。特别要运用好网络营销的工具，改变现在落后局面，优化现有信息平台。在当今信息化时代，人们出行之前都依赖于互联网搜索信息，确定目的地和行程安排。而目前乡村旅游中，以自驾车等自助游方式出行的游客越来越多，自助游极大地依赖于网络信息，这就决定了必须有强大的信息平台来支撑这一需求。目前乡村旅游的网络服务供给与需求极不匹配。因此有必要在短期内，与信息部门加强合作，全面建设乡村旅游的网站体系，并形成信息网络，在展示乡村旅游的同时，适当加快信息更新速度、开展在线服务，并对大型的门户型网站逐步建立国际频道，例如英文、法文、日文、韩文等语言的版本。

（三）注重市场的分级与拓展

现有的乡村旅游的市场以本地城市居民观光休闲为主，与国际先进水平还存有较大差距。未来的各乡村很有可能会形成不同层次并存发展的状况。高端乡村旅游应该像国际知名的意大利西西里岛、撒丁岛，马来西亚沙巴树屋等一样发展国际乡村度假旅游。

目前我国的度假产品在国际上竞争力不强。国际上主流的度假产品主要是海滨度假、温泉度假、山地（冬季滑雪）度假以及乡村度假。海滨度假方面，我国竞争力不如夏威夷、加勒比海、巴厘岛、地中海地区；温泉比不过日本；山地滑雪度假比不过阿尔卑斯、北欧和加拿大。只有在乡村度假方面，我国有一定的优势。对于国内乡村旅游发展较好、国际知名度较高的地区，如成都、北京、上海、杭州、云贵等地，可提炼出一些优秀的乡村旅游品牌，建设、营销成为国际旅游产品，不仅服务本地城市居民，也不仅是观光旅游，更可以开发中远程的度假市场，吸引国际游客。这一目标看似遥远，其实在云南香格里拉已经出现悦榕仁安藏村度假村这样一个成功的案例。

（四）加强从业人员培训，提高从业人员整体素质

乡村旅游的投资经营主体是农民，要使乡村旅游健康发展，避免出现一些景区常见的村民为争客源而强行拉客、兜售等破坏景区秩序和旅游环境的现象，就必须加强对乡村旅游经营者、从业人员及村民的教育和培训。首先可以采取多种形式，对农民进行农业科技、职业道德、民俗文化、旅游接待经营管理等方面的培训，提高农民在乡村旅游中的技能和水平；其次还可通过举办专题讲座、外出考察学习等多种途径进行培训，提高从业人员的综合素质，为乡村旅游发展提供人才资源保障，促进乡村旅游向科学化经营、规范化服务方面发展。

（五）规范接待服务体系，提升服务水平

政府要逐步健全规范的乡村旅游接待服务体系，完善乡村旅游行业分类标准，从接待设施、接待条件、接待能力和卫生状况等方面规范农民家庭的接待服务标准，提升乡村旅游的服务接待水平，提高服务质量，促进旅游经营者"合法经营，诚信服务"观念的形成。

（六）保持乡村文化本色，注重优良民风的培育

乡村环境的独特性形成了城市居民对乡村旅游的巨大需求，乡村旅游开发应立足于自身的生态农业特色和文化特点，重点体现"真味"、"原味"。保持农村原始风貌及当地传统社会风尚、淳朴厚道的自然秉性，才是成功的乡村旅游开发。不论是产品和服务，还是各种体验活动的设计；不论是村庄环境，还是农家居所，都必须强调乡村特有的情趣和格调，避免乡村旅游发展中产品和服务的城市化趋向。

乡村淳朴的民风是乡村旅游的重要吸引力之一。然而旅游经营活动的开展，经济利益的凸显，都会给原有的朴实民风带来冲击，因此需要在关注村民经济利益与保持朴实民风之间，寻找最佳契合点。培育优良的民风，不仅有利于促进乡村旅游的可持续发展，更可为乡村旅游创造一个良好的社会环境，从而吸引更多的游客。

（七）打造旅游品牌，创新营销策略和发展模式

21世纪是体验经济的时代，品牌则是体验的基础和灵魂。乡村旅游实施品牌战略，可增强旅游者对乡村旅游产品和服务的认可度及感受强度。富有个性和内涵的乡村旅游品牌，能充分调动游客的感官，有效强化体验心理。打造乡村旅游品牌，也是解决乡村旅游产品和服务同质化趋向的较好方式。

【案例 9-2】

天津市宁河县乡村旅游发展策划①

一、乡村旅游资源概述

宁河县的乡村旅游资源是指宁河各乡镇的乡村人居环境、农业生产及其环境、乡村生活方式，以及村落所依托的乡村社会背景之下的各种自然旅游资源和人文旅游资源，可以从农村、农业和农民三个方面来描述。

（一）农村：村落自然人居环境及历史文化风物

宁河县地貌属海积、冲积平原区，地势北高南低，地处九河下梢，河渠密布，分属蓟运运河、潮白河两大水系，流经县境的一级河道有蓟运河、潮白河、还乡河分洪道、永定新河和北京排污河 5 条，注淀 43 个，较大的是七里海，面积为 68.5 平方千米。属温暖带半湿润季风气候，自然资源丰富，野生动植物资源有 30 多科类 600 多个品种。境内还有丰富的地热资源，开发利用前景广阔，县内有文物古迹 100 多处。其他自然旅游资源还有潮白新河、蓟运河、板桥森林公园、大杨河湾、雁鸣洼旅游度假村、潘庄地热异常区、西七里海地热异常区等。

（二）农业：观光型农业和特色农产品

宁河县是国家确定的优质小站稻、棉花和商品粮生产基地县，全国无公害农产品生产基地示范县。现有耕地面积 59.3 万亩，农业产值已达 11.57 亿元，粮食总产 2.48 亿公斤。经过多年发展，全县已基本形成了 10 万亩水稻、20 万亩蔬菜、2 万亩河蟹、年饲养量 100 万头生猪、存栏 2.1 万头奶牛、一次存栏规模 200 万只肉鸡六大优势农产品基地。以此为依托，主导农产品深细加工销售龙头企业迅猛发展，全县共有农产品加工销售企业 203 家，固定资产投入总值达 7 亿元。天津中芬乳业有限公司、天津完达山七里海乳品有限公司、津沽粮食工业公司、宁河原种猪场、七里海水产品有限公司已经成为市场前景好、带动能力强、产业关联度高的重点龙头企业。推出了天河牌种猪、津沽小站米、七里海河蟹、中芬奶制品、天祥水产等一批市级以上农业名牌精品。目前，高效经济作物在种植业中的比重、养殖业产值占农业总产值的比重及农户进入产业化经营体系的比例均超过 60%。农业产业化经营模式逐步完善，现代农业新格局已具雏形。

宁河观光型农业的突出代表是赵学村生态旅游点。位于宁河县板桥镇东南，现有耕地 1 500 亩，村庄民宅占地 100 亩，70 户，243 人。建有保护地温室 38 栋，改良中棚 100 栋，农用机井 3 眼，泵点一个，完全能够确保全村耕地旱能灌、涝能排。乡村公路

---

① 天津商业大学与天津市宁河县校地合作重点项目《天津市宁河县旅游发展总体规划（2008—2020）》（王庆生主持）之子课题《宁河县乡村旅游开发研究》（金媛媛执笔）的部分内容。

横贯全村，农田道路四通八达，道路两旁绿树成荫。村庄周围没有任何污染源，曾被市有关部门确认为无公害蔬菜生产基地、市级生态村，具有优越的观光旅游景点创建优势。

农产品方面，最值得一提的是七里海的水产。自古以来，就有"七里海，三宗宝：银鱼、紫蟹、芦苇草"之说。七里海盛产的银鱼、紫蟹，明清时曾是宫廷贡品。七里海河蟹"地理标志产品保护"的申请获得了国家质检总局专家团的一致通过，成为天津市唯一获得这项殊荣的产品，今后，七里海河蟹将与阳澄湖大闸蟹齐名。此外，宁河因产香甜黏软的小站稻，驰名中外，被国务院确定为优质小站稻基地县，以及棉花基地县和产粮大县。

（三）农民：民间文化

1. 民俗活动

宁河的民俗活动最有特色的要数民间花会。俗称"闹玩意儿"，是一种群众性载歌载舞的自我娱乐活动，多在年节或"庙会"期间表演。元朝末年至永乐年间民间花会舞蹈始流行于宁河县，最早的有"地秧歌"，俗称"大秧歌"。特点是组织规模大，表演人员多达百人以上，演出灵活，不受场地限制，舞台、街头、庭院均可表演。另有小车会、踩高跷、走旱船、跑驴、罗汉、舞中幡、打腰鼓、耍龙灯等十几个品种，演出形式多种多样，生活气息浓郁，富有喜庆色彩。

2. 民间音乐、戏剧

演奏者为民间乐班，演奏乐器有：管、笙、萧、笛、唢呐、二胡及打击乐器，主要曲目有四扇佛、大三宝、八条龙、琵琶会、祭腔、句句双、孟姜女等。宁河县流传的民歌有：抗战八年、逛花灯、哭坟、大花棍、十个字号等。

戏剧方面，京剧、皮影、评剧和河北梆子是宁河人民较为喜欢的剧种。

3. 民间艺术

宁河县丰台镇的木版年画历史悠久，至明末清初，印刷水平已有了较高的发展。丰台木版年画继承了北方平水系统的坊刻传统，作品质朴、粗犷。主要年画有：榴开百子、吉庆有余、耕织图、白蛇传、三岔口、埋子得金等。

剪纸艺术在宁河县民间也广为流传，主要是窗花和"喜"字，另外还有泥塑、面人儿、糖人儿和近年兴起的根雕艺术。

4. 民间风味食品

宁河有北方常见的野菜，如荠菜、水菜、马齿苋、苣荬菜、药芹等，形成了独具乡野特色的乡村风味食品。宁河最有特色的菜肴要数宁河醉蟹了。七里海紫蟹青壳、白肚脐、金钩爪，个大、肉厚、膏美、味鲜。七里海紫蟹在宁河的吃法多样，特别是醉蟹，堪称美食一绝。醉蟹的特点是：色泽明亮剔透，宛若白玉雕得，橙红的蟹黄，顶伏在上，令人想起"傲然挺立一点红"的丹顶鹤。蘸醋、佐酒食之，酒香伴鲜美，鲜美衬酒香。醇厚怡人，妙不可言，不愧为美味之佳品。

二、乡村旅游资源评价

(一) 自然与人文完美的交融

从前面的各项分析来看，宁河县的自然风光、历史遗迹、民俗风物广泛分布在各个乡镇，互相交融；由于各种资源的搭配不同，形成各自不同的特色，尤其是七里海周边地区，既有高品质的优美的自然资源，又有较为丰富的人文旅游资源。这些遗迹历史悠久，已经与周边的自然景观有机地融为一体，并且深刻地影响了周边村落的文化，加上本地的特色农产品，形成了自然与人文完美的交融，为相关村落开展乡村旅游创造了极为优越的先天条件。

(二) 具有鲜明的乡村性

乡村性是乡村旅游最大的魅力所在，乡村越鲜明，越能吸引游客。宁河的旅游资源的乡村性主要体现在"三农"上，即农村、农民与农业，如图 9-2 所示。

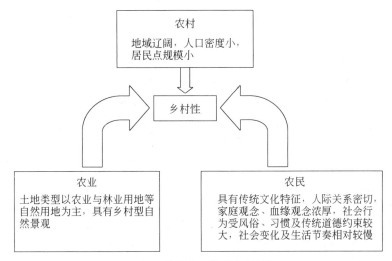

图 9-2　乡村旅游资源的"乡村性"图示

(三) 开发潜力较大

宁河县具有较好的乡村旅游资源，但是到目前为止，乡村旅游仍停留在自发发展阶段，目前只有两处在发展乡村旅游。一处是七里海一带，只有垂钓等项目，而且发展无规划，人员无培训，接待设施不足，服务质量不高，管理不规范；另一处是贵达旅游度假村，但该处消费层次较高，与大众的经济能力不匹配，尚不能称得上是真正的乡村旅游。总体来讲，宁河的乡村旅游亟须得到规划和开发，以带动第三产业发展，搞活旅游经济，满足人民的物质文化生活需要。

三、宁河县乡村旅游产品开发

(一) 产品开发原则

(1) 适度超前的原则：定位适度超前，在注重原生态与乡村文化相结合、观光旅游与休闲度假相结合的同时，贯彻传统资源升级利用、社会资源延伸开发、区域产业结构整合、市场导向深度开发的理念，全面提升产业素质。

（2）科学发展的原则：以科学的发展观统领全局，一切从宁河乡村现状和旅游发展这两个实际出发，不能顾此失彼。

（3）发挥特色的原则：充分考虑各乡镇、村的景观特点、民风民俗，必须在有利于发挥自己比较优势的基础上进行发展，做到一村一品，有效地避免同质化，最终形成宁河乡村旅游独有特色，走特色发展之路。

（二）产品开发思路

紧紧围绕"新农村"建设，突出生态、绿色、环保、休闲特色，抓住文化差异、资源差异、生态差异、生活差异，走特色化、产业化、规模化、规范化、品牌化的发展之路，形成融"活动参与、文化体验，乡村休闲，绿色度假"于一体的乡村旅游产品体系，大力提升乡村旅游管理水平和服务质量，把宁河乡村旅游打造成为国内一流、国际知名的乡村旅游产品。

（三）产品开发方案

根据前面分析的宁河县乡村旅游资源的区域优势和特色，运用本规划"产品分类"的指导思想，将宁河县的乡村旅游产品分为六大类（见表9-3）。

表9-3　宁河县乡村旅游产品开发方案

产　品　系　列	具　体　内　容
家庭旅馆系列	居民宅、农家菜
特色餐饮系列	特色菜、土特产品
休闲渔场系列	渔文化、垂钓、科普养殖
观光农园系列	示范区、科普区、体验区
畜牧养殖系列	示范区、科普区、体验区
民俗节庆系列	民俗风情、民间工艺、竞技民俗

【思考与讨论】

1. 乡村旅游发展中应如何处理开发与保护的关系？
2. 乡村旅游产品开发如何有效利用乡村旅游资源条件？

本章思考题

1. 简析乡村旅游的概念与特征。
2. 简析国外乡村旅游发展对我国的启示。
3. 如何把握乡村旅游项目策划的原则？
4. 结合实际，就我国乡村旅游发展发表个人见解。

第 十 章

生态旅游策划与管理

教学目的、要求：

　　正确理解生态旅游的内涵与实质；科学把握生态旅游项目策划的原则与方法；了解自然保护区生态旅游开发的相关知识。

教学重点：

　　生态旅游的概念及其意义；生态旅游项目策划与管理要点。

第一节　生态旅游的内涵及其研究进展

一、国外学者对生态旅游的界定

（一）生态旅游的概念

　　生态旅游（ecotourism）这一名词源于"生态性旅游"（ecological tourism），1980年加拿大学者克劳德·莫林（Claude Moulin）在其题为"有当地居民与社团参与的生态与文化旅游规划"的论文中首次提出了这一概念。1983年国际自然保护联盟（IUCN）特别顾问墨西哥专家谢贝洛斯·拉斯喀瑞（H. Cabalas Ascertains）在文献中首先使用"生态旅游"一词，而这一名词的正式确认是在1986年墨西哥召开的国际环境会议上。1988年贝洛斯·拉斯喀瑞进一步给出了生态旅游的定义："生态旅游作为一种常规的旅游形式，游客在欣赏和游览古今文化的同时，置身于相对古朴、原始的自然区域、尽情考究和享乐——旖旎风光和野生动植物。"这里，对生态旅游作了两个定位：其一，生态旅游是一种"常规旅游活动"；其二，旅游的对象由"古今文化遗产"扩展到"自然区域"的"风光和野生动植物"。

　　美国世界自然基金会（WWF）是研究生态旅游比较早的国际机构，其研究人员伊丽莎白·布（Elizabeth Boo）于1990年对生态旅游所作的定义是：生态旅游必须以"自然为基础"，就是说，它必须涉及"为学习、研究、欣赏、享受风景和那里的野生动植物等特定目的而到受干扰比较少或没有受到污染的自然区域所进行的旅游活动"。

后来人们开始从一个更高的角度探求什么是真正意义的"生态旅游"。

Bourse（1992）指出，生态旅游是一种"负责旅游"，旅游者认识并考虑自身行为对当地文化和环境的影响。

伊丽莎白·布（Elizabeth Boo）在 1990 年原有定义的基础上，对该定义进行了修订，提出"生态旅游是以欣赏和研究自然景观、野生生物及相关文化特征为目标，为保护区筹集资金，为当地居民创造就业机会，为社会公众提供环境教育，有助于自然保护和可持续发展的自然旅游"。

生态旅游学会（Ecotourism Society）1992 年将生态旅游限定为："为了解当地环境的文化与自然历史知识，有目的地到自然区域所做的旅游，这种旅游活动的开展在尽量不改变生态系统完整的同时，创造经济发展机会，让自然资源的保护在财政上使当地居民受益。"

瓦伦丁（P. S. Valentine）于 1993 年从以下四个方面界定生态旅游。

（1）以没有受到污染的自然区为基础。

（2）生态可持续，不会导致环境破坏或环境质量的下降。

（3）对旅游区的持续保护和管理有直接贡献。

（4）建立充分恰当的管理制度。

较具综合性的概念是澳大利亚联邦旅游部 1994 年在制定其《国家旅游战略》时，由 Ralf Buckley 提出的概念。Ralf Buckley 认为，生态旅游是"以大自然为基础，涉及自然环境的教育、解释与管理，使之在生态上可持续发展的旅游"，Ralf Buckley 给出了一个含义广泛的生态旅游概念框架。

（二）国际生态旅游标准

2002 年，以绿色环球 21 认证制度为基础，澳大利亚生态旅游协会和澳大利亚可持续旅游合作研究中心共同起草完成了国际生态旅游标准（The International Ecotourism Standard），并由"绿色环球 21 世纪"独家掌握执照发放和管理权。

该标准是以澳大利亚全国生态旅游认证项目（NEAP）和《关于旅游业的 21 世纪议程》为基础而制定，并按照生态旅游认证专家于 2001 年 11 月通过的《莫霍克协议》中的生态旅游认证原则进行的。该标准被提交到 2002 年 5 月在加拿大魁北克召开的国际生态旅游高峰会议上讨论，在广泛征求意见的基础上，得到了进一步的完善，并于 2002 年 10 月在澳大利亚凯恩斯国际生态旅游大会上正式公布实施。

国际生态旅游强调以下 8 个方面的内容。

（1）生态旅游的核心在于让游客亲身体验大自然。

（2）生态旅游通过多种形式体验大自然来增进人们对大自然的了解、赞美和享受。

（3）生态旅游代表环境可持续旅游的最佳实践。

（4）生态旅游应该对自然区域的保护做出直接的贡献。

（5）生态旅游应该对当地社区的发展做出持续的贡献。

（6）生态旅游尊重当地现存文化并予以恰当的解释和参与。

（7）生态旅游始终如一地满足消费者的愿望。

（8）生态旅游坚持诚信为本、实事求是的市场营销策略，以形成符合实际的期望。

二、国内学者对生态旅游的界定

（一）生态旅游与传统旅游的比较

生态旅游与传统旅游相比，在发展目标、受益者、管理方式以及正面、负面影响方面具有自身的特点（见表10-1）。

表 10-1　生态旅游与传统旅游的比较

项 目	传 统 旅 游	生 态 旅 游
目标	利润最大化；价格导向；享乐为基础；文化与景观资源的展览	适宜的利润与持续维护环境资源的价值；价值导向；以自然为基础的享受；环境资源和文化完整性展示与保育
受益者	开发商和游客为净受益者；当地社区和居民的受益与环境代价相抵、所剩无几或入不敷出	开发商、游客、当地社区和居民分享利益
管理方式	游客第一、有求必应；渲染性的广告；无计划的空间拓展；分片分散的项目；交通方式不加限制	自然景观第一；有选择地满足游客要求；温和适中的宣传；有计划的空间安排；功能导向的景观生态调控；有选择的交通方式
正面影响	创造就业机会、刺激区域经济增长，但注重短期利益；获取外汇收入；促进交通、娱乐和基础设施的改善；经济效益	创造持续就业的机会、促进经济发展；获取长期外汇收入；交通、娱乐和基础设施的改善与环境资源保护相协调；经济、社会和生态效益的融合
负面影响	高密度的基础设施和土地利用问题；机动车拥挤、停车场占用空间和机动车产生的大气污染问题；水边开发导致水污染问题；乱扔垃圾引起地面污染；旅游活动打扰居民和生物的生活	短期内，旅游数量较少、但趋于增加；交通受到管制（多数情况下，不允许使用机动车）；水边景观廊道建设阻碍了水边的进一步开发；要求游客将垃圾分类收集，游客行为受到约束；游客的活动必须以不打扰当地居民和生物的生活为前提

（二）主要观点

关于什么是生态旅游，当前国内的说法很多，目前尚无统一公认的科学概念，不同学者给生态旅游赋予了不同的内涵，概括起来主要有以下几种类型。

1. 回归、保护自然说

这类概念认为"生态旅游＝大自然旅游＋保护"，其核心内容是回归大自然并且在旅游活动中应保护自然资源和文化。王尔康认为，狭义的生态旅游是指到偏僻、人迹罕至的生态环境中进行探险或考察的旅游，如南极探险、攀登喜马拉雅山、南美原始森林观赏珍奇动植物等；通常极具冒险精神或强烈科学研究目的的少数旅游者进行此类旅游。广义的生态旅游包括一切在大自然中进行的游览、度假活动，如森林生态旅游、海洋生态旅游、高山生态旅游等。王献博等则认为，生态旅游就是一种欣赏、研究、洞悉自然和不允许破坏自然的旅游，主要以保护区为其观赏对象。牛亚菲认为，生态旅游定义应包含两个基本内容：首先，生态旅游是一种以自然环境为资源基础的旅游活动；其次，生态旅游是具有强烈环境保护意识的一种旅游方式。

2. 居民利益中心说

这类概念认为"生态旅游＝观光旅游＋保护＋居民收益"，其核心内容是增加当地居民收入。认为生态旅游应在保护自然、保护资源、保护文化的基础上开展，而且旅游组织者和旅游者有义务为增加当地居民的收入而做出应有的贡献。郭岱宜认为，生态旅游除了是一种提供自然游憩体验的环境责任型旅游之外，也负有繁荣地方经济、提升当地居民生活品质，同时尊重与维护当地部落传统文化之完整性的重要功能。旅游是一个劳动密集型和资金密集型的产业，能提供大量的工作岗位，增加当地的就业机会。

3. 三大效益协调说

还有学者则兼顾经济、社会和生态三方面协调，以可持续发展的思想来定义生态旅游。如卢云亭在分析了国内外有关生态旅游的定义后，从对环境作用的角度将其定义为："以生态学原则为指针，以生态环境和自然环境为取向所开展的一种既能获得社会经济效益，又能促进生态环境保护的边缘性生态工程和旅游活动。"王志稳于 2002 年在总结和评判了众多生态旅游的定义之后提出："生态旅游是一种依赖所在地域资源，又强调通过旅游活动来促进资源保护的旅游产品；生态旅游在保护环境的同时，必须给当地带来经济、文化、社会的综合利益；生态旅游可以作为可持续发展的一种形式；这种旅游活动具有明显的区位条件，客观上限制旅游规模的扩大，从而在一定程度上达到生态旅游的目标。"王庆生认为，所谓生态旅游，是指为了了解当地的文化与自然历史知识，有目的地到自然区域所做的旅游，这种旅游活动的开展在尽量不改变生态系统完整的同时，创造经济发展机会，让自然资源的保护在经济上使当地居民受益；生态旅游的精髓在于强调人与自然的和谐共存。[①]

综上所述，生态旅游是一种在生态学和可持续发展理论指导下，以自然区域或某些特定的文化区域为对象，以享受大自然和了解、研究自然景观、野生生物及相关文化特征为旅游目的，以不改变生态系统的有效循环及保护自然和人文生态资源与环境为宗旨，并使当地居民和旅游企业在经济上受益为基本原则的特殊形式的旅游行为。

三、生态旅游的发展

生态旅游的发展主要经历了三个阶段，即自然旅游调整时期、生态旅游概念创立时期、生态旅游蓬勃发展时期。

（一）自然旅游调整时期

在 1983 年以前，一些学者开始关注传统的大众观光旅游形式对当地社会所造成的负面影响，并提出了自然观光、自然旅行、伦理旅游、野生生物旅游、绿色观光等一系列与生态旅游相近似的旅游形式。其共同特点是调整性自然旅游，大多是小规模、低密度的活动；主要分散于非城市地区；参与者一般具有较高的教育背景或收入等。虽然与生态旅游有一定的距离，但是已具备了类似生态旅游特性的某些萌芽性质。

（二）生态旅游概念创立时期

生态旅游最初源于人类环境伦理观的觉醒。在 1983 年至 1989 年之间，出现了一批生态旅游的研究者和推行者，主要代表人物有赫克特、柯特、谢贝洛斯·拉斯喀瑞、伊丽莎白·布等。他们从不同角度论述了生态旅游的概念，认为生态旅游是一种发展模式，主张人类应该到相对未受干扰或未受污染的自然区域去旅行，既关注自然景色及环境生态，又自觉地接受知识和文化的洗礼。这些研究和实践推进了生态旅游在各地的蓬勃发展。

（三）生态旅游蓬勃发展时期

生态旅游大规模发展是在 20 世纪 90 年代。人们对生态旅游不仅有了较深的理性认识，而且在实践中形成了生态旅游的巨大热潮；生态旅游不仅范围越来越广，活动规模越来越大，体验类型也越来越多，并成为发展最快的一种旅游形式。英国、美国、法国、加拿大、澳大利亚、巴西、日本、西班牙、哥斯达黎加、肯尼亚等国的生态旅游活动有了全面发展，取得了明显的社会、经济、环境效益。

---

① 王庆生. 生态旅游：人与自然和谐共存 [N]. 大河报，1999-04-27.

第二节　生态旅游项目策划与管理要点

一、概述

生态旅游项目策划涉及旅游者的旅游活动与其环境间的相互关系，它是应用生态学的原理和方法将旅游者的旅游活动和环境特性有机地结合起来，对旅游活动在空间环境上进行合理布局与安排。

生态旅游项目策划应考虑的主要因素包括：旅游资源的状况、特性及其空间分布；旅游者的类别、兴趣及其需求；旅游地居民的经济、文化背景及其对旅游活动的容纳能力；旅游者的旅游活动以及当地居民的生产和生活活动与旅游环境相融合。

从事生态旅游项目策划时，必须分析生态旅游地的重要性，合理划分功能区，拟定适合动物栖息、植物生长、旅游者观光游览和居民居住的各种规划方案。充分利用河、湖、山、绿地和气候条件，为游客创造优美的景观，为当地居民创造卫生、舒服和安谧的居住环境。生态旅游项目策划应与当地的社会经济持续发展目标相一致。满意的策划与规划不仅应该提出当前旅游活动的场地安排，而且应为未来的旅游发展指出方向，留出空间。

二、建立具有地方特色的生态旅游产品结构

选择生态旅游项目时，应根据地方的资源基础，将丰富的植物、动物配置在一起，创建适合各种生物生活习性的环境，如花卉园、热带鱼类园等；或以自然生态系统的景观为背景，创建不同类型的人工景观生态园，如岩石园、热带风光园、沼泽园、水景园等，利用其特定的小气候、小地形、小生态环境，丰富旅游地的生物种类组成。同时，旅游者在开展旅游活动时，需要旅游地提供方便舒适的衣、食、住、行服务，生态旅游点应设法使其服务产业生态化，形成生态服装、生态饭店、生态旅馆、生态商店、生态交通等。进行生态旅游策划时，应考虑这些生态旅游产业结构的方方面面，根据各地自身的特点选择相应的生态旅游产业。例如，对住宿设施的策划，要求不应设在脆弱敏感的生态区域，建筑物以方便简洁为主，采用节能设备，提供以地域产品为主的饮食（最好是绿色食品）及旅游纪念品，所有能源及物质不要给周围的自然生态环境造成不良影响，并由当地人自主经营管理，以保持地域文化的完整。

三、生态旅游项目策划应注意的几个关键问题

（一）科学利用生态旅游景观资源的潜力

旅游景观资源是指对旅游者具有吸引力的自然存在、历史遗迹和文化环境，以及直

接用于旅游娱乐目的的人工景观。它按属性可分为自然旅游资源和人文旅游资源，也可以根据旅游活动的性质分为观赏型旅游资源、运动型旅游资源和特殊型旅游资源。由于一个地方旅游资源的基本构成决定旅游地的性质，因此，生态旅游项目策划必须考察当地旅游资源的基本构成，分析它可能适合开展哪些旅游活动，是否具备发展生态旅游的条件；必须充分体现生物（包括旅游者和居民）与环境的相融性，利用当地的生物资源，保护与发展其生物多样性。

（二）研究生态旅游产业的适宜性分布

生态旅游产业的适宜性分布是一种空间性配置计划，在分析生态旅游资源潜力和环境敏感性空间特点的基础上，将各个产业部门在空间进行合理的布局。资源和环境分析的内容丰富，主要包括特殊用地敏感区、农田保护区、水土保持及水源涵养区、自然灾害敏感区等。在明确了各种活动类型的潜力分布和敏感区位之后，可运用叠图分析的方法，找出各种活动项目的适宜区位，即通过旅游活动用地的生态潜力与生态限制条件分析，产生生态潜力与生态限制分类图，显示同质区域的分布状况；采用等级合并规则将生态潜力与生态限制条件的单要素图件叠合，得到各种旅游活动项目的适宜性等级图；将所有旅游项目的适宜性等级图叠合进行综合分析，最终确定生态旅游项目的适宜性分布图。

当前，我国生态旅游产业分布应向西部地区倾斜，平衡东西部旅游产业的差异。生态旅游资源是西部地区最具开发潜力的资源之一，在西部地区的旅游景区中，拥有一批为数可观的世界级遗产、国家级重点风景名胜区、历史文化名城、重点文物保护单位、中国旅游王牌景点，其资源种类齐全，不仅超过我国中东部地区，在世界上都是罕见的。在保护好生态环境的前提下，开发西部那些特色各异、鲜为人知的民族性旅游资源，是我国生态旅游的重要内容和发展策略。

（三）注重生态旅游项目的科学管理

国际上一般把科学、技术、管理称为现代化的三大要素，三者相互制约，相辅相成，其中尤以管理这一要素最为重要，因为科学和技术的发展要靠科学的管理去实现。生态旅游开发对自然保护区的影响程度最终归根到其管理水平的高低，旅游经营管理者要不断引进世界上先进的生态旅游管理技术和方法，逐步建立一套生态旅游区管理技术动作机制。如采用先进的环境监测仪器，采用科学的环境监测手段，制定出自然保护区最佳的环境容量；采用节能设备，使所用能源及物质不会给周围的自然生态造成不良影响；根据自然保护区不同功能区的要求，减少或限制机动交通工具，提倡畜力、人力、自然能（风力、漂流等）交通工具或徒步旅行，以减少对自然生态的污染；住宿设施要由当地人自主经营，以保持地域文化的完整。总之，自然保护区旅游开发的宗旨是以旅游促进环境保护，通过制定严格的生态保护标准和法规，对游客的数量、行为、交通、住宿、餐饮、废弃物、娱乐等作出明确规定，科学地规划指导旅游，促进地域生态的良性循环。

（四）制定生态旅游区发展的相关政策

政策制定是生态旅游策划设计的重要方面。应从保护当地生态旅游资源出发，研究旅游区的适宜游客容量，以便控制和阻止过度利用旅游资源；推荐对自然影响最小的活动，同时限制对自然有负面影响的活动。应设立相应的生态保护基金制度，以使旅游获得的利润用于保护区的保护；建立环境教育设施，提供有关自然和地方文化的信息及环境教育材料。应培训生态旅游的策划者和导游，配合生态旅游非政府组织和志愿团体开展环境教育活动，监测旅游带来的各种影响，并通报给经营者、自然保护团体及地方社区，监督协调在生态旅游区及周边地区的旅游经营活动。

第三节　自然保护区生态旅游项目策划与管理

一、自然保护区的概念

自然保护区这一名称源自世界自然保护联盟（IUCN），联合国教科文组织（UNESCO）则称之为人与生物圈（MAB）自然保护区。我国把自然保护区定义为：对有代表性的自然生态系统、珍稀濒危野生动植物物种的天然集中分布区，以及有特殊意义的自然遗迹等保护对象所在的陆地、陆地水域或者海域，依法划定一定面积予以特殊保护和管理的区域。

目前，有些地方盲目推出生态旅游，不惜以生态资源的消耗为代价来满足旅游者的需求和获得经济效益。[①] 我国目前有 22％的自然保护区因开展生态旅游而造成破坏，有11％出现旅游资源退化。生态旅游的不适当开发，已经威胁到了我国珍贵的自然生态旅游资源。适度、科学开展生态旅游已引起了国内旅游业界的广泛关注。

二、自然保护区生态旅游开发程序

（一）自然保护区现状调查

搜集现有资料，并进行实地调查（可借助遥感、地理信息系统等技术手段）。重点了解与掌握自然保护区的地貌，植被，土壤，水文，气候，野生动植物物种、数量与分布，动物迁徙走廊，植被覆盖率，生态敏感区等现状，为后续的生态安全影响评价等工

---

① 王庆生. 生态旅游——人与自然和谐共存［N］. 大河报，1999-04-27.

作奠定基础。

(二)生态安全影响评价

所谓生态安全影响评价，就是根据自然保护区现状资料，利用环境学、生态学、地理学、生物学、保险学、统计学等多学科的综合知识，采用数学、概率论等风险分析技术手段，预测、分析和评价旅游开发（包括建设活动和旅游活动）对自然保护区生态系统及其组分可能造成的损伤及对其未来健康发展的影响程度。

生态安全影响评价是自然保护区生态旅游开发的重要环节，其任务是对自然保护区生态旅游开发进行可行性论证。

(三)生态旅游潜力分析

生态旅游潜力分析也是针对自然保护区生态旅游开发进行可行性论证工作的一部分。

生态旅游发展潜力研究的内容主要包括：一是调查旅游资源、评估旅游价值和分等定级；二是分析旅游客源市场，着重分析市场的地域范围、客源数量、客源类型、客源消费水平以及市场的发展动态，以评估自然保护区生态旅游的市场价值和经济效益。

(四)生态旅游项目策划

自然保护区生态旅游策划是在自然保护区生态旅游开发可行性（包括生态安全可行性和经济效益可行性）研究之后，决定开发建设之前的一个必要程序和步骤。科学的策划可为下一步开发建设和经营管理提供框架和依据，能有效地引导和控制旅游开发与发展，减少盲目性，保障自然保护区生态旅游开发达到预期目标。自然保护区生态旅游项目策划必须与自然保护区其他有关规划、当地社会经济发展规划、土地规划相协调。

(五)生态化建设

这是自然保护区生态旅游开发的一个实质性步骤。自然保护区生态旅游开发建设是指按照既定规划所进行的一系列技术建设活动。通过建设，自然保护区生态旅游的形象、内容与框架由虚拟变为现实存在。自然保护区生态旅游开发建设过程要求生态化，即采取一切积极有效措施，尽量减少建设活动对自然保护区生态环境的人为破坏。如在进行建设施工时，尽量缩短工期，减少噪声和减小开挖面积，废土不乱堆乱放并及时运走，建设完工后及时做好植被的恢复工作等。

三、生态旅游经营管理

这是指在自然保护区生态旅游开发建设完成或阶段性完成后，为实现其预期目标，按规划接客运营并对旅游活动进行协调、控制等的一系列活动。其主要任务包括：

（1）在规划允许范围内，开展旅游营销，组织旅游活动，经营旅游业务。

（2）对旅游活动进行管理，如按规划的旅游容量控制旅游者人数，制定旅游者管理条例，对旅游者进行教育，使游客行为生态化（如不干扰动物，不攀枝折花，不购买受保护动植物的制品等）。

（3）建立完善的旅游管理体制，健全旅游区经营管理方面的制度和法规，使旅游区各项经营工作有章可循，并严格实施执行，如严禁废弃物超标排放，不允许销售受保护动植物的制品，要求导游讲解科学化等。

（4）对生态环境进行观察与监测，遇到问题及时解决与补救。

【案例 10-1】

嵩县木札岭原始生态旅游区项目策划要点①

一、区域概况

（一）地理位置与范围

木札岭原始生态旅游区位于嵩县东南部，地理坐标位于北纬 33°41′—33°46′，东经 111°11′—111°16′，总面积 1 427ha。其中原始次生林面积 1 017ha，总蓄积 11 万平方米，海拔 1 200～2 153m，其中最高峰石人山海拔 2 153m，海拔高度高于 1 700m 的山峰十一座。旅游区范围大致以石人山嵩县部分为主，主要包括木札岭林场和车村镇龙王庙村所辖部分区域。

（二）旅游区自然概况

1. 气候特征

木札岭原始生态旅游区地处暖温带向北亚热带过渡地段，山体以南地区为北亚热带，以北为暖温带，极端最高气温为 43.6℃，极端最低气温为 －19℃，年平均气温 14℃。七月份气温最高，一月份气温最低。属大陆性季风气候区，夏季为东风、东南风，冬季为西风、西北风。最大风力为 6～8 级，一般多为 2～3 级。因受季风环流、地形和森林植被的影响，全年降雨春季占 20.5％，夏季占 50.8％，秋季占 23.9％，冬季占 4.8％。

2. 生态与生物

木札岭原始生态旅游区，山体峻拔，森林茂密，植被覆盖率高，高山气候独特，动植物资源丰富，许多"孑遗植物"和珍禽异兽在这里繁衍生息，具有生物多样性的显著特点，具有很高的保护价值。植物以华北区系植物为主，兼有西南华中植物种群。有维

---

① 王庆生，等. 嵩县木札岭原始生态旅游区总体规划 [R]. 2000. 10.

管束植物 1 884 种，计 158 科 698 属，其中属国家一级珍稀树种有：连香树、黄檗。属国家二级珍贵树种有：连香树、杜仲、水曲柳、银杏、水青树、秦岭冷杉、麦吊冷杉、榉树等。药用植物主要有苍术、柴胡、百合、山药、桔梗、石豆、党参、黄精、菖蒲、蒲公英、地榆、猪苓、茯苓、棉芪、石荞麦。珍稀真菌有石椿、草菇、猴头、鹿茸、羊肚子等。

区内陆栖脊椎动物共 188 种，分属 28 目、63 科，其中属国家一级保护动物的有金钱豹、华南虎、黑鹳、金雕等；属国家二级保护动物有大鲵、斑嘴鹈鹕、鹰类、红鸟枭、长耳枭、短耳枭、豺、水獭、小灵猫、麝、青羊、红腹锦鸡、勺鸡等。

二、项目开发的意义

（一）"木札岭原始生态旅游区"是"大伏牛山旅游"的重要组成部分

目前，国家把旅游业作为"新的经济增长点"，河南省也把旅游业作为新的经济增长点来培育，并决定每年省财政拿出 8 000 万元来投资旅游建设。而大伏牛山旅游区是该省非常重要的以自然风光为主的旅游区，它地跨我国三大流域，是我国一条重要的地理分界线，它的整体旅游资源适宜于开展观光旅游、生态旅游、科考旅游。目前石人山（鲁山）部分、南召部分观光旅游已经开发，而只有嵩县这块生态旅游优势明显的区域没有开发，因此它的开发将丰富河南省大伏牛山旅游区的景观特色，开辟该省原始生态旅游的新局面，是适应回归自然旅游的必然要求。

（二）"木札岭原始生态旅游区"的开发是顺应"回归自然"旅游，走可持续发展之路的高明举措

回归自然、生态旅游是目前国内外旅游的一大趋势，保护自然、利用自然，保护人类生态环境，走可持续发展之路，已成为全球的共识，生态旅游所追求的是返璞归真的环境意念感受，是旅游发展到高级阶段的必然要求。随着我国城市的飞速发展，不可避免地带来城市环境污染以及由于人口过于集中所造成的嘈杂、喧嚣。城里人迫切需要从钢筋水泥的森林里走出来，到真正的绿色森林中去。国家也把保护生态环境作为一项长远利益来考虑，而木札岭原始生态旅游区的开发，以保护自然生态为主，无疑恰逢大好机遇。

（三）"木札岭原始生态旅游区"的开发是山区农民脱贫致富的必然选择

目前，自然景观独特且保存相对完好原始的地方，多数地处边远贫困山区。旅游开发带动区域经济发展已成为全社会共识，有序发展旅游不仅有利于地方经济发展，有利于保护人类赖以生存的环境，而且对地方农民脱贫致富也会起到重要作用，可谓一举多得。因此木札岭原始生态旅游区开发是一个难得的好项目。但目前景区旅游基础设施薄弱，政府主导进行旅游开发势在必行。

三、项目开发优势分析

（一）区位优越、交通便利

木札岭原始生态旅游区，地处河南省两大热点自然景观旅游区白云山、石人山（鲁

山）之间，并与鲁山石人山、南召石人山紧密相连成为一个整体。311 国道擦景区而过，旅游交通十分方便。

（二）资源特色明显

木札岭原始生态旅游区的旅游资源以自然景观为主，群山环绕，层峦叠嶂，山岳地貌独特，"北雄南秀"兼顾，特别是原始林区，林海莽莽，古木参天，绝壁四布，奇峰林立，逶迤连绵，气势磅礴，集"雄、险、奇、秀、幽"为一体；帽盔峰景区，大自然的鬼斧神工，使奇峰怪石景观众多，惟妙惟肖，怪石嶙峋，巧夺天工，观赏价值颇高；九龙飞瀑景区，河谷水量充沛，多级瀑布千姿百态，壮观的瀑布与优美的山景巧妙结合，山清水秀，林茂花奇，构成一幅美丽的山水画卷。

（三）政府重视、群众积极

洛阳市委、市政府已把旅游开发提上重要议事日程，嵩县县委、县政府也把木札岭原始生态旅游区的开发作为嵩县三大支柱旅游区之一来对待，提出了"旅游带动战略"、"支柱产业"的口号，成立了专门的领导和工作机构，并纳入了"十五"计划。景区内龙王庙村群众对旅游开发的积极性也日益高涨。这些都为进一步开发提供了良好的外部环境。

四、政策、法规依据

(1)《中华人民共和国野生动物保护法》。

(2)《中华人民共和国环境保护法》。

(3)《中国旅游业发展"九五"计划和 2010 年远景目标纲要》。

(4)《河南省旅游局"十五"旅游业发展规划纲要》。

(5)《洛阳市人民政府关于大力发展旅游业的决定》。

(6)《洛阳市旅游发展规划》。

(7)《嵩县旅游规划》。

(8)《嵩县龙池曼自然保护区规划》。

五、开发建设的指导思想

以丰富的自然原始生态旅游资源为基础，以大伏牛山旅游区为依托，以回归大自然为主题，推崇自然、顺应自然、保护自然、利用自然，凭借临近国道的交通优势，并尽早与白云山、石人山组成"联合舰队"，尽快完善旅游基础设施。以"景观化"、"生态化"、"自然化"、"原始化"、"知识化"为开发建设的基本原则，将其建成高质量、高品位、高起点、特色明显，集观光、生态旅游于一体的旅游胜地。

六、重点建设项目与投资估算

（一）概述

根据木札岭原始生态旅游区的资源状况及地域分布与组合情况，结合各旅游资源的主题特色与内容，将整个旅游区划分为四大景区，即门景区、原始林景区、九龙飞瀑景区、帽盔峰景区。主要景点有：五指树、万丈崖、一箭穿心松、粟抱榆、"听松涛"、杜鹃林、石上松、双龙瀑、白龙瀑、青龙山、青龙潭、青龙瀑、三叠瀑（饮马槽）、黄龙瀑、黑龙瀑、金龟望月、恐龙戏水、松林叠翠、帽盔峰、长寿松、迎客石、飞马、石狮、三将军石等。

（二）重点建设项目及其投资估算

1. 进入景区的主干道工程

目前旅游区开发的前期重点是改善从木札岭村在 311 国道下道达木札岭林场停车场的 9 千米主干道路面质量。该道路是进入原始生态旅游区的主干道，事关旅游区开发的进程，应重点从速抓好。规划将 9 千米路面全部建设为砼硬化路面，路宽 6 米，并建好过水涵洞，建成山下、安架和林场场部三个停车场。主干道工程预计投资 600 万元。

2. 原始林景区工程

此景区的开发定位，主要以保护为主，主要工程包括停车场、小型服务设施、步道游路及安全措施建设。停车场以植物园、花卉、药材为主进行自然化修建，停车场四周布置小型的服务设施，依山就势以别致的小木屋为主，突出生态化。保护设施工程投资预计 100 万元。

3. 门景区建设工程

本区主要工程包括景区大门、停车场、小型服务设施、山货市场、农家度假、木札岭宾馆及相关的园林绿化工程等。在门景区的河谷中，筑坝蓄水形成龙湖景观，水面上有吊桥与对岸宾馆相通，既是景观，又起通达道路的作用。环境改善、园林绿化和基础设施配套工程投资预计 800 万元（不含木札岭宾馆建设费用）。

拟建的木札岭宾馆，位于门景区九龙河西岸山凹中，是该旅游区内的一个档次较高的大型宾馆。可以通过招商引资的方式进行建设。

4. 九龙飞瀑景区建设工程

本景区工程主要包括"双龙飞瀑栈道"工程、部分地段的安全措施工程及步行游路建设。投资预计 200 万元。

5. 帽盔峰景区建设工程

本景区主要工程包括一号峰与千丈崖顶"吊桥"建设、步道台阶游路建设、险段的安全措施工程及小型服务设施建设。投资预计 100 万元。

投资合计 1 800 万元。建设期限从 2000 年至 2005 年。

（三）资金筹措

本工程一期项目总投资 1 800 万元，拟申请国家旅游专项投资 500 万元，地方自筹资金 598 万元，项目资本金 702 万元由地方财政承担。项目资本金占项目总投资的 39%，完全符合国家有关项目资本金的要求比例。

七、效益分析

（一）经济效益

旅游业的效益如何最终由其所吸引的客源市场情况来决定。木札岭原始生态旅游区的客源市场主要由三方面的因素决定：旅游区本身的魅力、嵩县本域客源市场、鲁山石人山客源市场。因为原始生态旅游区在河南省旅游开发现势下具有唯一性，所以，只要开发科学，启动迅速，本旅游区的知名度会迅速提高，客源辐射力会逐渐增大。根据嵩县和鲁山石人山近年来旅游业发展的实际，近年来年均游客总量在 100 万人次左右。在启动期间，木札岭原始生态旅游区吸引上述年均客源量的 1/4 是有把握的。

按 2001 年 10 月正式接待游客，到 2005 年年底，四年该旅游区游客年均接待量按 25 万人次计算，门票价格以 20 元/人计，则直接收入为 500 万元；间接经济收益按 1∶6（具有留宿条件）估算，为 3 000 万元。

值得高度重视的是，门票收入受到多种因素的制约，由于环境因素和各种不可预测因素的影响，会有波动。所以，各级领导与主管部门要把旅游业经营当作一项大的系统工程和支柱产业工程来抓，确保其巨大效益的实现。

（二）社会效益和环境效益

木札岭原始生态旅游区以自然森林生态旅游资源为主，科学合理的开发不仅对地方山区脱贫致富产生积极有效的影响，而且，对保护木札岭林区的生物多样性也有重要作用。同时，对进一步丰富嵩县旅游资源结构，促进嵩县形成由白云山国家森林公园、陆浑湖度假区和木札岭原始生态旅游区组成的旅游支柱景区框架，构筑嵩县河南省旅游资源大县格局，为嵩县旅游业可持续发展提供基本保证。

八、结论

通过对木札岭原始生态旅游区的开发条件和投资效益分析，该旅游区的开发将具有轰动性的作用。该旅游区地处大伏牛山旅游带的腹心部位，将成为连接嵩县白云山与鲁山石人山的旅游亮点。这里自然生态旅游资源品位高、景观优，外部交通条件优越，特别是与目前回归自然、返璞归真的旅游趋势相吻合，必将成为河南省原始生态旅游的热点区，并能够对县域经济发展产生重大影响，是一个难得的好项目。但目前景区旅游基础设施薄弱，旅游环境不佳，不能发挥应有的作用，因此有必要通过加强基础设施建设和改善旅游环境，使之能够迅速有效地推动该区旅游及相关消费，拉动经济增长。因此按照国家及省市开发旅游业的相关指示，以及国家计委社会发展司关于"利用国债资金，加快旅游基础设施建设"的报告精神，利用国债资金支持旅游基础设施建设，解决为旅游配套的公路、旅游步行道、供水、供电、排污及垃圾处理等问题，可以在较短时间内集中、有效地推动嵩县旅游基础设施的完善、配套，促进旅游及经济发展。

【思考与讨论】

1. 结合本案例，讨论木札岭原始生态旅游区项目策划应如何坚持可持续发展原则。

　　2. 结合案例区域区位及资源特点，谈谈你对该原始生态旅游区项目策划与开发的看法。

本章思考题

　　1. 谈谈你对生态旅游概念界定的理解。

　　2. 结合实际，试论述生态旅游与传统旅游的区别与联系。

　　3. 你认为生态旅游项目开发策划应注意哪些关键问题？

第十一章

城市旅游项目策划

教学目的、要求：

　　正确认识城市旅游的概念及特点；了解城市旅游产品体系；掌握城市旅游项目策划的原则及应注意的关键问题。

教学重点：

　　城市旅游的概念及其开发策划要点。

第一节　城市旅游的概念及其特点

一、引言

　　近现代的"大众旅游"，一般都是以自然观光和古迹览胜为特征的山水旅游。人们外出旅游，头脑里想到往往只是某个景点、景区，至于景点景区是不是城市，他们并不在意，且很难把城市与旅游目的地的概念联系在一起，其原因就在于在工业化社会，旅游与城市实际上是互相背离的。高速工业化，使城市环境日益恶化，人们工作生活紧张、压抑，推动人们逃离城市，回归自然。于是城市的旅游功能退居工业、居住、商业、交通等城市基本功能之后，仅作为旅游的主要客源地而出现。但随着后工业化的到来，城市综合实力的增强，城市环境的改善，城市功能也在向多元化发展，现代的城市已经成为一个物质流、能量流、信息流和人口频繁流动的开放型系统。人们逐渐改变了对城市的传统看法，愈来愈多的人选择城市作为其旅游目的地，旅游开始"城市化"，城市成了旅游目的地与客源地的统一体，于是"城市旅游"便应运而生了。

二、城市旅游的概念及其进展

　　1964 年，美国学者 Stansfield 首次在其著作《美国旅游研究中的城乡不平衡》一文中首先提出了城市旅游在旅游发展中的重要地位和作用。20 世纪 70 年代西方开始关注城市旅游，Ashworth（1989）认为，城市旅游的研究是在 20 世纪 80 年代后期才开始的。而中国关注城市旅游是在上海于 1995 年首次提出要发展城市旅游以后。

"城市旅游"的概念目前还没有统一的定义，但一般的抽象概念认为：旅游者被城市所吸引，是因为城市提供的专业化功能与一系列的服务设施。国内学者范能船等认为，城市旅游是旅游者出于某种需要被城市吸引的旅游。彭华等认为，城市旅游是指"发生在城市中的各种游憩活动的总称，对于旅游产业来说，则是指旅游者在城市中的所有物质与精神消费活动"。也有学者认为，城市旅游是指旅游者在城市中的旅游活动及其对社会、经济和环境的影响。

"城市旅游"在目前国内外有限的研究中，仍没有大家公认的定义。城市旅游是指同乡村旅游相对应的一种旅游类型，它也是现代社会中发展最快的一种旅游形式。由于城市作为进出国家的门户、住宿的中心、乡村短途旅游的大本营，以及本身就是一旅游目的地，因此城市不仅成为区域的经济、文化、政治中心，同时也成为旅游活动的中心。所谓城市旅游就是指以城市为旅游吸引物招徕游客的一种旅游活动，其实质是对都市文明的向往与追求。一般来讲，城市文明的程度越高，城市就越有吸引力，城市旅游也就越昌盛。不论何种吸引或动机驱使，旅游者在目的地城市或中心城市从事旅游活动或消费活动，都是其对城市旅游的客观需求。广义上说，城市旅游就是发生在城市中的各种旅游活动的总称，而对于旅游产业来说，是指旅游者在城市中所有的物质与精神活动。

综上所述，我们认为，所谓"城市旅游"，首先必须把"城市"作为旅游的目的地，其次要以旅游者的活动作为基础。简言之，"城市旅游"就是以城市为目的地的旅游活动。人们到城市去旅游，或是进行商务、观光、购物、娱乐活动，或是感觉现代气息、现代文明成果，或是领略异地风情，旅游需求可谓百花纷呈，多姿多彩。但作为旅游目的地的城市却往往不以局部的资源、景观、情趣、环境来吸引旅游者，而是以其城市的整体形象对旅游者产生巨大的诱惑力，这样就冲破了人们对旅游资源、旅游产品的传统狭隘理解。

三、城市旅游的地位与作用

早在 20 世纪 70 年代，霍尔就曾经预言：20 世纪最后 30 年，对于欧洲主要的首都城市和众多的历史小城镇而言，最大的转变就是大旅游时代的来临。随着经济、社会的发展，旅游业必将从以自然风景和历史文化名胜为主要旅游目的地的阶段，向包括城市旅游在内的综合性旅游模式发展。世界越来越多的城市（甚至包括一些传统的被认为缺乏旅游资源的老工业城市）都开始致力于推进其"城市旅游"的发展，争相开发各种旅游资源，改进基础设施，以吸引游客。一些主要的大城市（都市），如纽约、伦敦、东京以城市旅游业为主导的消费性服务业从业人中，比重超过了生产性服务业（如金融、房地产、保险等），在城市经济中逐渐占据主导地位。在我国，城市旅游也在整个旅游业发展中占据主体地位。据统计，我国 50 个主要旅游城市基本上占到全国旅游总量的 70％以上，城市旅游已成为了旅游业发展的重点。

城市旅游之所以越来越繁盛，并有如此重要的地位，就中国来说，我们可以从以下三方面进行分析。

（一）城市本身地位的提高和功能的完善

城市化是近、现代社会经济发展的重要组成部分。随着城市的发展，城市在国家及区域的中心地位日渐突出，其功能也日益完善。它在兼具了国家或区域政治、经济、商贸、文化和信息等多种中心职能之外，也逐渐拥有了城市旅游的功能，成为地区、国家及区域的旅游活动中心。作为旅游目的地，由于其具有复合性、内容丰富而综合的特点，可满足多方面的旅游需求；同时，城市交通方便，服务设施相对完善，旅游的可进入性、舒适性较高。

（二）城市旅游的需求不断升温

首先，人们传统的以自然风光和历史古迹确定旅游目的地的理念已经逐步改变，游憩空间目的地选择范围不断扩大。功能完善，作为现代文明载体的城市当然会得到越来越多的人的青睐。其次，我国是农业大国，农村地域广阔，人口众多，由于城乡差距的存在，现代都市生活对于他们具有极大的吸引力。再次，由于城市尤其是大城市对外开放程度较高，因而往往成为主要的国际旅游目的地。最后，商业、金融、工业、生产服务的功能都集中于城市，必然会带来越来越多的会议、展览和商务旅游。

（三）城市旅游对当地经济、社会、文化、环境的积极作用

发展城市旅游，不仅是为了满足旅游者的各种需求，更重要的是它有利于城市自身的发展，并能给当地居民带来福祉，因此，城市管理者和经营者大都对城市旅游有着较高的期望。

（1）从城市经济发展来看，发展城市旅游可以增加经济收入、拓宽就业空间、优化城市产业结构。由于其投资少、投资效益相对较高（一般景点专用性较高，而城市旅游设施具有共享性），市场潜力大，逐渐成为许多城市新的经济增长点。

（2）从社会、文化方面来看，由于城市旅游设施具有共享性：不仅服务游客，同样服务市民，因此城市旅游的发展，可以使本地居民的游憩需求供给进一步改善，人们有更多地方可以娱乐、放松、增强体质和增长知识，生活质量不断提高。而由于遗产旅游的开发，使城市的文化遗产得到了很好的保护和继承。另外，发展城市旅游还有利于增

进本地与国内外的各类交流，提升城市形象与区域影响力，为城市进一步发展创造良好的机遇。

（3）从环境和生态方面来看，发展城市旅游，可以有效地引导或加速环境质量的改善。首先，通过旅游业建设，可促进城市的更新改造、城市布局的合理化、城市基础设施体系不断优化，从而使居民生活环境更加舒适。其次，可以促进城市生态环境的优化，营造更加美好的人居环境。

通过以上三方面的分析，我们可以看出以商务休闲和观光娱乐为主的城市旅游，尤其是大城市旅游（或都市旅游），已成为世界旅游的主要趋势，成为世界旅游发展的重要支撑。

四、城市旅游的特点

（一）城市旅游吸引的整体性

城市的旅游吸引，并非仅仅是城市的几个旅游点，而是城市整体。城市具有吸引的整体性表现为城市旅游景观的多样性和景观吸引的综合性。

（二）城市旅游功能的多元性

城市是高度复杂的、综合性的有机体，呈政治、经济、科技、文化、教育等多方面发展。城市内涵极其丰富，在旅游功能上表现出多元化的特点。除了传统的观光旅游，城市还可满足多种旅游需求，提供包括商务、购物、会议、度假、休闲、美食、生态等在内的多种旅游功能。

（三）城市旅游活动的参与性

城市旅游景观的多样性和整体性，以及旅游城市本身的开放性特点，决定了城市旅游活动更多的是以一种参与性的形式表现出来的。从某种意义上说，旅游者的参与过程也就是城市旅游景观最终成型的过程。例如重庆市沙坪坝步行街、商业文化广场、名人雕塑广场和绿色艺术广场的人流正是由于旅游者的参与才构成都市一景。

（四）城市旅游的带动性

城市是交通的枢纽，是旅游者和信息的积聚地，加之城市在现代社会经济中所处的核心地位，使城市旅游具有极强的辐射带动功能。城市往往是区域或国家旅游发展的中心，是旅游向外扩散和辐射的极点，城市旅游发展的成就在区域或国家旅游发展中往往具有增长极的作用。因此发展城市旅游必须注意内外联动，同区内其他地区及周边地区联合开发，整体促销，形成以城市为中心的大旅游区。

（五）城市旅游的统一性

城市旅游的统一性表现在：一是城市旅游主体的统一性，即城市居民既是城市游憩者，又是城市旅游接待者；二是旅游客体的统一性，即作为城市旅游对象的旅游城市既是城市旅游的目的地，又是其他旅游城市的重要客源产出地，是旅游目的地和客源地的统一。

五、城市旅游产品体系

有关旅游产品谱（the spectrum of tourism product）的研究表明，可以将旅游产品分为传统旅游产品（主要包括观光旅游产品及其升级产品、文化旅游、商务旅游、度假旅游和社会旅游产品）和新型旅游产品。城市旅游归属传统旅游产品"观光旅游"之城市风光观光游憩和"升级观光旅游"之城市旅游（city tourism）和都市旅游（urban tourism）之下。

王庆生等（2008）从城市旅游产品内涵建设出发提出了城市旅游产品体系的概念，[①] 认为城市旅游产品主要包括城市旅游形象、城市特色旅游、城市游憩商业区、环城游憩带、城市旅游产业集群，并以天津滨海新区为例，研究提出了滨海新区城市旅游产品谱：城市旅游形象——现代宜居生态型和文化型滨海旅游名城；特色旅游——滨海休闲度假旅游；环城游憩带（ReBAM）——湖泊、湿地、温泉休闲度假；城市游憩商业区（RBD）——商务会展中心；旅游产业集群——滨海娱乐休闲旅游产业集群、工业观光（高新技术产业企业文化）旅游产业集群以及天津港邮轮休闲度假和海防文化旅游产业集群等。

第二节　城市旅游项目策划要点

一、城市旅游项目策划的原则

（一）挖掘独特原则

城市旅游的发展，最重要的一个问题就是如何把城市现有的特点充分挖掘出来。作为一个终极目的地的城市旅游，可以形成很多概念：园林旅游城市，山水旅游城市，生态城市……但这里存在一个问题，即一方面在追求这些目标，另外一方面又在盖高楼大厦，两个目标相冲突，而且后一类目标压倒前一类目标。实际上是使前一个目标变成一种虚假广告，而没有变成实质内容。再进一步，城市不仅是悠闲的，更应该是优雅的，

---

① 　王庆生，马晓巍. 城市旅游产品体系初探 [J]. 全国商情（经济理论研究），2008（1）：108，109，103.

优雅不光是指一个城市硬件建设，也包括城市的市民素质、文明程度等内容。在这个过程中，经济功能应该体现为物产城市。现在物产城市的体现，更多的不是物产，而是流通。但光靠这么一个概念是不行的，一个城市的特色要突出，就必须是一个物产城市，其中又要提倡原产消费和原创消费，农业旅游就是一个原产消费的概念。这些概念都具备才是一个城市旅游发展的终极目标。

（二）资源整合原则

围绕着这个终极目标，需要进一步整合资源，我们现在对资源普遍挖掘不够，其至重视不够、认识不够，以至于出现大城市盖高楼大厦，中等城市就是玻璃幕墙、马赛克墙，小城镇就是庸俗化。农村也在照着这个方向发展。景区建设现在也有城市化、庸俗化的倾向，从而使各地的特点淡化，甚至消失。实际上就是从上到下大家都在追求一个目标——工业化目标。我们将会认识到，工业化本身要追求，但工业化的城市建设风貌不值得追求。工业化是必须要发展的，但是我们的城市建设如果追求工业化的风貌，那就是失败的。现在正在普遍进入一个误区，就是旅游者最看重的东西，我们往往在糟蹋，而我们最看重的东西，实际上旅游者却并不看重。

（三）国际化原则

城市的国际化涉及一系列深层次的问题，是城市旅游发展的重要组成部分。一般认为国际化就是洋化，这是误区。实际上国际化涉及几个很重要的方面。

第一个问题是环境国际化，包括自然环境和人文环境的改善。所谓人文环境的国际化，就是使旅游者感觉到能够融入城市生活，甚至能够融入市民的日常生活。自然环境的国际化强调"人与自然和谐共存"，这是国际上共同遵守的准则。

第二个问题就是心态的国际化，是更深层次的问题。所谓心态的国际化就是我们平等待人，人家也平等待我们。但我们现在经常出现两个极端，一个极端就是把老外当成洋鬼子，另外一个极端就是生怕老外看不起我们。如果说我们能够形成一种比较普遍的国际化的心态，好多事情的处理方式就不同了，而且客人来到一个城市感觉也会不同。

第三个问题就是运行的国际化。运行的国际化也涉及方方面面。所谓国际化旅游城市，是指旅游开发与经营对外高度开放，以国际游客为目标市场，按照国际公认标准或惯例为游客提供旅游产品和服务的旅游城市。它具有以下基本特征：拥有在国际旅游市场上知名度高、竞争力强的旅游产品，总体形象富有鲜明的个性和魅力，旅游内容丰富多彩；具有高质量的旅游环境，能为游客提供符合国际惯例的旅游服务；高度开放，旅游开发与经营国际化；具有开拓国际客源市场的能力和条件。充分发挥城市旅游的功能优势，有效组织与培育旅游产业，将对具有国际竞争力的城市发展具有重要意义。[①]

（四）注重细节原则

城市应该是文化城市，而文化的体现往往在细节上。细节到位，城市的特色也就出来了。大连模式在全国推广，意味着消灭城市的个性，变成了一种模式化的滥觞；不顾整体，不考虑人居环境的舒适性，缺乏人文关怀精神，也不会有特点。一个城市若没有自己的特点，作为一个旅游城市，城市旅游就发展不起来。

二、城市旅游项目策划应注意的几个关键问题

（一）关于城市定位问题

城市旅游发展过程中，定位问题成为诸多城市发展城市旅游的首要障碍。

伴随着工业化向信息化的时代演进，城市的发展出现了根本性的变革。那种由规模化、标准化的工业大生产驱动经济的城市发展模式从整体上看已经弱化，消费经济时代城市本身及其文化表征已成为一种可以生产并进行交换的商品。而城市旅游正是这样一种商品，它将为城市这个特殊的企业开创新的竞争天地。令人遗憾的是，很多城市看到了城市旅游的价值，却难把握其对城市发展的战略要义；总是急于开发某些具体的旅游资源，却忽略了城市旅游整体定位的长远意义；往往跳过或者简单通过城市旅游定位的战略思考，直接进入定位的技术过程。就目前已有的很多关于城市旅游形象定位的研究来看，大部分研究者都认同城市旅游定位的战略价值，但是研究内容主要都集中于城市旅游定位的技术层面，缺乏对城市旅游定位战略本身的战略性思考，而这种战略方法恰恰是定位城市旅游过程中一个容易被忽略却起决定性作用的环节。

（二）第一与唯一

一味追求第一，就形成了规模竞赛，往往事与愿违；我们要追求唯一，唯我独有，这就是吸引力。"第一"是规模的竞赛，"唯一"是特色的竞争。所以旅游城市的升级必须在特色上做文章，形成特色的竞争，大家都形成特色，各个城市的味道就出来了，一个城市旅游的吸引力也就形成了。旅游城市的升级，就要使城市变成一个文化性很强的城市，变成一个特色化的城市，让人觉得只有到了这个地方，才能体会这个地方独有的东西，这个城市才有吸引力。所以旅游城市发展的出路应在文化上、特色上做文章。它对应的就是客人的个性化需求，对应的就是一种适意，一种休闲，有一种个性化满足。特色是旅游之魂，文化是特色之基，没有特色就没有旅游，没有差异就没有吸引力。要

---

① 王文君. 国际化旅游发展战略研究 ［M］. 天津：天津人民出版社，2008：274，275.

想把特色挖掘出来，就得靠文化，所以我们必须在文化上进一步做文章，这个文化说到底，最根本的东西就是"以人为本"。

（三）现代化问题

工业化发展对于城市的要求就是聚集效益，其直观体现就是高楼大厦。从 20 世纪 80 年代开始，东南亚追求世界第一高楼，这种追求现已转移到中国。但市场经济发达的欧美国家进入后工业化时期后，追求的目标已经改变。它们的现代化目标是个性化，是田园、诗意，在某种程度上还是一种农业社会的再现，但都是否定之否定，是螺旋式上升。我们与其复制一遍工业化发展的进程，然后再淘汰工业化发展的一些成果，不如努力争取一步到位。从某种程度上说还是投入小、产出大的一种方式，使我们避免了很多不必要的建设项目，同时达到更好的效果，这就是发展中国家的"后发优势"，少走弯路，才能加快速度。当然，一个好的作为终极目的地的旅游城市，应该是符合后工业时代特征的，也就是能够挖掘出自己的特色来，能够突出自己独到的文化，没有文化的差异就构不成吸引力，更缺乏可持续性发展的生命力。

（四）目的地建设问题

城市作为旅游目的地的建设，就是要有创新，以差异创造新意才是发展之根本。所以一个城市作为旅游目的地建设的根本问题就在于有没有差异性，如果能够推出独特的总体形象，就会形成城市真正的品牌。但是多少年以来城市的发展不是追求差异化，而是追求雷同化。一种思路就是把好的景区作为名片打出来，但是最应该形成的名片是城市本身，而不仅是几个景区。

作为旅游目的地的城市旅游建设，应建设与完善以下系统。

第一是吸引系统，以现有旅游区（点）为核心，包括城市的文化、民俗、历史、风情，构成城市独有的文化内涵和特色。

第二是服务系统，就是食、住、行、游、购、娱等旅游业六大基本要素的服务及其配套。

第三是交通系统，它的完备与否，不仅在于顺畅便捷，更在于作为景观通道，交通系统本身成为城市风貌的组成部分。

第四是标识系统，它是一个城市国际化的重要组成部分，在创建中国优秀旅游城市的标准里面，对城市标志系统也提出了比较高的要求。与国际接轨的城市标识系统及多语环境是标识系统提升的关键。

第五是质量保障系统，这是一个质量保证体系，涉及旅游服务、景区软硬件条件、游客安全保障等方方面面，质量系统的实质在于建设精品。

第六是支撑支持系统，旅游城市的发展需要相关行业的协调支持，是一个系统工程。另外，关于国际性旅游目的地建设问题，邹统钎认为，国际性旅游目的地有六大基本特征，即具有丰厚的、广泛吸引力的旅游资源，城市基础设施现代化程度高，旅游设施完善，每年接待的国际游客达到相当的规模，友好文明的社会环境和良好的生态环境。[①]

（五）中央游憩区与环城市旅游度假带

从城市旅游的角度来说，各个城市有两个重点需要搞：一是中央游憩区，国外也叫商业游憩区，另一个叫环城市旅游度假带。

每一个城市应该有自己最具吸引力的一片街区，这个地方不是旅游景区景点，而是最全面体现和展示城市的生活、城市的文化的场所，这也是构建功能化城市的内容。随着这些年城市的发展，城市的功能区域开始逐步体现，大而全、小而全的同构体系在逐步淘汰。在各个功能区域里面，中央游憩区成为城市旅游的一个亮点，也成为一个重点旅游区。近年又出现了中央商务区和中央金融区等新概念。中央游憩区应该是多要素、综合性、多功能、休闲性的街区，也就是说，不但代表了城市文化、城市生活的风采，是各个方面的一个集中体现，也应该构成一个外国游客和外地游客到这个城市必游之处，同时还是城市居民自身生活休闲的一个地区。对城市的旅游来说，中央游憩区是城市的灵魂。

一个中央游憩区大体上需要以下几个要素：第一是步行街，甚至是步行街区。第二是有娱乐场所，要有传统文化的娱乐场所，也要有大众的娱乐场所和青少年的娱乐场所，从而把城市的传统历史文化通过现代文化方式表现出来。第三是各种各样的小商业。第四是小饮食，不能大，一大就违背了中央游憩区的基本理念。第五是各类的文化体现，比如各类的文艺表演、街头的杂耍等。

环城市旅游度假带，是城市发展的必需，也是城市扩展的过渡和衔接。很多城市发展达到一定程度后，就出现城市空心化，从城乡结合部到郊区形成环城市旅游度假带。所以环城市旅游度假带的发展，也是城市特色的发扬，通过环城市旅游度假带可以进一步弘扬城市的文化特色，使城市旅游有一个长远发展的条件，也是中国旅游业发展的一个重大的战略问题。

（六）关于古城的保护与开发

从经验来看，老城保护最好的方式是"新老分离"：一块老城，一块新城，凡是这么做的城市都很好。有些城市造一条仿古街，而这条街只是一个符号，实际上使这个城

---

① 邹统钎. 奥运旅游效应——2008 年北京奥运会对中国旅游业的拉动 [M]. 北京：社会科学文献出版社，2007：233.

市变得更生硬，而不是更有特色。城市的特色应该体现在文化的积淀上，老的建筑保留不了，民俗应该保留，这样城市就有了文化和生活气息。我们现在追求的是什么？是城市把人压倒，而不是城市为人所用。

（七）注意强调独特和创新

旅游城市的开发、建设必须在特色上做文章，要追求唯一，唯我独有，这就是吸引力。什么是一个城市的特色？那就是让旅游者觉得只有到了这个地方，才能体会这个地方独有的东西，这才叫做特色，有了这样的特色，这个城市才有吸引力。目前，最重要的一个问题就是如何把城市现有的特点挖掘出来，使之树立独特、鲜明的旅游地形象。城市作为旅游目的地的开发建设，就是要有创新，以差异创造新异，才是发展之根本。所以，建设一个城市旅游目的地的根本问题，就在于挖掘出自己的特色，能够突出自己独到的文化，没有文化的差异就构不成吸引力，更缺乏可持续发展的生命力。香港全球旅游推广活动主题明晰，易于传播，且涵盖面广，整个过程都围绕同一核心进行发散。像"动感之都就是香港"、"爱在此，乐在此"，都很好地传达了香港作为国际性都市的健康美丽新形象的信息。在这个信息量迅速膨胀的时代，贴近目标群体，使其有效记忆，成为信息有效传播的关键。旅游行业也是如此，一个凝练的主题，可以在较长时间内有效存在，香港旅游推广活动能在长达四年的时间内进行持续传播，成功的主题提炼功不可没。

（八）坚持实施城市旅游开发与城市建设一体化

旅游开发与城市建设一体化，就是明确旅游在城市发展中的积极作用，把旅游作为城市建设的一项基本职能，在城市各项建设中充分考虑旅游发展的要求，把旅游开发融于城市建设之中。上海、大连、昆明、杭州等把旅游开发融于城市整体建设之中，取得了较好的效果。我国"十一五"末城镇化率达到47.5%，"十一五"期间城镇化率年均增长4.5%。根据《中华人民共和国国民经济和社会发展第十二个五年规划纲要》，"十二五"末我国城镇化率将达到51.5%，"十二五"期间预计年均增长4%。这也就意味着城市化大大加速。在城市化建设中把旅游开发作为一项重要内容，不仅是旅游发展的需要，更是城市整体发展的需要。

实施一体化应注意以下几个方面。

第一，决策者要有旅游意识，认识到实施一体化的必要性。这里的决策者，不是单指旅游部门，而是政府部门。因为城市旅游的开发、建设已不是旅游部门唱独角戏，而是一项政府主导型的社会系统工程。只要决策者具有旅游意识，任何建设项目都可能同时获得旅游功能。大到一个区域实现大地园林化，一个城市建成花园式城市，小到一个住宅小区，甚至一个单体建筑等都可以获得旅游功能。

第二，既要注重硬件建设的一体化，又要注重软件配套。在城市各项硬件建设上应强化旅游意识、园林意识和环境意识，营造外在文化氛围，强调规划布局与城市设计的园林化、建筑风格与立面造型的环境协调性、标志系统的规范化与艺术化等，实现旅游开发与城市硬件建设的一体化。在软件配套上应完善科学的管理系统，保证旅游与城市社会、经济、文化环境协调发展。注重内在文化素质营造，培育精神理念，规范市民行为，顺畅社会运行机制，实现管理有效性与规范化。

第三，实施形象工程。一个城市要获得旅游市场的长期支持，就应该树立良好的旅游形象，这是一个全社会的系统工程，不仅仅是一个具体的旅游景点、旅游企业或单纯旅游行业形象，而是一个城市的整体形象。因此，研究旅游对城市各领域的影响，处理好城市旅游规划与城市规划的关系，RBD（休闲商务区）与 CBD（中央商务区）的关系，探讨 RBD 的形成与发展以及可否成为城市土地利用中的一种特殊的类型，是今后研究的重点。

（九）贯彻城市旅游可持续发展的原则

旅游开发与城市建设决策必须立足于创造旅游可持续发展和城市经济可持续发展的良性机制。城市旅游可持续发展思路应包括：第一，制定可持续的城市发展规划。突出城市整体性，体现"旅游"观念，摆脱传统的"旅游是单一产业"或"超前发展旅游业"的不健全政策导向，制定规划时还须掌握城市旅游的动态趋势。第二，可持续的城市旅游产品设计。旅游产品也有自己的生命周期，不论是有形的旅游商品、景区形象还是无形的服务，都不是一次性开发与设计的过程，在设计与开发中，要因地制宜体现时间和空间的特色，要设计出既符合文化要求又具有旅游吸引力的项目。第三，可持续城市旅游发展的管理保障体系。其中最重要的是规划评论，通过建立一个统一的评论体系，从发展和技术的角度对规划实施后的效果进行评论，从而不断调整规划方案并完善可持续旅游规划的理论、方法。第四，旅游业虽是无烟产业，但并非无污染产业，关于城市旅游污染的学术研究却微乎其微。旅游业对城市环境的影响，将是决定旅游地生命周期不容忽视的方面。

三、城市旅游项目策划

城市建设者应更多地关注突出旅游功能，即在城市发展规划与项目筛选设计上更充分、更有效地满足旅游者的观赏、游乐与求知等需求，从而不但能广泛吸引四方游客，而且能延长游客的逗留时间，实现社会效益和经济效益的最大化。

（一）标志性建筑

在中远程旅游市场上，必须凭借鲜明而又独特的旅游形象才能招徕客源。城市旅游形象的视觉识别通常就是一个或几个标志性建筑，如巴黎埃菲尔铁塔与凯旋门、悉尼海中歌剧院、北京天安门、上海外滩与东方明珠电视塔、天津永乐桥摩天轮（"天津之眼"）与津塔等。这些标志性建筑具有一些共同特点：第一，具有浓厚的历史文化内涵，具有特定的纪念价值，从而成为无法替代与难以效仿的建筑；第二，建筑设计富有创意，集当代高新技术之大成，为一代建筑艺术之精品，从而以其艺术性、观赏性与唯一性产生影响；第三，位于城市中心或游览便捷之地，成为游人必观之景。

（二）博物馆

除了极少数山水城市外，城市旅游普遍以文化观赏为主，博物馆号称文化历程的缩影、文物精品的集萃，可以而且应该成为最高规格的参观点，如华盛顿东西方艺术博物馆、巴黎卢浮宫、伦敦大英博物馆、北京故宫博物院等都是游客向往之地。

（三）大型游乐场主题公园

因为游客的心理需求是多样的，要发挥大型城市功能的多元化、高档化、新潮化特长，才能给游客以意外的游乐惊喜与难忘的人生体验。大型游乐场就能提供这样的旅游服务，著名的如美国、法国、日本、我国香港迪士尼乐园。这类游乐场的特点与要素是：第一，规模庞大，气势宏伟；第二，内容丰富，新颖刺激；第三，参与性强，男女老少各寻其乐。上海的大世界曾经独领风骚，是中国最热闹的大型游乐园，门厅内一长排哈哈镜令每个游客一入门就哈哈大笑，十几个剧场竞相演出越剧、京剧、沪剧、滑稽戏、杂技、歌舞、音乐、曲艺、评弹、木偶，令游人目不暇接，流连忘返。深圳的世界之窗创造了另一种模式，它以多处世界名胜古迹的仿造景观为主导吸引物，配以中国最大露天舞台的大型歌舞表演，一举成为深圳最吸引人的大型观光游乐场。

（四）大型广场

欧美城市多绿地、街头花园、城市公园，旨在制造城在自然、人在自然的绿色境界。城市广场作为人流密度比较高、聚集性比较强的公有的面状开放空间，其策划设计要注重形象、功能和环境等三要素的营造（刘滨谊，2005）：形象对应着景观，功能对应着应用，环境对应着生态作用、绿化作用。中国城市近年来流行建造大型硬质广场，并且规模越造越大。但是我国城市的具体项目策划水平参差不齐，有的整体设计缺乏艺术创意和文化韵味，缺乏建筑个性，主题不鲜明、风格不突出，有的设施不配套，功能太简单，有的位置偏僻，周边又没有名胜古迹与之互相烘托，单凭广场自身要辟为旅游热点十分困难。所以要重视大型广场的设计策划，因为城市广场不仅给市民和旅客提供休憩的场地，也给城市增加了绿地和新的旅游吸引物。例如位于天津东站近旁的天津津湾广场就是把海河风光、欧式建筑以及丰富的演艺活动有机结合的旅游聚集体，成为天津旅游的亮点。

（五）商业街与步行街

购物是旅游活动中重要的内容之一，商业街的步行化，是商业发展新时尚。东京银座自 1970 年 8 月起，每逢星期日与节日下午，街上一切车辆禁止通行，成为"步行者天国"；上海的南京东路也被辟为步行街。以上海三大商业街等 20 世纪 90 年代的大改造为例，决策者站在该市统筹安排的高度，决定淮海定位于高档消费者，南京东路定位于中高档消费者，而四川路定位于中低档消费者，改造的规格与格调就依此市场定位而参差不等，结果方便了顾客，满足了外地旅游者省时省心的需求，也避免了商业街之间的恶性竞争，可谓皆大欢喜。

（六）城市雕塑

中国古代雕塑不是用于宗教寺观与石窟，就是用于皇宫或神道，缺乏以雕塑美化城市的观念。近几年，要求重视城市雕塑的呼声越来越高。其实，城市雕塑大抵可分为两类：一类是给当地市民点缀街区以陶冶情趣的，如合肥环城景区道路两侧的动物群雕、琥珀山庄邮局对面的母子雕像就小巧精致，灵动有趣，颇受市民欢迎；另一类是城市的文化象征或对外宣传的标志，具有显示与宣传城市文明历史的特定功能，这类才是面向外地游客的旅游吸引物。这类雕塑通常要求：第一，位于大型广场、繁华街道或主要旅游观光区，即自然客流量越大，其功效越显著，如上海外滩的陈毅铜铸塑像就神采飞扬，颇为游客注意。第二，表现手法上简洁优于繁复、写真优于写意、明快优于深沉，因为这样普通游览者才能迅即领悟雕塑内蕴的纪念或寄寓含意，体味到其中的妙处，从而留下难以磨灭的印象，如广州的五羊石。

【案例 11-1】

三门峡市城市旅游发展内容策划[①]

一、城市旅游形象

（一）城市旅游形象设计的原则

代表一个城市旅游商标的旅游形象，虽然受多种因素的影响，但在策划过程中必须

---

① 王庆生，等. 三门峡市旅游发展总体规划（修编）[R]. 2006.5.

从自身特点出发，遵循一定的原则，才能塑造出成功的旅游形象。

1. 地域性原则

围绕旅游城市的自然风光、风土人情等地方特色，城市旅游的形象设计要突出个性化，地域性是城市旅游的核心。旅游者强烈的旅游动力来自于旅游城市旅游资源的特色，只有旅游者认可了旅游城市的特色，才能实现其心理上的满足。

2. 文化性原则

城市形象是一个城市文化脉络的内在体现和当地经济和社会发展的有机结合。地域文化是开发旅游资源、建设旅游设施、提高旅游服务质量的一种理论指导，贯穿于吃、住、行、游、购、娱六大要素的每一个环节中，旅游消费本质上就是高层次的文化活动。旅游业在内涵上的挖掘和外延上的拓展，都需要旅游文化的指导，地域文化是一座旅游城市旅游业发展的灵魂。

3. 市场性原则

主要包括分析主要客源市场的方位、客源市场的构成、旅游者的需求等，根据分析结果来满足目标客源市场的需要。

4. 主题性原则

城市旅游形象的策划不能面面俱到，要以点带面，突出一个主要的主题。鲜明的主题形象是激发旅游者的旅游动机、吸引旅游者前来游览的重要原则，要求在城市形象塑造中以城市旅游资源特征为基础，塑造出最能代表城市旅游特征，能容易为旅游者所接受的城市旅游形象。

5. 一贯性原则

一贯性原则是指一个良好的城市旅游形象一经并且被公众接受，应注意在一定时间内保持形象的稳定。城市要珍惜自己的品牌，不要轻易改变旅游地形象的特色。

（二）旅游形象定位

城市旅游形象设计的核心与前提是解决旅游形象的定位问题。城市旅游形象的定位应该从现有的影响因素出发，结合旅游城市未来的发展目标，是一种立足历史与现实并结合未来发展目标的综合定位。一般最终用精练的文字加以概括和表达。

1. 三门峡市区

三门峡市区旅游形象定位是黄河明珠、天鹅之城。

黄河明珠：三门峡被称为黄河明珠不仅是因为其地处黄河之滨，还因为其黄河文化底蕴深厚。自旧石器时代起，此地即为人类活动的主要场所，是黄河文化的主要发祥地之一。东周时期的虢国古都和其后的陕州古郡更充实了其黄河文化的历史内涵。虢国是西周时期一个重要的姬姓封国，是"假虞灭虢，唇亡齿寒"故事的发生地。其都城在今三门峡市区李家窑村，其贵族墓地位于上村岭上，规模宏大，等级齐全，保存完好，是中国最大的车马坑群。陕州故城位于三门峡西部黄河岸边。该城始建于西汉武帝元鼎四年（公元前 113 年）。自北魏孝文帝太和十一年（公元 487 年）改置陕州以后，历代或州，或郡，或县，均为州、郡、县治所，延续至清代。陕州故城总面积 227.52 万平方米，是豫西地区现存建成时代最早、面积最大、延续使用时间最长、文化内涵最丰富、学术研究价值最高、城郭保存较好的汉代古城址。城内现存主要名胜古迹有：钟鼓楼、召公祠及碑碣、明代石碑坊、宝轮寺三圣舍利宝塔、文庙藏经阁基址和城墙等。

天鹅之城：三门峡原是黄河上一道峡谷的名字，相传大禹治水时，斧劈人门、鬼门、神门，三门峡由此得名。黄河三门峡大坝，是新中国成立后我国在黄河上兴建的第一座大型水利枢纽工程。1961 年建成，被誉为"万里黄河第一坝"，因此，三门峡又是一座大坝新城。著名的"中流砥柱"在大坝的下方。到了冬季，天然的湿地和良好的水质吸引了数以万计的白天鹅，从遥远的西伯利亚飞到这里栖息越冬。三门峡因此成为黄河上最大的白天鹅聚集观赏地。三门峡市也因此被誉为"天鹅之城"。

2. 陕县县城

陕县县城旅游形象定位是民居民俗荟萃、温泉疗养胜地。

民居民俗荟萃：三门峡天井窑院是典型的豫西特色民居，目前已经成为历史的、民俗的、文化的旅游资源，与当地的其他许多民风一起构成豫西特色的文化旅游产品，发展潜力巨大。

温泉疗养胜地：温塘村温泉位于陕县县城城区内，自古就名扬大河两岸，有很高的知名度。这里山体连绵，文化丰厚，更有丰富的地热资源，使它具备建设成为集观光、旅游、洗浴、健身等一体的保健疗养胜地。据专家检测，此地的温泉含有 34 种微量元素和化学成分，既可直接饮用，也可保健洗浴，早在古代就被誉为"神水"。

3. 灵宝市区

灵宝市区旅游形象定位是金城果乡、道家之源。

金城果乡：灵宝市的经济特色突出，以黄金开采、加工和苹果种植加工最具特色，是全国第二大黄金生产基地，苹果驰名中外，是全国六大苹果出口基地之一。每年举行的金城果会吸引了许多的外地游客。

道家之源：太初宫是老子著道德经的地方，也是国内老子三大纪念地之一。"紫气东来"、"鸡鸣狗盗"、秦末的"周文入关"，汉代的"函关伏兵"、"献帝出关"、"靖函七战"以及唐末的"西原大战"和以后的李自成"二出函谷"等皆发生在这里。太初宫附近的函谷关文化旅游资源组合，具有很高的文化欣赏性和品位。

4. 渑池县

渑池县城旅游形象定位是仰韶文化圣城。

仰韶文化是 1921 年由中国聘用的瑞典学者安特生和中国学者袁复礼等五人首先在渑池仰韶村发现的，闻名世界的仰韶文化就是以渑池县的仰韶村命名的。仰韶文化是以农耕为主的文化，使用石器、骨器和陶器，属于母系氏族向父系氏族过渡的社会阶段。

它以黄河中游为中心，是黄河流域非常强大的考古文化，仰韶村被中外考古界誉为"文化胜地"。

5. 义马市

义马市区旅游形象定位是弘庆古寺、绿色煤城。

义马弘庆寺石窟与洛阳的龙门石窟和巩县石窟，成为河南省三大石窟。弘庆寺石窟文物价值高，具有重要的学术、艺术、宗教价值，是义马市具有代表性的形象。

义马市是在原义马矿区基础上，1981年4月经国务院批准建立的新型煤炭工业城市。现已探明煤炭总储量达79亿吨，素有"百里煤城"之称，是我国重要的能源基地之一，也是重要的煤化工、铬盐基地。境内的国有特大型煤炭企业义煤集团公司是国家经贸委确定的520家重点企业之一，有中国五大露天煤矿之一——义马北露天煤矿（也是黄河以南最大的露天煤矿）。义马市在全省率先引入循环经济理念，高标准编制循环经济示范区建设规划并获得国家环保总局正式批复，循环经济已经成为全市经济社会发展的重要指导思想，标志着义马市探索出了资源性城市发展的新模式。义马市还是全省城乡一体化试点县（市）之一。

6. 卢氏县

卢氏县城旅游形象定位是绿色之都、山水古城。

卢氏县城居卢氏盆地中部，背傍崤山，洛水穿境而过，并将洛水引入县城，成为县城一道亮丽的风景线。卢氏县历史悠久，从西汉武帝元鼎四年（公元前113年）卢氏建县，距今已有2100多年，是我国河洛文化发祥地的重要组成部分。位于县城北街的城隍庙建于元末明初，是一组集庑殿、歇山、悬山、硬山为一体的古建筑群，保存较为完整。另外，全县青山绿水，原始生态保存良好，是全省面积最大、人口密度最小、平均海拔最高、森林覆盖率最高、野生动植物种类最多的深山区县，还是国家级革命老区县。

二、特色旅游

（一）三门峡市区

特色旅游的景区景点主要有：大坝景区、天鹅湖景区、虢国博物馆、陕州风景区等。

（1）大坝景区。突出黄河、峡谷文化，开展黄河文化游、风光游、探险漂流游等项目，使游客在了解黄河、峡谷文化的同时，能够观赏到大坝、峡谷的雄壮风光，并能参与一些游乐项目，丰富旅游内容。

（2）天鹅湖景区。突出生态游的特点，把整个园区建成一个绿树成荫、环境优美、设施完善、服务优质并有生态参与性活动的景区，使游客在观赏白天鹅的同时能够参与一些生态游的项目。

（3）虢国博物馆。突出虢国文化，进行虢国墓地二期工程开发，通过多种形式表现一些历史故事，并可增加一些表演项目及游客参与性项目，提高游客来此参观的兴趣。

（4）陕州风景区。把它建成河南省最大、最美的城市园林。在完善景区景点的基础上，适当恢复整体古城风貌。

（二）陕县

特色旅游的景区景点主要有：天井窑院、温泉保健度假区、甘山国家森林公园、空相寺、安国寺等。

（1）天井窑院。突出民俗民情，把地上建筑与窑院适当分割开来，并把窑院按年代分割开，保护较原始的窑院，使游客能够看到窑院的原始面貌。可按节日搞一些民俗表演，并使游客参与进来。

（2）温泉保健度假区。突出温泉保健特色，把它建设成为集观光、旅游、洗浴、健身为一体的保健度假区。保护温泉资源，优质优用，提高服务、设施档次，适当把度假区与城区用绿化带分割开来。

（3）甘山国家森林公园。突出森林特色，以森林景观为主，以人文景观和其他自然景观为辅，建设成为融旅游、观光、度假、避暑、娱乐、科普为一体的多功能综合性生态度假区。

（4）空相寺、安国寺。突出佛教特色。空相寺是菩提达摩长眠之地，与小熊耳岭开发相结合，建设成为佛教圣地与风景名胜相结合的旅游景区。安国寺是三门峡市域规模最大、保存最完整寺庙，是省级文保单位，可建设成为文物与佛教相结合的景区，展示古代建筑和佛教艺术。

（三）灵宝市

特色旅游的景区景点主要有：函谷关、鼎湖湾、黄帝铸鼎原、娘娘山、特色产业（金果）。

（1）函谷关。突出雄关故道与道家文化的特点，在完善现有景点的基础上，扩大景区范围，把函关夹辅、魏函谷关等一些景点包括进来，并与黄河、弘农涧河自然景观相结合，增加一些游客参与性项目，延长游客的逗留时间，提高游客的游玩兴趣。

（2）鼎湖湾。突出万亩芦苇荡和湿地生态特色，在保护芦苇荡和周围动植物自然生态环境的同时，增加一些旅游点，丰富游览内容，布置一些旅游服务设施，增加一些参与性项目。

（3）黄帝铸鼎原。凭借丰富多彩、优势明显的黄帝文化，突出"鼎文化"。铸鼎原是黄帝族团活动的中心，应宣传黄帝以弘扬民族文化，并增加一些与黄帝有关的参与性项目。

（4）娘娘山。突出自然风光特色，娘娘山是省级地质公园，以地质公园为招牌，突出石瀑布特色，大力开发山水休闲游、地质科教游、民俗体验游、女性文化游等旅游活动项目。

（5）特色产业游。灵宝市是"黄金之城"、"苹果之乡"和"枣乡"。应充分利用这些资源，使游客参观黄金的开采加工，参与苹果、枣采摘活动并参观果品的加工过程。

（四）渑池县

特色旅游的景区景点主要有：仰韶村文化遗址、秦赵会盟台、渑池兵站、特色工业（酒）。

（1）仰韶村文化遗址。与仰韶博物馆结合突出仰韶文化，建设仰韶文化园，建设内容包括文化碑廊、仰韶原始人模拟村，采用水泥雕塑和蜡像等各种工艺手段，再现先民的农耕、渔猎、烧陶、祭祀、纺织、居住等生活场景，并开发一些与仰韶文化相关的参与性项目。

（2）秦赵会盟台。突出战国文化特色，雕刻战国七雄的塑像，展现当时历史事件，尤其是秦赵两国的历史事件。

（3）渑池兵站。突出红色旅游特色，结合对红色旅游的重视，把它建设成为红色旅游基地。

（4）特色工业游。突出酒文化，在游客参观酒厂的基础上，在仰韶酒厂建设酒文化博览园，让游客参与制酒过程，体验制酒乐趣。

（五）义马市

特色旅游的景区景点主要有：煤炭地质公园、鸿庆寺。

（1）煤炭地质公园。突出煤炭地质和煤炭工业特色，以义马市的北露天矿和废矿井为主体，进行相关旅游开发。

（2）鸿庆寺。鸿庆寺的石窟是省级文物保护单位，应加强文物保护，建成石窟与佛教相结合的景点，体现石窟与佛教艺术。

（六）卢氏县

山水古城。突出山水古城风貌，以城隍庙为中心，挖掘城区的人文景观，在它的周围地段按古城风貌建设，并依托引洛渠水，整体上体现县城的山水古城特色，建成山水古城文化旅游区，提高县城对游客的吸引力。

三、游憩商业区

游憩商业区包括四种类型：①旧城历史文化改造区型。旧城的历史文化地段，以其丰富的文化底蕴，对旅游者有相当强的吸引力。以旅游业带动商业、休闲活动使历史文化地段得以复苏与有效地保护。尽可能地保留原有古老的建筑风格，树立新区无法达到的独特性。②新城文化旅游区型。该区域最初以开展文化旅游为目的，由于旅游的效应，带动了商业发展，其他配套设施相继完善，逐步在新城区内形成CBD（商务中心区）。③大型购物中心型。它吸引的客源是居住在购物中心或周边的居民以及到此旅游的游客。它主要以其规模取胜，并能满足游客日益增长休闲的需要。④特色购物步行街型。设计巧妙的购物步行街，从多方面讲，本身就是一种游憩设施，适应了娱乐休闲与购物的需要。步行街规模一般不要求太大,以精致取胜,突出特色。

三门峡市域的城市主要是中小城市,不太适合发展大型购物中心型游憩商业区,所以主要以发展旧城历史文化改造区型、新城文化旅游区型、特色购物步行街型的游憩商业区。

(一)三门峡市区

结合城市发展规划和旅游业发展需要,对已经形成的特色街区进行统一改造提升和积极引导,打造特色鲜明、具有良好市场前景的游憩商业区,以满足旅游者和本地市民旅游、休憩、购物、娱乐的需要。在虢国博物馆现有旅游购物中心的基础上,扩建为"三门峡市文化旅游购物中心",使其成为黄河金三角地区最大的融旅游商品、民间工艺品、地方土特产品、古玩、民间艺术等展览、表演、销售、交流为一体的批发、零售基地。突出湖滨广场核心商业区的地位,并与商业步行街、黄河路精品购物街、和平路商贸街有机融合,将其建设成为黄河金三角地区规模最大、引领消费趋势的综合性时尚商业街区,同时在该区域内要建立一个旅游集散中心(旅游超市),为游客和市民提供与旅游有关的各项专业服务。针对目前三门峡市区晚间活动匮乏单一的实际情况,建议对四个重点街区进行升级改造:一是以陕州公园南街和黄河游码头为中心的陕州公园休闲度假街区,特色为茶馆、酒吧、烧烤、农家饭、水上鱼家饭等;二是取消六峰路青龙涧河两侧的露天烧烤大排档,采取积极引导和通过制定优惠政策等措施,把六峰游园改造成为水上演艺啤酒广场,两岸的房屋和窑洞均改建为滨湖特色酒吧;三是将青龙涧河上阳路两侧游园和已见雏形的上阳苑连成一个整体,通过专业的灯光设计、布置,将其建成以观赏市区夜景为主题的休闲街区;四是目前豫州商场和饮食街档次太低、毫无特色,并且存在较大的安全隐患。建议对该商业区进行彻底改造,建设成为仿明清建筑风格的特色小吃美食广场,豫州商场拆迁另建。

(二)陕县

按照《三门峡温泉保健度假区总体规划》,在温塘村口山门至陇海铁路段建设较高档次的购物游乐街区,以迷你温泉沐浴、酒吧、茶馆、台球、特色小吃、土特产为主营项目。继续提升豫秦晋金三角商贸中心的档次和影响,力争建成黄河金三角地区最大的商品批发基地。

(三)灵宝市

在城区的适当地段建设特色小吃、特色购物等特色街,最好按照古色古香的建筑风格建设。

(1)特色小吃一条街。灵宝特色小吃很丰富,有灵宝甑糕、大刀面、石子馍、灵宝羊肉汤、灵宝肉夹馍、川口酱肉等有名的风味食品,而且灵宝与陕西、山西相邻,陕西、山西的特色小吃在此地也很有市场,建议在特色小吃一条街中把这些特色饮食文化体现出来,满足游客对饮食文化的向往。

（2）特色购物一条街。灵宝土特产品种类很多，主要有灵宝市的苹果、大枣、阆莲藕、贵妃杏，还有很多中药材，如天麻、柴胡、黄芩、连翘、丹参、五味子等。另外，特色工艺品有金银工艺品、仿青铜制品、黄河奇石、豫西剪纸等。在特色购物一条街，把这些特色商品展现出来，以满足游客旅游购物的需要。

（四）渑池县

在老城的适当地段，最好在渑池兵站的附近地段，修建一些有豫西特色的砖瓦房，也可发展一些如旅游商品、购物等特色街，建一些接待服务设施，并可搞一些民间文艺表演，满足游客的综合需要。

（五）义马市

在生态公园附近，与市民文化、企业文化相结合，建设新城文化区。建议把一些高档宾馆、购物、娱乐等服务设施相对集中建设，形成一个集游玩、娱乐、购物、休闲、餐饮、住宿于一体的新城文化区。

（六）卢氏县

利用现有的卢氏药城建设山货一条街。辖区土特产品种类多、分布广、质地好，主要有核桃、黑木耳、猴头、板栗、猕猴桃、生漆以及天麻、柴胡、黄芩、连翘、丹参、五味子等中药材，为旅游购物创造了良好条件。卢氏黑木耳曾连续三次获国际金奖，各类珍稀食用菌均为绿色食品，畅销国内外。卢氏核桃又名"长寿果"，是全国核桃之乡，核桃仁出口海外为创汇产品。卢氏蜂蜜被誉为纯天然无毒蜂蜜，备受外商青睐。卢氏还是全国十大中药材基地县之一，素有"天然药库"和"一步三药"之称。

四、环城游憩带

（一）三门峡市区

关山洪岩寺景区。关山洪岩寺景区，位于三门峡市区与三门峡大坝之间，是一处集山水风光与寺庙相结合的景区，可满足三门峡市民和游客休闲游憩的需要。未来景区发展要围绕观光、运动、休闲等主题，要加大开发力度，完善基础设施建设和美化道路系统景观。

（二）陕县

（1）回春河景区。回春河景区是一处集旅游观光、休闲度假、森林探险于一体的自然风景区。

（2）九朵莲花山现代农业观光园。位于陕县张湾乡，主要是现代农业、生态农业与旅游相结合的景区，参与性较强的农业观光园。

（3）原店百鸟朝凤民居。系原店村兀氏宋族先世在明皇室供职时所建。后经清代翻修改建，遂成现在的坐南向北四合院。占地面积约为 1 000 平方米，大门外两侧墙壁、门楣装饰砖雕花卉和几何图案，迎门照壁用青砖雕砌百鸟朝凤，故称百鸟朝凤院。其砖雕艺术和木雕彩绘艺术有很高的观赏价值和研究价值。建议与民风民俗相结合开发。

环城游憩带要完善与周围景区的交通道路系统，美化周围景观，实现当地居民与城市游客周末休闲度假的目的。

（三）灵宝市

龙湖窄口水库风景区，位于县城南 22 公里处，景区内群山环抱，林木葱郁，山水相映，风光旖旎。建议开发一些参与性娱乐项目，改善服务设施，开发成为观光旅游、休闲度假的风景区。

（四）渑池县

（1）韶山风景区。韶山风景区是省级森林公园，位于县城北部，主峰海拔 1462 米。景区森林特色突出，景区内景点很多，包括夫妻峰、虎跳石、大卧佛等许多自然景观，"韶峰叠翠"是渑池八景之一。

（2）吕祖山养生苑。吕祖山位于县城东南 1.5 公里处。因山上建有吕祖庙而名吕祖山。渑水从山脚下流过，山水相依，风景宜人。山上有两眼泉水，为天然优质矿泉水。建议优化服务设施，将其建设成为一个集养生、休闲、娱乐等多功能于一体的养生休闲胜地。

环城景区加大资源整合力度，围绕个性主题开展观光、休闲、康体、学习等不同功能的旅游活动。重点搞好交通道路建设，美化道路景观，最终将该景区建设成为融旅游、观光、度假、避暑、科普为一体的多功能城郊型休闲度假区。

（五）义马市

清风山景区。景区内山与水巧妙结合，有亚洲第一大单孔桥——许沟特大桥，有罕见独特的大树化石——石树沟，有风景秀丽的清风湖以及众多的山石景观和青风寺等。建议完善其旅游功能，以双休日"观光娱乐"为主题，突出"城郊旅游"功能，使其成为义马市的一个旅游亮点。

（六）卢氏县

（1）洛河漂流。景区开发要进一步丰富景点内容和游乐项目（比如山歌对唱、打水仗等），完善服务设施，开发成为休闲娱乐场所。

（2）红石谷、樱桃沟风景区。距县城 11 千米，地貌系第三纪沉积而成，经年雨水冲刷，形成类丹霞地貌，红似火焰，又名火焰山。红石谷还因当地群众大规模种植樱桃树而闻名遐迩。该景区可结合地貌特点，开发成集观光游、休闲度假游、农业生态游为一体的风景区。

五、城市旅游产业集群

城市旅游的景区景点都分布在城区或周边，具备形成旅游产业集群的条件。各城市的景区景点可优势互补，相互协作，共同宣传，应加强联系与组织，形成集群优势。在对外宣传中也可将景区景点捆绑在一起，提高旅游产品的吸引力和竞争力，导游也可在游客游览本景区的同时，宣传集群内的其他景区，提高旅游产业集群的知名度。除景区景点外，可配套发展旅游住宿、旅行社、旅游车船等核心产业和餐饮、娱乐、交通、购物等相关产业，壮大旅游产业规模，增加旅游综合收入。

【思考与讨论】

1. 你如何评价三门峡市城市旅游形象设计的原则？

2. 对于本案例策划提出的城市旅游产品体系，你认同吗？你的观点是什么？请简述理由。

本章思考题

1. 如何理解城市旅游的内涵？

2. 结合实际，谈谈你对城市旅游特点与功能的认识。

3. 你如何看待城市旅游项目策划应该关注的几个关键问题？

第 十 二 章

工业旅游项目策划

教学目的、要求：

　　了解工业旅游的概念及其开发进展；准确把握工业旅游的特点；明确工业旅游项目开发与策划要点。

教学重点：

　　工业旅游的概念及其开发策划要点。

第一节　工业旅游概述

一、工业旅游的概念

　　关于工业旅游的定义，由于人们的研究目的和角度不同，国内各学者尚未形成统一、明确的看法。

　　从市场需求角度，阎友兵、裴泽生（1997）认为："工业旅游就是指人们通过有组织地参观工业、科技、手工业、服务业等各类企业，了解到某些产品的生产制作过程，并能从厂家以低于市场价的价格购买产品。"这是我国最早的关于工业旅游的定义，该定义侧重于对工业旅游过程的描述。

　　从旅游业角度，姚宏（1999）认为，工业旅游是以现有的工厂、企业、公司及在建工程等工业场所作为旅游客体的一种专项旅游。通过让游客了解工业生产与工程操作等全过程，获取科学知识，满足旅游者精神需求和行、吃、住、游等基本旅游享受，能提供集求知、购物、观光等多方面为一体的综合型旅游产品。这是国内旅游界对工业旅游作出的较早的学术化定义。

　　从旅游目的角度，赵青（1999）提出，所谓工业旅游，就是人们对工业景观、生产流水线、工艺流程及劳动场面的参观、学习，加深认识了解的过程。该定义方式为新闻媒体所普遍采用。

从旅游供给角度，戴道平（2002）对工业旅游给出如下定义：所谓工业旅游，从旅游供给的角度来看就是以工业企业的建筑环境、设备设施、生产或工艺流程、企业文化与管理等作为旅游吸引物，经过设计包装推向市场，来满足游人的求知、求新、求奇等旅游需求，从而实现企业的经济、社会、管理等目标的一种专项旅游活动。该定义说明了工业企业作为工业旅游供给方的主导作用以及工业旅游对工业企业的价值和意义。

王宝恒（2003）指出，工业旅游是以市场需求为导向，以工业资源为吸引物，通过企业对资源进行整合或二次开发，突出工业资源的吸引力，将其转化为旅游资源，并以满足旅游需求、提高企业综合效益为目的的专项旅游活动和企业发展项目。

综上所述，我们认为，工业旅游以工业企业独特的工业建筑、优美的生产生活环境、工人工作生活场景、先进的技术装备和生产设施、动态的生产或工艺流程、科学的管理体系、特色鲜明的企业文化为旅游吸引物；对旅游者来说，除满足其食、住、行、游、购、娱等基本旅游需求外，还能获得专业的知识、独特的体验；对工业企业来说，可以借机树立企业形象、加强与公众交流、促销产品，达到增进企业经济和社会效益的目的。简言之，工业旅游是一种把工业生产与旅游活动相结合的新型旅游形式。

二、工业旅游的进展

（一）国外的进展

工业旅游的起源，可以追溯到 20 世纪 50 年代的法国。当时法国电力公司为了消除人们对核电安全的担心，普及核电知识，邀请社会各界人士到核电厂去参观，此举收到意想不到的效果。法国雪铁龙汽车制造公司组织客人参观其生产流水线，引起众多厂商效仿，在当时形成"时尚"。后来，有些厂商采取对客人收取少额费用的做法，逐步演化为工业旅游，而法国也成了工业旅游的发源地。

半个世纪以来，工业旅游在欧美国家获得了长足的发展。特别是在工业发达国家，如英国、法国、德国、美国等，许多著名的大企业、现代科技基地早已向公众开放，成为受游人瞩目的旅游景点。

如今，欧洲的"工业旅游"已相当红火，法国的"雷诺"、"雪铁龙"等汽车企业年接待游客都超过 20 万人次；美国造币厂每日吸引成千上万的游人，一张刚印制出来但经过特殊处理不能流通的钞票，成为一件特别热销的旅游纪念品；在德国奔驰公司，游人可以参观奔驰车的总装线，也可以穿上工作服拧几个螺丝钉，最后还可以直接把车买走，工业旅游也直接带动了汽车销售。

（二）国内的进展

我国工业旅游业的发展经历了 20 世纪 90 年代中期以前的被动接待、90 年代中期的消极适应和 90 年代末期的起步发展三个阶段。90 年代中后期，工业旅游作为旅游产品正式推向市场，出现伊始即以较强的知识性和独特的观赏性吸引了许多游客。

1997 年四川长虹集团率先开办工业旅游。

1998 年青岛啤酒公司推出"玉液琼浆青岛啤酒欢迎您"的工业旅游项目。

1999 年年初，中国最大的家电企业——海尔集团提出工业旅游的概念，并为此专门成立了海尔国际旅行社，将海尔独具魅力的人文景观、整洁有序的现代化生产线、琳琅满目的产品展室及中国首家由企业出资兴建的现代科技展馆——海尔科技馆作为旅游产品开发，形成了既有现代企业特色，又具有旅游特点的工业旅游项目，吸引了大批中外游客前往参观，当年自身工业旅游接待就已达到 24 万人次之多。"海尔工业游"已成为青岛城市旅游新景观、新热点。

2000 年，在国家旅游局的倡导下，首都钢铁公司正式启动工业游，并成为国家旅游局工业游的示范基地及北京第一个工业旅游项目。

2000 年 5 月，北京推出的"中关村之路"旅游线，四通集团、北大方正、联想集团和北大、清华园共同形成了"科技之光之旅"等十多条综合旅游线路。

2001 年 9 月推出工业旅游项目，首都钢铁公司以主厂区为依托，发展了"生产景观"、"环境景点"、"人文景点"、"现代文化景点"和"人、技术和环境和谐一致的首钢展览"，反映出"绿色首钢、科技首钢、人文首钢"的主题，发挥出首钢在政治、科技知识方面的教育基地作用，设计了"绿色首钢环境游"、"钢铁生产工艺游"和"高新技术游"三条主要旅游线路。"十一"期间，不少北京人还买 20 元门票，参加首钢工业旅游。据统计，在不到 1 个月的时间里，前来首钢参观旅游的人数接近 2 万人。

2001 年年底，国家旅游局确定首批工业旅游示范点 43 个，为规范和促进工业旅游的发展奠定了基础。在这些示范点中，既有以钢铁、煤炭等重工业为依托的工业旅游点，如大庆油田等；也有以手工制造业或生产与人们生活密切相关产品的工业企业为依托的工业旅游点，如海尔集团等，都很具有代表性。

2004 年 7 月，国家旅游局命名首钢总公司等单位为首批"全国工业旅游示范点"，标志着中国工业旅游已开始进入了快速发展的历史阶段。截至 2004 年 9 月份，我国已有 103 家企业通过了国家首批工业旅游示范点的审批并正式挂牌，而且有更多的企业正在朝着这个标准迈进。

天津市旅游局提出并起草的《工业旅游示范点服务质量与评定》（DB12/T410—2009），已由天津市质量技术监督局于 2009 年 6 月 30 日发布，作为"天津市地方标准"于 2009 年 8 月 1 日实施。该标准是我国第一部专门规范工业旅游的地方性法规，具有重要示范意义。

三、工业旅游的特点

(一)依附性突出

工业企业并不是为了开展旅游才存在的,它有其自身的主营业务和服务对象,因此,工业旅游项目往往只是工业企业的一个副产品,而非主业。工业企业本身因素对工业旅游开展的可能性和程度至关重要,这在客观上决定了工业旅游具有依附性的特征。主要表现在:首先,企业是否开展旅游活动取决于企业管理层对工业旅游价值的认识和态度。如果企业管理者认为游客的参观会影响正常的生产经营活动,而且经济、社会意义不大,自然会对工业旅游持否定态度。其次,工业旅游活动的内容设计依赖于企业的生产活动的性质和形式,不能涉及企业的技术和商业机密。再次,工业旅游的价值、吸引力和生命力往往并不在于其本身,它严重依赖于企业主业的经营状况。最后,工业旅游的依附性还突出地表现在企业开展工业旅游的目的往往不在于经济目的,而是服务于企业和社会进行有效沟通、树立形象、扩大知名度等战略目标。

(二)知识性强

工业企业是人类文明进步的结晶,它是科学、技术、管理等智力成果转化为现实生产力和财富的集中体现者和承担者。与众多旅游资源相比,工业旅游的知识性较强。主要表现在:

1. 技术性

各个工业旅游企业往往是些高科技企业或者是拥有精湛技术的传统工艺类型的知名品牌企业,它们的技术含量一般较高。

2. 专业性

一般来说,举办工业旅游的企业都是本行业内的佼佼者,这些企业在本行业内往往经营特定的产品,应用的技术专业性较强。

3. 历史性

一些工业旅游项目,例如传统工艺类、工业遗产旅游记录、保护了大量传统技艺和工业遗物,见证了工业的历史,因此能为我们了解工业历史提供大量资料。

4. 知识性

工业旅游项目还会向游客展示企业独特的理念和管理方法,这也可以算是知识性的表现之一。

(三)高参与性

随着工业旅游的不断发展,工业旅游的内容也变得丰富起来。其中,提高旅游产品的参与性成为了工业旅游的一个主流趋势。目前有很多企业都针对自己的特点，因地制宜，巧妙地引入了一些参与性的内容，如水城威尼斯拥有世界一流的玻璃器皿制造，游客可以参观专业技师表演制作过程或亲手操作。在"一汽"可以给汽车拧一个螺丝、安一个轮胎、参加汽车拉力赛等。

（四）可进入性好

工业旅游地优于自然旅游地，大多数工厂都位居城镇，交通便利、服务设施齐全、旅游所耗的时间和经费较少，可进入性好。

（五）多重收益性

与一般的观光旅游产品相比，工业旅游给企业和旅游者均可带来多重效益。首先，对工业企业来说，经营工业旅游不仅可以得到直接的经济效益，也可获得可观的无形收益。其直接的经济效益表现为：门票收入，向旅游者提供餐饮等服务的收入，直销产品的收入等。企业的间接收益主要有：树立企业形象，免费广告效应；通过与各类游客直接互动交流，企业能够了解消费者的需求和市场动向，为企业的经营决策提供信息；游客到企业参观使企业处于社会公众的近距离"审视"状态下，有利于增强员工的责任感，提高工作效率。其次，对游客来说，工业旅游资源具有融求知与审美于一身，集观光、体验、购物于一体的多种功能，能够满足游客多方面的需求。

（六）季节性变化不明显

工业旅游产品属于依人文旅游资源开发的产品，受自然季节变化影响很少，且工业生产大多数也不会因为季节的变化而导致生产变化，这样依托工业企业开发出的旅游产品也就很少表现出季节变化特征。

（七）客源市场相对稳定而又明确

工业旅游的客源市场主要由学生、当地居民和外地游客三部分构成。学生主要是为满足求知欲；而其他游客，则是出于对工业企业的好奇或是同行企业来参观学习。因此，开发重点应放在学生市场上，同时也要重视当地居民市场，对外地游客市场目前重点是加强宣传，提高其对工业旅游项目的知晓和认可程度。

（八）重游率较低

由于工业企业的资源变化性不大，在旅游消费者通过游览满足了好奇心、获得了知识后，工业旅游吸引物对旅游者的吸引力便减弱，使旅游消费者不大可能再重游故地。

第二节 工业旅游项目开发与策划

一、工业旅游的选址

工业旅游是工业资源与旅游资源相契合的旅游形式，然而并非所有的工业资源都可以开发成旅游资源，它的选择需要具备一定的条件。

（一）资源的独特性

就是说其工业资源应该是竞争者或周边地区所没有或很难复制的资源。只有依托这样的工业资源才能使工业旅游更加具有竞争力。

（二）品牌知名度

消费者能够记忆的工业产品品牌数量有限，名牌企业开发工业旅游的优势十分明显。以酿酒企业为例，青岛啤酒、贵州茅台等地开发工业旅游产品，就比不知名厂家开发类似产品易形成影响。

（三）吸引力程度

产品对旅游者的吸引力程度与消费者对其熟悉程度密切相关。在工业旅游产品中，一般来说，消费者对于和自己日常生活相关的产品关注程度高。另外，消费者对于平时接触不到的产品或领域也有强烈的好奇感。前者如家电生产企业，后者如卫星发射基地。旅游者对于中间产品兴趣不大。

（四）资源向旅游产品转换成本

在工业旅游产品的开发中，强调利用原有资源创造增量效益。如果将工业资源开发为旅游产品需要投入大量成本，就违背了工业旅游发展的本意。

（五）区位条件

交通的便利，对于所有旅游产品的开发都具有重要的意义。理想的区位条件包括：靠近车站、码头、高速公路，或与周边重点景区联系紧密。

（六）所在城市的综合实力

工业旅游是以城市为依托的。由于城市的综合实力不断增强、环境明显改善，旅游所需要的各种配套服务设施的齐备完善，加之城市是经济、文化和政治的中心，城市在旅行社接待、客源集散、宣传辐射和管理功能等方面更加成熟，城市因此不但成为旅游客源地，而且也成为旅游目的地，而工业旅游往往会成为城市旅游的一部分而存在。

二、工业旅游项目策划的原则

（一）特色＋市场认知度原则

这是针对工业企业的选择来说的。特色是吸引游客的根本，企业的市场认知度则是确保有足够的旅游市场规模来支撑工业旅游活动持续经营下去的基础，二者缺一不可。只有那些既有特色、市场认知度又高的企业的工业旅游项目才更容易成功。

（二）突出主业原则

必须明确企业办旅游只是副业，旅游活动要以不影响生产、不涉及企业的技术和商业机密为前提。游客来企业参观，主要是基于企业主业的经营特色和魅力，因此，旅游活动的设计安排应紧紧围绕并突出主业，这才是工业旅游的生命源泉所在。

（三）综合效益原则

首先，工业企业办旅游不能只关注企业直接的经济效益，更应该注重间接的无形资产的收益；其次，企业不仅要关注自身利益，同时也承担着向社会大众普及工业知识、教育引导消费等社会职能。也就是说，工业旅游项目要体现经济效益、形象效益和社会效益的统一。

（四）因地制宜原则

工业企业在选择旅游产品的开发模式时切莫僵化，而是应该在借鉴已有开发模式的基础上，密切结合本身的实际情况灵活地加以运用并力图有所创新。

三、工业旅游项目策划要点

（一）准确把握客源市场

分析客源，为产品开发、营销提供前提和基础。从旅游者的动机出发，可将工业旅游的游客分为商务调查型、学习参与型和观光游览型三类。其中商务调查型的游客多为与该工业企业相联系的企业商务人士，他们前来游览的目的多是进行参观、考察，以确定是否有开展业务往来和继续进行合作的可能性；学习参与型的游客多为学校学生；观光游览型包括除去商务调查型和学习参与型之外的所有游客。其中学生是目前我国工业旅游的主要客源市场。

由于每一类游客的特点都是不同的，因此工业旅游项目在开发和产品设计过程中应该充分考虑所吸引各类客源的特点，以尽量满足主要游客的需求。同时，在营销过程中也应该依据客源分析明确营销重点，选择合适的促销渠道，有针对性地进行市场促销，以达到既高效又节约成本的目的。

（二）合理选择开发模式

工业旅游产品指的是以工业旅游资源为主要吸引物的旅游产品，工业旅游产品模式指的则是工业旅游产品的"规格形式"，不同规格的产品我们称之为不同的产品模式。在进行工业旅游策划时，非常重要的一个工作就是要结合旅游景区的资源、区位、客源特点确定工业旅游产品的开发模式。

关于开发模式的分类，吴相利教授从工业旅游产品的特有属性和中国工业旅游发展的现状分析出发，将我国工业旅游产品开发分为以大庆、攀枝花为代表的城市型；以华富玻璃器皿公司、泉州"中国雕艺城"为代表的商品型；以青岛海尔、秦山核电站为代表的中心型；以吉林丰满发电厂、甘肃刘家峡水电站为代表的景观型；以中国第一汽车集团为代表的扩展型；以鞍钢、长安汽车工业园为代表的场景型；以沈阳飞机集团公司为代表的产品型；以贵州茅台酒厂、杏花村汾酒集团为代表的文化型；以江苏隆力奇集团为代表的外延型；以天津泰达工业旅游项目为代表的综合型等十大模式。这十类基本涵盖了现阶段我国工业旅游产品开发的开发模式。然而，可以预见的是，随着工业资源的丰富、旅游需求的多元化发展，必然还会有新的开发模式出现。

（三）重视旅游产品设计

通过对目前工业旅游市场的分析，我们认为，工业旅游产品项目设计应该注意以下几点。

（1）要突出工业旅游的知识性和教育性。人们进行工业旅游产品的消费更多考虑的是认识工业产品的性能，了解产品生产过程、工艺及其中的科技知识、工业产品生产的场景及相关的工业建筑、工业知识等。这种丰富知识、开拓眼界的需要是旅游者选择工业产品为消费对象的最普遍也是最重要的目的。因此，工业旅游产品项目的设计自然要把知识性和教育性放在首位。

（2）要注重工业旅游的参与性，满足旅游者寓求知于娱乐的需要。这要根据不同工业企业的特点而设计，比如在汽车厂，参与汽车模型的组装；在香水厂，在技术人员的指导下配制香水等。

（3）游产品项目要多样化。除了与工业直接相关的参观、游览、考察、培训、购物等旅游项目外，有些景区还应当适当开发一些与工业相关度较低的室内娱乐、康体度假旅游项目，以克服工业旅游项目逗留时间短、重游率低的弊端。

四、工业旅游项目策划应注意的几个关键问题

(一)企业的特色、知名度及规模

企业要有特色,有足够大的规模。这是判断一个企业是否适合办工业旅游、能否持续经营工业旅游项目的前提条件。特色是吸引游客的根本,如果工业旅游资源具有独特性,那么开发为旅游产品后将有更强的竞争力。企业的知名度决定了其工业旅游的知名度,消费者能够记忆的工业产品品牌数量有限,所以名牌企业开发工业旅游的优势十分明显。企业的规模足够大,是确保有足够的旅游市场规模来支撑工业旅游活动持续经营下去的基础。

(二)工业旅游资源向工业旅游产品转换的成本问题

不仅要考虑资本和人力投入,还要考虑工业企业的环境容量和企业职工的心理容量。即开展旅游活动是否会影响工业生产,职工对游客的心理承受能力等,这些都直接关系到工业旅游产品的成功与否。

(三)工业旅游配套设施的建设

要建设游客接待室、商业零售点、游览过程中的休息室、餐饮服务场所以及卫生间等旅游基础设施,要有良好的条件,够规格、够水平。同时建设相应的保护设施以保证游客在游览过程中的人身安全,方便游客的游览。

(四)导游人员培训

在工业旅游中,游客所看到的大部分都需要导游人员进行讲解。作为一名合格的工业旅游导游员不仅要对游客所参观的工业企业有一个全面的了解,而且在某些方面甚至要具有很深的专业知识,这样才能使游客游有所得,游有所获。由于从事工业旅游的单位本身是旅游方面的外行,因此企业虽为社会提供了就业岗位,但缺少必要的培训,游览讲解比较生硬、肤浅,接待服务不够到位。因此,要想使工业旅游发展壮大,必须做好导游人员的培养,尽快培养出适合工业旅游发展的导游人员。

(五)发展工业旅游购物

着力把本单位的产品转化为旅游商品,即在原产品基础上,改进外包装规格、服务,使游客便于携带或托运。着力把本企业的纪念品转化为人们喜爱的企业宣传品——在一般旅游纪念品上附加本企业标识或文化印记,制作上要精美,并与企业相关度高,值得保存。

（六）增设文化、娱乐设施

工业旅游固然以企业的生产景观为主，但是，在企业社区范围内增设文化、娱乐设施，开辟现代化游乐场，会使整个环境更具有吸引力。游客的兴趣是多方面的，你这里有很好的娱乐条件，他就会顺便多玩一玩。这就是消费时间的延长，也有助于消费的增加。

（七）工业旅游开发应与区域大旅游充分结合

旅游项目的市场吸引力大小，不但与本身旅游价值有关，还与区域旅游景点群组功能密切相关。旅游者普遍追求游程短、游点多、游点精的旅游服务。因此，工业旅游项目应该与周边的其他工业旅游项目和非工业旅游项目实行开发、管理、营销的互动合作，优势互补，充分体现整体性与差异性，从而避免重复投入，降低旅游成本，提升区域旅游整体效益。

（八）开展与旅行社的合作与联合，实现双赢

工业旅游项目是工业与旅游业有机结合的产物。工业旅游的开发一定要打破行业"壁垒"，融合两个行业各自的优势联手培育和打造精品"工业旅游"。其中旅行社可在线路的开发、宣传与市场的推广、客源地组织方面发挥优势。而企业则可在提供旅游吸引物、商品、纪念物、完善旅游配套设施、优化和美化环境等方面发挥自己的才能。双方只有将两者各自的优势有机地结合起来，相互配合，密切合作才能实现工业旅游的双赢开发。

【案例 12-1】

青岛海尔工业旅游开发[①]

一、发展工业旅游的优势分析

第一，海尔集团的品牌优势。2004 年海尔作为中国唯一企业入选了"世界最具影响力的 100 个品牌"，是我国少有的跨国品牌之一。

第二，技术和管理优势。海尔工业园可以用"三化"——产品高新化、管理现代化、园区生态化来概括其特点。在产品技术方面，海尔工业园生产的产品始终引领着中国家电的研发和应用潮流；在管理方面，海尔工业园除全部 OEC（全方位优化）管理外，大力推进"市场链业务流程开发"，实现"零库存"，将海尔产品管理水平推向世界

---

① 张广海，杨玮玮. 工业旅游项目持续性评估研究——以青岛海尔工业园为例［J］. 山东经济，2008（4）.

前沿，更是吸引了众多国内外企业界的目光。

第三，企业文化的优势。海尔集团一直秉承"真诚到永远"的服务精神，在国内市场一直保持很高的声誉。随着海尔产品进入千家万户，海尔文化的影响越来越广泛。

第四，区位优势。海尔集团坐落于中国著名的旅游城市——青岛，交通通畅，可进入性极强。

二、海尔的产品开发模式

海尔所采用的产品开发模式是中心型。这种模式的主要特点是工业旅游产品紧紧围绕本工业企业工业生产、技术、产品这一中心进行开发，主题十分明确，范围没有过多的扩展，对企业形象树立可以起到十分重要的宣传意义。

海尔工业旅游的主要参观景点包括：海尔工业园、中心大楼、生产线、海尔大学、海尔科技馆。此外，开发区工业园、海尔现代物流、特种冰箱公司、商用空调公司等也已开辟为工业旅游参观点。所有景点都紧扣海尔企业生产、技术、产品，形成了以集团样品室为龙头、生产线为依托、科技馆为重点的产品链条。

三、海尔的旅游产品项目类型

海尔的旅游产品项目类型主要包括：观览游，1999年2月海尔集团推出了六条工业旅游线路，每条线路有3~5个景点，行程为1.5~2.5小时，重点以公益性的简单参观、游览为主；修训游，2002年6月在观览游的基础上增加了来宾和海尔管理者的互动交流。一方面加深对海尔的深层次了解，另一方面通过互动沟通使其对企业的管理发展起到启迪作用；体验游，2003年4月在修训游的基础上通过让客人亲身参与、动手实践的形式加深对海尔管理及企业文化的快速理解。

可以看出海尔的工业旅游项目仍然是比较单一的，多数以简单的观光为主，其中部分参与性活动的内容也都十分简单，而且线路中景点很少，每条的行程时间很短。

总地来看，工业旅游已经发展成为旅游行业新的增长点，虽然还有诸多不完善的地方，但具有非常大的发展潜力。工业旅游是工业企业变无形资产为有形资产的一种手段，它的"神奇"效用就在于能让社会公众在参观游览中增长见识、了解企业、认同产品，从而达到城市、企业、产品"三赢"的目的。

尽管工业旅游有这么"神奇"的效用，但也要充分认识到工业旅游与传统旅游的不同之处。在向传统旅游学习借鉴的同时，要根据工业旅游自身的特点，有所突破，有所创新，走出具有工业旅游自身特色的发展道路，这样才能真正实现工业旅游的可持续发展。

【思考与讨论】

开展工业旅游对海尔企业品牌宣传有哪些意义？

【案例 12-2】

天津义聚永工业观光旅游①

义聚永工业观光旅游资源依托于义聚永酒业酿造有限公司。主要包括义聚永酒文化博物馆和义聚永酒藏、义聚永广场、18 亿年前中上远古界化石上刻有经典的义聚永记赋、十大风趣坛子画、传统露酒烧锅等景点。

2002 年兴建义聚永酒文化博物馆总面积 1500 平方米。博物馆主要包括两层楼的主展厅、玫瑰酒吧、产品展示厅和本草画廊、走廊老广告等。其中主展厅集中展示了天津酒文化七百年的悠久历史和义聚永两百多年的出口历史，展示了义聚永艰辛辉煌的发展历程，再现了直沽文化的独特魅力。玫瑰酒吧不仅再现了希腊玫瑰花神的美丽传说和《玫瑰圣经》里的四幅著名的玫瑰图谱，同时还可以品尝用玫瑰露调制的鸡尾酒。产品展示厅陈列的是义聚永酒厂历年出口和内销的成品酒。本草画廊展示了领导、客户、酿酒业专家的题词和该公司职工自己绘画的工笔、水墨作品。走廊两侧的宣传画是 20 世纪 60—90 年代在国外国内报纸刊登的宣传文章和广告。

义聚永酒藏内部有中国酿酒业最独特的酒坛隧道、年份老酒和 DIY 灌酒区。酒坛隧道陈列的是该公司十年、二十年藏酿高粱酒和典藏玫瑰露，此酒为游客购买收藏所用。DIY 灌酒区是灌装车间工作流程展示，游客可以选择自己喜欢的瓶子和酒种体验灌酒、压塞、盖帽的乐趣，还可以把自己的照片做成个性化酒签贴在自己的酒瓶上。

厂区设有义聚永广场、十大风趣坛子画、传统露酒烧锅等景点。义聚永广场内主题雕塑义聚永酒坛将义聚永的历史和文化融入其中，上方的呈露台和下方的古井有"古井之水天上来"之喻义，象征了义聚永酒由名泉所酿、源远流长；酒坛内部是以壁画的形式对该公司百年历史的一个缩影；义聚永酒坛旁边是中上远古时代刻有义聚永记赋的石头，它也是对义聚永百年历史的见证。厂院内的十大风趣坛画用漫画、杨柳青年画、武强年画、日本浮世绘、欧洲木刻板画等风格形象地将红楼梦中的玫瑰露、卧虎藏龙玫瑰露、李鸿章与五加皮、庆王府与义聚永、中国神水五加皮、圣雄甘地玫瑰露、肯德基玫瑰露广告、杨乃武和小白菜、济公传与玫瑰露、日本偷学高粱酒等历史典故结合起来，说明义聚永的酒品历史悠久、历久弥香。传统的义聚永火露烧锅沿袭传统的民间秘传火露酿制。火露是一种古老的露酒方式，火露酒的品质好，但成本很高，工艺复杂，加之工序多为口传身授，代代相传，绝不轻易示人，目前国内只有天津义聚永沿用此项工艺。义聚永露酒烧锅追溯历史，挖坑垒灶，利用柴煤烧火产生蒸馏效果展示义聚永最传统、最古老的酿造工艺。

---

① 王庆生，等. 宁河县旅游业发展总体规划 [R]. 2009-12.

【思考与讨论】
你对天津宁河义聚永工业观光游开发有何看法？

本章思考题

1. 简述工业旅游的概念及其开发进展。
2. 结合实际，谈谈工业旅游项目的特点。
3. 简述工业旅游项目策划的要点。
4. 结合实际，请你谈谈工业旅游项目策划应注意哪些问题。

第十三章

会展及旅游节庆活动策划

第一节　会展及旅游节庆活动的概念及进展

一、会展旅游的概念及进展

（一）会展旅游概念界定

　　"会展旅游"是我国近些年来出现的新名词、新概念。"会展"顾名思义，即会议和展览的简称，一般不会产生歧义，而当"会展"与"旅游"组合成了"会展旅游"，则对其概念内涵的理解，在学术界产生了不少的分歧和争议。

　　会展旅游国际上统称 MICE（meetings，incentives，conventions，exhibitions），意指包括各类专业会议、奖励旅游、大型文化及体育盛事、展览会与博览会等活动在内的综合性旅游形式。会展旅游是商务旅游的重要组成部分，其基本含义是借举办各种类型的会议，如展览会、博览会、交易会、招商会、发布会、节庆活动、文化活动、科技活动、体育活动会等，以招徕各方客人洽谈业务、交流沟通和旅游参观访问，为他们提供食、住、行、游、购、娱等方面良好服务，刺激他们消费，从而为当地创造经济效益、社会效益和环境效益。

　　我国学术界对会展旅游概念的阐述可以归纳为以下三种观点。

1. 会展旅游是一种专项旅游产品或新兴旅游方式

应丽君（2002）认为，会展旅游就是通过会议、博览、展览、文化体育、科技交流等各类举办活动而开发出的一种新型旅游产品。她从产品特征入手来界定会展旅游。

林越英、李云霞从旅游需求和旅游供给两个方面，对会展旅游进行了界定：从旅游需求来看，会展旅游是指特定群体到特定地方去参与各类会议、展览活动，并附带有参观、游览及考察内容的一种旅游活动形式；从供给来看，会展旅游是特定机构或企业以组织参与各类会议、展览等相关活动为目的推出的一种专项旅游产品。

何建英（2004）认为，会展旅游是指以会议、展览为主要吸引物，吸引旅游者前往会展举办地参加会议、展览及相关活动，满足旅游者人际交流需求的一种综合性旅游产品。他指出，会展旅游的具体组成部分是会议旅游和展览旅游。

2. 会展旅游是会展业与旅游业互动发展、相互结合的新型产业

该观点认为，会展业与旅游业存在着紧密的互动性和关联性。旅游业为会展业的发展提供必要的条件，旅游业中的交通、游览、住宿、餐饮、购物、娱乐等部门为会展的有关人员提供基本服务。会展业的发展则要求有相应水准的旅游服务设施和旅游接待服务与之配套，推动旅游业硬件的更新和软件的完善。两者的整合，形成了一个更具广阔前景的新兴产业，即会展旅游业。王云龙（2003）指出，会展旅游是指旅游属性结合会展活动特点衍生出来的行为，但不包括旅游业对会展的多元化经营业务。该观点强调，会展旅游业是综合会展业和旅游业两大产业优势形成的新型产业，是会展业优化发展的必然结果，也是旅游经济的重要组成部分。

3. 会展旅游从属于会展经济

会展旅游从属于会展经济，只是为会展经济提供相应的配套旅游服务。魏小安认为，会展旅游严格地说只是会展经济的一个组成部分，是一个总概念和从属概念的关系，二者不能画等号。会展旅游是在会展经济中分一杯羹。

王保伦（2003）认为，会展旅游是为会议和展览活动的举办提供展会场之外的且与旅游业务相关的服务，并从中获取一定收益的经济活动；我们所提倡的会展旅游不是让旅游企业去举办各种会议和展览，而是让旅游企业发挥行业功能优势，为会展的举行提供相应的外围服务。

综合上述诸种观点，我们认为，会展旅游是以会展业为依托，针对参与会展的群体提供与旅游相关的服务，是一种实现人际交流的旅游活动，也是获取经济利益的经济活动，是会展业与旅游业相互作用的结果。

（二）会展旅游的相关概念

1. 会议旅游

会议旅游就是政府、公司、科研机构和民间团体等组织的人员，因参加不同类型的

会议而派生出来的一项特殊旅游活动。召开会议的目的是解决问题、交流信息或达成共识。那么，对于举办者和举办地来说，为促进与会目的的实现，就要提供完备的会议设施和优质的服务，并凭借其所在地的自然风光和人文古迹，让参会者在舒适的环境中开展会议活动，并辅助进行旅游景点的游览。

2. 展览旅游

展览旅游是指为参与产品展示、信息交流和经贸洽谈等商务活动的专业人士和参观者而进行的一项专门的旅行和游览活动。相对于会议来说，展览要求的是聚人气、讲规模、重品牌，举办地需经济实力强大、基础设施良好、商业环境优越、文化氛围浓郁、信息辐射迅速、进出交通便利。

（三）会展旅游进展

1. 会展产业

1）会议产业的形成及发展

人是一种社会性的动物，人类天生有聚集在一起并相互交流思想的需要，会议因此而出现。只要有人类存在，就会有会议。尽管会议自古即有，但是直到 19 世纪末 20 世纪初，随着工业和贸易的发展，商人及企业家之间的聚会需要被物化，它才被人们所重视，并逐渐形成一种全球性的产业。

1896 年，美国底特律市成立了"会议局"（CB），主要工作即招徕和吸引会议主办者。1914 年，美国又成立了"国际会议局协会"（IACB）。Rogers（1998）认为，从 1814 年 9 月至 1815 年 6 月举办的维也纳大会，可以认为是第一次真正的国际性会议，当时世界上大多数强国都出席了这次会议，与会的代表有俄国沙皇亚历山大一世、普鲁士的哈登贝格王子、英国的卡斯尔雷子爵和惠灵顿公爵。但是，在 19 世纪及 20 世纪上半叶举办的少数几次国际性会议，大多是政治和自然科学方面的会议，因为太稀少而无关紧要，还难以形成一个产业。

第二次世界大战之后，从 1950 年开始，由于人们可支配收入的增加、闲暇时间的增多，以及交通运输技术的发达，会议业得以迅速发展，成为一个全球性的产业。Lawson（2000）认为，政府及准政府性质组织的扩展、跨国企业及泛国代办处的增加、协会及专业团体的发展等因素促进了会议业的发展。

可见，会议产业最早起源于北美与欧洲，并在 20 世纪 50 年代以后逐步形成一种全球性的产业。但是从 1980 年开始，亚太地区的会议产业也开始迅猛发展。Hunt（1989）认为，与世界 51％的增长率比较，亚洲会议产业在 1983—1987 年期间增长了 73％。Muqbil（1997）认为，亚太地区每年平均增长 6％～8％的地区经济增长，是会议产业迅速发展的主要动力。目前，亚太地区拥有众多世界级别的会议中心，如新加坡国际会展中心、我国香港会展中心、泰国曼谷诗丽吉皇后国家会展中心、日本东京国际会议中心、澳大利亚悉尼会展中心等。

2）展览产业的产生与发展

1851 年在英国伦敦举办的首届世界博览会标志着展览业开始萌芽。但是这一产业的形成，还是在第二次世界大战之后，各国努力进行经济建设，恢复战争创伤，使得各国经贸联系加强。为了相互展示产品信息，以及一些地区政府为招商目的而进行的形象展示，展览规模日益壮大而形成产业。同样，参加展会的人员也通常会像参加会议的人员一样，进行旅游以放松身心。同时由于会议与展览有很多相通、融合之处，并且与会人员的旅游消费行为也极为相似，因此通常将会议业与展览业合称为会展业，并将与之相关的旅游活动称为会展旅游。

2. 会展旅游活动的产生

其实，早在会议活动形成产业之前，会议旅游活动就已经产生。而且，世界近代旅游产业诞生的标志性事件恰恰就是一次会议旅游活动，即 1841 年托马斯·库克包租火车组织 570 人从莱斯特前往拉夫伯勒出席禁酒大会。但是，只有当会议产业形成之后，会议旅游者的规模迅速增大，并且由于其消费行为特征迥异于普通观光度假旅游者，会议旅游才引起了相关部门的注意。例如，为了吸引与会议密切相关的观光旅游者，美国"国际会议局协会"（IACB）在其名称中又加入了 visitor（游客）一词，变为 IACVB，即国际会议旅游局协会。

3. 会展旅游的发展现状

无论是从国际还是国内讲，会展旅游都已成为旅游业发展最快的部门之一。据国际协会联盟（UIA）的报告，2000 年会展总数达到了 9 433 个。五个主要的会展举办国占了全部市场的 54.1%。其中美国以 1 303 个居于首位，占总市场的 13.8%；其次是法国 632 个，占 6.7%；英国以 613 个占 6.5%；德国以 591 个占 6.3%；最后是意大利 430 个，占 4.5%。据 Successful Meeting 杂志的一份报告指出，2000 年美国的会展收入已经达到了 1 221 亿美元。从 1992 年以来美国的会展收入就以 9% 的速度增长，2000 年比 1999 年增长了 8.6%。

从 1980 年到 1996 年亚太地区会展旅游市场以每年 124% 的速度增长，特别是澳大利亚的会展每年带来的直接经济收入就有 70 亿美元。1996—1997 年到悉尼参加会展的参会者的平均停留时间为 6.9 夜、10 天，人均支出 5 722 美元。在会议注册费、餐饮、住宿、机票、购物和其他消费上，在悉尼人均每天花费达到了 770 美元。另外，79% 国外参会人员倾向于住四五星级酒店，约 50% 的国际与会者参加过会前和会后的旅游，这使他们在澳大利亚的平均停留时间延长了 3.1 天。

另外，我国香港、韩国的会展旅游发展也很快，而新加坡更是凭其政府对会展的投入而超过我国香港成为亚洲会展的龙头老大。

中国内地的会展业起步于 20 世纪 80 年代，经过 30 年的发展，已经具有了一定的规模和水平，特别是近几年发展得更为迅速，各城市的会展水平进一步提高，规模也进一步扩大，形成了以北京、上海和广州为中心的京津、长三角和珠江三角洲三个主要会展经济带。我国会展业的总体水平与国际会展业发达国家相比差距较大，因此我们要学会展发达国家的先进经验，提高我国会展业的水平，促进旅游业的发展，推动我国经济增长。

（四）会展旅游项目的特点

1. 政府主导性

会展旅游最主要的特点是政府主导，会展旅游的发展与地区的整体规划密切相关，而且很多国际性的、超大型的会展项目必须由政府组织策划，这在会展发达国家也都是如此。

2. 服务综合性

会展旅游要求的服务是综合性的，不仅有展品运输、展位搭建、会场租赁等专业服务，而且需要海关、交通、酒店、运输、边检、礼仪、广告等行业的配套服务。

3. 产品品牌性

一个城市要发展会展旅游，必须面向国际，形成品牌。世界著名的展览城市，无一不是如此，比如德国的汉诺威，一提起来我们就知道这座城市有电信技术、工程机械等行业的著名展览会，这就是品牌效应。

4. 项目依托性

会展旅游的依托性表现在两个方面：一方面是对会展业的依托性，从会展旅游的概念及其发展历程，不难看出会展旅游依赖于会展业的发展；另一方面是对会展举办地旅游资源的依托性，虽然会展参加者去举办地的主要目的是"会展"而不是"旅游"，但是为了吸引更多的参加者，举办单位通常都会选择风景优美或者旅游资源极丰富的地区开展会展活动，因而其对旅游资源的依托性也是非常强的。

5. 市场集中性

市场的集中性集中表现在会展旅游过程中，不仅会会集大量的参加者，而且会吸引很多的商务游客和普通旅游者，这在其他任何一个旅游形式中都是无法企及的。

6. 组织专业性

会展旅游由于其组织过程的复杂性和服务的综合性，必须要有专门的会展举办单位对其进行专业性的组织。

7. 主题多样性

现在会展旅游的举办按层次分可分为国际性的、国家级的和地区级的，根据不同级别的会展项目，需要设计不同的主题；而且各个行业不同群体在组织会展时其主题也是丰富多样的。

8. 管理连续性

如果将会展旅游的发展分为会展举办前、会展举办过程和会展举办之后三个阶段，那么会展旅游的管理从其之前便已经开始。在这个阶段的管理主要是营销管理；在会展举办过程中主要是组织管理；在举办之后，虽然会展活动结束了，但是会展旅游还在继续，因而也需要加强管理。通过全过程的连续管理，再加上相关措施的应用，便可以创建一个会展品牌。

二、旅游节庆活动的概念及进展

（一）节庆活动

节庆活动是指人们根据某节日所采取的庆祝、祭祀或纪念等活动。新春贴联、端午赛龙舟和龙华庙会等都是中华民族悠久的节庆活动。节庆活动更多的是借节托思，因此更注意"思"与"情"，要求更多的创新和文化含量，强调公众的广泛参与。

（二）旅游节庆

一般认为，旅游节庆是指依托某一项或一系列旅游资源，通过内容丰富、开放性、参与性强的各种活动项目，以吸引大量受众参与为基本原则，以活动带动一系列旅游消费和吸引投资，进而带动当地国民经济增长的所有活动的总和。

国外对于旅游节庆方面的研究起步较早，往往将节日（festival）和特殊事件（special event）合在一起进行探讨，称为"节事"。节事活动包括的内容非常广泛，除了通常所说的节庆活动外，还包括文艺娱乐、商贸及会展、体育赛事、教育科学事件、休闲事件、政治/政府事件、私人事件等一些特殊事件。

国内研究的节庆（festival）一般是节日和庆祝活动的总称，即"节日庆典"的简称。国内对节庆旅游的研究主要集中在基本理论（概念界定、特点功能等）、影响机制及策划管理等几方面。

从广义上来看，旅游节庆包括传统沿袭和法定的各种节日以及人为策划举办的各种活动，但不包括各种交易会、展览会、博览会等特殊事件，具体可以分为三类：一是传统的节日，如春节、中秋节等；二是国家法定的节日、庆典，历史事件的纪念日，如国庆、八一建军节等；三是各城市和地区根据各自的资源和实际情况，人为策划举办的带有浓郁地方民族文化氛围的节庆活动，如大连国际服装节、青岛国际啤酒节、云南民族文化旅游节等。

（三）旅游节庆的发展现状

我国节日庆典源远流长，各民族长期的生存斗争和生活实践形成了灿烂的节庆文化。自改革开放以来，我国的旅游节庆活动发展了几十年，经历了从计划经济到市场经济的转变，作为一种重要的活动形式而延续下来。近年来，我国的旅游节庆活动更是发展迅速，呈现出遍地开花的繁荣景象。根据在广东、浙江、山东、江苏、辽宁五省份所辖的 75 个地级市（含省辖市），和浙江、山东、江苏三省的 196 个县（市）的专题调查统计，在被调查的 75 个地级市（含省辖市）中，62 个城市有自己的经济性节庆，办节率为 83％；在被调查的 196 个县（市）中，有 145 个县（市）定期举办经济性节庆，办节率为 74％。

三、旅游节庆的特点和分类

（一）旅游节庆的特点

章平（2000）在探讨大型节庆活动与宁波旅游发展时认为，节庆活动作为专项旅游活动，和一般的旅游形式相比，具有季节性、规模性、综合性、效益后续性等特点。

王保伦（2004）认为，节事旅游的特点在于旅游者身份的二重性、旅游产品的丰富性、强大的吸引力、当地的认可度、旅游市场的促销性。

此外，节庆旅游还具有趣味性、复合性、文化性、交融性、地方性、多样性、参与体验性等特点，特别是其具有趣味性、参与性、综合性的特点，使之受到了大量游客的青睐。

（二）旅游节庆的分类

由于我国地大物博，历史悠久，各地都有独特的资源和地方文化，因此旅游节庆活动类型多样，根据活动选取的主题不同，可将其分为以下类型。

1. 以"文化艺术"为主题

如三门峡国际黄河旅游节、绍兴乌篷船风情旅游节、舟山中国国际沙雕旅游节、曲阜国际孔子文化节、四川江油李白文化节、浙江宁海徐霞客开游节等。

2. 以"自然生态"为主题

如中国国际钱塘江观潮节、淳安千岛湖秀水节、哈尔滨冰雪节、张家界国际森林节、崇明森林旅游节、天津渔阳金秋节等。

3. 以"民俗风情"为主题

如浙江省中国开渔节、浙江省青田石雕文化旅游节、中国潍坊风筝节、中国吴桥杂技节、中国临沧佤族文化节、傣族泼水节等。

4. 以"地方物产"为主题

如大连国际服装节、湖州国际湖笔文化节、绍兴黄酒节、青岛国际啤酒节、洛阳牡丹花会等。

5. 以"民族宗教"为主题

如五台山国际旅游月、九华山庙会、藏传佛教晒佛节、大理三月街民族节、海南黎族苗族"三月三"节等。

6. 以"寻根问祖"为主题

如陕西黄帝陵祭祖大典、河南新郑炎黄文化节、天津天后宫妈祖文化节等。

7. 综合性的旅游节庆活动

如 2009 年 9 月 19 日至 22 日在天津举办的首届中国旅游产业节。本次旅游产业节以旅游产业为载体，旨在搭建旅游产品、用品交易平台，旅游演艺交流舞台，旅游产业发展研究探讨平台。

旅游节庆的类型不同，其集聚的旅游群体也不同，因此不同类型的旅游节庆活动将成为旅游集聚的重要吸引载体。

四、旅游节庆的作用

（一）传播力

旅游节庆需要一定的文化作为载体，即便是没有特殊的文化象征的旅游节庆，其在举办的时候，也会自然显示出当地的文化、经济等一系列社会现象。在旅游节庆的举办过程中，这些载体会随着旅游节庆的举办而传播。

由于旅游节庆举办，一方面不可避免地使当地的文化对外传播变成现实，另一方面，旅游节庆的成功举办，从开始国外游客的被动参观到成熟期的主动参与，其带来的国外文化，在旅游节庆举办地形成多种文化的结合和交流，从而促进中外文化的交流。

（二）吸引力

首先，节庆所蕴含的文化差异，是旅游活动最初也是最后活力的吸引力所在。而这种吸引力使得海内外游客参加成为可能。

其次，成功旅游节庆的举办，一定会吸引众多海内外游客参与。在旅游节庆举办的初期，这种效果不是很明显，但是随着节庆的不断深入人心，受众对其关注度越来越深，产生的群众效应会为旅游节庆的发展注入新的内涵。旅游节庆的影响力随着公众的认可而不断发展壮大，其吸引力也跟着增大，这样的良性循环为吸引海内外游客打下良好的基础。

（三）带动力

大型的旅游节庆活动的举办，本身就要耗用大量的人力、财力和物力，这就为当地的发展注入活力。当地公众如果认可旅游节庆活动，那么在举办旅游节庆的同时，消费的增大就是很自然的事情。由于旅游节庆活动的举办，所吸引的海内外游客来旅游节庆的举办地，其消费量和旅游节庆的成功度成正比，为当地相关行业的发展带注入资金。随着旅游节庆活动的市场化进程不断深化，企业参与愈来愈普遍，这样随着节庆的成功举办，为参与企业带来了良好的营销结果，促使参与企业发展，带来更好的社会经济效应。根据经济学乘数效应，在旅游节庆举办的时期带来的旅游收益，在旅游节庆后期很长的时期内都有体现，所带动的经济增长是相当可观的。

第二节　会展旅游项目策划与管理要点

一、我国会展旅游项目策划存在的问题

（一）缺乏有效的管理机制和行业约束机制

纵观世界会展旅游发达的国家，都有专门的管理机构，如巴黎设立了会议与旅游局，日本、新加坡和我国香港等在旅游管理机构下设有专门的会展局，而我国内地很多城市没有行业管理机构，或者设有管理机构但并没有发挥有效的管理效用。因而对于会展的管理、协调和引导，缺少行业的约束机制，对具备怎样资质的单位才能举办会展，举办哪种层次和内容的会展，参展商要具备什么样的行业标准才能入场都没有明确的要求，导致了会展多数还是"杂牌"会展，场景看似热闹，本身底气却不足。

（二）政府主导力度不够，缺乏专门的行业策划

政府主导力度不够，集中体现在对会展旅游的宣传促销方面投入极少，并且并没有将其纳入城市整体形象的宣传当中；也没有将会展部门与旅游部门有机结合起来，致使会展旅游在营销方面大多显得苍白无力。

政府部门在促进会展部门和旅游部门的协调沟通方面的力度不够，使得会展业与旅游业之间存在着脱节现象，两者之间的关系成了一种"外推"模式。也就是说，会展活动将会展参与者推向旅游部门，后者在整体促销、配套服务等方面都没有发挥出应有的作用，旅游业对会展活动的支撑效果不明显。

除了政府部门职能缺失之外，另一个问题便是缺乏专业的行业策划。由于市场分工的非专业化，从旅行社、宾馆饭店、游览娱乐场所、旅游纪念品生产商到交通客运公司，众多的旅游企业不能确定自身在会展旅游市场中应该扮演的角色，造成旅游企业在开发过程中处于十分被动的局面。

（三）缺乏理论指导，缺少专业人才

目前会展举办地几乎没有权威性的组织机构或民间团体对会展旅游进行全方位的研

究和解析。只有不到 10％的会展旅游从业人员具备与行业相关的专业知识。理论指导体系的缺乏，导致城市经济发展战略规划对发展会展旅游的认识不清。

　　与传统旅游服务相比，会展旅游服务的专业性、针对性较强，这就对服务人员提出了更高的要求。目前我国许多会展旅游活动共同存在的一个主要弊端就是服务人员的素质、能力和专业性的相对局限，因此对会展旅游的策划、组织及服务人员进行综合的、针对性的培训，是十分必要的。

（四）缺乏品牌意识

　　目前我国的会展旅游业不论是场馆还是专业公司，多处于各自为战的状态，缺乏名牌战略意识，甚至出现了恶性竞争。造成价格混乱、诚信缺失，因此也就很难形成有国际知名度的品牌，这与世界水平还有相当的差距。

（五）重硬件轻软件，重展览轻会议

　　目前我国会展旅游的发展，一方面在展览中心的建设上耗资巨大，而另一方面却忽视了软件即会展总体服务的完善。会展服务是一项综合性服务，不仅有展品运输、展位搭建、会场租赁等专业服务，而且需要海关、交通、酒店、运输、边检、礼仪、广告等行业的配套服务。目前，我国很多会展城市的会展业还没有真正形成系统的专业化分工协作局面，严重影响了总体服务水平。

　　据统计，会议带来的经济效益并不亚于展览。如日本召开大型国际会议带来的直接经济效益达每人每会 20 万日元，同时会议还能促进地区的国际化。按照会展旅游的定义，会展旅游业至少应是会议和展览并重，但是目前各地在开展会展旅游业研究过程中非常重视展览而忽视会议。

（六）会展旅游产品缺乏新意

　　现有会展旅游产品多以传统的旅游产品为主，缺乏适应会展旅游发展的创新产品。比如，广州会展旅游产品的发展并未随着广交会规模的扩大而发展。主要原因就是广州会展旅游产品过于单一，通常是与展会期间由办展公司以销售产品为目的而开展的系列文娱活动，真正与旅游联系起来的产品很少。

二、会展旅游项目策划要点

（一）依托会展举办单位

　　从会展旅游的定义可以看到，会展旅游依赖于会展业，会展项目在很大程度上决定着会展旅游者的性质，因此，只有跟会展公司合作，才能及时洞悉参展商的特点，从而

策划出适宜的旅游项目。与会展公司合作的具体的方式有运用 CRM 软件系统开展会展客户管理。目前，许多会展已经运用 CRM 软件系统进行会展客户管理。如果旅游业也利用 CRM 软件系统进行会展客户管理，从中提供旅游信息，进行旅游需求调查，征求游客意见，收集各种旅游观点，以及共同讨论各种休闲旅游问题，那么旅游业就可以做到：获取信息→分析信息→设计、开发或创新产品→反馈信息，以保证会展旅游产品开发信息通畅。

（二）会展为主，旅游为辅

参展商前往目的地的根本目的在于"会展"而非"旅游"，因此，在对会展旅游项目进行策划和设计时，必须秉承"会展为主"的原则。

（三）突出会展主题

一般来说，大型的会展活动每一届都会有一个特定的主题，会展旅游项目的策划和设计必须以会展的主题为核心展开。

（四）重视人际交流

我国的旅游研究和产业的运行，过去一直偏于旅游的一个侧面，即旅游是旅游者追求自我经历和自我感受的活动，旅游的实质是审美，旅游产业是服务于人类休闲活动的一个产业。然而除此之外旅游活动还有着另一个十分重要的侧面，即实现人际交流的侧面。会展旅游是一种实现人际交流的旅游活动，它在目的的追求上和发生要素上都不同于人们熟知的休闲旅游。如果会展旅游市场开发能够从旅游活动的另一侧面寻找到切入点，那么会展旅游除了服务于消费个体的旅游目的之外，还应在服务于消费群体的交流方面找到更加广阔的市场。

（五）注重产品设计

会展旅游产品设计需适应性强，体现人文关怀思想。与普通的旅游者不同，尽管会展旅游者也是前往异地进行旅行，但这种旅行活动并非是基于闲暇时间，而是基于工作时间。因此，会展旅游者在时间的安排上没有太大的弹性空间，这就要求旅行社等服务企业所提供的产品类型应以半日游、一日游、两日游这种中短线游为主，这样会展旅游者就可以根据自身的具体情况进行选择。除此之外，还可根据旅游者独立性极强的特点，旅游产品广泛采取半包价、小包价等多种形式，使会展旅游者根据自身需要，机动灵活地选取相应的旅游产品。

（六）突出地方文化特色

旅游产品要结合当地的文化特色。每种区域文化都具有自身区别于其他文化的特征，因而形成了"一方风物一方人"的鲜明个性。一般来说，会展旅游者文化品位比较高，到异地旅游是想领略异地风情，如果我们在开发旅游资源时把具有地域特点的文化资源弃之不顾，急功近利甚至于一味迎合游客心理、流于媚俗的层面上，这实质是对文化资源的一种糟蹋和浪费。

会展旅游者一般受教育程度比较高，相对于传统的观光旅游，生态旅游、高科技旅游以及一些参与性极强的旅游项目对他们的吸引力更大。鉴于会展一般在经济比较发达的大城市举行，可以根据其商业性强的特点，推出投资考察游等专项旅游产品。在旅游过程中，旅游企业可以安排专业性咨询，提供当地的市场行情、法律法规及经济政策等方面的信息。

（七）细化区分目标市场

会展旅游者作为一个细分市场，还可以也必须进一步细分。会展旅游策划，应明确区分为两个主要的群体，即以参加会展为根本目的的专业参展商和采购商，以及出于兴趣、好奇等原因而前往目的地的普通旅游者。根据两者的不同，策划不同的旅游项目。

2007年中国国际旅游交易会期间，为借助旅交会的举办推介云南旅游，组委会向海外买家推荐了昆明一日游线路和两条州、市考察线路：滇西北神秘香格里拉之旅（昆明—丽江—香格里拉）；滇东南自然、历史与休闲之旅（昆明—建水—元阳—弥勒—石林）。同时，向接待自费买家推荐了四条线路，即在上述两条线路以外，增加滇西地热奇观与边地风情之旅（昆明—腾冲—瑞丽）和滇西南热带雨林和茶文化之旅（昆明—普洱—景洪）。从中可以看到旅游线路的设计考虑到时间的问题，均是中短线游，针对参展商的商业性，推出了投资考察游，而且针对不同的目标市场，推出了不同的旅游线路。

三、会展旅游管理

（一）规范运作机制

一方面，会展旅游业作为一项新兴的产业，其持续、健康的发展与政府的主导作用是分不开的。因为一个城市的总体规划和战略设计离不开政府；会展所涉及的协调土地、投资、银行等各方面的事宜，以及相关法律法规的制度建设方面，只有政府才能协调；同时，在国际性、超大型会展活动中，政府的主导作用也是显而易见的，包括国外发达的会展国家也不例外。因此，在会展旅游发展过程中，充分利用和强化政府引导、协调和服务的功能是必要的。

另一方面，随着我国加入 WTO，市场经济体制不断完善，逐步实现与国际市场规则接轨，会展业旅游业也不例外。我国会展业在充分发挥政府职能的同时，更要发挥市场经济的作用。目前，我国有六成以上大型会展以地方政府名义主办，如果政府既当裁判员又当运动员，势必会扰乱市场经济秩序，抑制市场真正主体——企业的发展和竞争力的增强。因此，必须坚决改变各种会展活动主要由政府操办的状况，所有会展都应逐步转化为市场化运作。结合我国国情，既要充分发挥政府的引导、协调和服务的作用，又要结合市场化的发展规律，通过加强同各种国际性会展组织的联系和合作，形成符合国际惯例的商业化运作机制，推动我国会展及会展旅游业的市场化、国际化发展。

(二)完善基础建设

一个优秀的会展旅游城市，必须首先拥有与其发展定位相适应的会议中心、展览中心等必备基础设施设备；同时，旅游宾馆、饭店等配套硬件设施是否齐全，交通、通信等基础设施是否完善，也是会展旅游城市的关键因素。但是，在完善这些设施设备建设过程中，应保持与本地区会展、会展旅游定位及发展一致，否则会出现会展经济"泡沫"，导致大量的基础设施设备长期处于零使用率状态，大量闲置，浪费城市资源。除此之外，良好的城市"软环境"也是会展旅游经济发展的重要保障，包括政府和市民的会展意识，社会化服务是否已经具备较高水平，社会治安状况，以及境内外客商往来、通关是否便利，城市整体活力等。

(三)加强区域联合

会展举办城市要开展横向联合，借助交通的便利性和会展的辐射力形成局部的会展城市网络。联盟城市通过整合资源、合理分工、专业协作、联合办展，通过在招商招展、沟通供需、传播信息、市场开拓等方面加强合作，以及支持各城市发展各自专业性品牌展会等多种方式，充分发挥各联盟城市已有的产业及区位优势，使各城市所办展会活动走向规模化、专业化、品牌化之路。通过联合，各城市还可以依托联盟，大力开发新的会展资源，拓展新的会展领域。

(四)特色化品牌化

会展举办地应当进行品牌宣传，比如广西的"中国—东盟博览会"为其创造了一个良好的品牌效应。在开发产品方面，应选准目标市场，遵循市场导向性原则、主题性原则、特色性原则、文化性原则、参与性原则和经济可行性原则，根据市场需求，开发有特色、高品位、多样化、大客流、高效益的会展旅游产品；在宣传促销方面，政府应把会展旅游的宣传促销纳入城市整体形象的宣传促销中，会展部门应和旅游部门协作，开展联合促销，即使是会展企业单位开展促销活动，也应将展会与周边的旅游资源和旅游接待设施结合起来，通过新闻媒体的连续报道，不断提高会展城市和相关企业的知名度；在品牌建设和推广方面，针对品牌展会缺乏的现状，通过创建品牌展会来提升国际地位，精心开发会展旅游产品及创造精品工程，实施品牌战略，形成会展旅游发展的地区中心，让会展活动给旅游业带来更大的综合效益。

（五）加快人才培养

会展及会展旅游，在很多人眼里就是设场子、搭台子、发单子或者是简单的带路、迎宾、接机等，其实不然。会展及会展旅游是一个较为特殊的经济产业，它需要大量的专门人才，它是一个科技含量很高的行业。目前，我国会展业每年以近 20% 的速度快速增长，但与之相对应的会展旅游人才却得不到相应的提高，我国会展业的发展与会展人才短缺的矛盾日益突出。

一方面通过加快高校教育体系建设，提高教学质量，实现"产学研"一体化的培养模式。值得庆幸的是，自 2002 年 11 月全国旅游高校协作会以"会展经济"为主题在福州召开会议以来，据不完全统计，国内已有近 30 所高校设立会展专业，在校生近两千余人，我国会展业人才培养体系基本形成。另一方面，根据会展及会展旅游业对人才不同层次的需要，有针对性地开展紧缺性会展人才的培训。如对长期从事会展业但缺乏相应理论知识的工作人员，通过培训使实践与理论结合起来。另外，还有相关专业的毕业生，他们由于缺少实践经验，通过对他们的培训从而能将所学的专业理论与会展及会展旅游业的实际工作结合起来，成为一批高素质的专业人才，从而促进我国会展业管理及组织水平的提高。

【案例 13-1】

杭州西博会打造会展旅游"中国名牌"[①]

源远流长的西湖博览会在 1929 年就首开中国博览会的先河，历时 137 天，汇集国内外精品 15 万件，参观人数达 2 000 余万人，与同时代的"芝加哥博览会"、"巴黎博览会"、"费城博览会"齐名，并称四大博览会。时隔 71 年后，2000 年举办西博会又取得巨大成功。在目前各地重视"注意力经济"、办会办节成热潮的背景下，今后要一年一度的西博会怎么办？杭州的做法是，进行资源整合，着力打响品牌，力争把西博会打造成如"广交会"那样的"中国名牌"。

为了实现打造中国名牌的目标，今年（2001 年，下同）西博会的系列展览、会议、

---

① 陈富国，整合资源，追求精专，讲究实惠：杭州西博会打造"中国名牌"[N]. 国际金融报，2001-10-26.

活动，都在"广博"的基础上努力达到"精专"程度，每个项目的内容力求精致和独特，展览的商品努力达到是名品、精品，甚至是绝品。如 10 月 24 日开幕的第四届西湖艺术博览会，600 多名国内外知名画家前来参展，展出精品画作 200 多件，其中俄罗斯代表团展出油画精品达近百件。刚结束的展览项目、第二届中国工艺美术大师作品暨工艺美术精品博览会，从参展作品、大师参加人数、参加地区范围等方面比较，已为新中国成立以来我国工艺美术行业规模最大、档次最高、内容最丰富的一次盛会。10 月 21 日举行的第五届中国国际民间艺术节开幕式，首次引入了狂欢节形式，印度、日本、埃及、美国、南非、比利时、俄罗斯、格鲁吉亚、匈牙利、意大利、蒙古、马来西亚、荷兰、德国、巴西等 20 多个国家的优秀民间表演团队及省、市的优秀民间表演团队参与狂欢，场面充满异国风情、民族风情，狂欢表演团队人数达万人以上，成为本届西博会最具特色的项目之一。据统计，今年西博会期间共有 46 个项目逐一亮相，其中国际性项目达 21 个。

杭州打造西博会的"中国名牌"，要的不是虚名，而是实效，衡量的标准有两条：一是经济效益，二是市民得益。去年西博会共成交 69.61 亿元，招商引资 137.3 亿元人民币和 3.11 亿美元。而今年西博会预计能实现贸易成交额 74 亿元，招商引资也会有新的突破，能吸引内外资达 50 亿人民币和 6 亿美元。如今年西博会汽车展 5 天交易额已达 11 亿元，成交整车 7 493 辆，成为国内最辉煌的车展之一。让群众满意，使市民得益，是西博会打造中国名牌求实效的另一标准。今年杭州提出要把西博会办成"杭州老百姓的节日"，通过举办西博会，给企业带来更多的商机，给市民带来更多的就业机会，让群众得到实惠。

打响一个产品品牌，需要资金支撑，打造一个盛会的"中国品牌"，更需要有大的投入。杭州市积极引进市场运作机制，利用西博会的资源、品牌效应筹集资金，进行市场化操作。今年西博会开幕式一台具有浓郁江南特色、取名"人间天堂"的文艺晚会，门票总承销权经公开拍卖，收入达 830 万元。西博会一些大的活动项目，如狂欢节、国际烟花大会等，都有偿让企业、单位冠名，体现了八方参与、多元化办会的方针。

【思考与讨论】

你对杭州西博会打造会展旅游中国名牌如何评价？

第三节　旅游节庆活动策划

一、我国旅游节庆活动策划应注意存在的问题

据不完全统计，目前我国几乎每个县市都举办过旅游节庆活动，"以节会友、文化搭台、经贸唱戏"已在全国形成了热潮，但繁荣背后却蕴藏了诸多的问题。

（一）空间分布不均衡

旅游节庆活动的举办与举办地的社会经济实力密不可分，成功的节庆活动与举办城市的综合实力已经形成了很强的对应关系。我国社会经济的发展在地域上存在着较大的差异，使得旅游节庆活动在空间上也出现了东部沿海多、西部内陆少的不均衡格局。

（二）时间周期欠合理

目前很多节庆活动主办者在确定节庆的时间和周期之前，往往未作市场调查，带有一定的盲目性。如吉林的糖酒会自 1997 年开始一年举办两次，春季糖酒会人气旺，秋季糖酒会则经营惨淡，不适应市场发展的要求，也就难免人气不足。

（三）主题选择多雷同

旅游节庆活动是一项重要的旅游产品，旅游产品要有外延扩展或者内在变化才能具有持久的吸引力。节庆活动的主题是否具有特色是产生吸引力的关键所在。缺乏新意、形式大同小异是目前许多节庆活动的一个通病，尤其是每年举办一届的节庆活动，节庆的主题、地点、方式、节目年年都雷同的话，游客难免会失去新鲜感。比如光是以酒文化为主题的节庆活动，就有新疆石河子国际酒文化节、杭州国际酒文化节、山西杏花村汾酒文化节、台湾玉泉酒文化节等几十个。

（四）知名节庆尚缺乏

纵观我国名目繁多的旅游节庆活动，与国外比较成功的节庆活动相比，不难看到我国的节庆活动品牌知名度低，举办届数短，能持续举办并发展成为国际节庆活动的则更是凤毛麟角。目前在我国已形成规模且已举办 10 届以上的高规格、高品位的国际品牌化的节庆活动，主要有大连服装节、上海旅游节、三门峡国际黄河旅游节、洛阳牡丹花会等。

（五）文化内涵待挖掘

独特的地方文化是旅游节庆活动得以系列化延续的保证和源泉。但是目前一些旅游节庆活动的举办者为了自身的经济利益，加入了过多的商业炒作成分，一些模特大赛、演唱会、健美赛等与主题相关性不大的活动常常喧宾夺主，虽然热闹，但却缺乏深厚的文化内涵，使游客产生一种受骗的感受，长远来看会有损节庆活动的主题。

（六）市场作用未发挥

政府干预过多是目前我国旅游节庆活动的主要问题之一。目前大多数的节庆活动仍由政府部门牵头主办，按行政方式运作，较少考虑由企业承办。政府在其中充当的角色过于重要，管辖的范围过于宽泛，但往往没有一个财务约束机制和创收机制，只讲投入不重产出，低效率、资源浪费、资源搭配不合理现象较为严重，所以往往亏多盈少，致使很多节庆寿命短。而企业参与的角色极大地限制了企业的积极性，约束了其自主发挥的空间。

（七）经营管理仍无序

目前我国许多节庆活动仍然存在管理无秩序、经营不规范的现象。一些节庆的组织者和管理者对于节庆的受众市场缺乏足够的洞察力和理性分析；对节前、节中和节后的各个环节缺少统一的规划和经营；同时对旅游服务人员的管理不力也是节庆活动日渐暴露出来的问题之一。

二、旅游节庆活动策划与管理要点

（一）政府主导、企业营销、社区参与

保存地方传统、降低节庆运作成本、走上可持续发展之路最好的办法，在于促进居民参与、重视社区组织建设。建议举办以历史文化为依托的旅游节庆活动时，努力改变"政府主导、企业参与"的思路，倡导"政府主导、企业营销、社区参与"的方式。

（二）突出独创性和差异性

旅游业发展到今天，大规模批量生产已成过去，产品的同构性应被差异性和独特性所取代。因此，举办旅游节庆活动，必须摒弃"领导坐台、明星跑台"、"旅游搭台、经贸唱戏"的传统做法，进行有独创性的策划，以提高节庆活动的核心竞争力，实行名牌战略，树立区域形象。

（三）提升传统文化、形成品牌

提高城市知名度是举办许多节庆活动的目的，节庆活动是城市经营的一环，不应该也不可能全部企业化运作。因此，政府必须区分节庆活动的类型，分别对待。将体育竞技类、产业技术类节庆活动推向市场的同时，政府应将更多目光瞄准传统文化、艺术类节庆活动及相关产业链的建设，努力将文化性资源转化成有特色的旅游产品，并最终形成城市品牌。

（四）加大宣传、包装、促销力度

目前许多节庆活动都以当地市民为主，外地乃至海外旅游者很少，参与的形式也以

散客为主，团队很少，这说明在宣传、包装乃至促销上都有待提高。国外许多节庆活动中的一些经营方式很值得我们学习，如主办者除向新闻媒介发布信息外，还主动与各地乃至海外旅行批发商联系，将节庆活动的主要节目、时间印成多种文字，在表述方式上也尽可能考虑异地人的接受能力，经常提前半年进行宣传；在火车站、飞机站或市区交通枢纽处设置节庆活动导游图，尽可能吸纳更多的旅游者，提高客源量，从而烘托出节庆活动游人如织、商贾会集的场面。

（五）节庆活动要考虑整体布局及周边环境

从时间分布来看，节庆活动一般应控制在 10～15 天左右，太短无法产生规模效益，无法收回投资；太长又会使工作人员疲惫不堪，公众产生厌倦、反感，给附近市民带来不便。节庆活动其间应有铺垫，节目之间应有衔接，避免平直、呆板，要有高潮，切忌日渐冷落，草草收场。从空间布局来看，应注意如何划分活动点，如何呼应。要讲究意境，注意人文景观与周围环境相协调，使旅游者有身临其境的感觉。推出热烈欢快场面的同时，又要注意分中心的效益及分流作用。同时要注意随之带来的环境污染问题，那些废弃的纸盒、烘烤的油烟味、拥挤的车辆，往往会给旅游者产生不良印象，进而影响整个节庆活动的效果。

（六）旅游纪念品应突出节庆活动的特色

由于旅游纪念品是凝固的记忆，往往会给旅游者带来美好的回忆。现在许多节庆活动的旅游纪念品价格昂贵，缺乏特色，真正使旅游者欣赏并能承受的很少。旅游纪念品要想为旅游节庆活动锦上添花，一定要紧扣节庆主题，强调构思与创新。河南在纪念吉鸿昌诞辰一百周年时，设计制作了一只刻有"当官不许发财"字样的小碗，它是依照吉鸿昌生前发给其手下士兵的小碗制作而成的，体现了将军的高风亮节，这样的纪念品在新的时代又具有特别意义，其构思确实使人叫绝、称赞。

三、日本节庆活动对我国旅游节庆策划的启示

（一）日本节庆活动

1. 日本节庆活动的类型

日本节庆活动大致可以分为两类：一是侧重传统文化、艺术、宗教祭（festival），如神社祭；二是侧重现代交流、体育、产业的节事活动（event），如体育比赛、工业博览会。

根据日本学者的研究，人类活动从日常性的生活生产，到周期性的宗教礼拜、赶集、音乐会，到"非日常性"的圣诞节、博览会、文化节等，即我们所说的节庆活动。"非日常性"的节庆活动又可以根据圣、俗、感官、心智分为文化艺术、宗教神事、体

育竞技、产业技术四大类。

日本的节庆活动和旅游开发的关系密不可分。20世纪70年代，节庆活动作为提高地区知名度、保护传统文化的有力手段，广为普及。整个20世纪90年代，日本经济虽然萧条，节庆活动却有增加。为加强节庆活动的开发和运营，有些县还成立了相关行政单位（如静冈县成立未来之梦管理局，作为全县将来的形象定位、活动策划、节庆组织的核心）。

2. 侧重传统文化的京都园祭

日本各地的祭不仅是集中反映日本传统文化的庆典，也代表着日本人对传统文化的热爱。作为日本三大传统节庆之一，京都园祭已经有700多年的历史，每年7月，京都人为了祭奉牛头天王，封杀流行疾病，抬着各种神龛游行，并以此为中心展示古代京都的繁华、传统宗教和历史。仅此一项，就吸引着120万的游人来京都旅游。

3. 侧重现代产业链的福井县武生市菊花人偶节

武生市是一个仅有7万人口的小城市，大约1000年前紫式部在这里生活，并写作了名著《源氏物语》。除了名人和历史遗迹，这里还拥有丰富的温泉资源和美食。日本的"人偶"是一门古老手艺，现在成为日本人送给外国客人最常见的传统礼物之一。

同时，菊花在日本文化中具有特殊的意义。受唐代影响，日本大力推崇菊花之美，九月初九重阳节在日本又称菊节。美国学者罗斯·本尼迪克特在一本名为《菊花与刀》的书中，将日本民族的性格归纳为：菊花——唯美优雅；刀——武士精神。

50多年前，武生艺人用菊花来做菊花人偶，武生市政府以此为主题深入挖掘，创办节庆活动——"菊花人偶节"，敢于"无中生有"，创意大胆，又符合日本人的民族心理。除此之外，菊花节的创办还考虑到10月的日本已有凉意，并非最旺的旅游季节，可以有利促销旅游平季。因此，10月举办的菊花节有效地促进了武生市旅游人数的增长。

（二）日本旅游节庆活动对我们的启示

1. 传统节庆活动是市民对城市历史的年复一年的认同

巨大、无序、快速变化的现代城市在市民心理上造成强大的紧张感和失落感，市民需要感情的依托，需要对土地的认同。京都的案例表明，通过对节庆活动的参与，使节庆活动成为社区的节日，促进了京都市民的认同意识和本土观念。节庆活动，使人们获得社会的交流，显示人们对本地区的关注和责任感，证明地方的团结……因此，节祭对于当代的日本社会关系的构成有重要的意义。

2. 文化可以提升节庆的品位，而旅游节庆活动是保存传统文化的重要手段

作为祭祀、灯会等节庆活动，从音乐、舞蹈、绘画、民俗等各个角度集中动态地展示了传统文化，是鲜活的文化遗产。联合国教科文组织也已经开始认定此类遗产，2000

年首批认定的"世界无形遗产"（也称"世界非物质文化遗产"）中，就有韩国的旧王朝礼仪、玻利维亚的狂欢节等项目。因此，相对于"旅游搭台、经贸唱戏"之类的节庆活动，如果充分意识到旅游节庆活动和传统文化的密切关系，可以提升节庆甚至城市的品位、魅力。

3. 政府主导、民众参与，传统和文化才能真正得到保护和发展，城市也才能挖掘出自身的个性

除了旅游经济效益，更重要的是，节庆活动有着全社会的影响，不仅促进了传统文化的保存和传播，而且促进了社区的形成和传统文化的认同，甚至塑造了当代的日本基层社会——社区的人际关系。

通过社区参与，唤起民众对自己民族文化、地域文化保护的自觉意识，举办节庆活动是使文化和历史得以自然延续的最好形式。

政府主导模式适应我国目前的实际情况，但不代表政府包办节庆活动，更无法取代文化发展中的民众角色。节庆活动只有首先满足市民的需要，才可能在每一次的举办中得到持续的发展，才可能散发出真正吸引游客的独特性，挖掘出丰富的内容。城市也因此展示了自身的独特性。

促进居民参与热情的关键，在于社区的形成和居民的认同感；而社区的健康成长，关键是利用或成立相关社区组织。现在我国类似于京都这样的组织还太少。随着社会进步，我国的社区建设也在法律、制度层面得到了有效保障，农村从 1987 年开始村级自治（村委会选举）；在城市，楼房的一切权利属于业主大会；北京、济南、杭州、宁波等地从 2002 年还开始了居委会直选试点。这一切预示着我国的基层社会组织将走向自治，社区建设将成为热门话题。

【案例 13-2】

第十五届三门峡国际黄河旅游节策划方案①

一、项目背景

现代节庆活动是传统节庆活动的延伸和发扬，是经济发展的必然产物，它往往与一个国家、一个城市的历史文化、资源优势、市场需求紧密相连，成为地域经济发展有效的催化剂。三门峡国际黄河旅游节就是三门峡市市委、市政府为了大力发展旅游业、加快对外开放步伐、促进经济社会全面进步而作出的重大决策，至今已经成功举办了15 届。1992 年，由国家旅游局和河南省政府主办、由河南省旅游局和三门峡市政府承办

---

① 该策划方案由王庆生主持。2009 年 1 月 15 日获"第十五届三门峡国际黄河旅游节暨投资贸易洽谈会策划方案"二等奖（一等奖空缺）。

的"黄河之旅——中华民族之魂首游式暨第一届三门峡国际黄河旅游节开幕式"在三门峡市隆重举行，从而奠定了三门峡国际黄河旅游节的地位，它与河南少林武术节、洛阳牡丹花会、开封菊花花会一起成为河南省四大旅游节庆活动。如今，三门峡国际黄河旅游节更加注重经贸合作，更加注重社会性和群众的参与性，已经成为全面展示三门峡市的历史文化和经济优势、良好的城市风貌和公民素质，以及各级领导干部和广大群众顾全大局、务实创新的精神风貌的有效平台，成为促进三门峡市对外开放、经济发展的重要渠道，成为发展旅游业的兴奋点和有效的促销手段，成为三门峡市民不可或缺的共同的节日。

二、策划方案

该方案结合当前"后奥运"和金融危机时期全国经济社会、旅游业发展新形势和三门峡市实际，重点策划了如下项目。

（一）第十五届三门峡国际黄河旅游节开幕式暨"辉煌——三门峡市改革开放 30 年成就展"

时间：2009 年 4 月 20 日 9：00。

地点：市体育馆。

主要内容：举行简洁隆重热烈的开幕式，随后参观展览、分组活动。

考虑因素：按照惯例，参加开幕式的人比较多，而且领导集中、公务繁忙，因此开幕式宜掌握在 20 分钟左右。参加人员为来宾和主要单位的方队，关键在于营造开幕式的热烈隆重、新颖大气的氛围，特别要考虑将开幕式和演出分离。展览以"辉煌"为主题，通过图片、文字、实物、模型、多媒体等方式对三门峡市改革开放 30 年来取得的伟大成就进行全面的盘点与展示，并首发"辉煌——三门峡市改革开放 30 年"大型画册。同时可考虑在主场地二楼廊道组织旅游企业展示和地方土特产品、旅游商品、工艺品、民间艺术（品）的展览、展销活动，供来宾、游客和市民参观、购买。

预算：20 万元（公共费用）。行业和企业的展览制作费用可由行业部门和有关企业承担。

（二）首届中国（三门峡）黄河歌会

时间：2009 年 4 月 20 日 20：00。

地点：陕州公园草坪广场。

主要内容：邀请全国知名歌手演唱黄河流域的歌曲，并在全黄河流域海选优秀演唱者，最终在歌会上表演，进行颁奖。

考虑因素：目前国内许多大型文艺演出都与中央电视台的栏目进行合作，花费不菲，特色不明，形式雷同，地方优势得不到很好的展示，自身品牌永远无法打造。因此我们考虑必须突出三门峡的地域特色，策划并形成自己的品牌节目。三门峡市以黄河著名，以天鹅驰名。只要节目精彩，特色突出，就能在中央电视台或其他主流媒体上形成影响。可由三门峡市的某个部门或公司与河南卫视合作，联动黄河流域八省电视台共同进行市场化运作。当务之急是注册"中国黄河歌会"，使三门峡市成为其所有者和永久举办地。

预算：100万元（前期启动费用），以后完全走市场化的路子。

（三）陕州庙会

时间：2009年4月20—22日。

地点：陕州公园。

主要内容：以庙会的形式展演特色浓郁的豫西民间文艺节目，集中地方特色小吃和小商品，吸引游客和市民广泛参与。

考虑因素："把旅游节办成三门峡人自己共同的节日"是三门峡市一直坚持的办节思路，特别符合构建和谐社会的要求。可以考虑把三门峡独有的"曼舞轻歌过、癫狂色舞呈"的豫西民间艺术（和尚顶灯、锣鼓、秧歌、旱船、高跷、地方戏曲等）进行集中展演，配合地方特色小吃和小商品销售，营造浓烈的节日气氛和豫西民俗风味。

预算：10万元，主要用于演出人员的补助。由于人气旺盛，特色小吃和小商品展销可以通过收取场地租金的方式解决。

（四）"函关争霸"武术表演赛

时间：2009年4月21—23日。

地点：函谷关古文化旅游区关楼广场。

主要内容：邀请10～20家武术学校进行武术表演，增加参与性，并逐步发展成为三门峡市保留旅游品牌娱乐节目，丰富函谷关的游览内涵。

考虑因素：三门峡市及其周边地区，尤其是洛阳、登封等地武术学校众多，由于生源问题，知名度一直是各学校关注的焦点。函谷关以战事闻名，武术应是其重要的组成部分，举办类似活动有基础、有道理、合章法，而且人们喜闻乐见，现场效果很好。同样需要注册和市场化运作，形成品牌和影响。

预算：由景区或地方政府出资。

（五）豫西大峡谷欢乐漂流节

时间：2009年4月20—25日。

地点：豫西大峡谷景区。

主要内容：激情漂流、地方民俗及戏曲展演、明星演唱会、篝火晚会、农家活计表演赛、游客才艺擂台、卢氏山货展销等。

考虑因素：旅游景区除了观光游览外，要利用节庆活动凝聚人气，拉长产业链条，延长停留时间。此活动为主体活动的有效补充。

预算：由景区或地方政府出资。

（六）晋陕豫黄河金三角协作区发展高峰论坛

时间：2009年4月21日9：00。

地点：国际会议中心。

主要内容：建议由国家能源局和晋陕豫三省人民政府主办，运城、渭南和三门峡市人民政府承办，邀请有关领导同志和知名专家学者就黄河金三角协作区协调可持续发展进行深入研究，讨论发表"三门峡宣言"。

考虑因素：晋陕豫黄河金三角协作区地缘、亲缘、文缘相近，既是我国中部、西部结合带，又是华北、西北、中原地区的结合部，其地理位置临近，主体功能相近，具有承东启西、沟通南北的集散和通道能力。这里的能源、矿产、特色农业和旅游业资源丰富，又在全国占据重要地位。如何以市场为基础进行资源配置，以行政为纽带，建立全面合作机制，深层次推进区域合作是需要今后重点考虑的问题。1＋1＋1＞3的发展模式应作为论坛的主题。通过论坛，扩大影响，并积极争取国家更多的支持。

预算：20万元。

（七）三门峡市经贸合作签字仪式

时间：2009年4月20日15：00。

地点：国际会议中心。

主要内容：经贸洽谈，合作项目签字仪式。

考虑因素：老形式、老话题，关键要出新意，要符合三门峡的发展实际。建议着重考虑邀请世界500强和国内500强的大型企业代表参加，发布的项目要以当地资源为基础的深加工项目和服务业项目为主。

预算：20万元。

（八）仰韶彩陶坊品酒大会

时间：2009年4月21日20：00。

地点：国际会议中心。

主要内容：由仰韶酒厂主办，邀请贵宾、经销商和知名人士品尝仰韶彩陶坊，并组织国内知名歌手和地方演员共同奉献精彩的文艺演出，扩大三门峡以及仰韶酒影响，丰富旅游节的内容。

考虑因素：美食美酒不仅是人们不可或缺的要素，也是一个地方文化传承和经济发展的标志之一。良好的策划会使企业和城市得到双赢。

预算：由企业或地方政府承担。

（九）"中原绿宝石体验之旅"

时间：2009年4月20—21日。

地点：卢氏县。

主要内容：与西安、郑州、洛阳、运城的汽车俱乐部合作，组织100辆越野汽车到卢氏县旅游考察，邀请新闻媒体和驴友网络媒体全程报道。

考虑因素：自驾车旅游已经成为时尚，且是引领休闲度假旅游的风向标。卢氏县山清水秀，景色适宜，而且旅游开发尚处于起步阶段，组织自驾车旅游最为适宜。"自驾车—驴友—网络"的宣传方式将会达到意想不到的效果。

（十）西安百强旅行社"三门峡魅力行"

时间：2009 年 4 月 20—22 日。

地点：三门峡市各旅游景区。

主要内容：邀请西安百强旅行社到三门峡市进行旅游考察，商谈合作大计。

考虑因素：三门峡市地处河南省西大门，相对河南省中心地带较远。但应该看到三门峡市在吸引陕西游客到河南旅游的引领作用，而且西安距三门峡仅有 240 公里，人口多且有旅游传统，交通也极为便利，应是三门峡市旅游的第一客源市场。

预算：15 万元。

（十一）"唐太宗游黄河"

时间：2009 年 4 月 19—25 日。

地点：黄河游一号码头。

主要内容：乘坐仿古官船，游览三门峡市独有的清水黄河，观赏船行柳梢、黄土碧波的奇观。

考虑因素："唐太宗游黄河"是三门峡的传统旅游项目，全国各类水利风景区包括小浪底在内的黄河旅游，都没有三门峡的游黄河有特色，应继续进行深度开发。可利用旧船改造或购置新船的办法，建造一艘仿古官船，船员及服务人员均着唐装，并创新提供"古陕八珍宴"，提升接待档次和特色，形成自己的品牌。

预算：50 万元（旧船改造）。

说明：其他比较小型的旅游、文化、体育活动不在策划之列，可根据实际多安排一些，以丰富节庆内容。来宾的接待和小型活动的筹备费用不在预算之内。

【思考与讨论】

你认为主题旅游节庆活动策划如何助推区域旅游业发展？请说明理由。

本章思考题

1. 如何理解会展旅游的概念？

2. 结合实际，分析会展旅游项目的特点。

3. 结合事例，就会展旅游项目策划要点发表看法。

4. 试分析旅游节庆概念的实质。

5. 结合本章学习，你认为日本旅游节庆活动在策划与推动上，哪些可以供我国借鉴？

第十四章

探险旅游项目策划

教学目的、要求：

　　了解探险旅游的概念及进展；了解探险旅游的特点；熟悉探险旅游项目策划与管理要点。

教学重点：

　　探险旅游项目策划与管理。

第一节　探险旅游概述

一、探险旅游的概念及进展

（一）探险旅游的概念

　　与"度假旅游"、"生态旅游"、"体育旅游"等概念相似，探险旅游作为来源于实践、以行为方式为特点进行划分的旅游活动类型，至今还没有公认的准确定义或界定。可以说，探险旅游是在探险这种活动形式不断发展的基础上完善起来的。

1. 国外探险旅游的概念

　　国外关于探险旅游的研究比较早，其关于探险旅游概念的界定也比较成熟，现仅举其有代表性的几例。

　　Meier（1978）从探险旅游的活动特征和危险性界定：探险旅游是指有机会接触危险的任何休闲活动。

　　Progon（1979）从探险旅游的活动特征和旅游者迎接挑战的动机出发，给出如下界定：探险旅游是指人类为迎接自然、生理世界，诸如山川、空气、对流、波浪等的挑战而参与的活动总称。

　　Darst 与 Armstirong（1980）认为，探险旅游是指能提供本能的有意义的人类经历的所有活动，而这些人类经历又是与空气、水、山川等独特户外环境直接联系。这一概念除指出探险旅游的活动性特征外，首次提出了探险旅游是在自然户外环境中进行的。

加拿大的"Tourism Canada"组织，则把探险旅游定义为"不寻常的、奇异的、在遥远的野外地区进行的户外休闲活动，往往采取不同寻常的交通方式，其艰难程度可分为从低到高的各个等级，并且这些活动本身会带来一定的风险"。与前面概念不同的是，这一概念指出了探险旅游通常使用的交通工具是非传统的。

世界著名生态旅游学家大卫·韦弗（David Weaver）在他的《生态旅游》一书中，对"探险旅游"有如下的描述：探险旅游（adventure tourism）是融合了冒险因素、高水平的体力消耗因素的旅游方式，为了成功地参与这种旅游方式，人们需要具备专门的技能。

T. Yerkes（1985）指出，探险旅游是指自然环境中，参与结果不确定的户外活动的总称。显然，Yerkes首次提出了探险旅游活动的结果具有不确定性。Ewert（1989）提出，探险旅游是指利用与自然环境的互动作用，强调个人主动参与的活动，这种活动包含有真实的或明显的危险成分，而活动的结果虽不确定，但受被参与者或当时情况所影响。这一概念同时强调了探险旅游的冒险性、结果不确定性、环境性及个人自主参与性特征。与Ewert所给出的概念相近，Hall（1989）提出，探险旅游是指远离旅游者的居住地，利用与自然环境的互动关系，包含有冒险性因素，经常被商业化的、范围很广的户外活动，这种活动的结果受参与者当时情况、旅游经营管理的影响。这一概念除了包括Ewert所提及的概念的内容外，还首次提出探险旅游的商业化特征。

Sung（1997）进一步指出探险旅游是指在自然环境或户外环境中，将冒险及可控制的危险与个人挑战结合起来，为追求新的体验而举行的特殊旅行活动。该观点认为，应将探险旅游活动的危险性控制在一定范围内，并将它与个人挑战相结合，更注重探险旅游的安全性。Millington（2001）给出了更加全面的概念：探险旅游是发生在不寻常的、偏远的或者原野的目的地的休闲活动，它是与参与者高度相关联的活动，且一般发生在户外。探险旅游者期望亲自体验各种风险、刺激和安宁，尤其是在地球上那些原始的、异域的地方，他们也寻求自我挑战。

2. 国内探险旅游的概念

总体来说，探险旅游研究在国内的起步比较晚。

《中国旅游百科全书》认为，探险旅游是以探险为目的的旅游，如高山探险旅游、峡谷探险旅游、江河漂流旅游、沙漠探险旅游、原始森林探险旅游等。这一概念强调了旅游的目的在于探险。

2000年9月国家旅游局人事劳动教育司编写的《旅行社业务》从旅行的目的出发，将探险旅游定义为：探险旅游是旅行社利用人们的好奇心理与寻求刺激的欲望而组织的特殊旅游产品。这一概念认为探险旅游是一种特殊的旅游产品。

　　董玉明认为，探险旅游是指前往一些在一般情况下能够确保人身安全，但又能使人产生不同程度兴奋或刺激的旅游活动，在活动过程中能够锻炼旅游者的意志和毅力，增强旅游者解决各种困难的应变能力。这一概念强调探险旅游的安全性和刺激性。

　　王红姝等认为，探险旅游是以求新求异为主要目的的旅游形式，指在受人类干扰较少的原始自然环境中涉足，通过在具有一定危险性的环境中磨炼获得个人价值的再创造和别人对自己的认可，它所追求的是探险者自身价值的实现，注重的是一种精神享受。

　　综合国内外学者对探险旅游概念的界定，我们认为，探险旅游是指人们离开常住地，为获得一种刺激、新经历，实现自我挑战、自我满足的体验，到原始的自然环境环境中进行的具有冒险性、刺激性、体验结果不确定性和危险可控性的一切旅游活动的总称。

3. 与探险旅游相关的概念

1）探险旅游与冒险旅游

　　冒险旅游是指前往人迹罕至区域，参加有人身安全危险的旅游活动。它可分为两类：一是组织游客前往或参加富有冒险性的旅游活动，如南极旅游、北极旅游等；二是组织游客参观非常惊险的表演活动，如走钢丝横跨三峡、摩托车飞越黄河等。探险旅游与冒险旅游紧密相关，都具有冒险的特性，都是到一些人烟稀少的区域，区别在于二者的危险系数不同。

2）探险旅游与生态旅游

　　生态旅游与探险旅游的概念有一部分交集，即有些类型的生态旅游活动，特别是发生在荒野及海洋环境之中的活动，具备一定的冒险因素，需要体力和一定的专业技巧，因而可归纳为探险旅游。但在所有的生态旅游活动中，只有一小部分是需要冒险、耗费强体力和需专业技巧的。二者的主要区别在于：首先，生态旅游以自然环境为基础（也包括一定的与之相关的人文因素），而探险旅游并不总是以自然环境为主要基础；其次，生态旅游强调教育性和可持续性，而探险旅游是以体验冒险和追求刺激为目的的，其本身也没有内在的持续性要求。

3）探险旅游与体育旅游

　　广义上说，体育旅游是指旅游者在旅游中以各种体育娱乐、休闲、健身、康复、探险、体验和观赏体育比赛等为主要目的的活动，以及与旅游地旅游企业和社会之间的关系总和。具体还可以细分为赛事观摩游、运动观赏游、休闲娱乐游、惊奇探险游、项目培训游、体育产品商务游、民间传统体育游、活动参与体验游、健身度假游。体育旅游与探险旅游的概念有一部分交集，即有些类型的体育旅游活动，特别是一些参与性的体育旅游项目，具备一定的冒险因素，需要体力和一定的专业技巧，可归纳为探险旅游。

4）探险旅游与科考旅游

　　科考旅游作为特种旅游的一个类型是与探险旅游并列的，即科考旅游不仅包括自然生态景观、生物多样性等自然科学考察旅游，也应包括历史文化、民族文化等人文社会科学考察旅游；不仅是相关专业人士的探究性科学考察旅游，也应包括普及自然科学知识和人文社会科学知识的，集知识性、趣味性、参与性、探奇性为一体的科普性考察旅游。它也与探险旅游有一部分交集，科考旅游中以探险、探秘为主要旅游目的的属于科考探险旅游，但是科考旅游中还有部分是非历险的内容，因此科考旅游也不完全是探险旅游，而探险旅游中只有具有科考价值的才能算科考旅游的一部分。

（二）探险旅游的发展

1. 国外探险旅游的发展

探险旅游活动自古有之，世界历史上埃及人在公元前 2700 年到地中海沿岸考察、沿红海航行，公元 1493 年哥伦布发现新大陆，公元 1519 年麦哲伦环绕地球一周等，都属于探险旅游的范畴。探险旅游活动作为一种特殊的娱乐休闲方式，其开展在西方已有较长的历史。其历史可以追溯到 18 世纪末阿尔卑斯山的登山运动。随着人们可支配收入的增多和旅游兴趣的多样化，探险旅游已不再是专业探险者的专利，而渐渐成为公众特别是年富力强、富有冒险和探求精神的中青年旅游者的可能性选择之一。整个发展模式如表 14-1 所示。

表 14-1　国外探险旅游发展模式阶段表

所处阶段	时　间	阶段模式	旅游主题与特征	组织者	市　　场
探查阶段	20 世纪 50 年代前	自发式	探险主题单一，以传统的科考探险为主	自发式的个人或团体	供求关系模糊，以个人需求为导向
发展阶段	20 世纪 50—80 年代	自主式	走向多样化，旅游经营商出现	少数国家或地区的旅游代理商	供求关系明晰，个人需求与产品导向相结合，需求大于供给
成熟阶段	20 世纪 80 年代至今	自主式	旅游主题更为多样，旅游管理专业化，保障体系成熟化	遍布世界各地的旅游代理商，如旅行社、俱乐部或协会等	供求关系明晰，个人需求与产品导向相结合，需求与供给基本平衡

2. 国内探险旅游的发展

我国探险旅游起步可追溯到原始社会时期。继黄帝后，原始社会崩溃前的尧、舜、禹时代，中国旅游史上的神州探幽历险活动就开始了。秦汉时秦始皇、徐福等的海上宗教探险，张骞出使西域，明代郑和下西洋及后来徐霞客科学探险考察等都是我国早期的探险旅游活动。但探险旅游作为一种旅游方式在我国出现是比较晚的，在近十年内才渐渐为公众了解和接受，沙漠无人区考察、登山、攀岩等旅游项目已吸引了一批高消费层次人士的参与，以探险旅游为主营业务的旅行社也相继出现。虽然我国的探险旅游还处于刚刚起步的初级阶段，但从目前的发展速度和状况来看，其前景颇为广阔。据业内人士分析，不久的将来，探险旅游不仅仅是年轻人和少数中年人的时尚专利，它的时尚风标很可能向年轻化和老龄化扩展，那时就会有更多的人参加并喜爱这种时尚旅游形式。其发展阶段模式如表 14-2 所示。

表 14-2　探险旅游的发展

所处阶段	时间	阶段模式	旅游主题	组织者	市　　　场
早期萌芽阶段	1958 年前	自发式	以科考探险为主，具有浓厚的政治色彩	自发形式的个人或小团体	供求关系模糊，以个人需求为导向
初步发展阶段	1958 年至今	自主式	多样化，包括科考、生态、探险、寻求刺激等	探险协会、俱乐部或中小旅行社经营	以短期营利为目的，个人需求与产品导向相结合，需求大于供给

二、探险旅游的特点

（一）项目的新奇性、探险性和体验性

所谓新奇性是指探险旅游项目和线路的设计，具有历史感和现实感的构思巧妙，视角新颖，能够突出一两个具有独特特征的主题，而且所设计的具体项目和线路的每一个点、每一个节目安排都应该有新颖性，要使游客每天都有自己不曾预料到的内容出现，使他们惊中有喜。所谓探险性，是指旅游项目和线路具有某种程度的冒险因素，探险性的项目和线路要有较为丰富的内容，使游客展示自己的能力，包括体力、耐力、应付突发事件的能力以及心理素质。所谓体验性，是指探险旅游重在满足旅游者探险、求异、体验在现代都市生活中体验不到的乐趣与愿望。

（二）服务的专业性与技术性

探险旅游活动内容要求有较深的科学文化内涵，并要求能为探险爱好者提供尽可能完善的服务，这就需要活动项目的设计、操作和管理均具有专业性。与传统大众旅游活动方式不同，探险旅游的组织者必须根据具体活动项目的需要，向游客传授基本的野外旅行常识，如装备使用知识、饮食知识、露营知识、预防消毒知识及方向辨别知识等，还有探险活动必须熟悉的特殊知识，如漂流探险知识、攀岩探险知识、崖降探险知识等。而且在活动的线路安排上要体现特定的旅游生态环境相对集中，自然地理条件和人文条件相对和谐的要求，旅游行程松紧相济，既保持旅游者的体力，又要对身体或心理极限有一定的挑战性。必要时还要帮助旅游者排除实实在在存在的危险，这些都充分体现了探险旅游的专业性特征。

技术性主要是强调：探险旅游作为野外旅行方式之一，无法回避的就是必须掌握必

备的野外生存技巧。一方面要掌握相关野外生存装备的操作规程，另一方面，要学会在极端或危机环境下，能够成功摆脱困境的野外生存技巧。

（三）游客的参与性、合作性和局限性

游客在参与探险旅游过程中的自主参与性，在某种程度上改变了他们在大众旅游中的角色和心理上的被动性，使他们有一种感觉，即探险旅游是充分发挥他们自身潜力、施展才干的机会，使他们在欣赏自然风光和人文风光的同时，享受自身潜能和才干在探险中得到体验的喜悦。

旅游者参与探险，进行各种专业性的考察活动，经历各种意想不到的困难，因此许多探险旅游项目参与者必须互相合作、互相帮助，才能圆满完成。整个过程体现极强的合作性，因此探险活动也是培养团队精神的良好方式。

由于探险旅游具有一定的冒险性和刺激性，因此对游客的性别、身体素质、兴趣、年龄、文化背景、经济条件等方面具有很强的局限性。它局限于有特殊爱好的旅游者（诸如喜欢冒险、运动、刺激等的）、有较好体力的旅游者，因为探险旅游需要一定的体能和技能。同时探险旅游由于必须使用专用设备以及参加必要的技术培训，这又要求探险旅游者有较好的经济条件。另外，从每次参与探险旅游活动的游客数量来看，一次传统的大众包价旅游可组织四五十人，多的可达一两百人，而一次探险旅游活动的参与者多在 8～20 人之间。与大众旅游相比，探险旅游永远处于一种细分地位，具有很大的局限性。

（四）目的地的原始性、区域性和脆弱性

探险旅游的原始性主要是指旅游自然环境的原始自然性和文化环境的原始独特性。探险旅游者所到的区域应与其长住环境有较大的差异，自然生态风光原始，人口相对稀少，受工业化影响程度较低，保存着生态环境的自然性。同时社区居民的生活方式和文化模式的纯自然原始状态也应保留得较为系统，从而对游客产生较强的心理与文化吸引力，促使游客去了解、观察、体验有别于本地的异域文化。例如，旅游者选择去西藏探险的原因除了观赏、领略青藏高原、世界屋脊的雄伟壮观外，另一重要的原因就是体验当地原始、纯正、浓郁的藏族风情和文化。因此，探险旅游的多数产品和线路都安排在自然环境比较艰苦，交通、通信条件及食宿条件不太理想的高山、草原、湖泊、沙漠及戈壁等人烟稀少或经济落后的地区。

探险旅游项目的开展需要诸如高山峡谷、冰川河流等特殊的旅游资源配置，在此基础之上，要求旅游项目的开发要高品位、高起点，而符合这种资源配置的旅游目的地并不多见，因此具有非常强的区域性。

探险旅游者要去探险的地域多属于未经人类开发利用的，其周围基本上保持原始状

态。当物理条件、化学条件和生态条件发生变化，其环境也会发生变化，表现出明显的脆弱性。比如说，如果有人为的破坏，在特定气候、水文条件下经过亿万年发育而成的洞穴沉积物将永远无法恢复。

（五）形式的多样性和动机的独特性

探险旅游是建立在现代科学技术基础上的，是应旅游者多样独特的要求而产生的，故其具体形式也是多种多样的。据统计，目前世界上常见的探险旅游活动种类共有近百种。概括而言，探险旅游分为三大类：陆地探险、水域探险、空中探险。

探险旅游在其活动过程中存在一定的风险，参与者在未知的行程中主动追求冒险和刺激。这种动机的独特性是探险旅游区别于大众传统旅游的一个体现。传统大众旅游把保证行程的安全作为首要的考虑前提，而探险旅游却把追求风险作为体验的一部分。大体而言，探险旅游存在九大动机：挑战、冒险、刺激、危险、逃避、发现、神奇、不确定性、利益，其中冒险是探险旅游爱好者心中最有诱惑力的动机。

（六）危险的不可预见性

在探险旅游行程中任何一种因素的变化都会带来意想不到的风险，因此探险旅游必然比一般的大众旅游存在更多的风险，如天气的突然变化、旅游者的身体状况、自然环境、野生动植物等都会给旅游者带来一定的生命危险。这种对未来行程不确定性形成的矛盾心理正是探险旅游爱好者共同的心理状态。

另外，探险旅游还具有综合效益不明显性。与大众旅游不同的是，探险旅游更加注重旅游者的个性化需求和旅游者的自我满足，因此其很难获得社会、经济、环境等综合效益。同时与传统大众旅游不同的是，探险旅游的重游率高，由于它的强体验性，能够吸引旅游者反复消费，故而探险旅游又具有反复消费性。

（七）市场附加值高

探险旅游打破了传统的旅游形式，把"探险"与"观光"结合起来，吸引了众多游客的眼球。而探险旅游又要求旅游者拥有自己的装备，这些设备的价格又都是比较昂贵的，这又从另一个层面促进了经济效益的发挥。

（八）反复消费性和追求成长性

探险旅游的参与者一般都是探险活动的爱好者，他们通常是以俱乐部的形式组团外出一起探险，经常会定期组织活动，向着更高的目标挑战，追求自我价值的实现。他们并不是把探险旅游当成一次短暂的旅行经历，而是把一次次的探险经历当作自己挑战路上的一级级阶梯，比如说在登山活动中，当探险者攀登上了 3 000 米的高峰后，下次的攀登目标就会定为 4 000 米甚至是 5 000 米。正是在这不断的挑战过程中，探险者不仅在身体上，更是在心灵上获得了成长。

第二节　探险旅游项目策划要点

一、探险旅游项目策划应注意的几个关键问题

（一）环境容量

所有旅游项目都要求注意对环境的保护，探险旅游也不例外。因为在探险旅游的过程中，旅游者追求的就是环境的自然性，一旦环境遭到破坏，就失去了吸引游客的魅力。如漓江清澈的河水吸引了众多的探险旅游者来此漂流探险，如果漓江像淮河、长江一样遭到污染，它就失去了独特的吸引力。同时，探险旅游本身对环境承载力又有着自己的要求，因为如果旅途中过于拥挤，不仅会影响旅游者的游览兴趣，还会增加一定的危险性。

（二）安全保护

探险旅游具有一定的危险性，这种性质决定了其旅游过程中将会遇到种种不可抗拒的或无法预料的自然因素。因此在设计线路及实施操作时，应尽可能地避免人们能够预料的风险，做好安全和应急措施，把风险性控制在最低的程度。如加强对探险旅游危险因素的安全感知，在参与活动之前对影响探险旅游安全的危险因素——旅游者因素、设备因素、环境因素以及组织管理因素进行全面的认识，防患于未然。另外还可以建立探险旅游安全救援系统以减轻事故所带来的灾难性。

（三）可进入性

探险旅游项目的开展需要诸如高山峡谷、冰川河流、洞穴等特殊的旅游资源配置。目的地的自然生态风光原始，人口相对稀少，受工业化影响程度较低，保存着生态环境的自然性。因此当地的进入性应着重考虑，必须进得去，出得来，如遇到天气的突然变化、游客的身体突然不适等状况，必须得有便捷的交通可以迅速撤离。这些可以通过政府等有关部门对各地的探险旅游资源做进一步考察，对于比较有开发价值的景点，可以考虑进一步改善交通网络。在难以修建公路的地区，可考虑建立以小型飞机为主的航空交通网络。

（四）产品的独特性

特色是旅游产品的生命和灵魂。当前，更多的旅游者在旅游选择中强烈地表现出对

"独特、奇异、新颖"旅游产品的偏爱。被称为"世界冒险之都"的新西兰昆兰士以蹦极跳为特色旅游项目而享誉全球，尼泊尔以喜马拉雅登山探险闻名于世。以我国滇西北虎跳峡为例，在石鼓至虎跳峡段开发漂流探险，开发"哈巴雪山科考探险游"、"生态探险游"和"徒步造访少数民族人家"等特色旅游项目，在突出其雄伟壮丽的峡谷奇观和原始而又具有纳西族、彝族、苗族等少数民族特色的人文景观前提下，进行集探险、文化、科考、生态于一体的项目开发，项目奇特、景点独特、内涵深厚、内容丰富、品位高，大大增强旅游地的感召力。

(五) 关于可行性研究和环境的安全分析

探险旅游项目的危险性和冒险性决定了在策划探险旅游项目时，必须认真地做好项目的可行性分析和环境的安全分析，比如漂流项目必须分析水质是否被污染，是否有危害人类健康的微生物，还要考虑水体环境与周边环境的交通状况，丰水期和枯水期与旅游淡旺季的适宜性，开发漂流的河段周围是否还有别的景区点等问题。另外，还要考虑到项目的投资和预期收益，项目开发是否在一定时间内收回投资。

(六) 差异化营销

由于探险旅游具有一定的冒险性和刺激性，因此对游客的性别、身体素质、兴趣、年龄、文化背景、经济条件等方面具有很强的局限性。它局限于有特殊爱好的旅游者、有较好体力的旅游者、有较好经济基础的旅游者。因此在做营销宣传时要针对这样的目标群体。比如向一些协会、俱乐部、运动员、专家学者等寄送宣传册，建立长期合作关系，在网上利用搜索引擎建立相关链接等。

(七) 项目组合开发

探险旅游与生态旅游相同的是，旅游者都是追求"返璞归真"、"天人合一"的意境，二者可以组合开发生态探险游。另外，探险旅游还可以与科考旅游、体育旅游、文化旅游相结合，增强项目的吸引力和内涵。

二、探险旅游项目策划与管理要点

(一) 建立健全法规，提高安全管理水平

冒险是探险旅游的一大特点，人身安全是影响游客选择探险旅游目的地的主要决定因素之一。有的国家成立了专门的机构和组织甚至通过立法来解决游客在探险活动中遇到的安全问题和安全事故。而我国目前尚无规制探险旅游的法律法规，有资质进行探险类户外项目经营的组织和机构也很少。此外，我国在探险项目方面的社会服务体系也十

分匮乏。虽然探险正在成为时尚，人们却很难找到相应的专业服务机构。因此有关部门亟须建立相应的法律法规来规范探险旅游市场的秩序，使其健康发展。同时，还要加强保险、保安和紧急救援体系的建设，建立相关的保险项目，加强对探险旅游线路的监察，利用先进的仪器设备装备旅游区的通信和紧急救援体系。

（二）规范组织、培训人员，实行专业化运作

首先，旅游主管部门应加强对探险俱乐部和旅行社的管理，经常性地组织安全培训和安全教育活动，并定期组织安全检查。其次，应加强对从事探险旅游的专业导游和技术人员的技术培训，实行专业技术上岗证制度，并通过定期严格的考核后方可上岗，要求其在旅游活动中严格按照安全规章作业。此外，在探险活动开始前要让游客充分了解旅游地的安全状况以及旅游过程中可能遇到的突发事件，并传授相关的安全知识和技术要领，以及遇险时迅速自救或请求外界救援的方法等。另外，需在大学体育院系和旅游管理院系等开设有关探险旅游方面的课程，培养学生参加探险旅游的兴趣，培养与探险旅游有关的专业人才。

（三）完善当地配套服务设施，合理定价

虽然大多探险旅游项目是在荒野的环境中进行，旅游者都懂得一些野外生存的知识，但是探险旅游同时又具有结果的不确定性和危险性，这就决定了探险旅游项目开发也要适当地在一些离探险目的地不太远的区域或社区，建立和完善一些配套的服务设施，如餐饮、住宿、医疗设施等。另外，由于探险旅游对旅游者的局限性，决定了参加探险旅游的价格高于传统大众旅游，所以有关部门要制定相应制度，约束组织者合理定价。

（四）加强旅游资源和生态环境的保护

探险旅游是一个重在体验的旅游方式，适合开发探险旅游的区域往往是生态非常脆弱的地区，如果以破坏环境和资源为代价去开发探险旅游，不仅影响游客的旅游体验，还会损害旅游业发展的资源基础。因此，开发探险旅游必须加强对旅游资源和生态环境的保护，对资源进行优化配置，并制定出相应的保护和管理措施，为游客营造一个良好的旅游氛围。

（五）加强与当地政府和居民的联系

大多探险旅游都是在自然生态风光原始、人口相对稀少、受工业化影响程度较低的区域进行，所以探险项目开发时要体现对自然环境、少数民族文化和生态系统的尊重，

保证自然生态系统和人文景观的结构完整性和功能多样性。另外，由于人口相对稀少，就更应当加强与当地政府和居民的联系，便于熟知当地情况的人提供一些合理化建议。

（六）加强跨区域的合作开发

从国内外旅游开发成功的例子来看，加强跨区域旅游的合作开发是大势所趋，单一区域的单项旅游活动将越来越缺乏市场竞争力。比如，滇西北利用目前进川、进藏交通条件改善的优势，尤其是"成都—昆明—香格里拉—拉萨"空中航线的开通，建立滇西北、川东北、藏东南"探险旅游三角带"；联合滇南、滇中旅游区推出一些新的探险旅游线路，例如昆明—思茅澜沧江漂流探险—西双版纳热带丛林科考探险，昆明—大理—丽江—香格里拉—奔子栏—德钦—盐井—芒康—昌都滇藏茶马古道探险等。

总之，探险旅游是人类的一种高级需求，它能满足人们体验与认知的需要、审美的需要、自我实现与自我挑战的需要。探险旅游作为一种选择性的旅游方式，日益被公众了解和接受，因此成为世界旅游业发展的方向之一。而国内探险旅游的发展处于初步发展阶段，还没有形成规范的开发组织模式，保障体系不健全。我们需要借鉴国外成功经验，向着探险主题的多样化、组织管理的专业化、保障体系的健全化的方向完善探险旅游项目的开发与策划。

【案例 14-1】

九龙洞溶洞探险旅游项目策划[①]

一、区域概况

卢氏县位于河南省西部，地理坐标介于 N34°23′—N34°33′和 E110°35′—E111°22′之间，地处黄河、长江分水岭南北两麓，跨崤山、熊耳、伏牛三山，北邻灵宝，东连洛宁、栾川，南接西峡，西和西南与陕西省的洛南、丹凤、商南三县接壤，东西宽约 72 千米，南北长约 92 千米，总面积 4 004 平方千米，形状近似菱形。

九龙洞（群）风景区所在的双槐树乡位于卢氏县南部，伏牛山南麓，东临五里川镇，北接磨口乡、横涧乡，西接官坡镇，南与狮子坪乡毗邻，属于长江流域。景区核心部分临近双槐树乡政府所在地，距离卢氏县城 43 千米。卢氏县旅游专线公路——石（门）马（连）公路于 2005 年 4 月建成通车。该公路全长 11 千米，横贯景区，东边在横涧乡马连村与 209 国道相接，南边于双槐树乡石门村与豫 331 省道相连，景区的进出条件较好。

---

① 王庆生，等. 卢氏县九龙洞（群）风景区总体规划［R］，2005.10.

二、溶洞探险神秘刺激

洞穴探险（caving adventure），是指探洞者（caver）对洞穴的发现、调查、测绘、取样及其他科学考察与研究活动。

起初，人类的好奇心理对该项活动的产生和发展起了很大的促进和推动作用；但后来，随着该项活动在全世界范围内的普遍推广和现代科学技术的进步，这项活动演变为涉及多门学科，集娱乐、锻炼、冒险、游览、知识于一身的综合性群众运动。

洞穴探险不仅能培养人们不畏艰险、勇于向前的精神，还能增强人们的身体素质和提高科学知识水平。特别是洞穴探险目的地一般属于较偏远的地区，社会、经济、文化发展水平较低，洞穴探险旅游者的日常生活消费主要从当地获得，能够增加居民的收入，发挥旅游扶贫的功能，同时探险旅游者的行为方式会对目的地造成强烈的冲击，改变当地居民的心理意识，促进当地社会经济的发展。此外，洞穴探险还是一种回归大自然、了解大自然的有效途径。

九龙洞景区是 2003 年公布的狮子坪省级地质公园的核心部分。地质勘查显示，本区喀斯特地貌南北宽 3 千米～5 千米，东西长 7 千米～8 千米。园区内发育有大面积的大理岩，溶洞数量多、规模大，除九龙洞外还有仙家洞、神仙洞、老君洞、观音洞以及相传的 72 个天井（落水洞），形成我国北方地区罕见的溶洞群。已经初步查明鹿角沟落水洞和回龙沟落水洞与大型溶洞相通，其他落水洞的情况还有待探险查明。大理岩中岩溶构造发育，不同高度上溶洞各具特色：下部的九龙洞形成多层暗河冲刷的石壁，洞底水流湍急，涛声隆隆；中段仙家洞干涸的暗河遗迹，忽宽忽窄，变幻无穷；高处鹿角沟的天井，洞井幽深，石钟乳、石柱、石笋形态奇特，俨然一座富丽堂皇的宫殿。垂向的变化，把亿万年地块缓慢抬升、地下水位逐渐递降的事实清晰地告诉给游客。景区地下迷宫般的溶洞和暗河，成为吸引探险旅游者的特色旅游资源。

三、溶洞探险区旅游项目策划

（一）主题定位

非职业探险者——探险爱好者的乐园。

（二）重点工作

第一，加强溶洞探险旅游管理，尤其要编写好《九龙洞（群）风景区溶洞探险旅游须知》，既要保证游客的游览安全，也要增加其旅游情趣。

第二，形成景观建筑。规划在现有鹿角沟天井洞入口处建设入口"门罩"，门罩形式也采用中国传统仿古建筑，力求古朴典雅。

第三，完善溶洞内游路建设。溶洞内的游路建设要做到有惊无险，险陡的地方要设置铁索桥、攀登铁链等。

第四，溶洞内的照明设施建设要注意效果。溶洞灯光设计要达到照明和美化游览内容的双重目的。鉴于九龙洞内的石钟乳发育不典型，为增加游客游览情趣，规划建议在洞内设计人造夜明珠，并置放于钟乳石之上，形成景观。

第五，做好四大溶洞的进一步深入探测与开发，力争早日贯通四大溶洞。

第六，对于溶洞探险旅游者，主要做好四大溶洞的各个支洞的数量、分布以及其他小型溶洞的数量、位置、分布、目前探查程度等，为游客提供相关的服务。

（三）主要活动策划

1. 四大溶洞极限探险

在本景区有九龙洞、神仙洞、仙家洞、鹿角沟天井洞四个较大的溶洞，当地居民对此四大溶洞进行了初步探查，并自筹资金进行了初步开发。此四大溶洞已经吸引少量游客前来观光游览。规划下一步以四大溶洞特别是以鹿角沟天井洞为主，开展溶洞探险旅游活动。将四个溶洞中各个支洞的数量、位置、地质科考价值、与其他洞穴的相对位置以及有可能连通的洞穴等情况逐一标在地图上，并做出本区洞穴基本情况的说明材料，为探险旅游者的探险活动提供翔实的景区资料，做好旅游探险的服务工作。

2. 溶洞群探险

在本景区有数量众多的小型溶洞，它们分布在以九龙湖为中心的十几平方千米的范围内。到目前为止，当地居民对本景区的溶洞探查主要以四大溶洞为主，对四大溶洞内的情况基本了解，而对众多的小型溶洞未加涉足，数量众多的小型溶洞基本处于原始状态，这对探险旅游者来说有很大的吸引力。

首先摸清本景区的溶洞的数量、位置、分布情况，然后邀请国内外专业洞穴探险考察队以及国内外的洞穴探险爱好者，对本景区的溶洞群进行科学探险考察，如果能将数量众多的地下溶洞连成一体，形成一个完整的地下迷宫，本景区一定能成为中原甚至全国范围内一个极具吸引力的溶洞探险与观光旅游区。

3. 湖面拓展训练、体验活动

在九龙湖中禹王亭附近的两岸拉起两道软索，结合九龙湖水面，开展体验、观赏、对抗性质的野外拓展训练和比赛活动，提高游客观赏性、参与性，增加景区的吸引力。结合宣传活动和活动策划，邀请电视台、报纸等媒体拍摄或报道有关本景区拓展训练的节目，并将本景区此类项目在互联网上广泛宣传，扩大景区的影响力和知名度。

4. 自助山林探险活动

在山、水、洞、林、野生动物组合良好的地区开展自助探险活动。首先摸清楚景区内所有洞穴的情况（包括位置、体量、组合状况）、大面积树林的分布情况、野生动物的情况（包括野生动物的种类、数量、活动规律等）、景区内地形地貌情况（包括山谷、山峰、陡崖、洞穴、泉水等的位置、数量以及分布等）、水体分布情况（包括泉水出露点、溪流数量、溪流空间分布等），将这些信息提供给自助探险旅游者，方便自助探险旅游者的探险活动。

【思考与讨论】

探险旅游项目策划与组织应注意哪些内容？

本章思考题

1. 试阐述探险旅游的概念及其进展。
2. 简述探险旅游项目的特点及其策划应注意的问题。
3. 结合实际，就探险旅游项目管理问题发表个人见解。

第 十 五 章

民俗文化旅游项目策划

教学目的、要求：

　　正确理解旅游民俗、文化及民俗文化旅游的概念；正确把握民俗旅游项目的特征；熟悉国内外民俗文化旅游开发模式；了解民俗文化旅游项目策划的原则及其开发要点。

教学重点：

　　民俗旅游项目的特征；民俗文化旅游开发与管理。

第一节　民俗及文化旅游概述

一、民俗、文化及其相互关系

（一）民俗

　　美国民俗学家格特鲁德·普罗科希·库拉撒认为，民俗实际是一种公共的产品，是一代一代传承下来的。[①] 高丙中认为，民俗是具有普遍模式化的生活文化和文化生活。[②] 陶立潘认为，民俗是一种悠久的历史文化传承，是一种相沿成习的东西，简而言之，就是民间风俗。[③] 乌丙安则指出，民俗是世代传袭下来的、同时继续在现实生活中有影响的事象，是形成了许多类型的事象，是有比较相对稳定形式的事象，是表现在人们的行为上、口头上、心理上的事象，是反复出现的深层文化事象。[④]

---

　　① 沈祖祥. 旅游文化概论 [M]. 厦门：福建人民出版社，1999.
　　② 高丙中. 民俗文化与民俗生活 [M]. 北京：中国社会科学出版社，1994.
　　③ 陶立潘. 民俗学概论 [M]. 北京：中央民族学院出版社，1987.
　　④ 乌丙安. 中国民俗学 [M]. 沈阳：辽宁大学出版社，1985.

民俗，概括地说就是民间风俗，是直接创造物质财富和精神财富的广大中下层民众在社会生活中传承、相沿而成的经济与社会文化生活模式，它是一个社会群体在语言、行为和心理上的集体习惯。一般由自然环境的差异而形成的社会习尚叫"风"，由社会环境不同而形成的习尚称"俗"。我国地域辽阔，民族众多，早在汉代就有"千里不同风，百里不同俗"的说法。民俗风情堪称是我国旅游资源中最生动、最多彩的组成部分。

传统的民俗学，大致可分三大流派：一是以民间文学为研究对象的人文学派；二是以宗教信仰为研究对象的心理学派；三是以人类社会事项为研究对象的人类学派。这正好大致反映着民俗学的三个主要方面的内容。

一般认为，民俗事项包括以下内容：游艺的民俗（口头文学、民间歌舞、民间音乐、游戏、民间技艺……）；信仰的民俗（除了封建迷信外，主要表现为节日和节日活动）；生产的民俗与社会的民俗，或者称为经济的民俗与社会的民俗（生产活动事项、生活活动事项、人生民俗事项——婚丧嫁娶等）。

（二）文化

多数学者认为，文化是代表一定民族特点的，反映出理论思维水平的精神风貌、心理状态、思维方式和价值取向等精神成果的总和。也有人将社会文化细分为经济文化、物质文化、精神文化、人体文化等方面。[①]

文化是一个具体的东西，它的主体是人。每一个社会、每一个民族，人们生活在一定的地域里，组成一个实体性的社会，建立一定的社会制度，具有一定的意识形态；人们的行为遵循一定的模式，自觉或不自觉地服从于一定的行为规范，并且接受一定的价值观念的引导和约束，这几个方面组成一个社会的文化体系。

（三）民俗与文化的关系

民俗与一般的文化意识相比，一般的文化意识形态与社会生活总是相对而存在，两者之间总是保持一段相当大的距离，而民俗则不然，它总是与社会生活水乳交融，融合在一起。民俗从一个角度看，是一种文化意识；从另一个角度看，又是社会生活的一部分。因此，民俗是文化与生活的双重复合体。

二、民族文化与民俗文化

民族文化是指某一民族所创造的不同形态特质的复合体。民族文化的基本构成包括物质文化、行为文化、精神文化。物质文化，主要指民族文化中的物质创造部分，如工具和饮食、服饰、建筑等，处于民族文化的表层；行为文化是指一个民族共有的习惯性

---

① 许韶立，王庆生. 地理环境与社会文化 ［M］. 长沙：经济地理杂志社，1997.

偏好、行为，或一个民族遵循的风俗、制度，风俗习惯是我国少数民族中包容性最大的行为文化，所有的民族文化形态都可以通过风俗习惯以小见大、触类旁通，即便是民族物质文化，有的也可以划归其中，因此有些学者倾向于用民俗文化来代称那些风俗习惯涵盖广的民族的行为文化，行为文化处在民族文化的中间层；精神文化主要包括民族意识、民族性格、文化心理、科学哲学思想、价值观念、伦理道德规范、审美情趣、文化财富与传统、文字、典籍、宗教信仰等，是民族文化的延伸结构。

三、民俗文化旅游

学者们在研究中国少数民族文化旅游产品开发及相关问题时，使用的术语实际上可以分成两个术语群，即"民族文化旅游"术语群和"民俗旅游"术语群。反映了研究者们对一些基本概念的使用还存在着一些分歧，尚未达成一致。我们认为，二者实际上是兼容的。由于民俗是一个国家或一个民族传统文化的承载体，民俗文化是民族文化核心内容之一，是民族文化较直接的和外在的表现形式，是较易观察到的文化现象，是了解民族文化最好的窗口，因此民俗旅游研究也就成为民族文化旅游研究的一个非常重要的领域。

目前国内民族文化旅游研究的文献较多集中在民俗旅游方面，反映了民俗文化的直观、外在特征，更加便于直接转化为旅游产品的现象，使其成为民族文化旅游开发中的一个热点。这里主要讨论关于"民俗文化旅游"较广义概念的内容，即民俗文化旅游资源涵盖了服饰、民居、饮食、礼仪礼节、婚丧嫁娶、传统节日等方面。

概括来讲，民俗文化旅游是一种高层次的文化旅游，由于它满足了游客"求新、求异、求乐、求知"的心理需求，成为旅游行为和旅游开发的重要内容之一。现在，越来越多的国家把开发民俗文化旅游作为发展旅游业的一项重要措施。

四、民俗文化旅游的研究进展

纵观研究文献，可以发现民俗文化旅游开发研究主要分为供给方面的研究、需求方面的研究和旅游影响研究等三个方向。其中供给方面的研究最为集中，可进一步划分为资源开发、产品（线路）设计、旅游商品三方面内容。

民俗文化旅游资源开发研究首先集中在资源的分类、开发、利用和保护方面，尤其是在分区域的民俗旅游资源的研究上更为集中。许多学者结合具体地区的民俗旅游资源，进行旅游业现状分析、评价，论述了民俗文化旅游资源开发与保护的措施，有的还进行了旅游产品和旅游线路的设计。其中莫高对杭州民俗旅游的研究、黄少辉对海南岛少数民族专项旅游的研究、徐飞雄对湖南民族风情旅游资源特点及开发的研究、吴承忠对鄂西土家族民俗文化的旅游价值的研究、吕继祥对开发泰山民俗文化与民俗旅游资源的研究、李彬对山西民俗旅游资源的开发利用的研究、张捷对九寨沟藏族民俗文化与江苏吴文化民俗旅游资源比较的研究、陶伟等对宁夏回族民俗旅游资源开发的研究等具有一定典型性。

民俗文化旅游的本质是一种旅游产品。以产品开发为中心，从资源条件、产品包装、线路设计和文化保护等角度开展相应的研究，是近几年来学者们的研究重点。由于民俗文化是旅游地民族文化的核心内容之一，是旅游者较为直接而方便地接触旅游地本土文化、社区居民生活和心态的主要方式，因此民俗旅游这种特殊的产品形式成为旅游者广泛接受的一类活动，"民俗风情游"、"民俗旅游村"等民族文化旅游与民俗旅游产品的开发研究，受到了研究者的广泛注意。

随着旅游开发的不断深入，旅游对接待地社会的影响越来越突出，由于民族文化地区与主流文化之间较大的差异，这种社会影响更为显著。观察西方的状况，在 20 世纪 60 年代已开始了对旅游影响的研究，到了 70 年代旅游影响研究形成了经济、社会文化和生态环境三个影响研究领域。其中对于旅游地社会文化的影响研究，西方旅游界及社会学、人类学界给予了特别的关注，为旅游影响研究奠定了较坚实的理论基础。目前，国内一些学者对旅游业在民族地区经济中的作用予以注意，对旅游的社会文化影响研究已经起步，但旅游的民族文化影响研究则较欠缺。

五、民俗文化旅游项目的特征

（一）地域性

民俗文化旅游的地域性特征是指民俗文化旅游资源在空间上的分布，是指其形成、发展均受一定的地理环境制约，从而呈现鲜明的地方区域文化特色。由于民族地区大多处于中西部等偏远地区，大部分地方山高路远，交通不便，造成民族间的自然隔离，不仅民族之间有不同的文化特点，而且在一个民族内部也往往因为支系不同，所处的地理环境差异，与之共处的民族有别以及经济发展的历史不平衡性，呈现出不同的特点，于是形成了丰富的民俗文化。

（二）民族性

民俗文化代表着一个民族的人民所共同拥有的行为习惯，人们通过特定的服饰、饮食、节庆活动等文化因素来获得各自民族的身份认同。任何一个地区一旦失去了文化传承的东西，那么这个地区的旅游"魅力"也就消失了。因此，民俗文化对于一个民族是唇齿相依、不可分割的密切关系。

（三）真实性

民俗文化是人们在长期的共同生活中形成的，具有很强的真实性。民俗风情如果是模仿的、编排的，就显得不地道、不真实。如傣族人民每年要过"泼水节"，白族人民每年要赶"三月街"，若两者颠倒过来就显得不伦不类。

（四）神秘性

民俗文化旅游产品的神秘性主要表现在某些民俗习惯、禁忌和节日等方面。西方的"万圣节"、墨西哥的"亡人节"和中国的"鬼节"所举行的各种祭祀和娱乐活动，都笼罩着一层神秘的色彩。它们能满足旅游者求新求异的心理需求，所以对游客有着特殊的吸引力。

（五）相对稳定性和变异性

几乎每个民族都有其与众不同的风俗习惯。一般来讲，越是处于封闭的、落后的，较少与外界接触的地区，其民风民俗越表现得纯朴和典型，一些民族性的、原始的文化越容易流传下来。而与外界接触越多，受到外来文化的冲击，其民族之间的文化越会逐渐同化，逐渐失去其本民族的特性。

第二节　民俗文化旅游项目策划要点

一、民俗文化旅游开发存在的问题

（一）商业化、庸俗化

一些旅游地为了达到片面的经济利益，在民俗旅游的开发上忽视了对当地居民原始风俗的尊重，为了迎合、取悦外来旅游者心理和审美情趣，随意加减原本不存在的当地生活方式，将其称之为当地风俗。其中不乏虚假成分，而将之所有风俗的舞台化、艺术化更加失去了当地民俗的真实性，给旅游者造成误区（无论什么场合都是最漂亮的服饰），也破坏了当地民俗旅游形象。

（二）民俗旅游的不适当和过度开发

这是目前中国旅游业普遍存在的问题，在民俗旅游项目中亦是如此。民俗旅游形成与地理环境密不可分，而往往地理环境具有较强的封闭性，因此可进入性较差。当政府大力开发当地民俗旅游资源时，交通得到了改善，封闭的原始居民打开了通往外来世界的窗口，带来的不仅是经济效益的增长，还有外来世界的污染，包括物质污染和精神污染。其中物质污染是破坏了当地的生态环境，而精神污染则是指外来文化与生活方式等方面的入侵。

某些开展民俗旅游的地区，当地居民模仿外来旅游者，改变穿着与服饰，追随潮流，致使本土民俗严重受到外来文化生活方式的干扰。尽管当地居民有任意选择服饰及生活习惯的权利，但如果此地区居民以民俗旅游为经济收入和支撑点，就应当保护当地民俗，因为这才是吸引游客旅游的资源。

（三）项目风格雷同

进入 21 世纪以来，云南、四川、贵州、广西等地相继开发民俗文化村寨、民俗农家乐、民族风情园，省市区县都在大建特建，而后果就是活动内容上较为简单，形式粗糙，甚至出现不合规矩的胡乱拼凑，致使旅游者感到单一、乏味，缺乏了神秘感和特有性质。

二、民俗文化旅游项目选址问题

民俗旅游产品的开发地点有些位于少数民族聚居地区，例如贵州黄果树瀑布旁的苗寨旅游村；有些布局在民族文化大省省会城市的郊区，如昆明的民族文化村；还有一些干脆远离民族文化的本土，而被开发商布置在人口稠密的发达地区，如深圳的中国民俗文化村。在一些以餐饮服务为主的企业，还将民族歌舞搬进宴会厅和就餐场所，将民族文化艺术融进餐饮文化和餐饮服务产品之中。

民俗文化旅游项目应合理选址，否则不仅会使项目难以达到预期目标，还会造成巨大的投资损失。以深圳民俗文化村和云南民族村为例，两者投资均在 1 亿元左右，开业时间相近（均在 1991 年年底），1992 年营业收入分别为 1.36 亿元和 630 万元，1993 年营业收入分别为 1.2 亿元和 691 万元，前者很快收回投资，后者则连投资的利息都难以偿还。除了经营管理原因之外，区位是关键，前者处于口岸城市，是对外开放的窗口，常住人口和流动人口众多，且项目内容与现代化城市形成鲜明反差；昆明人口流量小，民族村项目地处少数民族实际分布区，具有原地浓缩式开发模式的弊端（其缺点是在真迹旁边造"真迹"，令游客自然形成对比，对有些游客不能构成吸引力），对当地居民吸引力不大，也损失了一部分追求真实感和亲身体会、身临其境的外地游客。

因此，民俗文化的旅游开发应慎选区位，尽量依托常住人口和流动人口规模都比较大的城市，且具体位置与依托城市之间不宜超过 1 小时车程，与主要客源区尽量在一日游可及的范围之内且交通便利。如距离偏远，应尽量与其他较具吸引力的景点组合成二日游旅游线路，在投资规模上宜尽量予以控制。

三、民俗旅游项目策划应遵循的原则

（一）保护第一

合理、科学地保护当地民俗资源，以维护民俗旅游的原生态。民俗资源分为有形和无形的，对于无形的民俗资源更应加强力度，尤其是人类口头与非物质遗产，包括少数民族语言、歌曲等。禁止外来文化入侵、污染，而对于任意歪曲和亵渎民俗旅游资源的行为应加强监控和管制，保证我国真正的传统文化瑰宝向游人展示。民俗旅游资源的开发不可急功近利，更不可好高骛远，在细致调查当地民俗文化的基础上，开发具有潜力和有意义的民俗作为旅游活动展示。

（二）尊重当地民风民俗

民俗旅游是与当地居民长期生活方式、生产方式和思维方式息息相关的，因此无论是开发商还是运营商以及旅游者在此过程中都应当尊重当地的风俗习惯，避免因双方的不同而发生矛盾和冲突。而且在设计游客参与这一环节上应切实考察当地的风俗习惯，不可强求当地居民，更不可迎合旅游者而违背其道德信仰和价值观念。

藏族的天葬是具有一定宗教意义的神圣仪式，绝大多数是不允许游人参观拍摄的。而在某些地区，因为组织者为了追求利益取悦游人，不经当地居民同意带领游人参观天葬，使得双方发生激烈争执。因此，在策划与组织民俗旅游项目时，应当特别注重当地风俗习惯，提前积极沟通，避免发生矛盾。

（三）突出特色

民俗旅游不能千篇一律，大同小异。各地在开发中宜把握自身的特点，发挥"唯我独有"的民俗资源优势，充分体现本国、本地区、本民族的特色和最有个性特点的民俗物象与事项，创造"独一无二"的民俗风情旅游项目，使之成为展现当地社会生活和旅游文化的一个窗口。

（四）弘扬主题

民俗旅游可以利用各种旅游形式来承载民俗旅游，诸如乡村民俗旅游，以乡村游为形式，以民俗为主体；而主题公园民俗旅游，以主题公园为载体，以民俗文化为内容，深圳民俗村就属于这种情况。另外，生态民俗游、城市民俗游，相互渗透、相辅相成、共同开发，发展前景广阔。

四、国内外民俗文化旅游开发模式

民俗文化旅游开发可以概括为以下几种模式。

（一）集锦荟萃式

集锦荟萃式指将散布于一定地域范围内的典型民俗集中于一个主题公园内表现出来，如深圳中国民俗文化村和北京中华民族园集中表现了中国的民族民俗文化；台湾九族文化村集中表现了高山族和格鲁族等分布于台湾附近的 9 个民族的民俗文化；云南民族文化村集中表现了云南境内的少数民族的民俗文化。这一模式的优点是可以让游客用很短的时间、走很少的路程就领略到原本需花很长时间、很长路程才能了解到的民俗文化；其缺点是在复制加工过程中会损失很多原有的民俗文化信息内涵，如果建设态度不够严谨，可能会歪曲民俗文化。

（二）复古再现式

复古再现式是对现已消失的民俗文化通过信息搜集、整理、建设、再现，让游客了解过去的民俗文化。如美国的"活人博物馆"中，员工作为几百年的抵美"移民"而出现，身着十六七世纪美国劳动人民的服饰，向游客表演了用方形的扁担挑水、用原始农具耕作、用独轮车运输等古老的传统习俗以及各种民间舞蹈，吸引了大量国内外游客。我国开封的清明上河园，杭州和香港的宋城，无锡的唐城、吴文化公园也属此类。这种模式的优点是可以令时光"倒流"，满足游客原本不能实现的愿望，但也存在着与集锦荟萃式共同的缺点。

（三）原地浓缩式

一些少数民族村落或民俗文化丰富独特的地区由于时代的发展已在建筑、服饰、风俗等方面有所淡化，不再典型，或者民俗文化的一些重要活动（如节庆、婚嫁）原本在特定的时期才会呈现，令游客不能完全领会当地民俗文化的风韵，故当地政府或投资商在当地觅取合适地段兴建以当地民俗文化为主题的主题园，集中呈现其民俗精华，如海南中部的苗寨和黎寨风情园均属此类。其优点是便利游客充分了解当地或该民族的民俗文化精髓，其缺点是在真迹旁边造"真迹"，令游客自然形成对比，对有些游客不能构成吸引力。

以上三种形式可以归并为一个大类，即博物馆类，以丰富的民俗文化知识为特征，其员工应是专门的旅游业从业人员。

（四）原生自然式

原生自然式是在一个民俗文化相对丰富的地域中选择一个最为典型、交通也比较便利的村落对旅游者展开宣传，以村民的自然生活生产和村落的自然形态为旅游内容，除了必要的基础设施建设外几乎没有加工改造（如我国广东连南三排瑶寨、夏威夷毛利人村落等）。其优点是投资很少，让游客有真实感，能自然地与当地居民交流，甚至亲身参与劳作；有很大的活动自由度，缺点是难以将旅游开发带来的利益公平地分配给村民，村民的正常生产生活受到干扰后可能产生抵触或不合作。

（五）主题附会式

主题附会式指将民俗文化主题与某一特定功能的旅游业设施结合起来，形成相得益彰的效果，如北京"傣家村"餐厅从建筑外形、内部装潢、员工服饰、饮食风味、歌舞表演均反映傣族民俗文化，形成一个"主题餐厅"。在国外也有以地方民俗文化为主题的主题酒店、宾馆，它预示了酒店的一个重要趋势——主题化。"丝绸之路酒店"、"客家宾馆"等主题酒店一旦出现，必将比一般酒店更有特色、更具客源吸引力。

以上模式均为长期存在、旅游者可随时前往欣赏的旅游开发形式。但也有一些特定的民俗文化只存在于很短时间，激发短暂的旅游人流。主要有两种情况，一是出于民族民俗传统的节庆活动，如内蒙古的"那达慕"大会、回族的"古尔邦节"、白族和彝族的"火把节"等，其本意并非为了发展旅游业，故不会长年存在，但在节庆期间会吸引大量的旅游者；二是流动性的民俗文化表演活动，如贵州组织民间表演队到国外演出松桃苗族花鼓、傩堂戏、下火海等，展现了民间文化的艺术风采，每到一处也吸引了不少外国民众远途而来欣赏（这本身即是旅游行为），进而吸引游客前往贵州旅游。

五、民俗文化旅游项目策划应注意的关键问题

（一）挖掘旅游目的地文化内涵

文化特色对于民俗文化旅游项目的价值是非常重要的。只有独具特色的文化内涵，对旅游者才更有吸引力。除了独特的民风习俗、建筑风格、礼仪文化和服饰文化，还可以根据各种文献、历史记载或者口头流传的民间故事、民间传说，深入挖掘民族文化资源，不断更新民俗文化旅游产品，以增强市场感召力。

（二）管理模式不宜采取完全市场化

民俗旅游目的地管理经营不宜采取利益最大化的完全市场化的管理模式。由于民俗旅游多以人为主体，在法律不健全、法规不完善的情况下，应加大力度进行监督与管理。而且民俗旅游涉及不同地域或者不同民族的生活方式，容易产生误解、摩擦与矛盾，而这更不适合用法律来解决问题。建议采取人本管理思想，"游前提醒，互相谅解"，以政府主导为主。

（三）提高民俗旅游的品位和质量

有些民俗旅游甚至提供色情服务，而有些地方也出现不少具有封建迷信色彩的鬼城，居民扮演成各种妖怪，制造各种奇异的现象。应减少封建迷信类的民俗旅游，避免恶俗低下的项目，提高所经营的民俗旅游项目品位。品位如果不能得到提高，不仅会毁

掉这些项目，也会给整个民俗旅游带来严重的负面效应。

（四）注意引进专业人才

引进专业人才已经成为旅游策划企业亟须解决的问题。过去，不少企业寻求策划人才往往是其他相关专业的专家，本专业的专家少之又少，而其他专业人才对于旅游策划的原则和标准的认知存在知识结构上的偏差，使得某些策划项目不尽如人意。但随着现代旅游业的发展和高校对旅游业的重视，一批专业旅游人才相继走进业界，他们具有系统知识构架，这是与其他专业人才明显的区别。而一个旅游企业期望长期的生存发展，引进专业人才是根本。

（五）完善民俗旅游产品体系

民俗旅游产品有广阔的市场空间，中国地域辽阔，民族众多，开发潜力较大。地域食品、手工艺品、特色服饰甚至当地少数民族歌曲都可以发展成为特色鲜明的旅游产品，例如少数民族的特色歌曲可以制成光盘等。形成地域特色、民族特色、中国特色，才能走向世界。再以天津特色小吃为例，对于外地人而言，天津的"狗不理"与"十八街麻花"最为出名，但天津的小吃远远不止这些，还有耳朵眼炸糕，天津人早点常吃的锅巴菜、煎饼果子，以及果仁张、糕干、驴打滚、甜麻花等。由于时间仓促或者小吃经营店之间距离远、不正宗等原因，使得许多人不能真正品尝到多种正宗的小吃。因此推广天津特色小吃，重在挖掘与保护，形成一个独立的体系，例如形成保护小吃的专门协会，如天津特色食品协会之类，除了每个成员独立经营宣传以外，协会也可以建立相应的统一网点，把不同的小吃汇集在一起，介绍和直销天津小吃。

而对于少数民族的手工制品，也可以改变作坊式的经营，形成规模流水线，大批量生产，远销国内外。

（六）表现形式力求通俗直观，富有参与性

旅游吸引物的文化积淀较厚，但表现形式要力求通俗直观，使产品具有参与性。如旅游者穿上当地居民的服装，住宿于当地民居，食用风味饮食，参与当地民众的生产活动等。

（七）实施精品战略

如云南推出的滇西北"香格里拉"民族文化旅游线、贵州推出的黔东南苗族和侗族民族风情旅游线、无锡推出的古运河游旅游线等。

（八）发挥旅游中介的作用

这里的旅游中介主要是指向旅游者提供服务和基本硬件设施的组织，它的销售不仅仅是客房、食品饮料、纪念品，还有当地的民俗文化。要在开发民俗文化旅游主产品的同时，注意塑造良好的从业者形象，培育其文化素养；烘托中介的文化氛围，培育旅游企业的文化。

六、民俗及文化旅游开发与管理

（一）发挥政府主导作用

民族文化旅游的兴起在一定程度上刺激民族地区政府大打"旅游牌"的信心和决心。首先，对民族文化旅游进行科学规划，要重视旅游市场结构分析和可行性论证，因地制宜，防止民族文化旅游项目贪多求大，项目雷同。其次，旅游开发初期，需要大量的资金投入和基本设施建设，政府要尽所能地做好这方面的前期工作。再者，政府通过制订计划以及财政、税务、价格、工商管理、招商引资、交通运输等方面的一系列产业政策，对旅游行业实行有方向的引导、宏观控制。

（二）当地居民参与景区的共同管理和保护

目前一些民俗旅游点在经营方式的选择上，采取的是承包的形式。但由于经济利益的考虑，承包者不会过多顾及当地居民的利益。但实际上，当地居民承担了旅游地开发过程中的各项隐性成本（如资源、环境、社会成本等）。同时，在民俗文化旅游吸引体系中，当地居民是其中的一个重要组成部分，其素质的高低、对待旅游者的态度等都会影响到旅游产品的质量。所以要实现民俗旅游项目的可持续发展，就要鼓励当地居民积极参与，将民俗旅游收益与其经济利益挂钩，分配公平，这样他们就会自觉地提高服务质量，保持旅游地整体环境。同时，对于旅游项目的开发决策上，居民采取间接参与的方式，使"东道主"成为"自愿合作者"。

（三）培养民俗文化旅游的专业人才

民俗文化旅游项目的实施除对旅游服务有一般的要求外，还需要有一定的文化服务，要求导游者具有相当的文化素养，要求对旅游资源有较全面深入的理解，否则不能满足旅游者的需要。但实际情况是，由于缺少人才，民族地区的旅行社不得不降低用人标准，一大批速成导游上岗。一些导游不仅缺乏历史文化和自然地理方面的基础知识，对本民族文化和自然地理等方面的系统知识也相当缺乏，影响了民族文化旅游的有效开展。当务之急是要培养和开发既懂民族文化又懂旅游的复合型导游人才，坚持持证上岗；不断提高旅游经营管理人员和其他从业人员的素质，积极开展各种形式的培训，充分利用全国大专院校和各类职业技术教育机构，合作培养旅游人才；促进民族地区旅游人力资源的合理流动，强化区外人力资源的输入功能，促进民俗文化旅游的长远发展。

（四）加强特色民俗旅游商品的开发

民俗旅游商品应该强调民族文化特性，旅游纪念品要具有中国风格、民族风格和地方风格。旅游者在很多旅游点购买到的一些民俗旅游产品，竟是其他景点的"舶来品"或是随处可以买到的普通装饰品，这种"同质化"商品无疑会打击消费者的购买积极性。旅游纪念品多数植根于民众，充满与民俗的交叉、融合，饱含、凝聚和浓缩着各类民俗事象，开发研制旅游纪念品须注意借鉴、吸取、容纳一定的外部民俗事象，应注意避免与某些禁忌发生冲突。同时应开发以各类民族服饰、民族工艺品为主的，集生产、加工、参观、展示、销售、购物为一体的民族旅游商品。

七、问题与讨论

（一）目标市场定位问题

民俗文化旅游是文化旅游的一部分，文化旅游者大多是富有旅行经验、成熟老练、寻求独特而有趣体验的旅游者。虽然他们对特定文化知识的了解可能是有限的，但是他们仍然比以前的任何旅游者都更富有文化意识。从这个角度来看，民俗文化旅游区别于其他大众旅游形式的一点是，它的目标市场定位是与教育程度和文化背景有着紧密联系的。

（二）真实性问题

在民俗文化旅游过程中，游客要体验的是"真实"的民俗文化，对具有"真实"标记的东西容易感到满足。反之，如果没有这些标记，这些吸引物就被认为是不真实的而不值得去旅游。因此民俗文化旅游成了一种"真实符号的收集"。从这一角度来看，游客追求的不过是具有象征意义的真实，与完全意义的真实还是有一定差距的。个别旅游开发中，出现了一些民族地区根本不存在的"伪民俗"，或不按民族习俗办事，歪曲、丑化、亵渎某些民族文化，这些是不能容忍的。

（三）文化变异问题

随着旅游的开发，异族异地文化的引入，这些旅游地区独特的民族文化和风情有可能逐渐被冲淡、同化甚至消亡。比如，世居云南省宁蒗县的摩梭人，是当地古老的土著居民之一，拥有丰厚的民族文化，其独特的摩梭文化体系支配着社会生活的方方面面。

但随着旅游业的开发，古老平静的摩梭社会也发生了震荡，汉化现象逐渐严重，他们过汉族的春节、端午节等，穿轻便灵巧的汉族服装，古朴苍劲的摩梭民谣与现代流行的汉族歌曲同时回荡在泸沽湖上；母系制的婚姻家庭也遭到冲击，外出工作的人愿意在外安家，摩梭少女也愿意嫁出村寨。要知道，文化渗透造成的资源文化变异是无法修复的。但是现代文明浪潮的冲击是势不可当的，一个民族如何做到既保护本民族的传统文化，又能够适应现代化的步伐，如何权衡和处理两者的关系一直是困扰学界和业界的难题。

【案例 15-1】

豫西天井窑院民俗旅游项目提升策划[①]

我国的民俗文化及其遗存十分丰富，并在全世界具有独有性。但由于点多面广、门类众多、支离破碎、可看性不强，一直难以得到很好的开发，成为优势旅游吸引物。更重要的是许多民俗文化及其遗存由于保护资金限制和外来文化的影响，正在快速消失，三门峡市的天井窑院就属于这一类型。如何利用独特的资源优势，运用市场经济规律，通过科学的策划与包装，使其成为有广阔市场前景的旅游产品，从而形成合理开发与有效保护的良性循环，则是本文的目的所在。

一、资源本底介绍

我国的窑洞有平顶、靠崖和天井三种，其特征是就地取材，依势而建。平顶式窑洞是在平地上用土坯或砖石垒砌而成，广泛分布于河南、陕西、山西、甘肃、宁夏等地；靠崖式窑洞是将山坡的一面垂直铲平，然后在剖面上凿挖而成，以黄土地貌发育充分的陕北为代表；天井窑洞俗称"地坑院"，是先在平地上下挖成四方天井，然后按阴阳八卦在四周壁上凿洞成窑居住，主要分布于河南省西部、陕西省东部和山西省南部，即黄河金三角地区，其中以河南省三门峡市陕县的张汴塬、张村塬最为集中，保存也最为完好。

天井窑洞一般为独门独院，也有二进院、三进院，即多个进院联合。天井窑洞院落一般深为 6~7 米，为长方形或正方形，按大小规格可分为 8 孔、10 孔、12 孔三种院。窑院出口门洞占据一孔窑位置，有阶梯式通道通向地面。在通道一旁挖有水井一眼，供人畜用水。距井口 3 至 4 米，打有红薯窖，可储藏红薯，因井水能保持一定温度和湿度，使红薯保存得非常新鲜而持久。院中间挖有渗井 1 个或 2 个，同窑院深度一样，直径 1 米，底层铺炉渣 50 厘米左右，供存渗雨水之用，每 10 年左右挖修 1 次。

窑院除人居住外，还有单独的窑洞作厨房、厕所、鸡舍、畜圈。过去，村民对修建窑洞十分重视，建前必请阴阳先生察看，根据宅基地势、面积，按易经八卦决定修建哪

---

①　该方案由三门峡市旅游局邓伟华研究员执笔，完成日期：2005 年 12 月。

种形式的院落。一般分为四种类型：一是东震宅，长方形，凿窑8孔，南北各3孔，东西各1孔，门为正南方，厨房设在东南；二是南离宅，长方形，共凿窑8~12孔，门为正东方，厨房设在东南；三是西兑宅（群众叫西四宅），正方形，凿窑10孔，东西各3孔，南北各2孔，门走东北方，厨房设在西北；四是北坎宅，长方形，凿窑8~12孔，门走东南方，厨房正东。东西南北各按易经八卦排列，主窑高3.5~3.3米，可安一门三窗，其次3~2.8米不等，2米以上呈圆拱形，一门二窗。每个窑洞深7~8米，宽3.2~3.5米，多用土坯垒成火炕，作为冬季的保暖设施。

天井窑院早在四千多年以前就已经存在，随着人们生活水平的日益提高和观念的改变，农村住宅也在不断得以改观，不少农民修建了平房和小楼。但天井窑院的许多独特优点是其他取代不了的，所以至今很多当地人仍然住在天井窑院里。如今天井窑院仅在河南省三门峡市陕县境内保存较好，至今仍有100多个地下村落、近万座天井院，依然保持着"见树不见村，进村不见房，闻声不见人"的奇妙地下村庄景象，其中较早的院子有200多年的历史，住了六代人。2003年以来，河南省已将天井窑院列入了十大抢救工程和十大民俗经典。

二、项目的可行性分析

（一）资源特色在全国具有独有性

天井窑院是黄土高原豫西农村独具特色的一种民居形式，被称为中国民间"建筑奇迹"，也是考察研究黄土高原民俗和原始"穴居"发展演进的实物见证，又被称为"地下四合院"。天井窑院建筑具有美观耐用、经济实惠、冬暖夏凉、挡风隔音、防盗抗震的特点。冬季窑内温度在10℃以上，夏天保持在20℃左右，中午或晚上休息还要盖上被子，人们称它是"天然空调，恒温住宅"。进入村内，只闻人言笑语，鸡鸣马欢，却不见村舍房屋，正所谓"进村不见房，见树不见村"。20世纪前期，德国人鲁道夫斯基的《没有建筑师的建筑》一书最早向世界介绍了中国窑洞地坑院，称这种窑洞建筑为"大胆的创作、洗练的手法、抽象的语言、严密的造型"。专家们认为，地坑院作为古代穴居方式的遗存，有着较高的历史学、建筑学、地质学和社会学价值。

（二）在三门峡市及"黄河之旅"旅游线上占有重要地位

"黄河之旅——中华民族之魂"是国家旅游局在"1992年中国友好观光年"向海内外推出的14条国家级旅游线中的第二条，由东至西包括宋都开封、商城郑州、东都洛阳、河东重镇运城和临汾、西岳名城渭南、古都西安以及一直作为西安、洛阳两大古都之间最大的名城望郡和东西交通要冲的三门峡。这条旅游线有众多的名山大川和数不尽的文物古迹、民俗文化，浓缩了中国远古时期和最为繁荣兴盛时期的历史与文化。

经过近二十年的发展，"黄河之旅"已经成为拥有清明上河园、少林寺、河南博物院、龙门石窟、洛阳牡丹、函谷关、虢国博物馆、关帝庙、壶口瀑布、华山、秦兵马俑、大雁塔、大唐芙蓉园等著名品牌形象的精品旅游线，备受旅游者的青睐。而天井窑院是这条旅游线上唯一的民居旅游点，来三门峡旅游的 70% 以上的游客都要到天井窑院参观游览。因此，如果该项目能够得到科学开发，一定会成为三门峡市乃至"黄河之旅"旅游线独具魅力的旅游吸引物和新的兴奋点。

（三）符合现代旅游业发展的需要

旅游业是朝阳产业，目前已成为世界经济的第一产业，而且仍将是今后相当长的时间内世界及我国国民经济的一个消费热点。从近几年三门峡市和全国看，旅游产业发展速度均高于同期国内生产总值的增长速度；从需求上看，旅游需求的特点非常突出，需求的规模和容量非常大，而且许多旅游者都有了逐渐从热点地区向温冷地区转化的需求。"只有民族的，才是世界的。"独具特色的文化旅游一直是国际旅游和国内长线旅游的主体产品。随着中国的入世，外国公司抢注中国市场，大量到来的外国公民将会更多地深入到我国各个具有独特文化的传统地区，体验生动活泼的原生态生活方式；同时更多有思想的国内旅游者也必将会从绿色山水的浸染中脱离出来，去感知文化生活的独特魅力。原产地文化的不可转移性使得天井窑院在"黄河之旅——中华民族之魂"这条黄金旅游线中承担着不可或缺的独特作用。以天井窑院和豫西风情、黄河民间艺术展示、豫西特色餐饮为依托，建设一个民俗度假村，将会成为三门峡市的龙头景点和黄河旅游带上新的兴奋点，对加快三门峡市和河南省旅游业的快速发展具有十分重要的意义。

（四）交通区位优越

天井窑院所处的三门峡市位于河南省西部，晋、陕、豫三省交界处，交通十分便利。我国东西大动脉——陇海铁路、连霍高速公路贯穿全境，209 国道纵惯南北，北有三门峡黄河公路大桥和高速公路与山西相连，项目地点至周边大中城市均不超过 3 小时路程。已经开工建设的西安至郑州的高速客运铁路专线又提供了更为方便、经济、大运量的交通条件。

（五）开发条件良好

该项目可利用村民居住的天井窑院进行开发建设，属于宅基地的整合，不需要进行土地规划审批。各级政府多年实施的"村村通"工程，使硬化路面、通信、输电、自来水直通项目地点，并距三门峡市区仅有 15 千米，只需要 20 分钟的车程。

（六）资源组合合理

1. 紧邻其他高等级旅游景区

天井窑院与周边的 AAAA 级旅游区——虢国博物馆，AAA 级的函谷关古文化旅游区、甘山国家森林公园，黄河天鹅湖景区、大黄河漂流、清水黄河游等旅游产品形成互补，便于资源的整合包装。

2. 周边民俗文化旅游资源丰富

周边有许多豫西民俗、手工艺和温泉水可资利用。主要有：

1) 陕县温泉

温泉位于三门峡西陕县大营镇温塘村，海拔 360 米左右，为中生代的燕山运动形成温塘断裂，新生代的喜马拉雅运动使断裂进一步加强，该断裂属活动性断裂。热源主要来源于地幔对流和热传导作用。南部崤山一带的降水入渗，经深循环径流至温塘隆起区，在寒武系灰岩岩溶裂隙中富集，沿北东向活动断裂带导水通道上涌而形成。该温泉无色无味，清澈透明，分布范围约 14 平方千米，泉水流量约为 140 吨/小时，泉温高达 61℃～65℃，属高温温泉。水中含有氡、镭、氯、硼、钙、锰等 34 种微量元素，且化学成分稳定。据化验结果，它属于含硅和氡的低矿化度的碳酸钠、碳酸钙温泉，其水质完全符合国家矿泉饮用水标准，同时还具有很高的医疗保健价值，对心血管病、肠溃疡症、慢性胃炎、内分泌神经系统疾病及多种皮肤病、风湿性关节炎、坐骨神经痛等有很好的疗效。温塘泉水历史悠久。

据《陕州志》记载，它已有 3 000 多年的历史。《水经注》也有"大融的石出温汤，疗治百病"的记载，汉张衡《温泉碑》有"有疾历会，温泉泊焉"之说；史出《明一成化志》载，"其水四时皆热，旧传汉光武和曹操曾浴此"；唐代陕州司马王建《温泉赋》中有"院内引设温泉水，二月中旬已进瓜"的诗句；民国《陕州志》记载，"患者来自四方洗浴，谓神泉"。

2) 手工艺品

手工艺品主要有窗花、剪纸、刺绣、澄泥砚、根雕等，其中以澄泥砚最负盛名。澄泥砚，又称"虢州澄泥砚"（因周时陕地属虢）。唐元和年间（公元 806 年），著名书法家柳公权在《砚论》中把澄泥砚同端砚、歙砚、洮砚并称为中国四大名砚。据《陕州志》载："澄砚光泽美如玉，击音如钟声，坚而不燥，抚之如音肤，贮墨不耗，积墨不腐和特殊的窑变工艺，使其五彩缤纷。"为此成为唐宋时代的贡品。清朝乾隆皇帝对澄泥砚赞叹不已："抚如玉，呵生津"，视为国宝。目前，该产品已成为三门峡市主要外销旅游商品。

3) 豫西民俗

民俗主要有坠子、高跷、三条腿四条腿、传统娶亲表演、豫西锣鼓、十碗席等，其中传统娶亲表演已被开发成旅游表演节目。传统娶亲是清末民初民间传统婚俗的一种表演形式，婚俗队伍一般由 32 人、12 匹马组成，配以时装道具。迎亲队伍分两队人马，先后顺序以鸣炮 2 人，打旗 2 人，鸣锣 4 人，雁牌 2 人，搬亲 4 人，唢呐队 8 人，引亲 2 人（女），花落伞 1 人，新郎马马夫 1 人，新娘轿轿夫 4 人，把轿杆 2 人（小孩）。

迎亲人员及马匹组成可根据家庭富裕情况增减。搬、迎亲人员中除搬亲人员穿着专门制作的礼服外，其余人员穿着为整齐一新的随身服装。娶亲至家，新娘下轿，由 2 名引亲搀扶，新郎用红绸带牵引；举行婚礼，由 2 名司仪身穿礼服、头戴礼帽，主持婚礼；礼毕，新郎、新娘双入洞房，结婚仪式结束，客人入席，宴请开始。

随着旅游市场的发展，婚俗表演能使广大游客饱以眼福，体味历史婚俗。尤其是壮观的婚俗表演队伍，配以古朴的天井窑院，体现传统古老的民族文化和浓厚的乡土气息，表演起来，深受游客及当地百姓的青睐。

4）十碗席

在三门峡市的广大农村，婚丧大事都要请厨子，立临时灶火。平时过满月、做寿、谢媒人、看风水、选日子、迁新居等也都在饮食上有所表示。探亲一般送红鸡蛋、寿糕、礼馍、条子肉、点心、挂面等。礼馍大都为圆形，直径为9寸或6寸，中层夹大枣或红枣，顶部捏一些代表喜庆的字或是动物、花卉造型，时间来不及的，也有用红点代替的。待客最普遍的"八碗席"，有红烧条子肉两碗（每碗八片，也有用油炸豆腐代替的），酥肉、丸子各一碗，丝条（海带、粉条或干豆角）、白菜各一碗，冷菜各一碗。不带酒的为"平八碗"。上酒须有下酒菜，一般为两荤两素四个盘或五荤四素、四荤五素九个碟。八个人坐齐后，先喝酒，后吃菜，同席的八个人一齐吃一碗条子肉，每人一片，随后再吃另一碗，酥肉、丸子依次而食，其他菜随意。另加一碗甜米或方块肉，称"九顶十"；两碗同时上，称"十碗席"，再加一个汤，称"硬十碗"。"海参头"为最高级的酒席，每席配海参一碗，菜数多达36个，需四五个小时才能结束，一般用于酬谢媒人。

（七）是三门峡市旅游业和经济发展的需要（略）

三、该项目的开发现状及存在问题

目前，当地政府已投入60余万元对张村镇庙上村的四处天井窑院进行了初步开发，并取得了一定的经济效益和社会效益。存在的主要问题是规模小、档次低、游客参与性不强、对民俗文化的表现与挖掘不够、产品形象不明朗、周边环境差，离旅游吸引物的要求还相距甚远。项目地点虽可依托甘山国家森林公园，但与三门峡市区相距21千米，而且没有公共交通工具，普通游客无法抵达。同时，由于天井窑院结构简单，没有北京四合院、福建土楼、江南园林的奇思妙想和高超的建筑艺术，并不具备能够带来视觉冲击力的特质。因此，单纯依靠观光游难以做大做强。

四、旅游提升策划方案

一般来说，所有的资源都可以成为旅游资源，但并不一定能够成为旅游产品；再好的旅游资源如果得不到科学的规划设计，也不一定能够成为好的旅游产品。本策划方案着力要实现"三个转化"，即将资源本底一般的旅游资源转化成为具有市场号召力的旅游吸引物，将普通的观光旅游产品转化成为深度体验旅游产品，将即将消失的、只能进行消极保护的文化遗存转化成为能够创造良好的经济效益，从而使其得以传承延续的文化遗存保护示范点。因此，本策划着重从引进温泉保健、游客参与性项目、休闲度假、环境优化等进行研究。

（一）地址选择

三门峡市陕县张湾乡张赵村，距三门峡市区 10 千米，西距陕县温泉 3 千米，北距黄河 8 千米。主要是考虑距市区和温泉很近，便于开发。

（二）主题定位

中等住宿规模的，集民居观光、特色住宿与餐饮、民间歌舞表演、农民趣味运动比赛、温泉养生保健、民间工艺品与农家用品展览为一体的综合性原生态民俗度假胜地。

（三）功能定位

度假村拟采用整体购买一个村子进行提升包装的方式进行，力求贴近现实、保持原生态、拉近人与自然的距离。增加各种民间娱乐活动及度假休闲设施，配备不同的民间歌舞和传统娶亲仪式表演。管理上采用现代化管理与村民为主体相结合的方式，力求保持原汁原味，形成四季皆宜的综合性原生态民俗度假旅游区。观光旅游设施达到AAAA 级旅游区标准，服务设施设备达到三星级饭店标准。

（四）形象定位

"天井窑院——神奇的地下村庄。"

"赏黄土高原风光、住天井窑院民居、品农家十碗席、看豫西民间歌舞、参加乡村刀耕火种、体验温泉养生保健。"

"天井窑院——中国民居活化石。"

"探源黄河文化，体验民俗风情。"

（五）市场定位

周边城镇游客及海内外旅游者。

（六）主要项目策划

（1）窑洞式客房。为保持原有的特色，所有客房采用木制雕花门窗及传统横插式铁门锁，贴窗花。保持土炕结构（电热取暖），布草均采用农村蓝印花粗布及龙凤呈祥缎子被面。带独立卫生间，洁具可用石头雕凿或用原木制作。墙壁用仿土墙、仿青砖壁纸或用旧报纸、宣传画裱糊。家具为朴实简洁的仿古风格，地角线、门窗线用青砖浆砌。灯具用荆条编制。天井窑院的女墙、大门等材料和需要陈设的水井台、辘轳、碾子、照壁、石敢当、拴马石等都可以从现有天井窑院农家收购，力求真实全面、形象生动地展示固有的风貌。

（2）餐饮设施及服务。规划设计以反映黄河及三门峡市灿烂的历史文化主题的窑洞餐厅包房多间、"黄土情"露天歌舞演艺中餐厅，提供"十碗席"特色餐饮和老玉米酒、手擀面、酵子馍、烫面烙饼等地方小吃。开设窑洞农家茶馆，同时提供农家自助早餐。餐具采用黑、白粗碗碟。上菜时用方言叫菜，如客人需要，再用普通话解释，以突出鲜明的地域特色。

（3）景区大门。内部用钢筋混凝土结构，外部用黄土夯制，设计成圆拱门的城堡谯楼形状。门匾用青条石雕刻，悬于大门之上。门前开凿护城河，用木制吊桥连通。

（4）停车场、道路及标识。按建筑规范设计 200 个车位的生态型停车场，不硬化，做成打麦场风格，用低矮绿化带分割车位。景区道路以三七灰土夯实后，用青砖直立铺设。引导标识和公共信息图形符号也采用青条石制作，力求与环境统一协调。

（5）休闲娱乐设施。在天井窑院内设露天歌舞厅及窑洞式 KTV 量贩。利用经过处理的生活废水建设水面，开展钓鱼、水产养殖、农民水上娱乐活动。在距住宿设施较远的地方，广种经济林和小片的庄稼、蔬菜，供游客采摘和体验农活。建设大戏台一座，定时表演地方戏曲、豫西社火、杂耍。每天上午进行传统娶亲表演，同时作为景区迎宾仪式。

（6）温泉养生保健。项目选址与陕县温泉的直线距离仅有 3 千米，可通过架设管道将温泉水引进度假区。开辟两个天井窑院，建设露天特色温泉大浴池，周边窑洞设计为较高档次的洗浴包房和中医保健按摩、休息室。考虑到天气的影响，顶部增加可闭合的屋顶。

（7）传统工艺品展销。开辟明清古澄泥砚、民间娶亲服饰及用品、天井窑院历史变迁及老照片、黄河风情及旅游风光摄影等专题展览，同时销售澄泥砚、豫西剪纸、仿古门锁、刺绣、雕花木筷以及地方土特产等旅游商品。

（8）绿化工程。由于选址在黄土高原，环境相对较差，因此需要直接移植成树，迅速达到绿化造景效果。为保持地方特色，不栽植观赏树种，应种植当地乡村广为种植的榆树、柳树、楸树、国槐、洋槐以及苹果、核桃、梨、桃、杏、枣、柿子等经济林木。

（9）人员组织。每处天井窑院均需安排一户农民常年居住，经过培训后负责日常管理。管理与服务人员着长袍、马褂、旗袍、怀袄等传统服饰。

五、主要措施

（1）地方政府要从构建和谐社会、优化产业结构、帮助农民脱贫致富、有效保护文化遗产的高度重视该项目的开发建设，并在征地、人员安置、配套基础设施等方面给予优惠。

（2）对地域文化进行深层次发掘，聘请专业人员进行规划设计，确保修旧如旧、建新如旧、如实表现、原汁原味。

（3）做好项目的规划设计，制作项目招商书，通过招商引资进行开发。

（4）由于参与管理和服务的人员多数是当地村民，因此，在保持地方特色的基础上要进行专业培训。

（5）对项目进行 CIS 系统设计，塑造鲜明的主题形象，并开展全方位的市场促销。

六、结论

目前，旅游趋势正逐渐由以观光游向度假游转化，游客更加注重对游程的深度体验。如何发挥原产地文化不可转移的特性，通过科学的规划设计，在独有性、参与性、体验性、可操作性和环境塑造、氛围营造、形象创造上探索出新方法，从而把优势不是很突出的资源包装成为成功的旅游产品，将是旅游规划学科认真研究的问题。天井窑院民俗文化旅游区概念设计如图 15-1 所示。

图 15-1　天井窑院民俗文化旅游区概念设计（设计者：马亚江）

【思考与讨论】

1. 本章天井窑院民俗文化旅游资源开发案例给你的启示有哪些？
2. 讨论该案例提出的民俗文化旅游提升策划方案的可行性，并说明理由。

本章思考题

1. 谈谈你对民俗与民俗文化旅游概念的理解和认识。
2. 结合实际，简析民俗文化旅游项目策划应遵循哪些原则？
3. 结合民俗文化旅游开发的"真实性"和"文化变异性"等问题，就民俗文化旅游项目合理开发问题，发表个人观点。

第 十 六 章

创意旅游项目策划

教学目的、要求：

　　理解创意旅游的相关概念和意义；了解创意旅游策划的方法原理；正确理解创意旅游的特点；掌握创意旅游项目策划要点。

教学重点：

　　创意旅游项目策划的相关理论和实践。

第一节　创意旅游概述

一、何谓创意旅游

　　当旅游市场适应需求变化从"大众观光市场"发展到"大众休闲市场"和"个性体验市场"时，传统旅游产业的发展模式也迎来了巨大的挑战。如何使传统旅游产业冲破束缚，已成为广大旅游工作者亟待解决的问题。打造适应现代市场发展趋势的全新旅游模式，跟上市场潮流甚至引领市场潮流，需要我们从创意的视角去构建新的旅游产业发展模式。创意旅游就是从根本上打破传统思维束缚，以从整体上实现产业价值体系增值为策略，着力解决旅游产业自身发展和升级的内在要求的一种全新的旅游产业发展模式。

　　创意旅游的产生背景是于世界范围内普遍兴起创意产业，包括以下三个层面的内容。

　　其一，有创造性的游客超越观光层面、进行参与性体验与真实性体验的旅行。其置身于诸如摄影、烹饪、雕刻、音乐、舞蹈等创意活动并与目的地居民互动互助，共同开发分享创造潜能；学习并体验旅游目的地文化、艺术、传统、遗产及生活方式等社会氛围。

其二，游客在度假时通过独自从事探索潜能的某一个特定活动开发技能，从而提升幸福感。

其三，直接参与以被动和互动形式表现的（如建筑、电影、时尚、设计等）"创意产业旅游"。

创意旅游促进旅游业向纵深延伸拓展。创意旅游不是"创意"与"旅游"的简单融合，"创造"是社会发展的重要源泉，是创意旅游的核心。创意旅游产品因双方深层体验和共同创造而具有高附加值。创意旅游不仅包含体验性的旅游形式，而且包含着主动参与和双向互动互助的动态创意过程。游客和目的地居民同时都具有创意消费者和创意生产者的地位，它不仅深入到文化旅游、生态旅游、科学旅游等深层内涵，而且深入到游客及目的地居民社会生活的方方面面，与人的全面发展乃至社会的进步密切关联。

创意旅游（creative tourism）这一概念最早由新西兰学者格雷·理查德（Grey Richards）与克里斯宾·雷蒙德（Crispin Raymond）于 2000 年提出，他们认为：创意旅游是指游客在游览过程中学习旅游目的地国家或社区的文化或技巧的一种旅游产品；旅游者通过参加交互式工坊（interactive workshop），激发自身创意潜能，拉近与当地居民的距离，进一步体验旅游目的地的文化氛围。2006 年，国际教科文组织创意城市网络（UNESCO Creative Cities Net-work）在一次会议上也对创意旅游进行了界定：创意旅游是一种可以为旅游者提供具有原真性的、可直接参与经历的旅游活动，主要表现形式为学习当地的艺术、传统以及具有当地特色的象征性文化；游客建立与当地居民的联系、在生活中体验文化。厉无畏于 2007 年 11 月在《中国旅游报》上撰文提出：创意旅游是指用创意产业的思维方式和发展模式整合旅游资源、创新旅游产品、锻造旅游产业链。前两者将创意旅游视为一种旅游产品，后者着眼于整个行业，认为创意旅游是一种行业发展的新路径。

较国内而言，国外学者率先注意到创意旅游的发展趋势，并开展了有益的研究，这些研究起步于对创意趋向的关注。大多数研究集中在如何通过既有方式创造性地开发人们的创意或"个性"。肯斯利（Michael Kinsley）试图寻找开辟资本经济制度新领域的途径，以从根本上创新经济发展方式。随着研究的深入，认为有且仅有艺术家、音乐家以及其他类似职业的从业者才拥有创意的认识逐渐被淘汰，这一认识与创意产业概念、内涵的日渐丰富有异曲同工之妙。自 1998 年英国布莱尔政府率先提出创意产业的概念以来，创意产业在后现代社会（post-modern society）的重要性已得到普遍认可，而此时日益陷入发展瓶颈的旅游业及时与新兴的创意产业结合；理论层面，学者也普遍强调创意产业具有促进旅游产业持续发展的强大影响力。分析当前研究的主要领域可以发现，学者在社会的多个领域都注意到了发展创意的趋势并开展了研究，如对实践中的部分范例进行实证分析，由此提出研究建议供企业和政府参考，此外还包括一些技术方面的研究。然而除理查德（Richards）以外，目前对于创意旅游的基础研究关注较少，也没有形成较为一致的认识。

近年来，由于受到国际的影响，国内的创意旅游实践也开展了不少，最具影响的是"印象系列"。这是以张艺谋、樊跃和王潮歌三人组成的文化创意团队在旅游地政府的支持下，以旅游地规模庞大的真山真水为背景，利用当地民间资本和当地群众演员共同参与的系列创意旅游项目。该团队先后成功创意了《印象·刘三姐》、《印象·丽江》、《印象·西湖》，2008 年后还将陆续推出《印象·海口》和《印象·西安》。在"印象系列"推出之际，舞剧《长恨歌》也以类似的创作手法产生了另一旅游文化创意品牌，该项目是由陕西旅游集团投资，以李捍忠、马波和张家声三人为主创人员而创意的实景舞剧。另外，由西安市人文奥运、旅游西安系列活动领导小组主办，曲江文化演出集团与西安秦腔剧院联合打造的大型秦腔交响诗画"梦回长安"，又给创意旅游增添了新的内容。

二、创意旅游的特点

创意旅游中的创意元素蕴含两层含义：①创意旅游的客体资源源于创意产业（如手工艺品、表演艺术、摄影等）；②与创意产业相关并不意味着就可以构成创意旅游，创意旅游要求有动态的创意过程，旅游者不是被动地参观，而是积极主动地参与，激发创意灵感，发掘创意潜能，从而形成有个性特征的独特的旅游体验。创意旅游的创意基准造就了创意旅游双向性及高附加值两大特征。创意旅游具有双向性、高附加值性、高品位性和高流动性的特点。

（一）双向性

创意旅游需要旅游目的地和旅游者共同协作，只有实现了二者共同作用的旅游产品才算真正的创意旅游。创意旅游的资源不仅要靠旅游目的地来创造，更要靠旅游者自己去创造；因此，旅游者身担创意消费者和创意生产者两职。旅游者参与到他们所消费的创意体验当中，这是旅游目的地必须要保证的关键要素之一。同时，由于旅游者要能够利用当地的旅游资源，这就决定了旅游目的地有义务激发旅游者的创意过程和创意生产。

（二）高附加值性

创意旅游的文化性的特征决定了该旅游产品相比普通产品具有更高的附加值，高附加值也是旅游产品的主要特征，这里所讲的高附加值是相对于一般旅游产品的高附加值。创意旅游产品的高附加值来自于旅游目的地与旅游者的共同创造；而一般普通的旅游产品的附加值只是由旅游目的地单方面创造的，因此，创意旅游产品相对于一般的旅游产品具有更高的附加值。

创意旅游与文化旅游从本质上来说是相同的，二者都将文化作为旅游产品的主要内容，不过前者比后者对旅游者的要求更高。从这个角度上来说，我们可以将创意旅游称为高级的文化旅游。创意产业本身是经济发展到一定阶段、人们对精神层面的需求上升到一定高度后才出现的新兴产业，那么创意产业所提供的产品和服务就必须要能够满足人们的精神需求，就必须具有文化品位和文化底蕴。创意产业与旅游业相融合形成的创意旅游自然也是如此。创意旅游以文化资源为生产要素、以文化内涵为主要内容、以体验式消费为主要特征。人们对旅游创意产品的消费主要是为了满足自身精神需求，是对旅游产品文化附加值的要求。创意旅游的文化本位决定了其具有一般的文化旅游的一些特点，如高附加值、无形性等；同时作为文化旅游的一种发展形式，创意旅游具有其特有的特点。

（三）高品位性

创意旅游对旅游者的要求是极高的。首先，创意需求是一种高层次的精神需求。马斯洛提出的"需要层次理论"指出，人总是先追求较低层次的生理需求，当温饱等低层次需求得到一定程度满足后，才会转向追求较高层次的精神需求。因此，创意旅游的消费者一定是具有一定经济水平的消费者。其次，创意旅游中，旅游体验是旅游者自己创造的，而游客只有具有了一定的文化水平，才会领悟到周围环境的内涵，与环境产生共鸣。如果游客没有一定的文化底蕴，外在的刺激物对于游客只不过是无关之物，不能发挥作用。外在的创意刺激物就如同开启创意大门的钥匙，找不到钥匙，创意生产就不能进行，更谈不上创意互动，这也就和传统意义上的观光旅游无甚大差异。

（四）高流动性

相对于其他有形的旅游资源，创意具有高度的流动性。传统的文化资源（如遗迹遗址、建筑设施等）消费依托于文化资源的集聚；但创意资源并非如此，世界各地均可以创造并展示表演艺术以及各类艺术品。创意旅游的可移动性的特征源于其对基础设施的低要求，作为创意旅游客体的旅游目的地不需要大量的实体建筑，也无须支付高额的保护和维修费用，因此，创意旅游是一个流动性高的旅游产品，受空间局限少。

第二节　创意旅游项目策划要点

一、旅游策划创意的方法原理

在旅游创意策划中，创意是决定策划成败的关键因素。因此，旅游创意策划的核心问题，就是创意从何而来、如何生成。综合心理学、思维科学及相关学科的研究成果，以下从发生认识论、菱形思维法和异态混搭说等方面，阐述创意旅游项目策划的原理和方法。

（一）发生认识论

瑞士心理学家和哲学家让·皮亚杰（Jean Piaget）运用发生心理学方法，把结构主义与建构主义结合起来，探讨智慧的个体发生和发展规律，开辟了新的研究领域——发生认识论，对认识论的许多经典问题提出了独创见解。该理论用格式、同化、顺应和平衡化等概念描述了认识发展的辩证建构过程，揭示了智慧的本质和机制，对于研究旅游策划创意具有重要的指导意义。

在《发生认识论导论》（*The Principles of Genetic Epistemology*）中，皮亚杰指出：就其本身而言，智慧本质上是一种主体转变客体的结构性动作，即所谓运算；就其外部功能而言，智慧活动的目的在于取得主体对自然与社会环境的适应，从而达到主体与环境之间的平衡。为了揭示智慧的机制，他提出了四个基本概念，即"图式"（指主体外部动作的功能结构和内部思维的机能结构）、"同化"（指机体对输入刺激的过滤或改变）、"顺应"（指机体改变内部格局以适应现实）和"平衡"（指主体基本适应环境）。根据皮亚杰的研究，人认识事物的过程是：每遇到新事物新问题，就首先试图用原有的图式去同化，如果取得成功，就达到认识上的平衡；否则，便会做出顺应，即调整修改原有图式或建立一个新图式去同化新事物新问题，从而达到认识上的新平衡。人认识中的平衡是一个动态的发展过程。他认为，智慧贯穿于图式、同化、顺应、平衡这四个环节中，而集中表现在"顺应"这个环节中。也就是说，旅游策划创意产生于扬弃旧图式、建立新图式的认识过程中。旅游策划人员的灵感、直觉等都发生在"顺应"阶段。直觉决定了新图式产生的方向和出现的路径，而灵感则是短暂闪现的新图式的轮廓。在这个阶段，创意人员的独立思考很重要，只有反复思考才能促使旧图式的扬弃和新图式的产生。旅游创意生成的质量（即水平）集中在平衡阶段，除受客观因素影响外，还受到个体主观因素（即自我意识）的强烈制约，因此，创意的新图式具有丰富的层次差异。

（二）菱形思维法

从思维方向上分析，旅游创意活动过程中主要运用的是发散——收敛思维。可拓学开创者之一杨春燕在《可拓策划》中首次使用"菱形思维模式"来描述创意策划过程，有学者在此基础上提出创意纸扇、创意漏斗两个与发散、收敛思维对应的概念。发散思维主要围绕策划对象从不同方向产生为数众多的构想，形似一把打开的纸扇，称为创意扇；收敛思维则是从众多设想中筛选出新颖性、操作性和效益性最佳创意的过程，形似一个用于过滤的漏斗，称为创意漏斗。创意纸扇和创意漏斗组成的图案接近菱形，因此得名菱形思维法。

发散思维是指从某一特定创意对象出发，充分发挥想象力，产生出为数众多且方向各异的输出信息，以便找出更多更新构想的思维模式。作为一种多方面、多角度、多层次的思维过程，发散思维具有大胆独创、不受现有知识和传统观念束缚的特征，既无一定方向性，也无限定范围，是一种变化、试探的创造思维过程。以吉尔福特（J. P. Guilford）为代表的不少心理学家认为，发散思维是创意思维的关键特征、测定创意能力的主要指标。发散思维有两条启发性原则：怎么都行、推迟判断，具体方法包括材料发散法、功能发散法、结构发散法、形态发散法、组合发散法、方法发散法、因果发散法。例如，以盐为原料，采用功能发散法进行思考，可以发现：盐除了烹制美味，对康体、健身、疗养也有密切关系。其中，盐浴对减肥、去死皮、治疗脱皮、缓解疲劳、消除疼痛、降低血压均有一定疗效，盐屋可以为医治肩周炎、关节炎、气管炎、哮喘病提供良好场所……这为千年盐都——云南禄丰黑井古镇旅游产品策划提供了思路。在发散思维之后，创意人员应及时进行收敛，对众多设想做出评价和选择，遴选出最佳创意和可供使用的设想，在此基础上形成策划方案。收敛思维亦称集中思维、辐合思维，是指在解决问题过程中，尽可能地利用已有的知识和经验，把众多的信息逐步引导到条理化的逻辑程序中去，以便最终得出一个合乎逻辑规范的结论来。如果把旅游策划过程分为提出设想和实现设想两个阶段，那么，在提出设想阶段，发散思维占主导地位；在实现设想阶段，收敛思维占主导地位。收敛思维实际上是一种按照逻辑程序进行思考的方法，没有离开逻辑思维常用的分析、综合、抽象、判断、归纳、推理等思维形式。

（三）异态混搭说

从外在形式而言，旅游策划创意表现为不同形态的既有元素之间的重新搭配，即异态混搭。"异态混搭"这一词语是克里斯·比尔顿（Chris Bilton）在《创意与管理》（*Management and Creativity*）中首次使用的，用于表达创意产生于不同思维方式、不同程序与观点、不同背景与环境之间。其实，这种思想最早产生于广告学中，被总结为元素组合论，其代表人物是詹姆斯·韦伯·扬（James Webb Young）。他在《产生创意的方法》（*A Technique for Producing Ideas*）一书中曾明确指出，创意完全是旧元素的新组合。

"既有元素"是指原来就存在于各行业、部门、领域的事物，既包括旅游资源和产业要素，也包括与旅游没有直接联系的事物；这些元素越多，产生创意的概率也就越大；与旅游的直接关联越小，组合后的新颖性、独特性往往越强。例如，在传统观念中，位于西南地区的官渡古镇与地处中原的少林寺几乎没有直接关联，但经过策划和实施，两者实现了"联姻"：少林寺接管官渡古镇寺庙、开设武术学校，对于盘活官渡古镇旅游资源、提升市场影响力起到了重要作用。"重新搭配"是指根据旅游需求特征将创意对象与其他要素借助科技、工程与其他手段创新性地组合在一起，创造出新的功能和体验。一般而言，搭配的方式包括下列四种：多角度、多途径的搭配；超时空的搭配；跨学科、跨领域的搭配；看似不合逻辑的搭配。同时，搭配过程中应强调生态、文化与科技三个维度的创新，方能取得出其不意、耳目一新的效果。澳大利推出的"全世界最好的工作"——哈密尔顿岛看护员招聘创意，就是把旅游营销、人员招聘、全球海选、网络推广等"元素"巧妙地组合起来，演绎了一台创意营销的精彩戏剧，以创意独特、绩效优良而被誉为"最佳旅游创意营销案例"。因此，旅游策划人员必须掌握一定数量的知识、经验和信息，并且在把握策划对象特质的基础上，通过创造性进行全新的搭配。当然，并不是知识、经验和信息越多，产生的创意就一定越多，其中存在一个既有经验和思维定式之间的矛盾问题。总体来看，旅游创意与知识、经验、信息之间呈倒"U"形关系。

二、旅游创意策划的核心内容

从实际运作的角度进行分析，一项完整的旅游策划的编制过程可以划分为八个环节，即接受委托、明确目标、实地考察、搜集资料、创意形成、方案确定、修改完善、反馈调适等。创意的形成是整个策划过程的关键步骤，也是旅游创意策划的核心环节。根据各阶段工作重心的不同，创意形成过程又可划分为三个步骤，即明确策划定位、酝酿主题概念、形成策划创意。

（一）明确策划定位

策划定位就是明确作为策划对象的产品或项目的性质、功能、市场指向的过程。策划定位是开展创意活动的指导思想，决定着策划方案的编制方向、层次、水平和质量。策划定位必须统筹考虑旅游市场需求、竞争对手情况、资源依托状况，立足现实，把握潮流，放眼未来，为旅游产品或项目选择合适的位置。策划定位是一个融战略研究与运筹艺术于一体的过程，与策划人员的思维方式、学术视野、经验积累、运筹能力密切相关。例如，云南安宁八街古镇历史悠久，民俗独特，小集镇初具规模，在全市乡村旅游规划中将其定位为安晋乡村中心的滇中城市群。这一定位明确以后，"乡村艺术集市"的主题概念呼之欲出，非遗旅游小镇、梨园春秋花灯实景剧苑、八街古镇百年庙会、民间艺人街（创意市集）、乡土特产集市、乡村美食街等创意随之产生。

（二）酝酿主题概念

在旅游创意形成过程中，主题概念的选择十分重要。所谓主题概念是指对旅游策划活动基本理念、产品或项目独特卖点的高度提炼，它是创意展开的基点，是决定策划成败的关键因素。比如，云南省瑞丽市姐相乡银井傣寨确立了"一寨两国"的主题概念，由此衍生出了"一个脚步跨两国"、"一架秋千荡两国"、"一桌宴席吃两国"、"一口水井喝两国"等创意，形成了相关旅游项目。主题概念的提炼不能随心所欲、轻率从事，更不能胡编乱造，应充分调查研究，综合考虑目标市场的心理特征和社会发展趋势，以及委托方的资源条件、比较优势、发展愿景、外部环境等因素。富于表现力的策划主题是旅游资源与旅游需求的最佳结合点，一般应该具备以下特点：①形式新颖，与众不同；②富于思想性；③简洁明快，通俗易懂；④富于艺术表现力，具有市场感召力。

（三）形成策划创意

在明确策划定位、选定主题概念之后，策划人员就可以进行创意活动了。创意的形成是旅游策划人员在自身知识和经验的基础上，通过对资源状况、市场需求、相关信息进行分析的基础上，运用创造性思维手段，围绕策划对象对原有元素进行重新组合的过程。旅游创意的产生是一个资源整合、信息碰撞、脑力激荡的过程，是一个智慧、艺术、灵感相互交织的过程。旅游策划人员应灵活运用想象、联想、直觉、灵感、逆向思维、侧向思维、发散思维、收敛思维等创造性思维方法，创造适宜的氛围与环境，促进创意的生成。如笔者为云南富源古敢水族乡策划的水家地景公园，就是将西方现代艺术形式——大地艺术、中国古老象形文字——水书、水族文化符号——吞口、云南水族聚居地——富源水五寨、滇东喀斯特田园风光——古敢热水塘组合在一起，在以热水塘为中心的田园中利用油菜等作物的搭配"写"出水族文字、"画"出水族吞口，并举办诸如大地艺术、地景创意、创意农业、地景摄影等方面的节事活动，开展事件创意营销，以期迅速撬动旅游市场。

三、相关问题的讨论：创意旅游能走多远？

创意旅游以其强大的渗透力和融合功能，促进城市传统产业转型和升级，使城市拥有持续发展的活力。创意旅游是融入城市产业部门、优化传统产业结构、培育未来消费群体、拓展消费空间而形成新的产业链。创意旅游产业是内涵外延丰富的产业群，因各城市区域特色与文化特色不同，只有形成城市的产业特色，才能在城市主题化、个性化、品牌化的基础上实现城市持久的生命力。城市原本的建筑风貌与社会文化氛围，便捷的工作设施，宜居和宜游的生活环境，才是彰显城市个性并使各城市异彩纷呈的关键。创意旅游产业将城市取之不尽的无形资源转化为旅游吸引物、旅游体验和旅游消费产品，提供适宜个人创造力与潜能全面提升的软硬环境，从而促进城市的发展和社会的进步。

创意旅游对城市、城市居民及旅游者都有更高的要求，创意需求作为一种更多更高层次需求的结合体，深入到马斯洛"需要层次理论"的生理需求、安全需求、社交需求、尊重需求和自我实现需求的各层面，而不仅仅遵循先追求较低层次的生理需求然后再向高层次进展的规律。创意旅游在更大的范围内拓展城市内容，使之成为更具包容性的旅游者与旅游目的地和谐发展的理想城市。城市为旅游者提供创意潜能的环境，构建激发旅游者参与创意的灵感空间。城市旅游已经不再是以往有明确定义的景区景点等旅游区域，而是带给游客体验和收获真实城市的更多机会。游客更加关注日常生活中的元素，寻找超越"传统的旅游空间"，并以创意方式构建城市的"特别的旅游空间"。这是一个游客参与城市的发展改造及城市品牌的重塑的过程。

　　基于此，城市发展的驱动力孕育于日常生活中的创意旅游。旅游的实质价值在于游客置身其中而不是简单的游览活动。随着旅游形式与日常生活内容的日益接近、旅游内涵日益拓展，创意旅游使"行万里路"胜于"读万卷书"真正成为现实。旅游者期待挑战传统景区之外的旅游区域，旅游正在从依靠有形的博物馆、古迹等有形资源转型到生活方式、体验创造等无形资源。比如伦敦周边的伊斯林顿和岸边区，在保留历史街区与建筑等旧城原貌的基础上，重建酒店、写字楼、购物中心及系列创意产业等适合居民工作和生活的街区设施。不管是以便捷的交通方式与伦敦市中心相连的时尚住宅区伊斯林顿，还是位于伦敦塔、莎士比亚全球剧院等标志性旅游建筑之中的岸边区，二者都没有为进行传统旅游活动刻意迎合"旅游者"而专门出台发展旅游的政策或专门进行旅游区规划，但却因为这两个区成为"真实的伦敦"而吸引了意想不到的众多游客。

　　城市发展基于城市的历史与文化，日常生活是城市吸引力的核心，城市日常生活就是一种创意体验，游客分散在城市不同的生活区域，而街区、公园、咖啡厅、饭店等当地居民日常的生活区域及娱乐休闲空间正是最受游客欢迎的旅游"胜地"；游客更加注意城市平凡的建筑环境、方言等传统地方特色和"窗户"、"房顶的烟筒"等体现建筑风格的细节。游客因注意细节而使旅游向纵深发展，从而更凸显城市内涵。人的潜能与创造力的源泉，存在于平凡而充满情趣的日常真实生活中，这正是城市吸引力的核心。而城市的真实才是特色，只有民族的才是世界的。发展旅游的重点不在于追求旅游业在国民经济中的战略性支柱产业的地位，而在于旅游业处于怎样的位置或地位上。

　　作为塑造旅游特色的思想来源和迎接市场竞争的有力武器，旅游策划的作用正被越来越多的旅游企业、社区和行政管理部门所认识和接受。游客需求个性化、旅游产品同质化、市场竞争白炽化凸显出创意在旅游策划中的地位。旅游创意策划是以创意为导向的策划，创意的形成是影响策划质量的关键要素。发生认识论、菱形思维法和异态混搭说破除了以"创意像爱情一样不可分析"为代表的创意神秘论，为策划人员指明了创意的思维方向。旅游创意策划人员除了态度（attitude）、技能（skill）与知识（knowledge）之外，还应强化训练自己的创意（creativity），以 ASKC 构成的综合素质来应对旅游创意策划提出的更高要求。

【案例 16-1】

昆山大唐农业生态园①

　　大唐农业生态园位于江苏省昆山市千灯镇，紧挨上海的青浦区。上海的都市农业和观光休闲农业发展迅速，离大唐农业生态园最近的上海市郊青浦区以淀山湖水域为优势的农业旅游点有 4 个，较近的以现代农业为特色的嘉定区有农业旅游点 11 个，所以大唐农业园区必须形成自己的特色才能在替代性很强的农业旅游项目的激烈竞争中胜出。

　　如何形成大唐农业生态园的核心竞争力呢？这次策划中用了两个科技手段，一个是利用卫星影像图确认了"唐"字形大地艺术，另一个是策划采用千盏既能当景观又能用于生产杀虫的太阳能草坪灯。

　　课题组在大唐农业生态园中沿河道坐游船游览时，发现其河道大致呈"唐"字。后借助于高清晰度的卫星影像图，再仔细观察项目规划的地域范围，把其自然形成的河道的颜色加深，"唐"字果然跃然眼前。大自然赠予大唐生态园的"唐"字大地艺术可能纯属巧合，但是却在卫星影像图的帮助下得到了科学确认，这是大唐农业生态园的最独特之处。

　　在此基础上，课题组深层次挖掘千灯镇的千灯文化，千灯秦汉时期人口稀少，土地荒芜，故以"千墩"命名，到汉唐时期人口增加，经济有所发展，待到明清以后已成为江南富足之地，于是人们在诗句和口碑中将"千墩"更改为象征人类文明的"千灯"。

　　如何把千灯的地域文化巧妙融入大唐农业园区呢？课题组沿自然河道设计了近千盏太阳能草坪灯，用白天吸收的太阳光支持晚上的照明。千盏太阳能草坪灯，既能杀虫又符合能源节约的精神，而且晚上形成的千盏"唐"字河岸草坪灯大地艺术，更是增加晚上旅游休闲活动、吸引游客增加消费的亮点。

　　【思考与讨论】

　　该策划方案中"唐"字形大地艺术的发现与应用策划，对昆山大唐农业生态园开发会产生哪些影响？

【案例 16-2】

温州矾矿②

　　温州矾矿位于浙江温州苍南矾山境内，是矾山镇的经济支柱。但是目前的矾矿主产

---

①　http://blog.sina.com.cn/s/blog_545df2350100ghql.html.

②　http://blog.sina.com.cn/s/blog_545df2350100ghql.html.

区鸡笼山矾矿资源面临枯竭，同时炼矾严重污染了矾山的环境，并引发了浙闽两省多年的生态官司。在矾山这样一个既没有良好的生态环境，又没有特别出名的人文古迹的地区，如何挖掘出其独特的竞争力呢？

课题组经过实地考察，发现其挖矿后的矿硐是不可多得的旅游资源。矾山矿硐采空面积约有 10 万平方米，而且矿山区域风能、太阳能资源十分丰富，矿硐废水资源储量巨大，可以充分利用矿硐恒温特点，变劣势为优势，将矿硐建成亚洲最大的洞穴滑雪场。同时利用矿硐制冷产生的热量以及太阳能对处理后的矿山废水加热，建造我国第一个矾矿太阳能热水浴场。浙江东部沿海地区目前尚无大型的四季可用的洞穴冰雪场地，也没有具有矿泉水性能的太阳能康体洗浴中心。因此这两个休闲项目有着广阔的市场发展前景。该项目中体现的当地文化特色主要是通过矾塑和冰雕等的链接形成的，同时在游线设计中，恰当地布置矾矿文化，例如参观炼矾古迹遗址等。

【思考与讨论】

该案例表明，温州矾矿资源的旅游开发策划充分体现了"变废为用"的思想，试阐述上述思想是如何体现"可持续发展"原则的。

【案例 16-3】

象　山[①]

象山位于属于浙江省宁波市的一个县城。《象山旅游业发展总体规划》提出了"东方不老岛，海山仙子国"的形象定位。如何包装和阐释这种"不老"文化呢？

课题组组织专家采用气象科学和环境科学的综合检测手段，对空气负氧离子、滨海地带温度湿度以及海滩沙质、泥涂、植被等进行了科学检测。结合当地气象局 40 多年的气候资料分析，象山区域大气的各项指标均符合优质度假区条件。泥沙中含氨基酸、钙、镁、钠等元素，微量元素中含有一定的氡，这样的泥沙质量做泥疗最好。

另外，经过现代科技设备做出科学证明后，进行横向国际挖掘，发现象山与世界最佳疗养胜地处于同一黄金气候生态带上，佛罗里达、墨西哥湾、夏威夷和象山，四点一线，正好排列在北纬 25°—30° 线之间的黄金带上。往北嫌冷，往南嫌热；冷了不利休闲，热了不利长寿。这里有山有海，环境优美，气候宜人，是人们休闲养老的最佳去处。

独特的地理位置、地域文化等旅游资源优势，被课题组使用现代科技手段进行证明、包装之后，形成了象山的核心竞争力。在短短几年中象山旅游接待人数从 70 万人次猛增

---

① http://blog.sina.com.cn/s/blog_545df2350100ghql.html.

至 200 万人次，2006 年达到了 240 万人次，旅游真正成为了该县的一项富民产业。

【思考与讨论】

作为有特色的策划案例，象山案例重在策划与包装象山"东方不老岛，海山仙子国"的形象定位。通过这个案例，谈谈你对旅游规划与旅游策划关系的理解。

【案例剖析】

旅游创意的形成大多需要彼时彼地的灵感，这受策划人员的知识构成和专业背景的影响。但是在形成清晰的旅游创意之前或者在旅游创意的酝酿过程中，现代科技手段有着锦上添花的妙处。以上三个案例各有特色，都很有代表性。

现代科技手段能够开阔策划人员的视野，为其提供旅游创意策划的新平台，有助于发掘其创意灵感。旅游创意策划本质上仍属于策划，但是仅仅局限于传统的从文本历史文化挖掘，结合自己以前的实践经验，不但容易陷入"世界第一"、"中国最大"等的文字游戏陷阱，而且很容易被人模仿和从规模上超越，不能形成持久竞争力。由于旅游策划学是个综合性很强、知识复合性要求很高的学科分支，所以大胆使用已有的成熟技术，如由多幅卫星遥感图拼成的卫星影像图，其信息丰富形象直观，可以把刹那间的实地"创意火花"收集转化为精彩成系统的旅游创意策划。

现代科技手段能够增加项目的内容，丰富产品层次，使得一个不具有特色的区域因为旅游创意策划的新颖性和市场的广阔性成为一个成功的旅游产品。新的科技成果使旅游者的活动空间和体验突破的极限达到前所未有的水平，21 世纪的旅游者能够进行星际旅游，到北极、南极、高山、深海去做探险旅游。这就要求策划人员突破常规思维，充分利用现有的可应用于市场实践的成熟技术，来形成新的打动游客的创意。

国外以迪士尼、环球影城为代表的高技术含量的模拟情景（如地震、火山爆发、洪水奔涌、虎口历险等）旅游取得了巨大成功；国内以《印象·刘三姐》为代表的"印象系列"，也因为应用现代科技、特技，浓缩了一个地区的文化特质，获得了市场的认可。苍南矾山的洞穴冰雪世界和洗浴中心策划就得益于造雪制冷技术的日益成熟和太阳能、风能等技术的革新。

现代科技手段高度仿真，能够使得旅游创意策划更直观、更有现实感。课题组在项目实践中普遍使用成熟的电子沙盘技术，直观再现规划项目区的真实情景，在进行不同子项目旅游形象设计的过程中，进行横向国内外同类项目的对比和纵向项目所在地的历史、特色地域文化的参照，使已有的旅游创意臻于完善。如象山案例中"东方不老岛，海山仙子国"的形象定位是由文天祥的"海山仙子国，万象图画里"的名句得来的，"不老"是象山文化中的特质，现代科技手段的使用，使其有了科学依据。

总之，旅游创意的产生更多的是阅历积累和经验叠加时灵感的再现，但是如何充分把握和印证该旅游策划创意、如何结合当地的文化特色形成自己的核心竞争力？充分利用目前成熟的现代科技手段可以把旅游创意策划阐释得淋漓尽致，最终有助于旅游项目开发获得成功。

本章思考题

1. 结合实际，分析创意旅游策划的实质。
2. 你是如何看待创意旅游的特点的？试举例说明。

第 十 七 章

主题旅游项目策划与管理

教学目的、要求：

　　了解主题街区、主题公园及红色主题旅游项目的概念及其开发进展；熟悉主题旅游的特点与类型；正确把握主题旅游项目策划要点及其成功实践。

教学重点：

　　主题旅游项目策划与管理。

第一节　主题旅游项目的概念及类型

　　本章涉及的主题旅游项目仅限于主题街区、主题公园及红色主题旅游三个方面。

一、主题街区概述

（一）主题街区的概念

　　主题街区是近年来在我国兴起的一个概念，它是随着上海新天地、北京王府井、杭州西湖等现代都市娱乐文化功能区域的崛起而发展起来的。[①] 因此，目前没有找到国外直接研究主题街区的文献，国外的相关研究主要集中在游憩商业区（RBD）、中心商务区（CBD）、历史街区（HD）、商业街等方面。而国内学者对主题街区的研究也正处于起步阶段，对主题街区还未形成一个明确而特定的含义，目前主要存在以下几种观点。

　　（1）黄小春（2006）认为，主题街区是具有特定的主体及核心吸引物、满足城市居民及旅游者的需求的一定的城市区域空间。一般来讲，主题街区都具有一定的文化内

[①] 刘文蕾. 主题街区对城市旅游的影响研究：以天津市为例［D］. 天津商业大学硕士学位论文，2011.（指导老师：王庆生）

涵，利用文化的作用，使之具有强大的凝聚力。

（2）吴必虎、张歆梅（2006）认为，主题街区是指一种多功能、多业种、多业态的游憩和商业集群体，它由许多金融、餐饮、商品、服务等小型零售网点以及休闲娱乐设施共同组成。在文化、业态、产品和规划设计上围绕特定主题展开，并且按照规划进行有序排列的一种城市功能形态，也是对本地居民和游客具有共同吸引力的公共空间。

（3）董观志、徐斌（2006）认为，主题街区是依赖于市民聚集居住区域而逐步产生的一种具有场所感和便利性的生活空间形态。主题街区有别于一般的街区，主要是由于在街区的开发建设与发展管理的全过程中始终贯穿着一个或多个主题。这里的主题是一种文化积淀的释放、一种生活方式的积累、一种时尚元素的符号、一种感召力量的体现。

（4）徐斌（2007）认为，主题街区是指在开发、建设、管理与发展的全过程中始终贯穿着一个或多个主题，拥有配合和表现主题的特定景观、配套设施与商业模式，具有一定的规模，能对居民和游客形成一定吸引力并能满足其各种需求的街区。

通过以上几种观点可以看出，尽管各位学者对主题街区的概念界定不尽相同，但已在一些方面达成共识，如都认为主题街区是一个公共空间，围绕着相关主题展开，可以对居民和游客产生一定吸引力并通过配套设施满足其需要。

（二）主题街区的类型

从主题街区的经济规模和地理区位来看，可以分为大型商业街区和历史商业街区两大类。其中，大型商业街区就是传统商业的聚集地；历史商业街区一般多是对城市历史文化街区的改造，历史文化结合现代商业构成了对旅游者的两大吸引力。

从主题街区的主题选择来看，可以划分为商业休闲、文化娱乐以及人文景观三类。其中，商业休闲类主要是以购物作为街区的主题，如英国的利兹中心商业街，我国香港铜锣湾、北京王府井、上海南京路、天津滨江道商业街等；文化娱乐类主要是以休闲娱乐作为主题定位，随着城市社区生活空间的相对隔离，城市居民对休闲、娱乐及其他居住文化需求的不断增加，以音乐文化、艺术文化、吧文化、影视文化等多种素材为主题的街区成为城市休闲的理想场所，如上海新天地、北京三里屯酒吧一条街、天津南市食品街等；人文景观类主要是以历史文化作为主题，是城市渊源历史文化的积淀，同时兼备旅游、商业功能，在现代城市旅游中是比较宝贵和稀缺的旅游资源，如法国的香榭丽舍大街，我国苏州观前街、天津五大道和意式风情街等。

二、主题公园概述

（一）主题公园的概念

1955 年 7 月，在美国加利福尼亚州诞生了迪士尼乐园。迪士尼乐园作为一个具有特定游园线索、特殊游乐活动和特别游戏氛围的体验性舞台化世界，让人们逐渐注意到："主题、情节、场景"是迪士尼乐园模式的新旅游形态不可或缺的三个基本要素。为了更直接和更方便地表述，人们采用了一个特定的专业术语"主题公园"（theme park）来标识这种新旅游形态。可以说，迪士尼乐园的诞生是主题公园概念产生的标志。

关于主题公园，目前尚无统一的概念。对主题公园的定义，Medlik 认为，主题公园是指通过一系列围绕一个或多个历史或其他主题的吸引物为游客提供娱乐和消遣的地方，它包括餐饮与购物等服务，通常要收取门票。徐菊凤（1998）认为，主题公园是为旅游者的消遣、娱乐而设计的活动场所，具有多种吸引物，围绕一个或几个主题，包括餐饮、购物等服务设施，开展多种有吸引力的活动，实行商业性经营。保继刚（2000）作了如下描述："主题公园是具有特定的主题，由人创造而成的舞台化的休闲娱乐活动空间，是一种休闲娱乐产业。"董观志（2001）认为，"旅游主题公园就是为了满足旅游者多样化休闲娱乐需求和选择而建造的一种具有创意性游园线索和策划性活动方式的现代旅游目的地形态。"

我们认为，主题公园是为了满足人们休闲娱乐的需求，围绕着主题（或主体）发展思路而建造的模拟环境形态，并使之成为休闲娱乐产业和旅游产业的重要组成部分。

（二）主题公园旅游项目的特点

1. 主题创新性

主题公园对旅游者的最大吸引力就来自于主题公园的"主题"。因此，主题公园旅游项目的最显著特点就是主题策划的创新性。主题是主题公园形成鲜明特色和独特个性的灵魂，也是主题公园影响旅游者休闲娱乐选择方向的基本魅力。因而，主题公园的"主题"必须是创造性构想的智慧结晶。这种创造性构想可以通过各种技术手段转化成现实的旅游环境和娱乐氛围，以及旅游者在参与其中后所能获得特别感受的旅游活动方式。

2. 建设规模大

主题公园旅游项目的投资规模和占地规模大。从目前掌握的数据看，全国旅游主题公园约有 729 个。其中占地超过 1 000 亩的有 44 个，超过 1 万亩的有 7 个；投资额在 1 亿元人民币以上的有 89 个，超过 10 亿元的有 20 个，这种动辄几亿元或是几十亿元的"大手笔"，实际上反映了主题公园投资建设过程中的相互攀比现象。"大投入、大制作"营造出了主题公园的大规模，同时也营造出了主题公园的财务压力和经营风险。

3. 景观虚拟性

景观环境是主题公园着意营造独特旅游氛围的关键。主题公园的景观环境都是由规划、建筑、艺术等多方面的专业人才创造性地建成的，是一个虚拟的、非日常的舞台化世界，并围绕"主题"尽一切可能与众不同、别出心裁地烘托艺术气息和塑造文化氛围，赢得旅游者的共鸣、认同和喜爱。

4. 投资回报的高风险性

主题公园是现代旅游业发展到一定阶段的特殊产物，这里"特殊"是一个最基本事实，就是主题公园这种新旅游形态自产生那一天起，就是一种以营利为主要目的的企业行为。在加州迪士尼乐园开业不到两星期的一次记者招待会上，当合众国际社的一位记者提出门票太贵的问题时，迪士尼先生就大声地叫嚷："我们不得不这样收费，因为这个游乐场的建造与维护费用很高，我完全没有政府补贴，公众就是我的补贴来源，为了这个游乐场我已冒险把我所有的东西都抵押了。"这个事实告诉我们，成功的主题公园不仅要有主题的创新策划和精心塑造，而且还要有大量的资金投入，最关键的一点就是"这一切都是企业的商业行为"。既然是企业的商业行为，那么投入了资金就需要有利润回报，正如迪士尼先生所说的"补贴来源"，从迪士尼乐园的门票太贵问题到我们现在的"两高一低现象"（高投入、高门票和低回报率），可以体会到主题公园投资回报的高风险性的真正含义。

三、红色主题旅游概述

（一）红色主题旅游的概念

红色主题旅游（简称红色旅游，下同），主要是指以中国共产党领导人民在革命和战争时期建树丰功伟绩所形成的纪念地、标志物为载体，以其所承载的革命历史、革命事迹和革命精神为内涵，组织接待旅游者开展缅怀学习、参观游览的主题性旅游活动。随着红色旅游的进一步兴起，它已经由传统的单一的政治教育模式向市场经营模式转化，并逐渐成为兼具政治教育、经济发展、文化传播等功能的特殊载体。

（二）红色旅游的特点

与绿色生态、历史文化、风情民俗等形式的旅游相比，红色旅游具有以下特点。

1. 学习性

红色旅游的学习性，主要是指以学习中国革命史为目的，以旅游为手段，学习和旅游互为表里。但是，这种学习不宜搞成灌输式的"现场报告会"，而应营造出自我启发的教育氛围，达到"游中学、学中游"，寓教于游、润心无声的境界。

对国民进行本国历史的旅游教育，在某些发达国家和地区已成为制度。如乌克兰、俄罗斯、白俄罗斯等都把5月9日"胜利日"作为本国爱国主义教育的最重要节日；德国一些州就对中小学生进行反法西斯的修学旅游做了专门立法，要求每个学校都要定期组织学生到纳粹集中营等地游览参观，勿忘历史。中国人的旅游与学习总是紧密相连在一起，有着"读万卷书，行万里路"的传统。现在开展的红色旅游，是这个优良传统的发扬光大。

2. 故事性

故事性是相对说教性而言，反映出人们对历史吸引物的取舍观。现在到一些红色旅游点，给人的感觉是在参观"中国革命历史博物馆"的地区展览，千篇一律，千人一面，静态有余，动感不足，缺乏实景地厚重的历史感、独特的亲切感和"姹紫嫣红"的美感。这里除了经济条件落后、展陈手段单一等因素外，也是在英雄史观等陈旧观念影响下产生的人为缺陷之一。

要让红色旅游健康发展，使之成为有强烈吸引力的、大众愿意自费购买的旅游产品，还需要妥善处理红色教育与常规旅游的辩证关系，其中的关键是以小见大，以人说史。历史典故往往形象、生动、有趣，容易让英雄走下圣坛，贴近群众和生活，产生亲和力。例如河北阜平晋察冀边区革命纪念馆开馆后以鲜明的主题、翔实的资料、深邃的内涵、完备的设施和现代化的展示手段，融教育性、参与性和娱乐性于一体，赢得了游客和社会各界的普遍认可，现为全国爱国主义教育示范基地，国家红色旅游 100 个经典景区之一，国家 AAAA 级景区。

3. 参与性

有些红色旅游景点的旅游过程较为艰苦，为改变这种状况，少数景点努力过头，出现城镇化、商业化、舒适化的倾向，有损害红色旅游本质特色的危险。为避免重蹈覆辙，红色旅游点应紧跟体验经济的潮流，突出旅游节目的参与性。红色旅游本身就是一种实践性学习。红色旅游的组织者要设计、组合出"原汁原味、有惊无险、苦中有乐、先苦后甜"的产品来。近年来，有些红色旅游景点开展了"穿红军服、唱红军歌、吃红军饭、走红军路"等参与性活动，这是值得肯定的，但多数还只是停留在化装拍照、观赏节目、饭菜品尝等浅层次上。

4. 扩展性

部分红色旅游产品留存下来的革命遗物数少、量小、陈旧、分散，具有内容、场地、线路等方面的局限性。一些著名的纪念地只是孤零零的普通民宅、庭院或小船，与其他旅游景点相距很远，而且很少有相应的纪念品可买，令旅游者难以尽兴。红色旅游要千方百计扩展产品链，延长旅游者的游览时间，增加其消费时间、内容和金额。扩展产品链还要与当地的观光、休闲、度假等旅游产品相连接，在尽可能保持红色基调的基础上，向其他旅游形式扩展。例如，河南省兰考县根据兰考县旅游资源特点及未来旅游发展态势，将该县旅游产品定位在以"当代红色专题旅游"为标志，兼顾黄河生态休闲旅游、张良墓文化寻根游等扩展旅游产品方面。

（三）红色旅游产品类型

从目的地营销的角度分类，红色旅游产品可以分以下三种类型。

1. 地带性红色旅游产品

旅游目的地由旅游吸引物及其周边社区组成，而多个旅游目的地组成目的地地带，地带性红色旅游产品由多个相对独立的红色旅游目的地组成，在空间上呈面状分布。中国革命多发生在两省交界地带或三省甚至四省交界地带，相应的红色旅游资源往往呈面状或带状分布。例如井冈山红色旅游作为一个旅游产品，其涵盖的面积很大。从狭义上讲，井冈山红色旅游区和风景名胜区分为茨坪、龙潭、黄洋界、主峰、笔架山等八大景区，60 余处景点；广义上讲，革命时期井冈山根据地的范围即为今天"大井冈"红色旅游区的范围。井冈山根据地全盛时期包括宁冈、永新、莲花 3 县全境和吉安、安福、遂川等县的部分地区，面积超过 7 200 平方千米，因此地带性产品意义上的井冈山红色旅游目的地覆盖了广阔的区域。

2. 线形红色旅游产品

线形红色旅游产品是根据革命事件的空间发展轨迹而形成的红色旅游产品，或者根据某种内在的关联性组织而成的红色旅游产品，其在空间上呈线状分布。例如"重走红军长征路"旅游产品就是根据红军从 1934 年 10 月至 1936 年 10 月走过的二万五千里长征路线，把沿途红色旅游目的地串联起来形成的，该线形红色旅游产品重要的节点包括瑞金、遵义、大渡河、延安等。"共和国寻根之旅"红色旅游产品则以共和国创建初期发生过重大事件的若干旅游目的地连线而成，包括井冈山、瑞金、古田等关键节点。

3. 场地性红色旅游产品

红色旅游场地产品指单一旅游目的地或旅游景区、景点。场地性旅游产品一般不跨行政区，空间上呈点状分布。如朱毛红军会师地、狼牙山、西柏坡等都是场地性红色旅游产品。革命历史博物馆、英雄人物或著名事件的纪念馆、纪念碑、烈士陵园、国防园等具有特定主题的旅游产品也属于场地性旅游产品。从外形上，如果把地带性旅游产品比作景观生物学中的"斑"，线形旅游产品比作"廊"，那么场地性旅游产品则类似于"基"。

（四）我国红色旅游进展

2004 年年底，中共中央办公厅、国务院办公厅印发的《2004—2010 年全国红色旅游发展规划纲要》（以下简称《纲要》），就发展红色旅游的总体思路、总体布局和主要措施作出明确规定。此举表明国家开始大力发展红色旅游产业。《纲要》明确了发展红色旅游的重大意义，摸清了当前存在的主要问题，提出了今后发展的基本思路，确立了全国发展红色旅游的目标、任务、工作原则以及对策措施，这是党中央、国务院指导全国红色旅游发展的纲领性文件。

近些年，随着我国旅游业的持续快速发展，广大群众对旅游产品和服务的需求越来越广泛，红色旅游受到普遍欢迎，逐渐发展成为影响较大的旅游活动。不少地方党委和政府把发展红色旅游与革命传统教育、老区脱贫致富等结合起来，采取措施，加大投入，注重改进创新，强化服务意识，增强教育基地的吸引力与感染力，使红色旅游呈现出良好发展态势。

首先，教育基地成为旅游热点。每逢重大节庆日、旅游黄金周和学生寒暑假，到教育基地参观游览人数明显增长。2004 年"七一"前后，有 20 架次旅游包机、58 个团队近 10 万人赴井冈山开展社会实践，接受革命传统教育。一些单位还自发组织"重走长征路"、"伟人故里游"、"抗日根据地游"等活动。据初步统计，当年江西、湖南、陕南、重庆等 13 个省市的 150 多个主要红色旅游景区接待人数约 2 000 万人次。2005 年春节期间，红色旅游更是红火，韶山仅在大年初一就迎来 5 000 多人，井冈山每天迎接 4 000 多人，延安共接待中外游客 11 万人次。

其次，革命老区经济发展增添新动力。红色旅游给老区奔小康提供了新的契机。井冈山把红色旅游与绿色旅游相结合，旅游产业对当地财政的贡献率超过 35%。近年来，河北西柏坡通过接待参观旅游者，直接收入达 800 多万元，综合效益 7 500 万元，吸纳就业 3 300 多人。据测算，目前全国各地红色旅游景区每年旅游综合效益约为 200 亿元，并带动建筑、商贸、交通、电信、加工业和农业等关联产业发展，形成"一业兴而百业兴"的良好局面。革命历史文化遗产更加受到重视。不少地方通过发展红色旅游，对革命历史文化遗产的价值有了新的认识，更加重视保护和有效利用红色资源，增加必要的投入。

再次，中国实施的红色旅游战略已经引起国际上的关注，并逐步扩展为一个世界概念而向外延伸。国外的一些城市正在积极参与中国倡导的红色旅游路线，因为中国近现代史上的众多英雄人物在那里生活过。例如法国就借邓小平先生一百年诞辰之际，在这位伟人勤工俭学的蒙日塔市筹划纪念馆，以期吸引更多来自中国的游客。还有，加拿大在中国抗日战争胜利 60 周年之际，推出"除了战火纷飞的中国抗日战场，蒙特利尔是寻找国际主义战士白求恩大夫足迹最好的地方！"的宣传口号。中国有不少学者认为，经过一个多世纪的艰苦奋斗，中国终于开始实现民族复兴。而这一百多年，世界各地都有中国革命先烈寻求救国真理的足迹，因此将中国的红色旅游扩展为一个世界概念并非夸大其词。红色旅游引起世界旅游业的重视，是因为中国正在成为世界经济增长的火车头之一。从《红星照耀中国》到《长征，一个前所未闻的故事》，少数西方知识分子曾对伟大的中国革命充满敬意。随着现代化中国的崛起，中国的这些革命历史将成为世界上越来越多人的心中传奇。

第二节 主题街区项目策划与管理要点

一、主题街区研究评述

主题街区发展的基本理论载体为城市游憩理论。国外关于游憩的研究起步相对较早且较零碎，直至 20 世纪 30 年代才开始对游憩理论进行系统的研究。自 20 世纪 70 年代开始，一些国外学者先后进行了有关城市游憩街区的研究，在中心商务区（CBD）的基础上相继提出了游憩商业区（RBD）、中心旅游区（CTD）、旅游商务区（TBD）等概念。国外针对这些街区所进行的研究多集中在街区的保护与开发、街区的规划设计、街区的选址布局、街区的游客行为、街区的零售业态以及街区的可持续发展等问题，对街区可能对城市旅游所产生的影响方面则鲜有涉及。

国内的研究情况与国外相似，目前也多集中在历史街区、商业街、游憩商业区、中心商务区等方面的研究，只是起步更晚；而专门进行主题街区的研究更是屈指可数。在主题街区已有研究成果方面，黄猛、马勇（2006）研究了主题街区的投资魅力、主流形态和开发策略；黄小春（2006）探讨了对主题街区的认识、其必备要素及创建方法；董观志、徐斌（2006）分析了主题街区的关键要素、定位维度和未来的发展战略趋势，并对主题街区的价值取向、形态类型和演绎路径进行了探讨；吴必虎、张歆梅（2006）在多学科研究的基础上，提出了主题街区的概念及其支撑，探讨了主题街区的综合化和主题化趋向；徐斌（2007）探讨了主题街区的战略选择模式；高洁（2008）基于锦里与文殊坊的比较，进行了主题街区产品体验化设计研究。可见，主题街区研究在我国还处于起步阶段，需要众多学者进一步的深入研究。

二、主题街区项目策划要点

（一）明确主要功能

这是主题街区的核心之所在。一个街区首先是功能，然后是结构，最后是形式，形式要服务于结构，服务于功能。我国许多地方在建设主题街区时，走偏了方向，偏到功能服从结构、结构服从形式，好像文化成了最重要的问题。这与前面内容的主题公园是正好相反的。如果一个老街区改建成主题街区，以怀旧的文化为主题是恰当的，但是不能只在文化上做文章，不断地坚持"修旧如旧"，忽略了作为一个街区的主要功能，忽略了主题街区的商业价值，这就违背了主题街区的宗旨，只会将主题街区建成一个人造的露天"博物馆"。

（二）做好市场定位

根据市场定位来确定街区的功能，再据此进一步研究街区市场定位。一个主题街区在建立的开始必然要考虑好其主要的目标客户群。上海新天地主题街区将目标市场定位在来沪的外国人，因而其主要的功能就是要满足这一特定人群的需要，如喝酒、看节目、购物等。

（三）深化主题项目设计

要深化主题文化一般有三种形式，这也是我国主题街区的基本模式。

第一，挖掘主题文化。我国的主题街区大多是依靠资源性的文化，如老街（上海新天地）、有着悠久历史的购物街（上海南京路）、有名气的小吃街（南京湖南路）、有优美自然环境的休闲街（桂林漓江边上的步行街）等。挖掘主题文化的意义在于形成特色的、唯一的主题。

第二，移植。在大谈建设主题街区的今天，我们注意到更多的街区是将其他地方的成功运作模式移植过来。上海松江有一个英国小镇，风格独特，深受人欢迎，中国人看了觉得非常新鲜、非常独特，别有一番情调。但是，谁都知道这是克隆的，只要市场接受了就行。当然，这种情况下也容易出现问题，例如大家都克隆，就丧失了街区的独特性，主题的吸引力就会大打折扣。

第三，整合。当一个街区原本有很多的元素可以利用时，要体现出主题，还必须将所有的资源进行整合，形成一个有机的整体。如云南丽江大研古镇风景秀美，被誉为高原的"中国威尼斯"，家家门前有流水，户户院中有花香。而其主要居民——纳西族的文化也非常独特。如此，丽江在开发的过程总应该打出哪一个品牌。经过整合，大研古镇美景的名号让给了玉龙雪山，自己的主题定位在纳西文化，并根据不同的客源市场打出不同的宣传口号，经过资源整合，形成了一个独特的主题特色。

（四）开发主题产品

开发主题产品就是要形成组合性的产品，围绕街区的主题文化培育出一条经营链。旅游中的六要素都要围绕街区的主题文化，体现出主题文化。丽江的经营链就做得很好：人们看的是纳西族的建筑，吃的是纳西族的小吃，听的是纳西古乐，买的是纳西族的民族饰品，也可以做一回纳西的新娘——坐在马背上游丽江。由此可见，主题产品是一个主题街区的灵魂所在。

（五）培育主题文化

培育主题文化，最重要的是形式。形式要服务于功能、结构。通过文化形式、文化符号的点缀，形成主题文化的氛围。这种文化氛围应该无处不在，让大家感觉主题极其突出。

（六）开展主题营销

主题街区的营销活动应该丰富多彩。可以请明星助阵，也可以通过节事来体现。比如上海新天地就经常会有一些主题活动，每年的圣诞节和新年就更是热闹非凡。同时还特别能够利用上海的一系列世界性的赛事活动，如F1赛车、网球大师杯等，都会在新天地举办相应的展览，从而也提升了新天地的知名度，两者互利共赢。

三、主题街区项目的管理

（一）设计规划管理

1. 建立开放的规划设计程序

开放性的规划设计程序包括两个方面的内容：一是多方参与性设计，即由于步行街建设涉及的层面多、作用因素复杂，要求从城市设计层面建立一个有众多工程师、科学家、社会学家、政府和市民共同参与的设计组群，参与规划设计；二是设计过程具有反馈机制和独自组织能力，即在设计过程中发现的任何问题，在反馈机制的作用下，都渴望在下一个循环中得到修正，不必每次都从头重复整个设计过程，这就具有传统设计程序明显欠缺的"开放性"和"科学性"特征。

2. 尽快引入与规划管理接轨的城市设计

目前的城市规划中，对主题公园街区的规划设计主要采用二维化平面表达的图册和数量化的控制指标。但是，对于空间形态、空间序列和景观艺术等方面没有具体要求。而城市设计正好弥补了规划的不足，它更注重具体的城市生活环境和人对实际空间体验的评价，侧重于建筑群体的空间布局、开放空间和环境的设计、建筑小品的空间布置和设计等，因此，必须尽快引进城市设计制度。

（二）运营管理

1. "定位招商"管理

主题街区不单纯是房地产开发，而是涉及房地产和商业两个领域，因此，主题街区的实施不是把商铺租出去就可以的。招商不是出租商铺，而是根据前期主题街区的定位，按要求寻找合适的商业。这就是目前一些项目的商业街出现前期策划和后期实施有出入的主要原因之一。主题街区光靠前期策划是不够的，重要的是后期必须有专业的机构对它进行专业的管理。

2. "合理布局"管理

在街区主导项目的布局上，一些主导招商项目应适当集中布置，这样有利于扩大商品覆盖范围，方便购物者对款式、质量和价格进行比较。同时，各种经营主体之间的亲和力是不同的，一些经营项目的商店组成群体有助于加强吸引力；核心微观经营主体对于引导人流起着至关重要的作用，其布局直接影响到旅游主题街区的形态，经营主题的位置需要最先确定。

3."统一运营"管理

运营管理是商业街运营的核心，是商业街收益和物业价值提升的源泉。现代主题街区管理运营的精髓就是要把松散的经营单位和多样的消费形态统一到一个经营主题和信息平台上。不能统一运营管理的商业街项目，会逐渐从"商业管理"蜕变成"物业管理"，直至最终完全丧失自己的商业核心竞争力。统一运营管理包括四个方面的内容：统一招商管理、统一营销管理、统一服务监督管理和统一物流管理。

（三）政策法规管理

主题街区建设的规划管理在实施环节上，不能简单地依赖于法律等行政手段，而是通过行政手段控制和市场调节相结合，充分利用规划法规和管理奖励等途径进行有效的控制与引导。首先要依法进行设计管理控制，因为主题街区的建设需要决策和实施的连续性，需要相对完善的城市建设政策法规的支持，以保障其合法、合理的建设。同时还需要进一步完善城市空间管理的法规政策，以适应时代发展的需要。其次，建立设计管理奖励政策。通过运用奖励机制，允许开发定量指标的适当变更，引导开发商在历史保护、环境美化、公益建设等方面有所作为，使经济开发与公共空间建设和历史建筑与环境保护更好地结合起来，从而提高街区的空间环境质量。主要方法有：容积率补偿法、减免税法、发展权转移法、开放空间奖励法等。

（四）融资建设管理

1. 建立多渠道的资金筹集方式

随着经济的发展和市场经济体制的逐步建立，我国的城市建设投资方式一改过去计划经济时代政府投资的方式，出现了多种建设投资形式。主题街区因其在城市建设中的特殊地位而有其特有的资金筹集形式，主要方式有：政府投资、引导企业和民间投资、有偿出让附属设施经营使用权、实行土地的有偿转让、利用税收等。通过多元化投资方式，既可以减轻国家对城市建设投资的压力，保障建设目标的实现，又可避免以前政府投资无期限扩大、资金浪费和工程长期不收尾等问题。

2. 专业化的建设管理

主题街区建设的管理，除了涉及设计管理、决策管理、施工管理外，建成后的使用维护管理业是工程建设的重要环节，需要成立专门的管理机构，负责建成后的日常管理及街道设施维护，只有通过高质量、高效率的管理，才能保证主题街区整体环境的良好形象，促进城市的经济繁荣。主题街区的建设管理可以采取以下措施：①组建专门的管理机构，从而避免由于多头管理造成管理责任不清的混乱和各自为政的局面；②引入市场机制，通过建立主题街区的使用与商业、服务业的有机联系，充分调动管理者的积极性。

【案例 17 -1】

天津"五大道"主题街区旅游开发对策①

一、天津"五大道"街区的发展现状及其意义

天津五大道街区形成于 19 世纪 60 年代，包括和平区南京路、成都道、西安道、岳阳道、桂林路、西康路、马场道围合的范围，原为旧中国英租界地，共有 22 条道路，总长度为 17 千米，面积为 141.4 万平方米。至今完整保存有 20 世纪初设计建造的欧洲不同建筑风格的小洋楼近 2 000 幢，被誉为"万国建筑博览会"。2003 年，五大道风情区被评为"津门新十景"之一，成为展示天津城市魅力的重要人文旅游风景区。2008 年，和平区通过协调，使重庆道 55 号原庆王府、大理道 66 号润园等 10 余处名人旧居现驻单位同意作为旅游参观点有条件对外开放。2010 年 4 月 10 日，国家文物局公布了"中国历史文化名街"初评入围名单，天津五大道从参评的全国 24 个省、市、自治区的 200 余条历史名街中脱颖而出，成为 15 条入围的历史文化名街之一。目前，该区域文化旅游基础设施建设初具规模，宣传推广开始起步，作为天津市重要的城市名片之一，社会影响进一步扩大。

天津是我国北方的经济中心和沿海开放城市，同时也是一座资源丰富、内涵深厚的旅游城市。近年来，天津的旅游业进入了一个快速健康发展的阶段，"渤海明珠、魅力天津"的旅游新形象日趋鲜明，精心打造的"近代中国看天津"文化旅游核心品牌也取得了一定的进展。五大道地区作为"近代中国看天津"的 12 个主题板块之一，其发展意义主要有以下两个方面。

（一）体现文化特色，塑造城市名片

天津五大道街区共有文物建筑 97 处，其中，天津市文物保护单位 12 处，和平区文物保护单位 30 处，已公示不可移动文物 55 处。五大道街区形成初期，处于英国租界区范围，各国建筑设计师先后于这里建造了西方不同建筑风格的花园式房屋。这里的小洋楼别具特色，道路幽深宁静，名人故居云集，历史积淀丰厚悠长，异国情调浓郁醇厚，是历史建筑的"万国博览会"。如今，"五大道"已成为天津异国风情区的代表，更是"天津小洋楼"的代名词。

---

① 王庆生，刘涛，刘文蕾. 天津"五大道"主题街区旅游开发对策 [J]. 当代旅游，2012 (4)：104-106.

（二）提升区域价值，带动经济发展

随着五大道地区旅游和商业的繁荣，必将带来大量的人流、物流和资金流，从而能够吸引更多要素的积聚，区域配套设施也随之逐步完善。将五大道地区打造成为具有标志意义的都市旅游街区，不仅可以提高五大道地区本身的品位和人气，提升其区域价值，同时也可以带动其周边区域的经济发展，为天津市旅游业及现代服务业提升作出新的贡献。

二、"五大道"街区旅游开发的条件分析

（一）优势条件

1. 近代历史文化主题突出

主题是主题街区的核心部分。五大道地区汇集了天津近代小洋楼的精华，是天津近代历史文化的缩影，其突出的近代历史文化主题，为五大道地区转变成为一个文化型主题街区集群建立了核心轴，也便于今后五大道地区的营销和宣传推广。

2. 基础设施较为完善

首先，五大道在30处名人旧居设置了语音导览器，可以为游客提供自动讲解服务；其次，建设了五大道游客服务中心，可以为游客提供咨询服务；再次，开通了五大道观光马车、电瓶车项目，提供单人自行车、多人自行车的租赁业务，为游客提供全方位的旅游交通服务。而且，五大道地区近年来已经吸引到众多的餐饮、茶楼、酒吧等进驻，为游客提供餐饮休闲服务。

3. 相关旅游主题活动初具规模

五大道地区目前已连续成功举办了六届五大道旅游节，既有热情奔放的中外演员参与的盛大花车巡游活动，又有凝聚近代人文底蕴的五大道老照片展以及青年视觉——当代大学生眼中的小洋楼摄影展；既有五大道旅游节纪念封首发式，又有欧美经典老影片展映活动等。这些街区活动成功吸引了大量游客前来参与，为海内外游客提供了丰富的精神盛宴。

4. 相关政策环境支持

目前，天津市确立了以"都市观光、休闲度假、商务会展"三大旅游体系建设为支撑的旅游业发展思路，并着力打造"近代中国看天津"的核心旅游品牌，正在形成以天津近代历史文化为脉络，反映近代天津政治、经济、金融、文化、建筑、国际交往等重大历史事件的标志性景观和旅游聚集区。其中，包括五大道在内的一些主题街区都将成为天津都市观光旅游的标志性集聚区。

2005年3月五大道被列入天津市政府十二大文化旅游板块之一，冠名为欧陆风韵五大道风情区旅游板块。目前，市政府正在进一步制定规划，要将五大道地区建设成为集现代化高档商务区、高档商住区、高档文化旅游休闲区为一体的人文景观风情区。

（二）不利条件

1. 管理难度大

目前五大道区域内的风貌建筑置换、更换牌匾等工作由市风貌办直接管理，和平区相关部门只负责道路清洁、协助腾迁等工作，在旅游板块的开发上没有发言权，很难参与具体运作。另外，五大道作为天津市都市旅游的标志性景区，只有一个规模300余平方米的五大道游客服务中心，很难形成集吃、住、行、游、购、娱为一体的综合性旅游服务设施。同时，由于要价过高，很多房屋、设施处于闲置状态，未得到充分利用。

2. 商业运作存在问题

由于五大道产权涉及工厂、私人、宗教等多方面，综合管理存在一定难度，导致目前五大道区域商业经营业态问题难以解决。主要问题是餐饮多，住宿少，游客消费水平不高。已进驻的众多西餐厅、茶楼、酒吧等，也缺少文化氛围，降低了五大道的整体形象和内含价值。

3. 区域交通拥挤，缺乏标识

几经历史变迁，五大道地区现已是居住、办公、文教、商业、体育等功能混杂的区域，区域内22条道路均为20世纪20年代设计的居住区道路，目前已成为穿越城市的干道或次干道，加之区域内20余处中小学及幼儿园，致使每天早晚高峰交通荷载量大，道路极其拥挤。同时，五大道仅在周边路口设有指示牌，而在高速出口、火车站等主要路段均未设置交通指示牌，外地游客很难进入。加上五大道内道路繁多，公交站点名称设置不统一，使得很多游客难以确认是否已经进入五大道区域。这些问题对今后都市旅游街区的开发、改造极为不利。

4. 宣传滞后

受天津市风貌建筑管理条例的约束，五大道内众多风貌建筑和名人名居前的导游说明牌已被拆除，难以向游客尤其是散客进行宣传介绍。同时，五大道旅游节由于资金问题，规模较小，未形成氛围，知名度和影响效果不理想。

三、打造五大道地区成为标志性都市旅游街区的对策

（一）引进大型集团参与投资

针对五大道地区开发管理方面存在较大难度这一问题，可以效仿上海"新天地"的做法，考虑引进大型旅游投资集团进行投资，成为五大道的投资主体。因为，投资主体是主题街区开发的重要利益相关者之一，投资主体决定主题街区的资金来源保证，以进一步保证主题街区开发的顺利进行和其可持续发展。投资主体主要承担五大道区域内店面的招商引资、物业管理和大型主题性休闲活动策划等任务。投资主体可以多元化，但必须保证其开发实力足够雄厚。

（二）围绕主题开发相关主题产品

五大道地区以其深厚的近代历史文化为主题，但在产品经营业态方面却较为混乱，

与主题难以协调，区域内众多西餐厅、茶楼、酒吧等也缺少相关的文化氛围。建议政府积极稳妥地进行聚客锚地的腾迁和建设，解决该区域产权问题，以便进行业态上的统一管理。建议有关部门出台相应的引导、扶持政策，鼓励已有的餐饮企业进行主题文化与经营业态的结合，营造文化氛围。另外，建议吸纳与主题相关的一些旅游纪念品、手工艺品等小商业入驻，使得街区内的方方面面都能体现出其主题文化，增加游客的兴趣。

（三）改善场景环境

场景是主题街区的构景基础，是主题街区主题氛围的载体和物质表现形态，场景环境应营造出场景感、标识感、气质感、安全感和亲切感。因此，五大道应该针对区域内交通拥挤、标识性不强等一些问题，采取相应针对措施，改善其场景环境问题。例如，开辟专门的步行街区，分散交通客流，营造出符合休闲参观的街区氛围；在高速公路出口、火车站、飞机场等主要路段设置交通指示牌，统一公交站点名称，在五大道内设置游客服务中心的指示牌等，方便外地游客进入和参观。

（四）开展主题营销

主题街区的营销活动应该丰富多彩。虽然目前五大道的相关街区活动已经初具规模，但由于资金较少等一些问题，知名度和影响不甚理想。可以多策划一些相关节事活动，邀请一些相关名人助阵，以进一步激发游客的参与热情，提升五大道主题街区的知名度和影响力。同时，加快拟定中的以历史题材为内容的电视连续剧《五大道风云》的制作，积极发挥影视作品的宣传带动作用。

（五）确立五大道"一日游"天津都市旅游品牌

京津高铁的开通为天津撬动了一个庞大的一日游客源市场。建议以在五大道小洋楼里居住过的名人旅游资源、个人收藏、小型博物馆等业态为特色，以主题节庆活动为载体，开辟与天津意式风情区、1902 欧式风情街（开封道）、古文化街等联动运营的一日游中心城区都市旅游集群，从而使五大道都市旅游街区的开发融入天津市都市旅游产品板块，并凸显该区独特的"明星"效应，推动其"都市名片"的具象化，体现"窗口"地位。

都市旅游街区作为一种新型都市旅游资源，在城市中的形象地位和商业地位日益突出，甚至成为所在城市对外宣称的窗口和名片，在城市旅游中发挥着越来越重要的作用。天津五大道地区由于主题较为突出、基础设施较为完善，加上相关政策的支持，具备了发展成为天津市标志性都市旅游街区的良好条件。该区域的旅游开发将为天津国际旅游目的地建设起到重要的促进作用。

【思考与讨论】

天津五大道主题街区旅游开发的主要瓶颈是什么？如何解决？

第三节　主题公园项目策划与管理要点

一、世界主题公园的发展

传统意义上的"主题公园"起源于欧洲，它的形成最早可以追溯至古希腊、罗马时代的集市杂耍。1952 年一对荷兰夫妇为了纪念在第二次世界大战中失去的孩子，在荷兰建设了"马德罗丹"微缩模型城，作为献给荷兰儿童的一件礼物。城内汇集了荷兰 120 多座著名的建筑和名胜古迹。该小人国是世界上第一个微缩景观型旅游主题公园。

但是学术界普遍认为，主题公园的真正起点是 1955 年在美国加利福尼亚州诞生的迪士尼乐园，标志着世界上第一个具有现代意义的主题公园的诞生，并由此开始了世界性的主题乐园发展历史。美国迪士尼乐园以其丰富的主题，运用现代科学技术，为游客营造出一个充满梦幻、奇特、惊险刺激的世界，取得了成功并带来了良好的示范效应，使主题公园这一游乐形式在世界各地得以普及推广。1971 年 10 月，位于佛罗里达州的奥兰多迪士尼世界开门纳客，这个耗资 6 亿美元的主题公园架构了六大主题：奇幻王国（Magic Kingdom）、拓荒地（Frontier Land）、探险地（Adventure Land）、自由广场（Liberty Square）、明日世界（Tomorrow Land）、美国大街（Main Street，U.S.A）。迪士尼世界的建造匠心独具，每个主题园区都通过特定的情节、角色、背景构成特定的情景氛围，场面气势宏大，场景逼真诱人，而且采用激光、电子高科技来创造效果，每年吸引的外国旅游者数量接近全美国接待总数的 15%，成为了首屈一指的全球"主题公园之都"。到 1990 年，美国已有大型旅游主题公园 40 多个，中型主题公园 50 个以上；到 2000 年，美国主题公园的游客量达到了 22 600 万人次；2001 年，世界十大游客最多的主题公园中美国占有五席，美国以接近 70 亿美元的年收入和近 50%的市场份额成为全球主题公园业的领导者。

美国主题公园业经过了约 30 年的发展，在 20 世纪 80 年代已成熟，市场趋近饱和。于是，开始了以迪士尼公司为先导、环球影城等紧随其后的海外扩张活动。1983 年 4 月，日本东京迪士尼乐园开幕，取得了轰动性的成功，迅速而剧烈地改变了日本休闲娱乐市场。1992 年 4 月，迪士尼乐园登陆欧洲，法国巴黎的"欧洲迪士尼乐园"建成开业，极大地推动了欧洲主题公园的发展。可以说，欧洲和亚洲的主题公园是在迪士尼主题公园的影响和带动下发展起来的，从 20 世纪 90 年代开始是欧洲主题公园的成长时期，主要集中在德国、法国和英国，并向南扩展到西班牙、意大利、土耳其和希腊。1996 年，德国的"欧洲乐园"、"梦幻乐园"，英国的"小伦敦城"、"乐高乐园"，法国的"法国小人国"等 51 个大型旅游主题公园和 45 个中等规模旅游主题公园，接待游客 7 200 万人次，营业额达 15 亿美元。到 1998 年，欧洲主题公园接待了 7 000 万游客，收入 15 亿美元，从收入来说，是同期美国主题公园的 1/3。在亚洲，新加坡建设投资了圣淘沙旅游主题公园、鳄鱼公园和世界上最大的飞禽公园。韩国相继建造了"雕塑公园"、"爱宝乐园"等十多个主题公园。1977 年建成开园的香港海洋公园是东南亚最大的游乐园和水族馆之一。进入 20 世纪 80 年代，亚洲成为主题公园发展最为活跃的地区之一。2000 年，亚洲主题公园的游客总数达到 1.88 亿人次，收入达 44 亿美元。日本是目前亚洲最大的市场，其市场已近成熟。韩国和中国香港是亚洲主题公园的生力军。2005 年中国香港迪士尼乐园建成开放，是继美国加利福尼亚、佛罗里达、日本东京和欧洲巴黎之后世界上第五个迪士尼乐园，开业之初便获得了巨大成功，这对中国乃至世界主题公园的发展具有极大的促进作用。

二、中国内地主题公园的发展

从全球主题公园业发展的眼光来看，中国主题公园尚处于一个探索时期，还有待发展。纵观从 20 世纪 80 年代初以来 20 来年的发展历程，中国主题公园的发展可以分为三个阶段：第一阶段是萌芽阶段，其代表是游乐场的引进；第二阶段是发展阶段，主要标志是第一个主题公园锦绣中华的建成开业；第三个阶段是充实阶段。在经过探索之后，将迎来中国主题公园的高速发展时期。

（一）萌芽阶段

中国主题公园的发展是改革开放的必然产物。20 世纪 80 年代初，随着科学技术的引进，国外的生活娱乐方式也随之进入中国改革开放的前沿地带。广东中山的长江乐园、深圳的深圳湾游乐场和香蜜湖中国娱乐城、广州的东方乐园、上海的锦江乐园等，就是这个时期建造的。这些游乐场由一些从国外引进的、简易的乘骑，如过山车、碰碰车、旋转木马、摩天轮等组成，与欧美早期的娱乐园概念是一致的。游乐场在风靡了几年之后，便开始沉寂下来，大部分的命运便是收缩乃至拆毁。中国现有数百个左右的娱乐园，年游客量约为 100 万人次。在游乐园第一次将经营性公园的概念引进中国之前，我国的公园仅是非营利性的市政公园。

（二）发展阶段

在我国，第一个真正意义的大型主题公园是 1989 年开业的深圳锦绣中华微缩景区。得益于荷兰"马德罗丹"小人国的启示，锦绣中华将中国的名山大川和人文古迹以微缩模型的方式展现出来，令游客眼前一亮，取得了轰动性的成功，开业一年就接待了超过 300 万名的游客。不仅如此，锦绣中华的投资仅用一年的时间就全部收回。

主题公园良好的经济效益和社会效益起到了强烈的示范作用，引致了 20 世纪 90 年代初主题公园的投资热潮。据不完全统计，在 1990—1994 年间，全国建起了约 2 500 个主题公园，投资金额达 3 000 多亿元。这些公园 70％亏损，20％持平，仅有 10％营利。大规模的主题公园投资浪潮带给人们更多的是教训：许多公园并没有带来预期的经济效益，长期处于亏损状态，只能停业或关闭。中国主题公园的发展同任何新生事物一样，一度陷入了困境。

（三）充实阶段

经过了市场优胜劣汰的无情考验，中国主题公园的发展渐趋理性化。特色、品质和创新构成了主题公园发展的基调。目前中国的主题公园与世界主题公园相比，基本还是处于一个"散、弱、小"的状态，主要集中于三个区域：珠江三角洲、长江三角洲和京津地区。珠江三角洲是我国主题公园发展最早的地区，这里的主题公园无论从规模、数量、质量还是从经营状况来说，都比较领先。深圳华侨城旅游度假区的锦绣中华、中国民俗文化村、世界之窗、欢乐谷，珠海的圆明新园，广州的香江野生动物园和长隆夜间野生动物园等一批较好的公园，代表了中国主题公园的发展水平。

于 2013 年 5 月开园的天津华侨城欢乐谷主题公园，是继深圳、北京、成都、上海、武汉五个欢乐谷后的第六个欢乐谷，位于天津东丽湖温泉度假旅游区，作为华侨城项目的一期工程，总占地面积 35 万平方米，总投资规模 27 亿元，由陆地公园、水公园以及文化演艺中心三大部分组成。结合北方气候特点，欢乐谷设计为半封闭开合式，全年对外开放。天津欢乐谷的建成运营也预示着我国主题公园开发的规模化、集团化、人性化特点。

三、我国内地主题公园存在的问题与发展趋势

（一）中国内地主题公园存在的问题

（1）规划设计与经营管理脱节。主题公园规划设计之初，没有将经营班子纳入公园筹建班子，造成许多公园经营管理方面不相适应的问题，开业后逐渐凸显出来。

（2）主题公园规划设计时的硬件与软件投入的比例不当。当前中国主题公园的建设仍然是以硬件投入为主，软件的投入，如市场调研、经济可行性分析、专业咨询等方面的投入比例仍显很小，观念方面还需要进一步开放。

（3）门票收入在整体收入中所占比例过大。国外主题公园的门票收入在整体收入中占 50％～60％，餐饮和商品占 30％左右。而我国主题公园门票收入占整体收入的八成以上，餐饮和商品经营的观念建筑在一种垄断的高价位基础之上，收益占比很低。

（4）经营模式单一，综合收益低。我国的主题公园很少像国外那样经营度假胜地，除了公园以外还有酒店、度假营地、购物中心、娱乐中心等设施。国外主题公园研究者发现，住亲戚朋友家的旅游者，其消费仅是住酒店的旅游者的 20％，这从一个侧面反

映了旅游者的花费是一种综合消费。中国主题公园由于经营模式单一，综合收益也相应较低。

（5）主题公园的发展仍延续了传统的观念，资本经营程度较低。美国主题公园经过近四十年的发展，其命运基本上掌握在几个大集团手中，如迪士尼、时代华纳、派拉蒙、布奇、环球影城等。六大公园几经易主，最后落入时代华纳手中。而我国的主题公园基本上还是采取谁投资建设谁经营管理的模式，资产的流动性较差，资本经营还处于一个较低的层面，仅仅限于上市募集资金。

（二）中国内地主题公园在新时期的发展趋势

尽管我国的主题公园存在着诸多问题，但是在新时期，主题公园的经营管理已经逐渐走上市场化和专业化的正轨。

（1）经营观念和方式的转变，从供给导向型转向需求导向型。市场营销观念的引入改变了过去"建了公园，等客上门"的状况，经营者开始研究市场需求，有效地填补市场空白。

（2）管理水平有了极大的改善。标准化的引进为主题公园的服务规范化管理奠定了基础，提升了中国主题公园的整体服务水平。锦绣中华开创的中国主题公园质量标准认证体系、国家旅游局颁布的 4A 景区标准，从功能、服务设施的配备和完善程度以及服务管理等方面给主题公园定了性。

（3）注重品牌的塑造和拓展。品牌是主题公园最大的无形资产，品牌可以增强景区的吸引力从而提升游客量，这已是主题公园经营者的共识。深圳华侨城品牌的拓展就是成功的例证。

（4）创新成为发展的主流。创新包括观念创新、产品创新、营销手段的创新、经营模式的创新等，其中以观念创新最为显著。在主题公园业内普遍实施以游客服务为中心的客户战略，改变了传统的游客与服务者关系的角色定位，更加符合经济和时代的要求。

（5）主题概念的广泛化、深入化。继主题公园之后，主题的概念已深入整个旅游业，主题商店、主题餐厅、主题酒店、主题酒吧、主题社区不断涌现，为旅游业注入了生机勃勃的活力。主题的内涵扩大化，不仅只限于表现人类文明文化的自然科学和社会科学，还包括表现各种生活场景的怀旧文化。

（6）与房地产的联动发展。主题公园巨大的带动作用，可令其周边的房地产升值，已是行内的共识。主题公园的经营者已开始涉足房地产业或者两者联手发展，在主题公园的周边建设酒店和房地产，收取关联收益，提高边际效益。

（7）主题公园咨询服务业的兴起。随着专业化经营程度的提高，竞争的加剧，对主题公园经营管理专业知识的需求在增加，主题公园咨询服务业应运而生。

四、新时期主题公园策划要点

（一）从主题模仿到主题创新的发展

在主题公园对文化的挖掘和把握上，坚持主题要"经得起历史检验、经得起市场检验、经得起文化检验"的原则，千锤百炼、精益求精。中国主题公园的主题创意，就是把中国文明史上对世界发展最具影响力的科学技术的精华提炼出来，用现代主题公园的形式加以表现，展现其独特的魅力。

（二）从强调娱乐功能到突出教育功能的转换

主题公园从强调娱乐功能到突出教育功能的转换是伴随着现代人的求知欲望的高涨而产生的。纯粹的娱乐已经不能满足游客的需求，游客希望能在娱乐和实践中增长见识，主题公园能使游客的这种需求成为现实。

（三）与衍生产业联动发展

由于主题公园的商业性特征，为了追求更多的利益，产业融合是其发展的趋势。今后的主题公园将不仅仅属于旅游业，它还涉及体育、影视传媒、会展、餐饮、零售、房地产、高科技等多个行业。也只有实行多产业联动、多产业开发，企业才能实现利益最大化。

（四）注重市场、培育可持续发展的空间

主题公园的发展具有周期性，不断发掘主题、更新产品使之能长期吸引游客是主题公园成功经营的关键。因此必须适时根据市场的变化需求调整主题公园的活动项目和经营策略，使主题公园能长期保持活力和竞争力，培育可持续的发展空间。

（五）不断丰富内涵

随着国内游客旅游经验的不断积累，出游行为选择的多元化和旅游消费支出的日趋理性化，推动中国主题公园发展逐步走向成熟，并驱使主题公园内涵的体现由单一性走向复合性、由浅层性走向深层性、由区域性走向国际性。在这一发展趋势导向下，主题公园活动项目的内容除了要求具有比较直观的文化含量和娱乐含量的同时，还需要大幅度增强高层次的知识含量、科技含量和精神含量。

（六）技术配置向高、精、尖递进

近年来，主题公园设计建设的等级、项目配置的标准都发生了相应的变化，科技含

量逐年增高。20世纪90年代以来，主题公园以声、光、电为标志的第一代技术手段逐步退出历史舞台，让位于一些富有较高技术含量的第二代娱乐活动项目（如欢乐谷二期活动项目在严格意义上讲是这些技术手段的延伸）。以高、精、尖技术为特征的第三代技术手段随着上海科技馆的建成并产生的极大的市场轰动效应，被广泛应用于主题性的科普娱乐活动中去。顺应世界文化发展潮流的业态创新、运用现代高科技手段的文化产业创新，是未来中国主题公园发展的一个趋势。

【案例 17-2】

迪士尼乐园主题公园选址与策划要点简析[①]

1955年沃尔特·迪士尼在洛杉矶建成世界上第一座迪士尼乐园，这是真正意义上的第一座主题公园。1971年，在美国的奥兰多迪士尼世界开张，它是全球最大的主题游乐园。1983年日本东京迪士尼乐园开业，1992年巴黎"欧洲迪士尼乐园"建成，到2005年我国香港迪士尼乐园建成开放，成为世界上第五个迪士尼乐园。迪士尼作为现代美国文化的"形象大使"，传播到世界各地，把娱乐这个人类共同的生活需求变成了一个形象生动、内容丰富的活力载体，获取了全世界的认同和赞誉。因此，无论其落户于哪里，都能在当地制造起一股以迪士尼童话为主题的旅游旋风，并能带动其他相关行业的发展，进而能推动整个地区经济的发展。

一、成功的选址

迪士尼选址的五个城市都是世界经济较发达的地区，无论在交通、环境、经济还是气候等方面都有利于旅游业的发展，且城市有大量固定游客和流动人群，这成为客源市场的有力保证。

（一）市场容量

从客源市场角度分析，庞大的人口规模将为大型主题公园提供充足的客源，这成为公园日后经营成功的首要前提和基本保证。据美国华盛顿的城市土地研究所研究，一个大型主题公园的一级客源市场（80千米或1小时汽车距离内）至少需要有200万人口，二级客源市场（240千米或3小时汽车距离内）也要有200万人口以上，之外的三级客源市场虽也很有帮助，但是不能过分依赖。因此，迪士尼公园的选址也都是向人口庞大的国际都市靠拢。例如东京拥有1 200万人口（以东京为核心，500千米或1 000千米半径），而来自东南亚其他各国的流动人口规模更加庞大。

---

① 王庆生，张丹. 中美城市主题公园营销模式初探：以美国迪士尼乐园和深圳华侨城为例 [J]. 中州大学学报，2009（10）：13-17.

（二）交通状况

从交通运输条件来看，完善的交通设备配置，可扩大主题公园的可进入性。大型主题公园所在区域必须有良好的城市对外公共交通，即可进入性好，主要以机场的吞吐量及火车、交通运输量为衡量标准，各类交通工具的舒适度也在考虑之列。良好的对外交通是吸引流动人口的必备条件，也会给游客以较短的感知距离。另外在对内交通上，位于城市边缘部位的大型主题公园必须与市中心有直接、便利的公共交通系统相连，否则将直接影响公园效益。迪士尼主题公园基本上以高速公路、地铁、高速铁路等交通设施与市区联系。东京迪士尼乐园位于市郊，良好的公路系统及轨道系统将优化主题公园的交通条件；东京机场方便的进出口航班为东南亚游客提供了便利；东京迪士尼乐园有地铁直通东京市中心，仅需 16 分钟即可到达银座，从市中心自驾车经首都 9 号高速公路和湾岸线仅需 20 分钟就能够到达。同样，巴黎迪士尼乐园在修建时，巴黎市政府就已经把地铁修到了乐园门口，从伦敦、法兰克福乘高速铁路到巴黎的欧洲迪士尼乐园路程不超过 3 小时。

（三）当地经济水平和消费能力

迪士尼乐园在定价时将自身品牌、经营成本和市场定位考虑在内，一般定价较高。同时迪士尼乐园的收入来源除了门票收入之外，购物、餐饮、住宿等产业链上的消费更是不容忽视，因此必须充分考虑当地经济水平和消费能力。纵观迪士尼乐园选址的五座城市，洛杉矶、奥兰多、东京、巴黎和我国香港，均是人均 GDP 较高、人口超过或接近千万的世界级大城市、大都会，其居民消费能力之强，在世界上名列前茅。另外，美国人口 2.3 亿，欧洲人口超过 3 亿，日本有 1.1 亿，我国香港虽然只有 680 万人口，但有深圳、珠海、澳门形成的千万人的"大香港"，以及 14 亿中国人的大后方。日本东京迪士尼乐园经营的成功，原因之一就是 20 世纪 80 年代日本经济的腾飞，1984 年人均GDP 已突破 10 000 美元，日本人有足够的可支配收入用于闲暇消费，而且，在东京迪士尼乐园中，其节目所用语言均是日语，亦可见一斑了。

（四）气候条件

地理气候条件对主题公园的影响很大，南方地区四季均适宜旅游，只是夏季炎热；而北方地区四季分明，寒冷的冬季基本不适于旅游，会导致主题公园营业收入大为减少。同时，迪士尼乐园的大多数活动都在室外进行，气候条件会影响到户外娱乐活动的开展，影响到乐园游客的体验效果和乐园的运营时间，还会影响到乐园设施的配置和维修费用。如奥兰多市经济发达，全年风和日丽，四季都适合旅游，而且旅游者只需半天路程即可到达南面的西棕榈滩和迈阿密海滨。这样迪士尼与周边的旅游资源组合成旅游产品链，对游客量的增加起到了极大的促进作用。全球第一座迪士尼乐园选址在四季如春的洛杉矶，也是优先考虑了当地良好的气候条件。

（五）区域旅游业开放程度

迪士尼乐园在东京、巴黎和我国香港投资经营，必然会受到当地政治、经济和社会环境的影响，政策的包容性、社会的开放性和区域旅游业的发达程度都会对其稳定运营产生影响。就迪士尼乐园的经验来看，最终选取香港作为其在全球的第五个乐园，也是考虑到香港经营环境优越。香港具备更佳的旅游资源，港元在国际自由兑换，解决了迪士尼收益的汇率问题。区域旅游业发达，表明当地具有相对完善的旅游配套设施和较为成熟的旅游环境，具备较为广阔的旅游市场，这都是迪士尼乐园良好运营不可缺少的因素。东京和我国香港无疑都具备这个条件：20 世纪 70 年代日本完成工业化，产业结构发生了重大调整，旅游业在此期间飞速发展，进入 21 世纪后，日本又提出了观光立国的战略；我国香港被称为购物天堂，每年吸引大量旅游者前去购物观光。

二、主题独特，表现方法多样

主题策划包括市场调研和可行性分析，完善科学的主题策划是主题公园运营成功的前提。主题独特性包括两个方面：一方面是利用现有素材，如迪士尼乐园的题材基础很多都来自于卖座的影像和卡通形象，由于具有版权，也就形成了自己独特的主题风格；另一方面是充分发挥想象力，将自己的主题色彩与其他主题公园分开来。例如迪士尼虽然在娱乐项目的设置上与环球影城有很多相似之处，但却努力使自己的整体风格与后者不同，迪士尼乐园的主题带有明显的童话和科幻色彩。由于在创建第一座迪士尼乐园之前，沃尔特·迪士尼主攻卡通漫画，创造了"米老鼠"、"唐老鸭"、"睡美人"、"101 忠狗"等经典卡通形象，所以它们就成了主题乐园的主角，而乐园的主题也就定格为梦想成真、童心不泯的迪士尼童话世界，"在个人的心中建构一个美丽的精神花园"成为其从初创到如今一直坚守的信念。香港迪士尼的冒险岛，大部分主题创意来自于迪士尼投资的卡通电影《泰山》。在这些灵魂般的精神指导下，一个又一个的欢乐主题不断地被推出。迪士尼乐园的策划与建造全部围绕着这些主题展开，米奇老鼠的简化头像变成迪士尼卡通形象的标志，园内几乎随处可见：指示牌、餐具、卫生间镜子和垃圾桶……除了这些静物，卡通片里的形象"米奇"、"白雪公主"、"唐老鸭"等也"活生生"地出现在迪士尼乐园里。它们都经过了严格培训，神态和动作无不惟妙惟肖、栩栩如生。除了迪士尼乐园规定时间内的大型表演，这些活的"卡通人物"们还时时趁人不备大搞"恶作剧"，串起迪士尼乐园一片片发自肺腑的欢声笑语。

三、市场定位宽泛

无论市场定位还是产品定位，迪士尼可以说是最宽泛的也是全方位的。全世界所有年龄段的人都来迪士尼游乐，可谓是全球皆爱、老少皆宜。按照市场营销的一般原理，任何企业及其产品都有相应的细分市场，而迪士尼却反其道而行之，打造了一个没有市场细分的最广阔的大众娱乐产品。迪士尼把众家之长的节目兼收并蓄，有惊险刺激的，也有舒缓悠然的；有观赏的，也有参与的；有户外的，也有室内的；有步行的，也有乘坐车、船和特种运载工具的；有小孩娱乐的，也有大人增长见识的……一经融合就成了一个综合性的大乐园，从而提高了乐园娱乐的整体品位和选择性。美国洛杉矶迪士尼乐园，其配套的娱乐项目就有 57 个之多，令人玩起来乐不思蜀，尽兴至极。再配上表演的节目、绚丽的焰火，令游人如痴如醉。奥兰多迪士尼世界的魔幻王国也有 46 个大型的活动项目，游客各得其所，兴趣爱好都能得到满足。

四、突出体验价值

以服务为舞台，以商品为道具，与时俱进的围绕消费者传造出值得消费者回忆的体验生活方式，这是迪士尼现代消费生活的一种心理诉求。迪士尼的体验价值主要表现在以下四个方面。

（1）展示体验：通过店面、橱窗、产品陈列、店铺氛围灯调动兴奋点，抓住消费者的情绪来达到经营业绩。

（2）服务体验：本着深入人心的策略，不断创造品牌活力，追求卓越业绩。如通过婴儿护理、笑容服务等，使得客人们放松、再放松，当达到一种忘我的状态时，就有了宾至如归的感觉。

（3）互动体验：使原来的售后服务变为现在的终身超值服务，在整个体验营销过程中，实现自身与顾客的信息交流与互动。

（4）质量体验：迪士尼对产品质量的一贯坚持才使得它至今依然风采依旧。如当其他卡通公司的卡通片每秒钟用 6～8 张画面时，迪士尼仍坚持提供每秒 24 幅画面的卡通片。

如奥兰多迪士尼世界拥有最新电动游乐设施，并有一个充满西部风格的冒险性的大雪山飞车供游客体验探险刺激的游乐活动。游客们坐上一列豪华的游览火车，穿越西部荒原，冲过神秘的洞穴，沿途经过 19 世纪的淘金小镇，进入金矿隧道，地震及山崩接踵而至，游客惊魂未定，间歇中泉水向高空喷出水汽，场面非常壮观。参与项目可以自娱自唱，也可以与演员公演同乐，气氛十分热烈。

五、注重项目的不断创新

迪士尼在项目创新上有几点值得借鉴。一是在发展依托上，尽量用别人的钱来发展自己。迪士尼乐园为解决资金问题，早在 1960 年就游说福特汽车公司、奇异电器公司和百事可乐公司，使其投资乐园建设有创意的娱乐项目。二是在赢利模式上，优化经营结构、降低门票比重，增强招揽力。三是强化主体公园的文化主题，在发展模式上常变常新。旅游景区不仅是旅游观光景点，更是一座生产精品文化的工厂，成功的主题公园在其内容和游乐方式上都会不断挖掘创新。迪士尼长盛不衰的原因就在于它从初创到如今一直坚持为人类构建一个美丽的精神花园，于是一个又一个的欢乐主题不断被推出。东京迪士尼遵循沃尔特·迪士尼的理念，是"永远未完成的乐园"。在成立初期投入 1800 亿日元，此后每年持续投注 100 亿日元，用于增设新的游乐设施及表演活动，让园内永远充满新鲜活力，并且每年推出数次不同主题的大规模活动来吸引"重复游客"。

六、高科技的应用

迪士尼项目的成功是与现代高新科技的应用分不开的。可以说，迪士尼项目的不断更新和增加，依靠的就是高新科技，迪士尼与时俱进的游乐项目也是科技应用于娱乐市场的一部精彩的历史画。喜新厌旧是人们对娱乐产品的一大需求特征，迪士尼乐园的很多项目都是融激光、电子、数字、航天等各种最先进的科技来创造情景气氛和娱乐效果的，其场面之宏大、场景之逼真，令人叹为观止。如奥兰多未来世界包括"未来世界"和"世界陈列馆"，"未来世界"中有通信、能源、交通、农业和未来设想等6个主馆。能源馆顶部的8万个阻挡层光电池是世界上最大的日光收集器。在农业馆中，人们还可以看到一座模拟外层空间条件来种植农作物的实验室。"世界陈列馆"更为有趣，这里有中国的天坛、埃及的金字塔、意大利的宫殿、日本的神社、巴黎的埃菲尔铁塔，这些均采用现代精湛的工程技术建造，精细华丽。米高梅乐园中的四维电影，除三维立体视觉外，连香味、喷水雾、座椅波动都仿真模拟，在穿梭文化时空隧道时，两边展示各个时期的人物造型，人像动态制作栩栩如生；即便是小提琴手的手指，按动琴弦竟与播放音乐的节奏完全一致，以假乱真到如此地步，令人叹为观止。

七、人性化的服务

迪士尼把整个乐园当作一个舞台，而他们的员工就是演员，每一项服务就是一个表演，这就给看似枯燥的服务工作赋予了灵气和活力。主题公园里能给顾客留下深刻印象的不仅是高科技的表演，更重要的是人性化的服务。因此，员工们必须学习怎么样对游客客气、友好、彬彬有礼、有求必应，要让客人觉得他们的花费是值得的。迪士尼的服务堪称世界之最，其实这其中也没什么奥秘，就是高度人性化、创造快乐、提供便利。从人工服务的软件到物质设施的硬件都完美体现了人性的关怀，又与娱乐主题融为一体。迪士尼对员工的管理也可谓是特别用心，就连扫街道的员工都要经过专门的培训。此外迪士尼还时刻注重挖掘员工潜力、提高员工待遇，这大大提高了员工的工作热情，公园的服务水平也随之提高。比如说迪士尼扫地有三种扫把：一种是用来耙树叶的，防止树叶飞高；一种是用来刮纸屑的，目的是为了把纸屑扫干净；一种是用来扫灰尘的，要求扫地时不能让灰尘飘起来。在这里，每一个简单的动作都有严格的标准。除了扫地，每个清洁工还要学会照相，必须学习世界上最先进的相机使用方法，因为迪士尼的游人随时都有可能请清洁工帮忙照相。除此之外，迪士尼的员工遇到小朋友问话，必须要蹲下来，微笑着和他们讲话。蹲下后员工的眼睛要和小朋友的眼睛保持在同一高度，不能让小朋友抬着头和员工说话。为什么迪士尼回头客会超过70%，甚至在东京，重复游客已超过90%，入园超过10次的游客多达一半，16%的人入园达到30次。其中一个重要原因是，从设施到服务高度体现以客人为本，如此周全的服务设施，为迪士尼的客源提供了最可靠的服务保证。

【思考与讨论】

讨论迪士尼乐园项目策划的成功与不足。

第四节　红色旅游项目策划与管理要点

一、红色旅游项目开发原则

（一）保护性开发

首先是历史文化资源的保护。建设资源保护体系，主要是依照保护为主、抢救第一的方针，参照文化遗产地的保护办法，对重大战役、重大事件以及在民间留存的红色历史文化进行局部的原风貌保护，给重要的文物、遗址、文献、建筑等开发对象一个适宜的定位。

其次是对周围环境的保护。尽可能用当地材料进行修剪，道路选线、人工设施的选点都要尽可能避开生态敏感区，尽可能减少对生态环境的破坏，要尊重自然规律，按照当地自然环境的特点，科学规划设计开发模式，合理选择旅游线路。

再次是对民俗民风的保护。革命老区最宝贵的特色就是民风淳朴，开发过程要想办法将其保持下去，要让老区的人民从简单的质朴走向自觉的高尚，尽量避免外界旅游对当地的影响。

（二）尊重历史，实事求是

红色旅游本身就是历史旅游，要对旅游景点的内容严格把关，讲解不能人为地尽情演绎发挥。尊重历史，实事求是，否则必然适得其反。对革命人物功过的评价、对革命事件及其影响的分析等，要在尊重历史的基础上，实事求是地进行挖掘和开发。"红色旅游景区如果能够尊重历史真实，实际上就强调了景区的吸引力。"对要保留的旧民居、古迹、遗址的修缮工作要做到修旧如故，存其精神；对于在景区内增建构筑物，一定要在形与神上都与当地所发生的历史事件的性质保持协调一致，以"形神兼备"为设计之重。

（三）全面、系统开发

既要重视主体景观的建设，也要考虑其他配套设施的完善。红色旅游的崇高精神和文化内涵不仅要从吸引物本身体现出来，更应渗透到配套的基础设施建设和软件的服务质量与水平中，将红色精神融入旅游各环节之中，统筹考虑，合理规划，全面系统地进行开发。

（四）突出主题

在全国红色旅游发展规划纲要中，国家确定了 12 个红色旅游重点区域的主题形象。这些主题对于红色旅游的建设和宣传具有重要意义。红色就是特色。但是国家确定的红色旅游大主题并不能代替各地确定自己的小主题。结合当地实际，确定具有特色的符合情况的红色旅游主题是至关重要的。一些地方对红色旅游主题很重视，如河北阜平提出"华北延安、新中国雏形"的旅游主题；广西提出以"伟人足迹"和"长征之旅"为全区红色旅游活动；四川提出"长征丰碑、伟人故里、川陕苏区"的大红色旅游主题；山东省临沂市实施"沂蒙好风光"战略，突出"绿色沂蒙"、"红色风情"、"文韬武略"大主题等，值得其他地方借鉴。

（五）挖掘文化

文化是旅游的灵魂。发展红色旅游是不断提高建设社会主义先进文化能力的重要措施，是树立和落实以人为本、全面协调可持续科学发展观的具体体现，是一项重要的文化工程。中国革命史是中国历史的重要组成部分；中国革命精神是中华民族精神的重要组成部分，也是中华历史文化传统的生动体现。中国革命斗争遗留的各种纪念物，不但具有政治意义，也具有丰富的历史内涵和人文价值。红色旅游的过程，既是观光赏景的过程，也是学习历史、增长知识、陶冶情操、提高修养的过程。通过红色旅游，挖掘革命精神内涵，培育新的时代精神，是建设社会主义先进文化的有效途径。

二、红色主题旅游项目开发应注意的问题

（一）避免庸俗化、泛滥化

作为党中央、国务院大力支持的红色旅游，在开发时要特别注意市场化运作，避免政府包办的强制行为，避免庸俗化。红色旅游的提出虽然在某种程度上有很强的政府导向性，但是作为一种转向旅游产品必须要遵循市场的规律才能拥有持续的生命力。

（二）杜绝变相的公费旅游

各地如火如荼地开展红色旅游之时，要警戒一些党政机关的党员、干部，借到红色教育基地进行参观访问之名搞公费旅游，不但吃、住、行、游、购、娱的花销用公款，而且旅游的目的地也不仅仅是革命纪念地及周边，更多的是借机去自然风光优美的名胜古迹。

（三）避免产品的单调化

由于红色旅游是以革命精神、爱国情感为主要吸引力，所以红色旅游产品很容易变

成单调的革命历史遗迹观光活动，游客只有走马观花似的在革命博物馆或纪念地走一圈，很难感受到该旅游产品所反映的革命精神，也难以提起游客的兴趣。这不但不会吸引游客故地重游，就是对没有来过此地的游客也难以构成较强的吸引力。另外，大部分红色旅游资源分布在偏远山区，交通状况较差，配套设施不完善，有的地方已是有点无景，旧迹难寻，风光不再，加之周边自然景观单一，若不采取相应措施改善这种状况，红色旅游的开发就会导致景点线长、缺乏外延产品等情况。

(四)避免破坏资源和环境

任何一项旅游产品在开发时都要兼顾环境效应，保护生态环境是前提，不能因为开发红色旅游而忽略了环境。大部分革命老区的生态环境都比较好，随着红色旅游的大力发展，游客大量的涌入，不可避免地会对当地的资源和环境带来负面影响。不可再生的资源和环境一旦遭到破坏，就不可能恢复，这对落后的革命老区无疑是一个很大的损失。在红色旅游开发前，做好科学的规划、避免为了营利而大肆兴建与景区不协调的景观或者废除原有建筑、保护革命历史遗迹和周边的自然景观，是开发中应注重的问题。

(五)避免多头管理

多头管理是红色旅游发展的一个制约因素。由于历史原因，许多红色旅游景点的管理部门并不统一，文体部门、旅游部门、文物保护部门多头管理，致使红色旅游产品的开发受到多重制约，缺乏统一性和整体性。多部门的同时管理职能对红色旅游的发展产生负面影响，延缓其发展进程，多方牵制不利于个性化和创新化产品的推出。

三、红色旅游项目开发与管理思路

(一)向市场主导型过渡

初级阶段，红色旅游多是政府主导；成熟阶段，红色旅游应是市场自由选择的结果。有市场才有开发的意义，对于资源级别较低、区位条件较差的地区则不一定要开发，或者视情况将目标市场定位于当地或附近。应逐步减弱政府的主导行为，本着自愿、自费的原则，以市场引导开发和经营。在做好客观分析红色旅游资源状况、深度挖掘资源特色，认真研究客源市场需求状况，全面分析区位条件、交通便捷程度以及相关配套设施的供给能力等前期工作的基础上，科学规划、合理开发，形成具有特色和吸引力的红色旅游产品。

(二)与其他旅游形式有机结合

利用红色旅游的辐射力，带动沿线和相关景区的开发，不但可以避免产品的单调，还可以作为一大创新点吸引游客。在经营理念上摒弃传统的"完全红色"，向"多色结合、复合型旅游"的阶段转变。很多红色经典本身就是景色优美、旅游资源十分丰富的地方，在旅游需求多样化的今天，红色旅游应结合绿色生态、古色民风、金色工业以及运动休闲，形成多角度互补的多元旅游，使旅游资源整体联动，促进当地旅游经济的发展。

（三）加强体系的完整性

红色旅游产品开发不是单纯的项目建设，它需要在资源配置、市场定位、项目建设与管理、宣传教育推广等方面进行合理的策划和安排；并需要针对项目的特点，加强薄弱环节的工作，将精品体系、配套交通体系、资源保护体系、宣传推广体系、产业运作体系密切联系起来。要系统把握开发建设中的诸多要素，从工作的整体性和各项工作的内在联系出发，提高开发水平，形成具有代表性和影响力的红色旅游产品。

（四）保护历史文化的原真性

红色旅游的价值就在于原原本本地反映革命先烈当年的奋斗历程，游客看重的不是遗址的现代化，而是革命历史文化的原真状态。这有两方面内容：一是红色遗存的真实性和完整性。在保护的前提下，通过采用现代的景观设计等手法，呈现红色资源原生态的历史感和沧桑感，突出地域性、文化性和历史性；二是讲解的真实性。讲解要求实事求是地反映历史原貌，尤其是说到具体的人物、事件，一定要准确，不能讹传。现在有些山水人文景点为了吸引游客，编了不少查无实据的传说故事，这样的做法在红色旅游景点就要谨慎为之。

（五）注重理念创新

红色旅游属于一种传统的旅游产品，兼有传统观光旅游和传统文化旅游的特点，它的开发重点在于超越传统观念的创新。在产品的内容、形式、品牌、宣传销售等方面的创新是其避免单调化、实现可持续发展的途径之一。例如，在产品形式上，运用精湛时尚的艺术手段和科技方法，利用音响、色彩、灯光等进行差异化设计，迎合游客求新、求奇的心理，激励再次旅游的愿望；在宣传上，走进校园，与学生面对面营销；在优惠项目上，开辟绿色通道，对学生集体参观实行免票、个人参观实行半票等。

（六）强化区域合作经营

2005 年的西柏坡红色旅游论坛，达成了韶山、井冈山、遵义、延安、西柏坡五大革命纪念地联合发展红色旅游的"西柏坡共识"，不仅推动了五地在资源、品牌、市场、宣传等诸多方面向纵深发展，而且引导全国红色旅游的发展。红色旅游的相似性和跨地域性决定了发展红色旅游不能各自为战、分散经营,而要通过资源共享、品牌共用、市场共建、资源互送、利益双赢,走区域合作和区域整合之路,形成规模优势。红色资源跨区域连续的特殊性要求不同地区的政府部门必须做好沟通工作,发挥政府主导作用,政策上大力支持,做到区域间信息畅通无阻,相互协调,合理整合资源,设计经典线路,推动不同区域的红色旅游产品捆绑销售,形成系列产品,促进旅游市场的统一管理。

【案例 17-3】

江西石城红色旅游项目策划[①]

一、项目背景

（一）区域红色革命历史文化背景分析

石城是著名的革命老区,作为中央苏区时期全红县的石城,在当时的 13 万人口中,有 16 000 多人参加了红军。回眸历史,石城这片红土地写满了光荣与神圣。自南昌起义后,红军途经石城,在石城人民心中点燃了革命的火种:毛泽东、周恩来、朱德、彭德怀等老一辈无产阶级革命家在此进行了长期的革命实践活动;红军在此攻克了赣南苏区最大的白色据点红石寨;红五军团秋溪整编、长征前的石城阻击战等许多重要革命事件在石城发生;红三军团和少共国际师由此踏上了漫漫长征路;石城游击队与国民党展开的顽强斗争;石城儿女在抗日前线英勇奋战,这一切都显示了石城人民在中国共产党的领导下为推翻帝国主义、封建主义和官僚资本主义进行了艰苦卓绝的斗争,用自己的生命和鲜血谱写了光辉的历史篇章。

（二）区域红色旅游发展态势

石城内有数十处红色旅游资源点,目前仍处于初级保护和旅游未开发阶段,其中的石城阻击战旧址、毛泽东旧居等虽然具备相当好的历史意义,但在瑞金这个中外闻名的红都的阴影下,单纯依靠石城的红色旅游资源本身很难绽放出光彩。

因此,石城红色旅游的出路在于结合石城的其他旅游资源,将红色旅游与生态旅游、乡村旅游、运动体验游、休闲度假游结合,捆绑在一起重拳出击,形成石城红色旅游的独特优势,从而与瑞金旅游产品形成更好的联动互补。

二、石城红色旅游资源分析

（一）红色资源点概况

（1）李腊石-石城阻击战旧址:居于县城近郊,琴江镇北 1 千米处。长征前期,为迟滞敌军向中央革命根据地瑞金进犯,保障中央红军主力顺利转移而发起的石城阻击战有

---

① 该案例引自以下文献:http://wenku.baidu.com/view/0c1785e94afe04a1b071de64.html.

力地延缓了国民党反动军队南进的步伐，至今在李腊石仍遗有当年的战壕旧址。

（2）观下毛泽东旧居：位于琴江镇观下古樟村。是1929年毛泽东、朱德率红四军途经石城时的住所。

（3）红石寨旧址：位于屏山镇河东村。红石寨曾是中央苏区最大的白色据点，攻克红石寨战斗是红军在苏区进行的一次历时长、规模大、影响广的惨烈战役。

（4）秋溪整编旧址：位于横江镇秋溪村。秋溪整编的成功不仅为中国红军增添了新的劲旅，也为共产党改变旧式军队积累了宝贵的经验。

（5）红四军军部旧址：位于横江镇秋溪村。红军第三次反围剿胜利后，残存的反动武装退守转移至石城地势险要的土楼山寨。1931年10月，红四军奉命进军石城，军部设于此。

（6）中共太雷县中心县委旧址：位于横江镇横石村。1933年8月，中央人民委员会第48次会议批准设太雷县苏维埃政府在此办公，1934年10月与石城县苏维埃政府合并，旧址的保存对于研究苏区行政区划具有一定的意义。

（二）资源评价

1. 资源优势

石城境内红色资源点保存数量较多，分布较为集中，现状交通条件良好，具备一定的历史意义，而且内涵较为丰富。目前这些资源都处于未开发状态，保存较好，利于统一规划开发。

2. 存在的问题

虽然石城阻击战具有历史意义，但在革命老区的江西省和红都瑞金的强势比较下其历史地位和知名度低，本身资源处于劣势地位。这也是整个石城红色旅游资源点的通病。

三、石城红色旅游项目策划

（一）观下毛主席故居

修缮现有毛主席故居，并建设毛主席生活园。生活园内设置毛泽东坐像雕塑、军事大地图、标语、石桌战地棋盘、古井等景观，有警卫营房、指挥所通讯、小型会议室等配房。

1. 毛泽东诗词戏剧社

利用靠近城区的区位优势，结合城区滨江旅游休闲古镇的塑造，将红色文化融入现追溯诗词雅兴的文化休闲旅游产品中来。在观下选址新建中国工农红军毛泽东诗词戏剧社，吸引文化艺人加盟戏剧社，挖掘整理毛泽东诗词进行交流、论坛、创作、剧本、作品、演出等。戏剧社主要由舞台、黑板报、壁报等构成。创作的戏剧可以在石城定期演出。

（1）游客参与诗词情景话剧：安排多配体场景，不仅有特型演员表演创作朗诵主席经典诗词，还会在部分情节中邀请游客参与"接句"游戏。

（2）经典诗词留念墙：毛主席生前喜欢和柳亚子等文化名人就某一词牌互相唱和。设置一个和诗墙，提供文房四宝，供游客穿过历史时空，与毛主席"和诗对唱"，佳作将永久性镌刻到墙壁上。

2. 生活园内长征群雕

在主席生活园内，建设一个群雕，人物均为长征人物造型。领袖为毛泽东，其后为周恩来、彭德怀以及部分红军跟随，群雕意在再现当时毛泽东等领导人来到石城的场景。

（二）红石寨野战体验场

红石寨的红色旅游彻底颠覆传统的观光游，以野战、体验为主题设置各种游客可以参与的游憩方式，用"野战"来吸引年轻人团队，用长征体验和乡村休闲来吸引中老年朋友。

1. 长征训练场

选择红石寨脚下的开阔地，设立国旗台，五星红旗；广场四周布置草场、点兵台、碉堡、军训体育设施等区域用地，营造长征训练场的氛围。该项目既可以作为游客体验打靶、刺刀、掷手榴弹等军事训练基地，又可作为周边大中学生的军训基地主题的夏令营、篝火晚会等活动场所。

2. 野战游憩场

按照当年红军攻打红石寨的路线，设置实战模拟战场，布置相应场景，设置两个野战实战模拟指挥中心，开发模拟两军对垒的参与性军事游戏；建设由壕沟、碉堡、断墙、地道等共同构成的野战体验阵地；利用声、光、电等高科技手段，配合开发射击、攀爬、野战等体验性项目，构建红军野战体验参与项目体系。

（三）横江红色乡村旅游区

1. "红色激情"大戏台

在新四军军部旧址附近选建以革命岁月演出为主题的大戏台，戏台主体为半露天结构，在戏台悬挂露天视频。白天播放革命电影、歌曲等片段，舞台用以革命主题的实景表演。晚上大戏台作为文化娱乐场所，为当地人提供电影、皮影、集会等娱乐项目的演出活动。

2. 整编论坛

在秋溪整编旧址广场摆设投诚将领和红军将领雕塑，设置浮雕墙，通过多种方式体现国民党军弃暗投明的举措和红军及石城人民大度、热情的态度。

以秋溪整编为历史背景、以国共合作为延伸意义，结合当前形式，开展系列互动活动。诸如设置由当地群众扮演、导演带动、游客参与的国共融合整编的旅游表演；开展"整编论坛"，设定题目，让游客就此题目发表言论、想法，或开展5分钟限时辩论会等。

3. 红军故事会

以"听爷爷讲故事"为主题，请参加过红军或为红军服务过的老人讲述当年发生在石城的红军感人故事等。还可以将这些故事编成小品演出，增强吸引力。

4. 军团食街

沿街间隔布设餐饮群。餐饮服务员统一穿戴红军服装、餐厅布设长征岁月的照片和宣传画；餐饮店以长板凳、长桌子、标语等构成，有红军食谱；编辑红一、二、三、四、五等为军团或指挥部的名字，如"红四军饭庄"；餐饮店提供以长征岁月的粗粮（如红米饭、南瓜汤等）和生态餐饮为卖点。整个街区餐饮功能群以红色氛围为特色。

5. 红色乡韵

开展红色农家乐。在村里分布住宿接待功能的民居，以客家民俗为特色。功能齐全的若干民居，热气腾腾的农家饭，让游人宾至如归、消除劳累。

6. 红色风情商业街

在秋溪整编旧址附近新建一条红色风情商业街，运用情境打造的手法，通过街铺外立面的风格和市内装修、家具的摆设体现红色风情。商业街以红色商铺为主，打造独具特色的红色购物、娱乐和餐饮一条街。商铺建筑可采用 20 世纪 30 年代的风格，选择部分正立面和侧立面，仿红军时代，制作一批大型壁画和红军标语，沿街陈设一批红军化道具或以红军为主题的雕塑。商业街内可以设置一些游客能够参与劳动体验的项目，例如以"我为红军做草鞋"、"我为红军来织布"、"军民鱼水情深"等主题性质的手工作坊，既增加了商业街的游乐性，又可以作为旅游纪念品的形式出售商品。

四、区域旅游线路设计

为了体现石城红色休闲旅游的模式，达到整合资源的效果，分别设计游线为：

观下毛泽东故居——李腊石-石城阻击战纪念园——通天寨——九寨温泉；

红石寨红色旅游——红石寨乡村旅游——赖氏宗祠文化旅游；

秋溪整编＋横江镇其他红色资源散点——龙岗水庙——赣江源。

【思考与讨论】

案例中石城红色旅游项目策划是否合理？简述理由。

本章思考题

1. 如何理解主题街区、主题公园的概念？

2. 结合实例，就主题街区旅游开发发表见解。

3. 试分析我国内地主题公园开发的现状和问题。

4. 你认为我国红色主题旅游开发的误区有哪些？应该如何合理开发红色主题旅游项目？

第 十 八 章

休闲度假旅游项目策划

教学目的、要求：

了解休闲度假旅游产业发展背景；正确理解休闲度假旅游的含义、特点；把握休闲度假旅游项目策划的基本方法。

教学重点：

休闲度假旅游项目策划的原则和管理要点。

第一节　休闲度假旅游概述

一、休闲度假旅游的相关概念及分类

（一）关于休闲与度假旅游

"闲"是指闲暇时间，"休"是利用闲暇时间的方式，所以简单来说，休闲就是人们对闲暇时间的利用方式。国内将休闲与旅游结合起来进行思考，起始于1999年国家实行"黄金周"长假制度之后。刘群红（2000）认为，休闲旅游是指以旅游资源为依托，以休闲为主要目的，以旅游设施为条件，以特定的文化景观和服务项目为内容，离开定居地而到异地逗留一定时期的游览、娱乐、观光和休息。马惠娣（2002）认为，休闲旅游是以休闲为目的的旅游，它更注重旅游者的精神享受，是建立在旅游基础之上的行为情趣。

对于度假旅游，尽管国内学者表述不一，但其定义中都存在一些共性，如利用假日外出、以度假（消磨闲暇、健身康体等）为主要目的等。本文采用 J. D. Strapp（1988）关于度假旅游的表述，即度假旅游是利用假日，外出进行的令精神和身体放松的康体休闲方式。

魏小安（2004）认为，休闲和度假一直被放在一起提及，其实不是同一个概念，度

假是休闲的方式之一，也是休闲的一个主体方式，休闲是种概念，度假是属概念。尽管休闲旅游与度假旅游在学术上是内涵不完全相同的两个概念，但在现阶段两者处于相互融合的状态，所以本文将把二者合为一体来讨论，即休闲度假旅游是为了区别中国传统的观光旅游而衍生出来的概念。关于休闲度假旅游，王莹（2006）认为，休闲度假旅游是消费者支配自己的"闲暇"时间用于度假旅游活动，以达到放松、体验、娱乐、健康和自我完善目的的行为和过程。徐菊凤（2008）认为休闲度假旅游是以休闲愉悦为主要目的，在一地停留时间较长，使精神和身体活动放松的旅游方式。

（二）休闲度假旅游的分类

从供给角度出发，休闲度假旅游一般有两种分类方式：一种是依托自然资源条件的分类，另一种是主题活动类。

根据依托的自然资源，休闲度假旅游包括温泉型、滨海型、森林型、山地型等；根据主题活动分类，包括体育类、文化类、会议类、娱乐类等。对于经营者而言，休闲度假旅游类型的区分可以确定其主要功能，从而形成异质性。

二、休闲度假旅游产业的发展背景及趋势

（一）发展背景概述

实际上，作为少数占有社会财富的富裕阶层消磨闲暇时间的一种活动，度假旅游在很早的时候就已经出现。如希腊在公元前就有了为满足达官巨富需要而建立的温泉浴室和相应的旅店配套设施；在古代的中国则有着许多为满足帝王将相、皇亲国戚的奢靡生活而建造的皇家园林、私家园林和避暑山庄等，而把休闲度假旅游作为一项产业进行开发则是从 20 世纪初欧洲旅游度假区的大规模兴建开始的。一方面，飞机、火车等现代化交通工具的出现和普及，为人们在短时间内实现长距离的出行旅游创造了条件；另一方面，国际劳工组织于 1935 年即确认每天 8 小时、每周 40 小时的工作制，继而于1936 年就有一些欧洲国家相继出台了关于带薪休假的立法，进一步为大众度假旅游提供了时间上的保障，使大众休闲度假旅游在欧美等国家日益活跃，并逐渐形成产业规模。同时具有医疗和保健性质的环境质量优越的地域成了人们在闲暇时间竞相追逐的地区，出现了海滨度假、湖滨度假、山地度假和温泉度假等不同资源类型的度假地，游客大量增加，休闲度假旅游进入快速发展期。

我国的休闲度假旅游起步较晚，最初是以一些系统、部门和单位组织干部职工到名胜景区疗养的形式出现的。改革开放以后，在经济全球化浪潮的推动下，休闲度假旅游也开始从欧美发达国家引入我国。1992 年国务院决定建设大连金石滩、无锡太湖、福建武夷山、广西北海、海南亚龙湾、云南滇池等 12 个国家级旅游度假区。此后，一些

省、市开始设立省级旅游度假区，其他各种类型的度假地和度假村也在全国各地纷纷涌现。到 2002 年年末，12 个国家级旅游度假区已从当时批复的 151 平方千米，发展到了237 平方千米，累计完成营业额 101 亿元，实现利税 10 亿元，接待游客 1 亿多人次。近年来，我国的休闲度假旅游业继续保持欣欣向荣的良好发展局面，休闲度假旅游产品日益丰富，一大批主题鲜明、风格独特、国际水准的度假酒店、度假村如雨后春笋般在全国各地涌现，众多国际度假酒店品牌也纷纷登陆中国。仅在海南亚龙湾国家旅游度假区内就进驻了喜来登、假日、凯莱、香格里拉、希尔顿、浙江世贸等国内外品牌酒店，越来越多的国际游客开始选择中国作为度假目的地，并形成了海南三亚、浙江杭州等在国际上有较高知名度的休闲度假旅游品牌。同时，一些传统观光型旅游产品也开始大量增加休闲度假旅游内容，迅速向观光休闲一体型转化。

（二）市场前景展望

作为休闲经济中最大的一个产业，休闲度假旅游业的市场前景广阔，发展潜力巨大。

首先，经济持续快速发展，为休闲度假旅游发展奠定了物质基础。世界旅游组织的研究表明，人均 GDP 超过 1 000 美元是一个国家观光旅游需求膨胀的时期；休闲需求急剧增长的门槛是人均 GDP 达到 2 000 美元，那时候就将形成对休闲的多样化需求和选择；人均 GDP 达到 3 000 美元，度假旅游需求将会全面扩张。2005 年，我国国内生产总值达到 212 万亿美元，人均 GDP 超过 1 700 美元，如果从人均 GDP 来看，我们现在应该还处于一个观光旅游需求全面膨胀的时期，但现实的情况是，由于我国的区域经济发展差距较大，在珠三角和长三角地区，已经有许多省市的人均 GDP 远远超过 3 000 美元；2005 年，深圳市人均 GDP 达 7 300 美元，上海市近 6 500 美元，北京市 5 457 美元，天津市 4 351 美元，浙江省 3 400 美元，江苏省 3 038 美元，广东、山东、福建和辽宁的人均 GDP 已经超过 2 000 美元，这些发达地区已经或者即将跨越度假旅游需求膨胀的门槛，这个较大区域的人们对休闲度假旅游的消费能力在不断增强。[①] 此外，按照我国现在的发展速度，我国将进入休闲度假旅游消费需求全面扩张时期。

其次，闲暇时间普遍增加，人们开始进入"有闲"时代。现代科学技术的进步，极大地提高了劳动生产率，人们参与社会劳动的时间越来越短。从 1995 年开始实行的每周 5 天工作制，再到 1999 年开始执行的"春节"、"五一"、"十一"的长假日制度，我国公众享有的法定假日已有 114 天，再加上工休假和探亲假，则假期将超过 120 天，而青少年学生和教师全年休假时间可达 140 天左右，如果把人们退休以后的闲暇时间计算进去，人生 1/3 以上的时间都将在闲暇中度过。闲暇时间普遍增多，有力地促进了人们

---

① 熊清华. 休闲度假旅游是新时期旅游发展的主旋律 [J]. 学术探索，2007（2）：64.

多方面的休闲消费需求增长，为耗时较多的长线休闲度假旅游发展提供了必要条件。同时，随着民航机场和航线不断增多、铁路客运屡次提速、高速公路通车里程迅猛增加，使得居民出行条件得到了极大改善，大大缩短了游客和旅游目的地的时空距离，使得更多的人们可以选择休闲度假旅游作为有效利用闲暇时间的重要方式。2008 年，国务院对国家法定节假日制度作了调整，同时出台了《职工带薪休假条例》，这种新的休假制度预示着我国公民休闲度假旅游时代已全面到来。

最后，越来越快的工作、生活节奏，使人们从生理上和心理上都迫切地需要休闲。工业化和城市化的发展，使得人们生活、工作的节奏加快，越来越多的人们产生了从未有过的压抑感和匆忙感，迫切地需要以度假旅游这一休闲方式来减压放松、调剂生活。我国 20 多年旅游业的发展，培养造就了一批较为成熟的旅游消费阶层，主要以城市的中产阶层为先导并迅速向工薪阶层延伸，他们对"拉练式"的团体观光旅游越来越不满足，而更加青睐度假休闲、娱乐购物、自驾车旅游、农家乐等旅游方式。他们希望通过休闲度假旅游，广泛参与各种娱乐文化体验，发展自身丰富多彩的兴趣，陶冶生活情趣，满足深层感受、体验、参与等心理需求，促进人们智力、体力和心理等方面的健康发展，实现人全面的、可持续的发展。

三、休闲度假旅游的特点

伴随改革开放和经济的高速发展，我国旅游业经历了较短暂的以观光旅游为主导时代后，迅速向休闲度假主导时代过渡，这在东部沿海地区体现得更为明显。调查显示，上海居民旅游的首要动机是休闲放松、感受愉悦，在 10 类动机选项（休闲放松，心情舒畅、快乐，拥抱大自然，感受新奇/独特的异域风情，充实知识，享受风味美食，怀旧、思古，审美体验，满足购物欲，其他）中占 58％。[①] 随着经济的发展、城市化水平的提高和人们生活节奏的加快，休闲度假市场规模在不断成长。由于我国以观光旅游为主的旅游历史并不长，在现有观光旅游发展都不太完善的基础上，又迎来了休闲度假时代，因此探析中国旅游休闲度假化转型中的新特征，形成系统的旅游开发新观念，对区域旅游发展调整开发思路、明晰发展方向有理论向导意义。

（一）休闲度假与观光旅游的需求取向差异

休闲度假时代的到来源自旅游消费取向发生了根本变化，从观光旅游的求美、求知、求异、求新向休闲度假的求轻松、求康健、求清新、求娱乐方向发展。求轻松是指追求轻松、闲逸、宽余、清静；求康健是指追求身体的健康、精神的卫生、精力的恢

---

① 肖胜和. 旅游休闲度假化转型中的新特征与新观念 [J]. 商业时代（原名"商业经济研究"），2010（6）：120-121，90.

复；求清新是指追求环境的优越、清新、宜爽；求娱乐是指追求乐趣、友情、亲情。楼嘉军（2000）认为现代休闲活动的根本目的是满足人们日常余暇生活的愉悦、安逸、刺激等心理需求和调整、平衡生理活动需要。旅游消费取向的根本差异导致旅游行为方式的彻底改变。观光旅游的求美、求知、求异、求新的消费取向促使旅游者需要不断地探访新的旅游地。按照自然与文化差异随着距离增长而增加的效应，旅游者为了达到最大化旅游效应，将在力所能及的范围内尽量去探访距离更远的旅游地。

由于观光旅游者对同一旅游景观旅游边际效应是显著降低的，所以，观光旅游大多是一次性的。休闲度假的求轻松、求康健、求清新、求娱乐的消费取向则不同，旅游者尽量避免观光旅游中易出现的陌生、疲惫、紧张等不适症，康健、友情等则需要时间积累，更趋于到一个较熟悉的、适合自己的、环境清新的、有休闲娱乐活动的旅游地（见表 18-1）。

表 18-1　休闲度假与观光旅游需求差异比较

旅游类型	心理需求	需求实现方式	新的需求激发方式
观光旅游	求美、求知、求新、求异	去较远距离、新旅游目的地	对更远、更陌生旅游地的向往
休闲旅游	求轻松、求健康、求清新、求娱乐	去近距离、环境良好的旅游目的地	间歇性生活、工作环境的压力释放

（二）休闲度假旅游的特征

由于休闲度假与观光旅游在旅游消费取向，继而旅游者行为上的根本差异，在我国旅游休闲度假化过程中，出现许多新的特征。肖胜和（2010）将这些新特征概括为"四融合、四转化"。

1. 旅游空间上景区与非景区的融合

休闲度假由于消费取向的变化，带来了旅游资源取向变化。旅游者不是特别在意景观的美学特征，而是更在乎生态环境、人文环境的优越，使得一些景观资源不很突出，但环境相对较好、在传统观光旅游开发上不能成为景区的地域，却可作为休闲度假地开发。同时，由于休闲度假相对观光旅游在旅游形式上的多样化，使休闲度假的一般项目本身具有更强的场地适应性，乡村、自然旷野、一般水域、步行街等都能成为休闲场所，旅游活动开展空间已大大突破原有景区的范围。与此同时，一些原来就带有公益性的公园，取消或降低门票价格，成为向社会大众开放的休闲场地。因此，景区与非景区的界限模糊化。

2. 旅游行程上"旅"与"游"的融合

传统观光旅游将"旅"与"游"基本是分开的，旅游者在到达观光地之前经历旅行空间为"旅"，到达观光地后经历游览空间为"游"。由于景区空间与环境空间的融合，徒步旅游、自驾车旅游、探险旅游、体验旅游等新旅游形式的出现，旅行与游览存在融合的趋势，即旅行的时候也多是游览的时候，前面的游览则是在为到达下一旅游目的地在旅行。

3. 旅游体系上客源地与目的地的融合

差异性一般随距离增大而增大，观光旅游追求差异性，旅游者尽量前往更远的旅游目的地。但休闲度假旅游追求的是轻松、休憩、娱乐，旅游者反而选择离开城市一定距离但又有新近感的郊外。据研究，休闲旅游者离开居住城市的距离大多在 2 小时车程以内。美国旅游数据资料中心和美国人口普查局将离家单程距离大于 160 千米的游憩者称为旅游者（时间不限），小于 160 千米的即是休闲者。近年来中国近距离旅游者的比例有不断升高的趋势。各地提出类似"北京人游北京"、"杭州人游杭州"等的宣传促销活动恰恰反映了客源地与目的地的融合的新动向。

4. 旅游效应上旅游休憩与工作学习的融合

旅游空间与环境空间的融合也会促进旅游空间与工作空间的融合。与工作空间结合上，表现最突出的是商务活动和会议与旅游休闲度假区的进一步结合，甚至出现了度假区与会议相结合的品牌；还有一些从事设计、文学创作、艺术创作的白领阶层短期租用环境幽静的一处休闲度假点从事工作；再次是一些工作场地为缓解员工工作压力营造仿自然的环境和设置休闲场地。旅游空间与工作空间的融合可以使得上班族近距离、随时获得休憩、调整。这种融合使旅游与大众的结合更加紧密，为旅游的发展拓展了新的空间。旅游空间与工作空间的融合也是导致旅游客源地与旅游目的地的接近和融合的原因之一。

5. 旅游产品走向专业化

观光旅游是一种广谱适应性旅游，受年龄、教育、身体、职业、偏好、技能、收入、时间等的限制较少。但休闲度假旅游受年龄、教育、身体、职业、偏好、技能、收入、时间等的影响较大，某一休闲度假项目往往是一种窄谱适应性旅游；如打高尔夫受收入的限制，拓展运动受身体体质的限制，垂钓受偏好的限制，攀岩受技能的限制，不能都适应大众群体。这要求旅游供给方对休闲度假市场进行细分，推出针对不同细分市场的专项旅游产品。杨国良（2002）将休闲按活动方式与内容分为参与性休闲和观览性休闲，参与性休闲又可进一步细分为娱乐型休闲（如歌舞、茶楼、棋牌、农家乐、餐饮、美容等），祭祀或纪念型休闲（如宗教祭祀），竞技型休闲（如武术、气功、风筝、龙舟、登山等健身运动）以及游艺赌博型休闲（如斗鸡、跑马会等），休闲者在参与中获得乐趣。观览性休闲有观看歌舞文艺演出、电影、书画展览、时装秀表演等。有时休闲者的活动既有参与性的，又有观览性的，属组合型消费。众多的休闲方式是休闲旅游产品专业化的体现，休闲度假旅游伴随旅游专业化。

6. 旅游方式强调参与化

休闲度假旅游不同于观光旅游很重要的一点是旅游活动参与性强,比如划船、游泳、垂钓、温泉浴、网球、按摩、品茗等,需要旅游者介入才能完成旅游活动,而且旅游者参与的程度与深度越高,所获得的旅游效益越高。参与的程度取决于旅游者的主观意愿,参与的深度取决于旅游者的旅游专业技能,如徒步穿越森林需要勇气、较好体质与技能。楼嘉军(2000)认为休闲活动的本质特征是自主性、自由性、参与性、消遣性和健身性。

7. 出游组织趋小团体化

观光旅游可以将不相识的旅游者编成一个旅游团队,旅行社为提高经营效益往往要限定一个最低组团人数,达不到则不能组团。但休闲度假追求环境的宽松、舒适,这既体现在旅游者比较重视旅游地生态环境、硬件设施要使人轻松、惬意上,也体现在旅游者希望在一种熟悉、自在的人文氛围中。这样使休闲度假旅游者在心理上倾向于以家庭、同事、朋友等小团体形式出游。张安、万绪才(2002)在对南京市居民的出游方式调查中,统计出家庭旅游、单位旅游和朋友旅游三者占出游组织形式的76.8%。

8. 出游频率呈提高化

休闲的功能之一就是可以使劳动者的体力和脑力得到恢复、补偿。通过休闲,使劳动者在下一个劳动周期精神饱满,体力充沛,更具有较高的劳动生产率。由于休闲需求在不长的周期内不断产生,其需求产生的频率比观光旅游大。据徐安琪对上海市2004年居民出游频率统计,男女居民人均每年外出旅游分别为1.5次和1.3次。但休闲度假旅游出游频率要高得多,据杨国良对成都市的调查,居民休闲频率在每月3~5次,周常春、车震宇对昆明的调查结果是昆明市居民1个月内到过两次以上的市内休闲游憩场所。

就休闲度假旅游项目角度来讲,我们认为,又有如下特点值得关注。

1. 停留地点少、时间长

休闲度假旅游的动机很大部分是出自于人的内在需求,是为了生理和心理的放松、康复,活动目的是为了康体休闲。因此,休闲度假旅游的地理指向性非常明确,就是冲着一个地方去的,在这个地方往往待上一段比观光旅游更长的时间,以放松自己,修身养性,观赏自然风光,体验当地文化。

2. 重游率高

重游,就是我们所说的回头客。对于休闲度假的游客而言,一旦认准了一个度假地甚至一个度假酒店,其忠诚度会非常高。这是因为游客认准了这个地方,觉得很熟悉、很亲切,这样外出休闲度假的感觉和家里生活的感觉就能够内在地联系到一起,更好地达到游客放松、休闲的出游目的。

3. 散客和家庭旅游为主要形式

随着人们经济收入的逐步提高和物质文化生活的不断丰富，尤其是近年来自驾车旅游方式的兴起，使得散客和家庭旅游成为休闲度假旅游的主要形式，有别于观光旅游的团队出游形式。由于休闲度假旅游主要是在某地逗留一定时间，享受身心的娱乐和休憩，不需要太多的长途跋涉，其辛苦程度也低于观光旅游，从而为散客和家庭旅游提供了极大方便，受到众多散客和家庭旅游者的青睐。

4. 休闲度假旅游者对旅游产品和环境质量的选择更为严格

回归自然、返璞归真，是人类天性使然，是现代文明社会中人们的一种迫切要求。尤其是在市场竞争日益激烈、工作与生活节奏都比较快的今天，人们希望能利用闲暇日从工作的劳累与紧张中解脱出来，放松精神、陶冶情趣、锻炼身体、调节生活。因此，他们大多希望到气候宜人、环境幽静、风景优美、空气清新、没有污染的地方去消磨自己的闲暇时光，希望旅游地能提供多样化、大众化的娱乐、休闲和保健设施。显然，这种对旅游产品和环境质量的选择，其侧重点与其他旅游是不同的，要求更为严格。

5. 休闲度假旅游模式的综合性

尽管从长远来看，大众旅游会趋向于比较单一的度假旅游模式，但在现阶段，市场还处于过渡时期，因此，休闲度假旅游模式呈现出综合性的特点。总体来说，有以下模式：观光＋休闲型；休闲＋度假型；观光＋休闲＋度假型；专项资源＋休闲＋度假型；更多的是复合型模式。观光、休闲、度假、活动、专项产品相互渗透，高度融合，多元化、多层次、多类别互为补充，互相衬托，成为休闲度假旅游的显著特点。

第二节　休闲度假旅游项目策划要点

一、策划原则

(一)个性化主题性原则

所谓主题，是指度假地发展的主要理念或核心内容。其主要目的是形成或强化度假区特色，增强度假区的竞争优势，满足度假区核心客源市场的休闲度假需求。度假区的主题是与其形象联系在一起的，随着度假旅游需求的日益多样化，度假区的类型也日益增多。除了综合性的度假区继续发展外，具有特定主题和专门内容的度假区得到了较快发展。如"海南博鳌"会议型度假地，作为以官方为鲜明特色的高层次论坛的会议型度假地，其"自由"、"合作"与"互信"的主题与政治形象非常鲜明。土耳其南安塔利亚海滨度假区，则以其"生态"、"健康"和"人文"主题著称于世。墨西哥坎昆旅游度假区则以"古老文明"与"现代休闲"有机结合的主题特色吸引了大批的国内外旅游者。个性化的形象定位能够成为区域旅游项目的代表性公关语言，透视出地区精神、组织精神和追求境界，所以休闲度假旅游区必须树立起个性化的形象，突出主题，吸引目标顾客。

（二）文化性原则

文化是度假区的灵魂，是度假区能够存在与发展的源泉，是度假区形成特色的主要组成部分，因为文化既体现在度假区的特色之中，又成为度假区旅游吸引物的主要内容。观光的客人成熟到一定程度会产生度假需求，度假的客人成熟到一定程度就一定会产生文化需求。游客不只是到森林度假区呼吸新鲜空气，或者去温泉度假区洗个温泉，而同时要求这个度假地有文化、有主题、有比较丰富的内涵。所以在对休闲度假旅游项目进行策划时，要牢牢抓住文化这个富有吸引力的卖点。要借助自然与文化的融合，在开发自然景观休闲度假旅游资源的同时，挖掘其应有的文化内涵，满足游客的文化需求。

（三）统筹兼顾原则

所谓"统筹兼顾，可持续发展"指的是项目策划要考虑到社会、经济和环境效益的均衡，同时兼顾国家、地方、开发商和社区居民的多方利益分配，只有这样才能够实现旅游项目的可持续发展。目前世界上被公认为取得很大成功的旅游度假区如墨西哥坎昆、土耳其南安塔尼亚、西班牙加那利蓝岛等，这些度假区之所以成功，据世界旅游组织委托的有关专家的考察，是因为这些度假区都采取了一种"充分考虑本地区的环境、经济和社会文化的平衡发展，严谨规划，认真实施"的综合开发模式。考虑到休闲度假旅游者对环境质量的要求比较高，因此在旅游项目策划中，生态维护与环境保护显得更为重要。

（四）适度超前原则

所谓超前性，是指旅游项目策划必须符合时代发展的特征，在相当长的一个时期内具有市场吸引力。随着收入和闲暇时间的增多，人们对于旅游方式、内容等的需求也发生着新的变化。新的生活方式和休闲消费行为方式带来系列新需求，休闲度假旅游项目的策划必须考虑到这种趋势的变化，适度超前于市场需求的发展趋势。旅游企业要开发出具有复合性、交叉性的新型休闲度假旅游产品，以满足游客多样化、个性化的需求。无论是核心产品还是延伸产品都要用文化来创新，把这种文化创新变成旅游市场，而且创造出新的旅游市场，引导旅游消费。

二、策划要点

（一）以市场需求为导向，注重产品结构的层次性

针对现阶段我国休闲度假旅游市场情况，旅游企业应在大力发展国内休闲度假旅游

产品的基础上，努力提高产品品质，着力打造国际品牌。休闲度假旅游产品的开发应同时兼顾国内市场和国际市场的需要。在开发国内产品时，应根据我国的国情，认真研究大众消费需要，开发出既能满足大众口味的中档休闲度假旅游产品，又能设计出适合休闲度假旅游高端市场需要的产品。在开发国际休闲度假旅游产品时，应充分研究客源国的旅游消费需要。通过借助国外游客普遍对中国文化有着浓厚兴趣这个优势，深挖休闲度假旅游产品的文化特质，开发出有特色和有优势的国际化品牌产品。这不仅能够提升我国休闲度假旅游产品的知名度，而且能够促进国际间的文化交流，产生很好的社会效益。

（二）加强区域联合，打造品牌优势

从我国现有休闲度假旅游总体分布来看，沿海东部地区、大中城市和拥有良好资源优势和市场优势的地区发展要快。因此，我们必须承认休闲度假旅游发展的不均衡性，认清休闲度假旅游发展的门槛性，要依赖一定的地域基础，发挥休闲度假旅游集聚优势，走联合发展的道路。一个旅游区休闲度假旅游资源价值的高低，除了本身的资源特色外，还取决于它能否在一个更大的范围内形成点、线、面统一的旅游区域。把大多数分散的相邻旅游区（点）联系起来，形成一条休闲度假旅游景观带，使游客既能享受风格各异、特色鲜明的景观，又节约时间，提高旅游质量。同时，依靠不同产品之间的竞争、交流与合作促进各个产品趋向精致化和个性化，打造区域共有的旅游品牌，以促进整个休闲度假市场的繁荣和兴旺。

（三）重视儿童游客项目在休闲度假旅游开发建设中的作用

随着人们收入水平的日益提高，越来越多的家长希望并且已有能力让孩子见多识广，或借休闲度假旅游放松一下紧张的学习生活，家庭旅游现已成为我国休闲度假旅游的一个重要特征。在国外，有些度假地对儿童的安排是多种多样的，如加勒比海滨度假区为父母身边的孩子推出了各种活动，其中既有适应低龄孩童的游戏、艺术与雕刻，又有适应大一些孩子的滑水、冲浪、航海等课程。但从我国现有度假地设施和游乐项目来看，休闲、游乐、康体等旅游设施和项目样样齐全，但在儿童方面考虑得非常不足。从商业的角度来看，儿童消费市场潜力巨大，儿童才是真正的消费主宰者。所以，在休闲度假旅游项目的策划过程中，一定要充分考虑儿童的游乐设施和游乐项目。

（四）注重城市郊区旅游资源的开发

根据当今旅游者的近距性以及喜爱郊游的习惯，休闲度假旅游应注重投资开发城市郊区旅游业。在其开发方式上，其一，充分利用郊区良好的自然环境建立旅游休闲度假区，以满足城市旅游者休闲度假需要。其二，利用丰富的土地资源和便宜的地价，建设

主题公园，弥补中心城市的不足，并利用各种方式来增强旅游者的游览效果，提高参与性、娱乐性与享受性。其三，开发乡村休闲度假旅游。目前，乡村休闲度假旅游在英国、法国、西班牙、美国、日本等发达国家已具有相当的规模，走上了规范化发展的轨道。如日本各地的农场用富有诗情画意的田园风光和各种具有特色的服务设施开发"务农旅游"，旅游者可以自由参观园内的农作物，亲自参与劳务活动，现场采摘农作物并做成美味的佳肴，给人以全新的劳动体验。当今，旅游者厌倦了喧嚣的都市环境而向往和追求回归自然、走向自然。休闲度假旅游策划者可以充分迎合旅游者的这一心理，为我国休闲度假旅游开辟一方崭新的天地。

（五）采取多元化的营销手段

经研究，高学历、中高收入阶层是休闲度假旅游市场的主力军（黄燕玲、黄震方，2007）。这类人群主要是通过网络、亲朋好友、报纸/杂志获取信息，所以针对这类人群获取信息的特点，度假区在营销渠道上应以网络为主、兼顾传统媒介。度假区要充分利用网络资源，开展产品介绍、网上预订、网上促销以及网上反馈，给休闲度假旅游者提供便利快捷的服务，同时及时获得客人的反馈信息。另外，由于亲朋好友的意见对于居民出行意义重大，所以休闲度假旅游产品的形象与口碑也十分关键。

休闲度假旅游还有一个显著特点是游客重游率高，针对这一特点，度假区十分有必要开展关系营销。所谓关系营销，是把营销活动看成是一个企业与消费者、供应商、分销商、竞争者、政府机构及其他公众发生互动作用的过程，其核心是建立和发展与这些公众的良好关系。休闲度假旅游产品经营者可以通过开展良好的关系营销，吸引"头回客"，再把"头回客"变成"回头客"，培植顾客的忠诚度，从而形成稳定的客源，获得更大的收益。

三、休闲度假旅游项目管理

（一）政府管理部门方面

我国作为发展中国家，法制法规不健全、投资不足、规划无序等问题相当突出，这就要求政府必须承担相关的责任。而且发达国家的经验表明，当休闲娱乐越来越成为人们日常生活中的重要组成部分时，政府可以通过提供休闲服务促进社会更好地发展。

1. 加大宣传引导力度，转变人们休闲度假观念

受中国传统文化的影响，长期以来人们都把休闲当作工作和学习的对立面，缺乏休闲文化，加上我国休闲消费环境和氛围的不足，这在很大程度上制约了我国休闲度假旅游的健康发展。因此，政府应采取多种措施，引导公众树立正确的休闲度假观念，进行正确的休闲度假消费。有关政府部门可以加强对休闲的组织和协调工作，鼓励国民开展

休闲娱乐活动，在全社会逐步形成积极、健康、向上的休闲文化，逐步转变人们的休闲消费意识，为休闲度假旅游的持续健康发展提供良好的文化氛围。

2. 进一步完善休假制度，切实保证带薪休假制度的实施

随着国家对法定节假日的调整和职工带薪休假规定的同步出台，对我国旅游业而言，新的问题也随之出现，新的要求也随之产生。目前形成的两天双休日、三天小长假、七天黄金周的假日体系，从节假日总天数上（115 天）已接近西方发达国家的水准，但节假日的调整使得旅游者在出行时间和方式的选择上更加自由和分散，增加了许多不确定的变数，旅游市场更难预测和把握，旅游安全监管压力加大。同时，由于企业监管不足、职工维权意识淡薄等原因，带薪休假制度在现实操作中还存在一定难度。有关部门应进一步完善休假制度，同时采取措施切实保证带薪休假制度的实施，以激发更多的工薪阶层加入到休闲度假旅游的队伍中来。

（二）休闲度假区方面

1. 产品开发系列化

随着近年来我国旅游业的快速发展，广大旅游者对休闲度假旅游的认知越来越成熟，出游动机也越来越理性。所以，休闲度假旅游产品开发要靠特色和个性来吸引不同的旅游消费者，通过创新和有效供给来满足人们多样化的休闲度假需求。针对我国休闲度假旅游市场的实际，产品开发的系列化不失为满足市场需求的一个有效途径。产品的系列开发主要有不同消费时段的系列产品开发，如周末、黄金周、寒暑假、带薪假期等不同时段的休闲度假旅游产品；不同消费档次的系列产品开发，如满足基本旅游市场需求的标准档次产品，适合中低收入消费需求的经济旅游产品以及适合高档消费的休闲度假旅游精品等；不同消费内容的系列产品开发，如海滨度假、山林度假、乡村度假、温泉度假等。只有在产品开发上不断推陈出新，以新、奇、异、特的旅游项目来吸引旅游者，才能使休闲度假旅游产品在市场上保持长久的生命力和竞争力。

2. 安全性

安全是度假区存在和发展的基础，保证游客生命的绝对安全是旅游经营者和地方政府有关部门批准其经营的基本前提。安全性对于度假区的重要性非同一般，如浙江淳安千岛湖在 20 世纪 90 年代初的沉船事件，使千岛湖经历了相当长一段时间的旅游"冬天"。对旅游度假区而言，其安全性除了自然环境条件的安全性以外，使游客在度假区内的旅游活动具备较好的安全条件也是其中的重要内容。因此，旅游度假区应选择在自然环境相对封闭独立的地方，如苏州太湖国家旅游度假区；安全的人文环境（度假区所在地方的社会治安好，当地居民对游客的亲善态度等）、安全的旅游设施和项目及现代化的安全监控系统与快速救援系统便成为旅游度假区选择与建设的重要内容。

（三）休闲度假酒店方面

休闲度假酒店在功能结构、经营理念上与普通酒店有明显的不同。一方面，度假酒店作为游客消磨时光、享受度假情趣的场所，应该追求温馨、舒适、怡人、美丽的氛围，以满足休闲度假旅游者放松、享受的休闲度假需求。另一方面，度假酒店应尽量为旅游者提供休闲娱乐设施，或者各类活动信息向导。酒店应引导、教练人们在度假期间进行各种体育娱乐活动，享受健康、参与的乐趣。

（四）旅行社和旅行网络公司方面

虽然休闲度假旅游已经偏向散客自行出游方式，但部分休闲度假旅游者仍然需要旅行社提供服务。旅行社应该充分发挥自身的综合服务优势与资源整合优势，为旅游者提供符合其利益的产品和服务，这样，既可以扩大自身业务空间，也可以提高公众的旅游质量。

同时，旅行网络公司应继续保持并优化为旅游者提供信息服务的功能，加强对旅游者的面对面服务和个性化服务，为旅游者的休闲度假活动出谋划策。

随着我国旅游业的不断发展和带薪休假制度的实施，国内旅游方式正面临着由传统的观光旅游向休闲度假旅游转变的新趋势。应对这种趋势，要求我们对休闲度假旅游项目进行科学策划与管理，开发出适应市场需求的休闲度假旅游产品，引导和培育我国的休闲度假旅游市场。只有这样，才能使我国的休闲度假旅游得以持续健康发展。

【案例 18-1】

北京蟹岛绿色生态度假村：旅游循环经济模式[①]

北京蟹岛绿色生态度假村位于北京市朝阳区机场高速南侧，紧临东五环路、空港工业开发区、首都国际机场、望京小区、北京电子城，总占地 3 300 亩，集种植、养殖、旅游、度假、休闲、生态农业观光为一体。度假村以产销"绿色食品"为最大特色，以餐饮、娱乐、健身为载体，让客人享受清新自然、远离污染的高品质生活为经营宗旨。度假村以农为本，以村为特色，以环保、绿色、有机、健康为旅游度假的坚实内涵。度假村坐落在美丽的山、水、田、园、林、花中，典型的"前店后园"的经营格局，让游人在现代的吃、住、游、玩、购中对中国传统的生意经得到足够的回味，让游人在田园中躬耕、栽植、收割、采摘中体验一分耕耘一分收获的快意。

蟹岛在有机农作物生产过程中，遵循自然规律和生态学原理，协调种植业和养殖业

---

① 邹统钎. 中国旅游景区管理模式研究［M］. 天津：南开大学出版社，2006. 421-429.

的平衡，完全采用有机栽培方式，充分利用沼气肥杀虫杀菌，提高作物抗病虫害能力，增强土壤肥力；同时利用净化水浇灌农田，生产出未施用化肥、未喷洒农药的安全、健康、无污染有机食品。这些都是蟹岛度假村向游人提供可观、可玩、可购、可考的旅游资源。度假村把生态农业作为旅游、观光休闲的有效载体，通过农业观光、采摘、农机展示、农业科普、乡土人情展示以及农村生活体验，将农业与旅游有机结合，既延伸了农业的产业化发展，又构建了个性化的特色旅游。2003 年 8 月，蟹岛生产的有机食品顺利通过了国家环保总局有机食品发展中心的有机食品综合认证；2004 年 4 月，经国家旅游局评估考核，成为全国首批"农业旅游示范点"。

邹统钎（2006）将蟹岛度假村旅游循环经济模式的特点概括为以下几方面。

（1）核心经营理念——销售绿色；

（2）基于生态链的旅游循环经济：水循环利用和物质利益的再循环；

（3）循环经济与旅游的结合：塑造绿色旅游体验——"前店后园"的空间布局及绿色体验的塑造；

（4）旅游循环经济的延伸与移植：延长产业链及蟹岛模式移植。

【思考与讨论】

1. 试概括北京蟹岛生态度假村的特色。

2. 你认为该生态度假村主要能满足游客哪些方面的休闲度假需求？

【案例 18-2】

吉林省安图县雪山湖旅游区策划[①]

一、项目范围

雪山湖旅游区属于湖泊旅游度假区，位于吉林省东部山区安图县境内，是由处于松花江梯级开发第五级的两江水电站回流而形成的湖泊。本次规划以雪山湖为核心依托，以雪山湖两侧林地、堤岸以及村落为建设重点区，从上游小沙河村开始，到下游湾沟（林业基地），总长约 26 千米，总面积约 1 000 平方千米，其中以林地和水域为主，约占旅游区总面积的 80%。

二、项目开发条件分析

（一）区位

雪山湖旅游度假区核心区位于二道白河镇。二道白河镇交通状况较好，是到达长白山的必经之路。白河火车站为通白铁路（通化—二道白河）终点站；明长（明月镇—长白山）公路、长天（二道白河—天池）公路经过镇区，通过一条林业运材路与雪山湖相

---

① 案例提供：吉林万源龙顺旅游开发有限公司，2012. 12.

连，距离为 24 千米。二道白河镇境内有宝马古城遗址和两处抗日战壕遗址。雄伟壮丽的长白山位于镇域南部，是驰名中外的旅游胜地。

（二）旅游资源

景区内自然资源主要包括松花江湖泊、森林、地质景观、自然奇观；人文资源有历史遗迹、朝鲜族风情、长白山信仰等。乡村旅游资源主要有红石村、小沙河村、两江镇；产业资源有野生淡水鱼、梅花鹿、红松、林下参等长白山特产。

（三）度假环境分析

雪山湖旅游区水质良好，各项指标均达到国家Ⅲ类水体环境质量标准；大气环境质量优良，各项指标均达到国家二级环境质量标准。

（四）文化特征分析

项目地呈现了多重的文化特征。较为突出的为长白山的萨满/信仰文化、延边朝鲜族文化、雪山湖的生态养生文化；其次还有红色文化、以古城遗址为代表的历史文化、东北民俗文化等。

（五）土地承载力分析

雪山湖旅游区以林地和水域为主，约占旅游区总面积的 80％，可建设用地较少，主要集中在坡地、半岛、水岸（北岸）区域。目前可建设用地无法承载未来旅游区的游客接待量，必须再辟发展腹地。

（六）初步结论

雪山湖旅游区交通便利，为商务客源的开通提供了良好的基础，良好的环境禀赋使其度假区的定位凸显，具有极高的开发价值。

三、项目策划要点

（一）总体定位

依托自然环境和便利交通将雪山湖旅游区打造成为长白山旅游的商务功能区、吉林省的省级旅游度假区、全国 4A 级景区和旅游小城镇建设的示范区。

（二）空间布局

依托雪山湖湖泊资源，优先发展水上旅游项目，形成景区核心吸引物，迅速积聚人气，快速回笼资金。同时，通过黄金水道连接"雪山渔乡"和"红松庄园"，形成"水道引领，两极跟进"的格局（见图 18-1）。"雪山渔乡"在现有资源的基础上，联动红石村和小沙河村一体化开发；"红松庄园"进一步提升和完善现有产业，支持景区的多元化发展。雪山湖旅游区空间发展思路示意图如图 18-2 所示。

（三）项目总体策划

分为红松庄园、水上项目、雪山渔乡三大部分。

1. 龙头板块——红松庄园

总体思路：依托场地山水环境及雪山湖资源，突出红松林为主体景观本底，以小型

图 18-1　雪山湖旅游区空间布局示意图

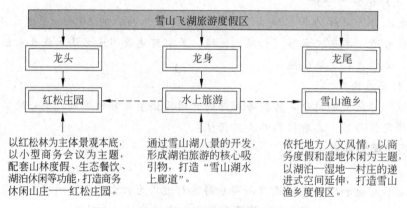

图 18-2　雪山湖旅游区空间发展思路示意图

商务会议为核心经营业态，配套山林度假、生态餐饮、湖泊休闲等设施打造山谷生态型的商务休闲山庄——红松庄园。以一条自然水系串联山谷与湖泊码头，按空间及功能形成湖岸娱乐、山谷商务、山顶生态的三层空间功能，集约利用建筑设施，尽量减少建筑设施，保障整个生态环境的可持续利用。

主要项目：鹿苑、七星瀑布、生态拓展园、红松养生谷、趣味滑雪场等。

2. 龙身板块——水上旅游项目

总体思路：该板块是前期快速拉动人气，与长白山形成竞合优势的关键；是拉动雪山湖上下游两大区块整体开发的重要牵引力；是雪山湖旅游区的核心体验产品。水上旅游项目包括观光型项目和体验型项目。

主要项目：游船码头、雪湖渔庄、渤海古城、三道白河度假村、水/冰上欢乐世界。

3. 龙尾板块——雪山渔乡

总体思路：依托地方人文风情，以商务度假和湿地休闲为主题，以湖泊—湿地—村庄的递进式空间延伸，打造雪山渔乡度假区。考虑湖泊与周边陆地景观的良性过渡、考虑周边可利用地块的建设条件以及权属调整、考虑红石村的整合改造和村庄形态，在产品空间形成商务会议、滨湖度假、湿地休闲、观光农业、雪山渔乡、综合服务六大功能组团。

主要项目：商务酒店、会议中心、休闲会所、度假别墅、湿地公园、游船码头、生态餐厅、雪山钓场等。

（四）启动区开发思路

红松庄园作为雪山湖旅游区的启动区，目前已经建成运营，根据市场推广及品牌构建的需要，将红松庄园名称改为雪山飞湖，特此说明。

1. 总体定位

将雪山飞湖打造成以商务度假湖泊休闲为主要功能的省级旅游度假区。依托雪山飞湖旅游度假资源，突出以红松林为主的景观生态环境，以小型商务会议为核心经营业态，打造雪山飞湖旅游度假基地，知识文化阶层修复身心、培育灵感的理想胜地；爱美女士的修正、调养、美容基地；单位团体、商务人士的会议洽谈、培训联谊基地。

2. 空间布局

（1）邻近湖区的三岔口区域，作为旅游度假区的入口、综合接待区域。

（2）东北侧沟谷区域（现在的鹿场及北面阳坡），可充分利用起伏错落的山地构建度假接待设施建设工程。

（3）围绕核心景观水系及湖区，以展现生态园林文化为主。水系贯穿度假区的始终，项目依托水体，更具灵活性、情趣性。

（4）南侧湖区根据水位线规划做旅游观光码头，中间通过滨水游憩区（生态园、古钱币文化走廊）连接入口接待区。

3. 项目策划

将雪山飞湖旅游度假区细分为四大功能区，分别为入口综合服务区、滨湖游憩区、观光休闲区、商务会议度假区。雪山飞湖旅游度假区总平面图如图18-3所示。

1）综合服务区

策划思路：该区为旅游度假区的主入口区域，为度假区管理服务区域。为更好地发挥其作用，需设置度假区综合接待、服务设施。以森林生态为主题，接待建筑应充分采用当地的木材、石材等原材料，一些装饰性的元素符号可体现朝鲜族风格。

主要项目：度假区大门、停车场、文化广场、游客中心。

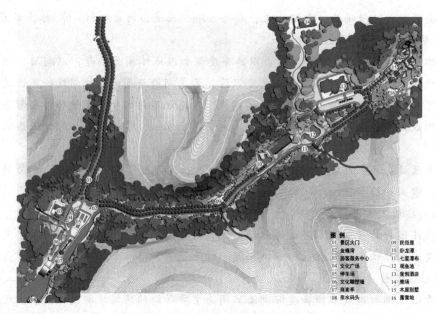

图 例	
01 景区大门	09 民俗屋
02 金鳞湾	10 卧龙潭
03 游客服务中心	11 七星潭瀑布
04 文化广场	12 观鱼池
05 停车场	13 度假酒店
06 文化雕塑墙	14 鹿场
07 商贸亭	15 木屋别墅
08 亲水码头	16 露营地

图 18-3　雪山飞湖旅游度假区总平面图

2) 滨湖游憩区

策划思路：该区是衔接主入口区域与雪山湖码头接待区的景观区，在功能上、景观上具有过渡性。主要以亲水弧形避风港码头为主，集亲水性、观赏性、游乐性为一体。景观以原生态水岸植物、两岸林地植被为主。以水系为亮点，提升旅游度假区的环境价值、景观价值及土地价值。

主要项目：露天演出广场、夏季水上项目（划船、观光快艇等）、冬季冰上项目（冰雕王国、冰雪饮食文化节等）。

3) 观光休闲区

策划思路：该区位于核心区沟谷的中段，建设用地比较平坦。滨水设亲水木栈道和观瀑平台，以满足摄影爱好者的需求。

主要项目：民俗风情休闲屋、观鱼池、滑雪场、露营营地等。

民俗风情休闲屋以大众观光游客为主。两个民俗屋，一个作为朝鲜族特色的餐厅，另一个作为朝鲜族及长白山特色的土特产品售卖中心。

观鱼池以观光、商务度假游客为主。鉴于地块性质及定位，在该地块的景观设计上主要通过以下几个点来打造：景观盒子、观鱼平台、曲形花田、取景框；整体景观以自然景观为主、人文建设为辅，以点带面，以最低成本投入打造最具特色的室外休闲长廊。观鱼池鸟瞰图如图 18-4 所示。

图 18-4　观鱼池鸟瞰图

4）商务会议度假区

策划思路：该区位于核心区沟谷的东北侧，建设用地宽敞，水体丰富。主要由度假酒店综合楼、客房部、水疗中心、多功能会议厅、木屋别墅组成，背山面水、一字排开。室外设运动场地、观景休闲平台。主要功能为高端度假、商务会议、游泳健身、康体运动、休闲娱乐。

主要项目：度假酒店、木屋别墅。

度假酒店功能以商务会议为主，配套大型休闲娱乐、健身康疗、室内游泳，特色餐饮、茶点咖啡，文化艺术展览，产品展销展示、文化活动等场所。按四星级标准进行内部装修和设施配套，装饰、地面铺装、家居用品等均要引入朝鲜族、满族（萨满）文化以及龙文化元素。度假酒店效果示意图如图 18-5 所示。

图 18-5　度假酒店效果示意图

　　木屋别墅位于核心区沟谷的北部，主要由木屋别墅、休闲广场等组成；以休闲度假为主，服务于高端人群。木屋别墅区剖面、立面图如图 18-6 所示。

图 18-6　木屋别墅区剖面、立面图

【思考与讨论】

　　1. 结合案例二中的"图 18-2 雪山湖旅游区空间发展思路示意图"，试分析该空间布局对打造旅游度假目的地的作用。

　　2. 结合休闲度假旅游项目策划要求，你认为该项目策划总体上是否可行？为什么？

本章思考题

　　1. 对于休闲和度假这两个概念，你是如何理解的？（建议阅读至少三篇相关论文）

　　2. 结合实际，简述休闲度假旅游的特点。

　　3. 结合实例，试论述休闲度假旅游项目策划应坚持哪些原则。

　　4. 小组讨论：如何做好休闲度假旅游管理，以适应不断发展变化的游客需求。

旅游项目策划案例选编

【案例一】

同兴村综合开发项目战略策划："新三农"驱动型旅游地产项目策划^①

一、项目背景

随着我国城乡一体化进程的加快，城边村成为城乡一体化发展的重要抓手。

同兴村位于辽宁省丹东市西南部，距市中心仅约 10 千米，村域外围紧邻鹤大高速丹东西出口、G201 国道、丹大高铁，是丹东市西部门户区。优越的地理、交通区位，使其成为丹东市城乡统筹一体化的先锋。在此机遇下，辽宁锦绣实业集团进驻同兴村，与村委会联合成立同兴村农业科技开发有限公司，联合实施全村域开发。

本次规划受辽宁锦绣实业集团委托，囊括农民、政府、企业三方权益的平衡，囊括农业、旅游、水利等多产业发展，囊括主客共享产品体系的构建。最终实现土地价值的最大发挥、农民生活的全面改善、区域经济的突破发展。

二、策划思路

（一）区位简介

本规划范围为同兴村，位于丹东西南部，隶属丹东市振安区同兴镇，北与同兴镇五道村相邻，东南西部被安民镇集贤村包围，距丹东市中心约 10 千米，距离丹东市老城中心区 8 千米，距离丹东安民新城中心区 7 千米，距离东港市区 31 千米，总面积 6.8 平方千米。

---

① 案例提供：丹东市锦绣房地产开发有限公司. 项目编制单位：北京盛方咨询集团，2012.10. 案例整理参与人员（以下两个案例，即"案例二"和"案例三"同此，编者注）：方淳、赵明哲、张杨、徐婉苏、贾伟、贾莉萍、汪海涛、钟乙歌、陈雷、崔宴芳、时蕊、彭清、申洪常、张海燕、赵倩男、刘璐、李波、张书亮、彭帆、王伟。

（二）综合分析结论（见附表1）

附表1　综合分析结论

空间	动静结合、资源联动、景观多元的"一轴两翼"空间格局
资源	滨河休闲、双泉养生、商务接待、规模种植、风情居住、文化创意六大功能集聚区
产业	从传统种植业走向高端休闲农业、设施农业、高效农业，从原始农产品走向就地消费、专项供应的高端产品
市场	面对中远程客群逐步增加的发展趋势，项目地除了成为服务本地居民休闲生活的区域外，必将满足中远程游客休闲度假的需要。 通过资源梳理与整合，实现中高端产品的搭配组合，打造服务丹东本地居民及中远程游客的主客共享功能区
动态	面向动态汇聚丹东的发展之势，面向丹东走向国际经济港城、文化旅游名城、滨海宜居慢城的重大飞跃，项目地通过一、二、三产产业融合、产业升级，通过田园度假意境打造，通过新型城乡发展模式创意，通过重大文化旅游项目设计，成为丹东田园宜居生活体验区、辽宁省城乡统筹发展的示范区、辽宁沿海经济带文化旅游度假区
政策	改变农民、政府、企业单体发展模式，基于农林、土地、水利、旅游、文化、保障等行业相关政策，获得政府更多层面的政策和资金扶持，规划规模农业项目、文化旅游项目、水利治理工程、新农村安置工程等项目，塑造政府支持、企业投入、农民产业转型的新型政企民一体化发展模式，实现固定土地空间的价值最大化

三、总体定位

以"六个一体化"统筹考虑汤池和同兴的战略关系，形成旅游产品，实现由观光旅游向休闲度假旅游的转变，塑造城市居民田园化、本地农民城市化的"双向生活方式"，构建以"新农居、新农庄、新农商"的"新三农"经济及主客共享的旅游度假产品为内涵，跨越旅游度假区、跨越旅游综合体、具有乡土气息的同兴旅居小镇，最终成为丹东市重要的城市综合功能区。

四、空间布局及项目策划

（一）空间布局——双轴五区

通过景观大道、湿地公园的打造，形成G201国道、汤池河流域两条主轴，同时兼顾居民安置、企业开发、区域产业发展的关系，形成"双轴五区"的空间布局（见附图1）。

（1）双轴：花林大道；湿地休闲轴。

（2）五区：综合服务区——同兴喜乐汇；村民安置区——同兴家园；度假居住区——山水锦绣；乡村工业区——同兴工业园；国家级现代农业示范区——同兴现代农业示范园。

（二）项目策划

项目布局如附图2所示。

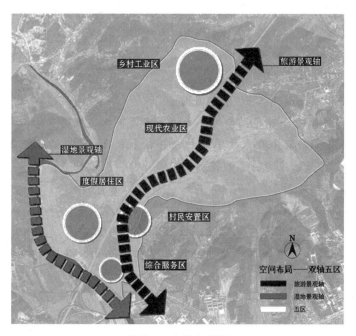

附图 1 空间布局图

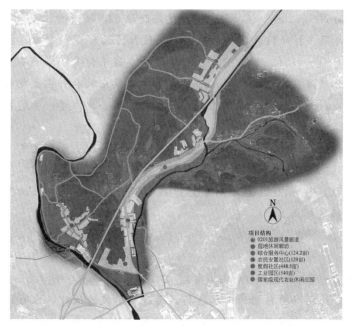

附图 2 项目布局图

主要项目包括：花林大道、湿地公园、同兴喜乐汇、同兴家园、山水锦绣、同兴工业园。

1. 花林大道

项目选址：201 国道沿线，同兴村段。

规划范围：201 国道两侧各 20 米范围内。

规划内容：丹东是亚洲百年银杏树最多的城市，市花为杜鹃花。沿 201 国道两侧种植 20 米宽的银杏林带，沿 100 米林带间种植一段长约 10 米的杜鹃花带，形成林花相间、规则有秩、彰显丹东地方特色的花林大道。

2. 湿地公园

项目选址：汤池河全流域。

规划内容：依托汤池河的水域资源，针对河流中游食品厂、上游采石场的污染现状，从上游至下游实施全流域湿地公园建设，以湿地治理全流域的模式，实现生态修复、生态治理、生态保护。

在湿地公园中设计木栈道、景观亭等亲水设施，湿地的建设也将丰富水生植物景观和吸引大量的鸟类前来。湿地公园休闲带不仅是项目地提升整体环境品质的重要支撑，也是项目地核心的景观区域。

3. 同兴喜乐汇

规模：占地面积 5.65hm^2（84.75 亩），建筑面积 51 500 平方米。

规划内容：为同兴村的门户区、形象区及居民社区综合服务中心。打造综合服务中心，具备咨询、导引、投诉、医疗卫生、超市购物、娱乐健身、农产品展示等功能；通过文化演艺、文化产品交易、文化展示等方式构建集聚东北和丹东文化特征的文化创意基地；打造集住宿接待、土特产品购物、美食体验、商务度假于一体的商务休闲基地。

4. 同兴家园

规模：占地面积 6.25hm^2（93.75 亩），建筑面积 156 259.8 平方米。

规划内容：同兴家园为同心村村民集中安置区。安置区注重田园环境的构建和社区服务体系建设，社区整体以 11 层小高层为建筑类型，构建拥有本土特色、享受城市待遇的同兴新农村社区模式。

容积率：2.5。

5. 山水锦绣

规模：占地面积 29.36hm^2（440.4 亩），建筑面积 234 880 平方米。

规划内容：依托同兴村自然的山水格局，通过对水域的治理，农林规模种植、温泉冷泉的引入等方式，以花海果林为背景，营造雅致、静谧、自然的乡村情调，打造以四合庭院为主、度假别墅为辅的物业构成，与整体田园风情相融合，凸显高端度假品质，满足本市居民及中远程游客投资、度假需求的田园社区。

容积率：0.8。

6. 同兴工业园区

规模：约 13.3hm² (200 亩)，建筑面积约 36 500 平方米。

规划内容：在辽宁省大力推进工业发展，丹东市加强工业化、产业化，构建"一乡一品"的背景下，推动同兴村工业企业集约发展。针对同兴村规模农业、设施农业种植，引进农产品加工、土特产品加工、包装、物流、配送等企业，加强工业园区绿化及各项服务配套设施建设，构建办公区、加工区、物流区三大板块。站在工业集中、新产业集聚的高度，实现集特色农产品种植、加工、包装、配送于一体的产业链条。

五、运营建议

(一) 土地运作模式建议

1. 集体建设用地的运作流程 (见附图 3)

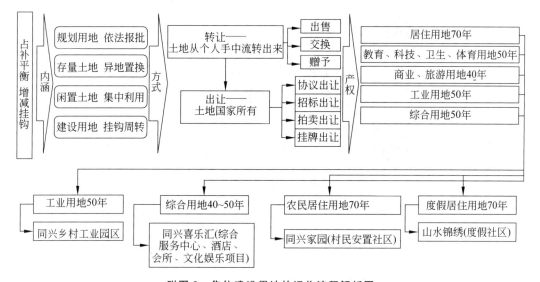

附图 3　集体建设用地的运作流程解析图

2. 农用地的运作流程 (见附图 4)

(二) 产业运营模式建议

三大产业构成如附图 5 所示。

1. 现代农业运营模式 (见附图 6)

2. 文化旅游产业运营模式 (见附图 7)

3. 工业产业运营模式 (见附图 8)

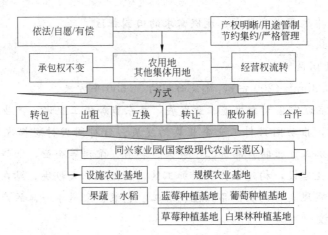

附图 4 农用地的运作流程解析图

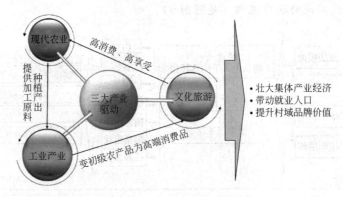

附图 5 三大产业构成图

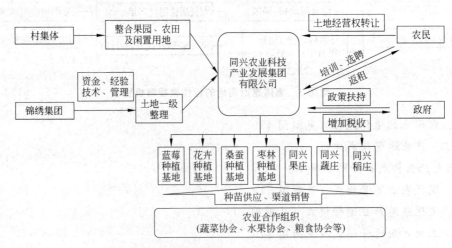

附图 6 现代农业运营模式解析图

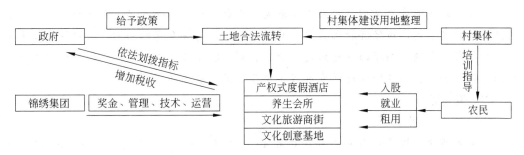

附图7　文化旅游产业运营模式解析图

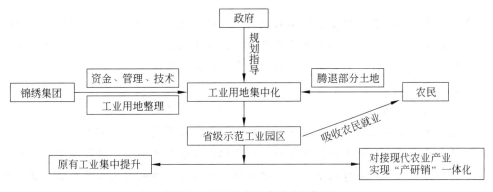

附图8　工业产业运营模式解析图

【思考与讨论】

1. 该策划案例是如何体现"新三农驱动型旅游地产项目"特点的？

2. 你如何评价该项目策划提出的"总体定位"？请说明理由。

3. 结合该策划附图5，按照三大产业驱动发展思路，你如何判断文化旅游产业的作用，为什么？

【案例二】

砀山县黄河故道综合发展战略策划①

一、项目背景

项目地位于苏、鲁、皖、豫四省七县交界处，于京津冀、山东半岛、中原、长三角、江淮五大城市群的地理中心。主要拥有黄河故道湿地和文化旅游资源及百万亩果

---

① 案例提供：砀山县人民政府．项目编制单位：北京盛方咨询集团，2013.1．案例整理参与人员同前（编者注）。

园，号称世界最大连片果园。水果产业成为其支柱产业，然而水果产业链条单一，与其他产业融合度不高，对经济拉动作用不明显，形成民富县未强的局面，县域经济发展缓慢，随着当地高铁、高速的开通为其旅游业、商贸物流业的发展带来机遇。如何实现产业的升级融合，推动县域经济的发展成为该项目首要解决的问题。

二、策划思路

（一）规划范围

整个黄河故道横贯砀山县北部，共有 46 千米长、1.13 千米宽，总面积为 52 平方千米。其中包括黄河故道湿地以及大面积的连片果园，规划范围庞大。

（二）区位简介

项目所在地砀山县，位于安徽省的最北端，是安徽省的北大门，素有"九州通衢"之称。地处苏、鲁、豫、皖四省七县交界处，服务于周边四省。并处于京津冀、山东半岛、中原、长三角、江淮五大城市群的地理中心，区位价值极为优越。

（三）综合分析

1. 产业现状分析

通过数据对比得出砀山县连片果园规模和产量在世界范围内具有唯一性和不可复制性。但砀山县水果产业的产业链条单一，与其他产业融合度不高，砀山酥梨品牌知名度不高。砀山县水果种植业格局小、规模化种植程度较低，导致农民收益较低。最终使砀山县处于民富县未强的状态之中，且水果产业对砀山县域经济的拉动作用不明显。

2. 资源价值分析

百万亩梨园，规模堪称世界最大，具有唯一性和独特性，所具有的综合价值较高。黄河故道湿地的规模不具有绝对优势，但文化内涵深厚，与百万亩梨园形成的综合资源具有独特性。文化民俗资源丰富，其中非物质文化遗产多样，有很多古老的民俗，如砀山唢呐、斗羊、斗狗等。

3. 交通格局分析

随着将要开通的郑徐高铁、济祁高速及临近的京沪高铁，再辅以毗邻的徐州观音国家机场和连云港的航海港口，砀山县高速立体交通网络即将形成，最终改变市场格局，影响游客到达和物品输出的交通通道。同时，驱动同城化，对接国际化。砀山县未来交通格局如附图 9 所示。

4. 客源市场分析

依据项目地处于四大城市群的地理中心；四省交界，拥有四通八达的立体交通体系，高速交通网络即将形成，具有集散功能，百万亩梨园及黄河故道文化和非物质遗产资源等条件，将市场客群界定为公商务客群和旅游客群两大客群。生态基底休闲度假活动和文化体验活动以及康体养生产品受到消费市场客群的青睐。

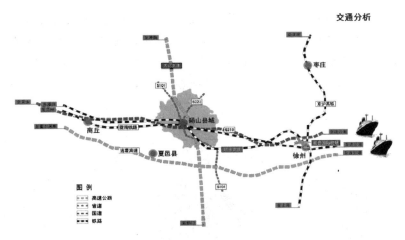

附图9　砀山县未来交通格局图

5. 政策态势分析

从国家层面、区域层面及地方层面分析了政府关于旅游业、农业、文化产业、商贸物流产业的政策法规。现代农业、文旅产业、商贸物流业受到国家、区域、地方政策支持和鼓励。

(四)结论

项目地产业单一,资源禀赋良好,区位交通优越,有政策扶持,但开发价值较高。综合分析结论如附图10所示。

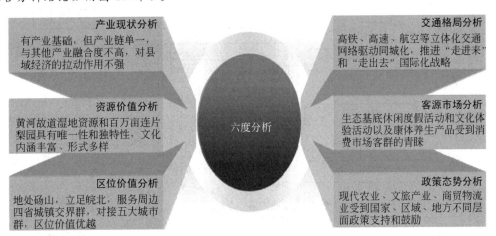

附图10　综合分析结论图

(五)总体定位

依托项目地的区位价值和产业规模优势,以交通为驱动,以市场为导向,顺应政策发展态势，放大"砀山果品"的品牌效应，提升"黄河故道"的文化价值，创意"田园生态"的旅游优势，突出主客共享和旅居生活的特征，最终实现"旅游创牌、农业创景、服务创业、项目创收"的复合立体县域经济的创新发展。实现项目地的功能融合（见附图11）、产业融合（见附图12）、产品融合（见附表2），提升该地的吸引力。

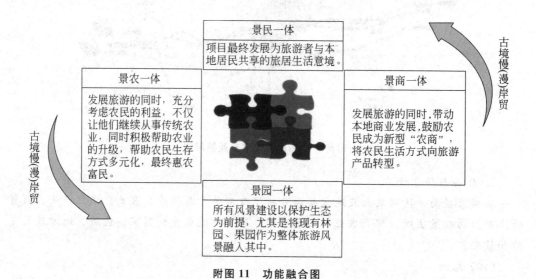

附图 11　功能融合图

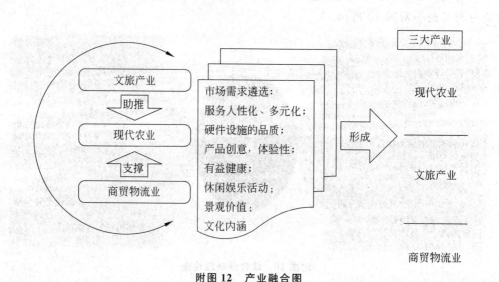

附图 12　产业融合图

附表 2　产品融合表

区域	项目	农业	旅游业					商贸业
			观光游憩业	旅游购物业	休闲度假业	旅游住宿业	旅游餐饮业	
二带	黄河湿地旅游风景道		■		■			
	美丽乡村风情体验带				■		■	
湿地运动区	黄河故道湿地公园		■					
	黄河水岸运动中心				■			
文化体验区	故道风情小镇				■			
	知青公社		■					
产业商贸区	梨韵商贸小镇		■			■		■
	砀山秋浦工业园区		■					
休闲度假区	盘龙湖生态度假区				■			
	梨树王旅游度假区				■			
	颐养皖城				■			
	百果花居现代休闲农庄		■					

（六）空间布局

依托当地资源打造两带四区。围绕黄河故道建设黄河湿地旅游风景道，依托新农村建设打造美丽乡村风情体验带。以百万亩果园和黄河故道湿地为基底形成湿地运动区、文化体验区、休闲度假区、产业贸易区四大功能板块（见附图 13）。

（七）项目策划

形成两带四区十二大项目：黄河湿地旅游风景道、美丽乡村风情体验带、黄河故道湿地公园、黄河水岸运动中心、故道风情小镇、知青公社、梨园商贸小镇、砀山秋浦工业园区、盘龙湖生态度假区、梨树王旅游度假区、颐养皖城、百果花居现代休闲农庄。

1. 黄河湿地旅游风情道（见附图 14）

总体思路：黄河故道沿岸现有线路单一，为自然土路，无法将梨园、湿地景观完全展示。沿黄河湿地沿岸设计慢行道，包括车行道、自行车道、步行道、船行道四行游线组织模式。依托梨树，形成"果树＋湿地植物＋湿地水面"的视觉层级。将游线融于果树、湿地景观之中。其中在湿地中间开辟船行道；在湿地沿岸浅水面设计木栈道，形成亲水廊；在湿地堤岸设计树根道，为步行道；在梨树沿岸和步行道旁边设计自行车道，外围为车行道，最终形成船行赏全，慢行览水景，步行看景点，骑行览风景的多元化的、悠闲的、趣味性的交通旅游方式。

附图 13　空间布局图

主要项目：休憩系统、景观导引系统、文化系统。

附图 14　黄河湿地旅游风情道效果图

2. 美丽乡村风情体验带（见附图 15）

总体思路：参照美丽乡村标准，依托相关政策，把村庄整治、农村请洁工程与发展乡村旅游相结合起来，打造美丽乡村示范基地。根据砀山实际情况，沿黄河故道沿岸打造七个美丽乡村，并针对砀山现有村庄发展特点，提出"新农庄、新农居、新农商"的美丽乡村新标准，实现一村一品，一村一韵，一村一景。

附图 15　美丽乡村风情体验带效果图

3. 黄河故道湿地公园（见附图 16）

总体思路：项目地现有黄河故道省级湿地自然保护区，该区内现有 96 种鸟类、34 种湿地水域鱼类以及丰富的浮游动物。依托现有的资源状况，实施水体景观建设、植被景观建设（以湿地植物、挺水植物以及沉水植物等湿地植物为主）以及人文景观建设（生态的步行道、观景平台等），打造湿地博物馆以及湿地观景园，实现向国家级湿地公园的升级，同时争创进入国际重要湿地名录。

主要项目：湿地博物馆、湿地观景区、湖岸会所。

附图 16　黄河故道湿地公园效果图

4. 黄河水岸运动中心（见附图17）

总体思路：黄河故道两岸为沙质土壤，非常适合越野、露营等户外运动。发展公园赛道，用于各种赛事的举办。保持本身的自然氛围，建设高级的设施，本身即可有旅游观光的功能。同时黄土沙地也是修建跑马场的理想土质，以建设国际化体育中心为发展目标，策划群众性国际品牌活动、组织国际越野车赛事以及发展体育产业集聚区，充分融合体育、文化、旅游等相关产业。最终以户外运动加跑马术俱乐部作为核心，打造砀山县休闲体育产业基地。

主要项目：户外运动基地、马术俱乐部、运动文化交流馆。

附图17　黄河水岸运动中心效果图

5. 故道风情小镇（见附图18）

总体思路：依托当地优势和砀山文化，营造"果树＋花园"的氛围，同时对接国际化视野，融入生态节能理念，以"城市公共服务系统＋旅游综合服务系统"的双圈服务模式，形成"低碳＋乡村"的旅游体验，最终形成主客共享的旅居生活方式。建设主题酒店、会议中心、购物街、美食街，打造集居住、休闲、旅游为一体的人居环境范例新城。

6. 知青公社

总体思路：知识青年上山下乡是一代人难忘的记忆，新一代的人们也对知青比较感兴趣。砀山有着保存完好的知青上山下乡时的房子，墙上宣传标语依然清晰可见。从砀山知青队伍中向后走出了几位名人。砀山知青居所遗存保存之完好、规模之大、名人之多在全国实属罕见。砀山依然保留着斗羊、斗牛、斗鹌鹑等古老的民俗，也是一代人的记忆。以现有资源为基础，以"聚首老三届，重温火红岁月"为主题，以知青文化、砀

附图 18 故道风情小镇效果图

山民俗为核心，读红宝书、吃大锅饭、看砀山民俗，打造一个集知青怀旧文化、砀山民俗文化为一体的知青怀旧主题公园。

主要项目：知青博物馆、知青生活体验馆、老三届交流馆、朝花夕拾馆、文化馆。

7. 梨园商贸小镇（见附图 19）

总体思路：以梨园为依托，依据国际先进理念，集聚现代农业产业，延伸产业半径，对接专业市场，提升产品附加值，根据实践标准、发展标准、民生标准推进整村改造工程，既服务于当地居民又服务于旅游者，形成主客共享的局面。打造集国际化、时尚化和生态化为一体，及"研、产、供、销"四位一体的主客共享的物流商贸小镇。

主要项目：物流集散中心、仓储中心、物流技术科研中心、砀山果苑、果品交易中心。

附图 19 梨园商贸小镇鸟瞰图

8. 砀山秋浦工业园区（见附图20）

总体思路：砀山县薛楼、李庄镇新型乡村工业园分别获得市考核一、二等奖，周寨镇获得扶持资金。2012年年初玄庙镇又被认定为第二批新型乡村工业园试点园区。依托这些现有优势，对现有工业园区进行升级，以农产品加工为基础，进行工业运作、工业技术等的展示，形成工业观光区。同时当地居民可提供旅游住宿设施，拉动旅游业的发展，最终实现产业融合升级。

主要项目：农产品加工中心、展示中心、果乡农家。

附图20　砀山秋浦工业园区鸟瞰图

9. 盘龙湖生态度假区（见附图21）

总体思路：盘龙湖与江苏省相邻，未来对接江苏、浙江等东部省域城市，以大众旅游市场为主。依托盘龙湖3 000余亩滨湖风光及周边的田园环境，对周边自然村进行改造，在建设新农村的同时发展旅游度假、民俗风情体验，打造集住宿、餐饮、休闲度假、民俗风情体验为一体的旅游度假区。

主要项目：皇庭度假酒店、绿野荷香风情体验园、盘龙湖游览区。

10. 梨树王旅游度假区（见附图22）

总体思路：以6万多棵百年梨树为基础，建设原生态果品示范基地，提高砀山梨的价值，从而带动旅游业的发展，以高端客群为主，打造集果树种植、果品生产、商务会议、旅游度假为一体的商务度假区。

主要项目：梨花会都、原生态果品示范基地、梨树王景区。

11. 颐养皖城（见附图23）

总体思路：砀山县被誉为长寿之乡，依托项目地良好的自然环境及气候条件，以及

附图 21　盘龙湖生态度假区鸟瞰图

附图 22　梨树王旅游度假区鸟瞰图

梨的药用养生价值,将养生养老作为"梨都"的又一层含义,面向养生人群和养心人群的需求,在山水田园间通过度假居住物业构建、建筑标准锁定、科技工程融入、生态工程打造、服务工程设计,形成集餐饮、住宿、休闲娱乐为一体的双养度假综合体,打造省级双养示范基地。

　　主要项目:静水怡园社区、田园乐养社区。

附图 23　颐养皖城鸟瞰图

12. 百果花居现代休闲农庄（见附图 24）

总体思路：依托砀山果园，结合周边黄河湿地等自然景观资源，在果树丛中打造 10 个不同主题的会所交流馆。会所交流馆以四合院的形式，外围以苗木、果树种植为基础，形成有机种植和采摘体验，实现农业和旅游业的融合发展。以"规模化种植＋有机生产＋休闲会所"的形式，打造集生产、住宿、餐饮、采摘体验、观光等功能为一体的现代休闲农庄形态。

主要项目：果树观光园、果树采摘园、特色品展示中心、会所交流馆。

附图 24　百果花居现代休闲农庄鸟瞰图

【思考与讨论】

1. 在"实现产业的升级融合，推动县域经济的发展"方面，你认为该策划案例重点策划了哪些项目？试评价其合理性。

2. 你如何评价该项目策划提出的"黄河故道湿地公园"建设项目？说明理由。

3. 结合"附表2产品融合表"，试分析旅游业与农业、商贸业是如何实现融合发展的？

【案例三】

余庆县飞龙湖景区浪水湾片区总体开发策划①

一、综述

本案位于贵州省遵义市余庆县。余庆地处黔中腹地，是遵义、铜仁、黔南、黔东南四地州市结合部，国家西电东送标志性工程——构皮滩电站下闸蓄水后形成了云贵高原上最大的人工湖——飞龙湖，主河道长137千米，水域面积100平方千米，国土面积12 622.2平方千米，有岛屿30多个。本次策划范围为飞龙湖浪水湾片区，旨在通过飞龙湖浪水湾片区作为引爆飞龙湖景区的核心引爆点，启动区域旅游产业经济快速发展。

本次策划以贵州打造"生态立省，旅游富民"大战略为背景，以国内唯一性为原则，依托当地的特色山水资源及浓厚的人文风情，从分析规划区所处的空间格局、场地基础、资源类型、政策导向四大前提条件作为有力出发点，瞄准目标，挖掘核心资源，体现特色山水人文风貌，继而进行项目策划。

二、策划思路

（一）红线划定

以资源的整合性、交通的通达性、建设的可行性为三大原则，对项目地所处大区域的交通、环境、资源关系、水位线、高程坡度等进行了系列分析后从而确定了项目地的红线范围。

浪水湾研究范围划定：北至竹瓦寨村，南到樱桃井村，西滨安全水岸线，东临旅游公路，可建设面积约1 100亩（见附图25）。

（二）场地基础

途经项目地的现状交通（见附图26）包括一条旅游公路、三条通向村庄的县级道路和一条水上航道，划定范围内目前有35％的农业用地、55％的林地、5％的建筑用地和5％的道路用地（见附图27）。

---

① 案例提供：余庆县旅游产业发展办公室. 项目编制单位：北京盛方咨询集团，2013.1. 案例整理参与人员同案例一（编者注）。

附图 25　规划范围图

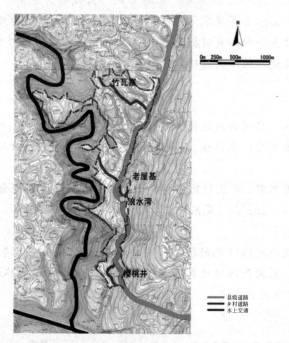

附图 26　现状交通图

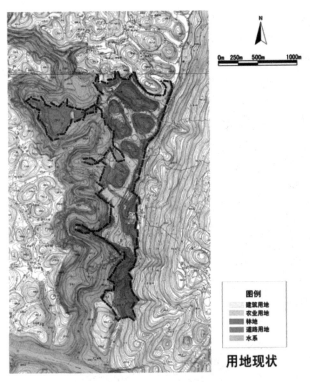

附图 27　用地现状图

1. 水位分析

受水位活跃区和上涨趋势的影响，项目布局需考虑可建设范围与游人活动的安全性。地域与水系关系如附图 28 所示。

2. 高程与坡度分析

项目地 75% 的范围处于 635 米至 675 米之间。

项目地有 45% 处于 0°～15° 范围之间，20% 位于 15°～25° 范围之间，35% 位于 25° 以上范围。

坡度在 25° 以下，原则上属于适宜建设区域，比例占到整体的 65%。

3. 水质与地文分析

由于地质原因，在选择建设用地范围时要考虑在近距离坡度差较高，或者出现陡坎的情况。

在进行滨水项目的建筑用地选择时，应考虑湖泊蓝线的位置。

4. 场地分析小结

浪水湾可建设用地约 1 100 亩，建设过程中项目的空间布局需避开不安全区域。

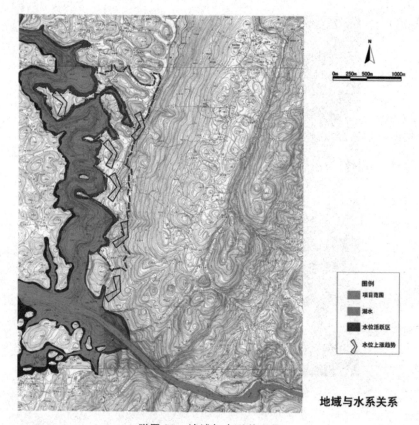

附图 28　地域与水系关系图

（三）资源分析

1. 地形地貌与自然资源

（1）高原地势：余庆县地处贵州高原的东部，乌江中下游。多数地区海拔在 600～800 米之间。飞龙湖浪水湾处于余庆中部，为乌江河谷地带，海拔在 400～800 米之间，海拔较低，地势低平。

（2）喀斯特地貌：中部的大部分区域分布着石灰岩，发育了多种多样的喀斯特地貌，地域分布明显；形成了特殊的岩溶生态系统，是余庆宝贵的旅游资源。

（3）水电站资源：贵州省西部大开发"西电东送"标志性工程构皮滩水电站就在浪水湾附近，装机容量 300 万千瓦，是贵州省"西电东送"的重要电源点和能源供应中心区域。

（4）山水资源：①山——雄，余庆县境内地势起伏较大，山高谷深，形成千姿百态的雄奇山岭。共有 34 个岛屿，景色奇秀；群山逶迤连绵，其间的八龙山、横担山、狮子山、中华山，喀斯特地貌各具特色，气势磅礴，阳刚雄浑。②峡谷——多，余庆峡谷众多，著名的有冷水谷峡谷、余庆河峡谷、乌江河峡谷等。③洞穴——奇，余庆的溶洞数以百计，多姿多彩，可谓"无山不洞，无洞不奇"。④湖——秀，浪水湾湖面广阔，水流平静，湖光与山色相映成趣。泛舟漫游，湾异景变，扑朔迷离，妙趣横生。

（5）动植物资源：①动物——珍，余庆有饲养性的畜禽40余种，野生动物200余种，列为国家保护的珍稀动物有20种。其中有猕猴群在山上聚居。②森林——富，余庆县森林覆盖率达55%，森林资源丰富，有树种82科360种。用材树种有柏树、松树、樟树等；木本油料树种有油桐、油茶等；特种经济树种有漆树、杜仲、棕树等；珍稀树种有红豆杉、银杏等；观赏性较强的树种有红栌、藤竹等。

（6）气候资源：①温度。余庆县属亚热带温润季风气候。四季分明，冬无严寒，夏无酷暑，气候温和。年平均气温为16.4℃，平均最高气温为21.3℃，年平均最低气温为12.9℃。霜雪不多，无霜期长达300天。雨量充沛，年平均降雨量为1 056毫米。余庆大坝、满溪及乌江河谷（即项目地）一带，年均气温15℃～16℃。②空气。余庆被评为"全国文明县城"、"全国绿化模范县"、"全国绿色小康县"、"国家级生态示范区"。

2. 余庆民俗文化资源

（1）生产民俗：飞龙湖土壤肥沃，加上灌溉水源便利，成为余庆农业生产的宝地、粮油的主要产区。

（2）工商业民俗：余庆的传统工艺有雕塑、蜡染、刺绣、纸扎、竹篮、绣花鞋垫、千层底布鞋、背带。

（3）生活民俗：美食、风味小吃有徐家羊肉粉、肠旺面、灰豆腐果、豆花面、黄糕粑、汤圆、绿豆粉、碗耳糕、豌豆糯米饭、豌豆凉粉、米豆腐、泡辣椒、霉豆腐等；名菜有刨锅肉、腊香肠、腊猪脚、酸汤鱼、糟辣鱼、啤酒鸭、剔骨鸭、腊狗肉、辣子鸡、扣肉等；特产有乌江鱼、烟叶、茶叶（绿茶、小叶苦丁茶）、大凉山精米、药材（植物药材、动物药材）、瓜果（桃、李、猕猴桃、刺梨、红金橘）、泥塑（泥塑名人黄泽富）、竹篮、绣花鞋垫、千层底布鞋。

（4）社会组织民俗：四在农家，即"富在农家"增收入，"学在农家"长智慧，"乐在农家"爽精神，"美在农家"展新貌；余庆全县有民族成分20个，世居少数民族有苗族、侗族、土家族、壮族、仡佬族、彝族、布依族、满族、纳西族、回族、哈尼族、高山族、傣族、白族、水族等，约3万人，占全县总人口的8.6%。

（5）岁时节日民俗：薅秧歌、唱孝歌、建房说福祀、贺婚礼说"四言八句"、抬五显、扭秧歌、打腰鼓、清明祭祖野炊。

（6）游艺民俗：民歌小调有锣鼓、唢呐、近代音乐；民间戏剧有川戏、阳戏；民间舞蹈有钱干舞、板凳舞。

（7）红色文化：余庆县是个具有光荣革命传统的革命老区县。第二次国内革命战争时期，中国工农红军曾先后三次辗转余庆。

① 1934 年 8 月红六军团冲出敌人的包围圈，顺利会师。

② 1934 年 12 月红军强渡乌江。

③ 1935 年 1 月突破敌人的封锁线，成功进入其他革命区域。

3. 乌江非物质文化遗产

自古江河湖泊流域文化繁衍不息，非物质文化遗产更是世代相承的传统文化，将乌江流域的非物质文化遗产一体化打造乌江品牌，形成乌江流域非物质文化遗产的集聚区，引爆乌江流域旅游，打造特色浪水湾。

乌江流域流经两省十二县，从贵州省发源，流经威宁县、开阳县、余庆县、石阡县、思南县、德江县、沿河县，这七县的非物质文化遗产共计 34 项；再流经重庆市的酉阳县、彭水县、武隆县和涪陵区，非物质文化遗产共计 24 项。

（四）政策导向

通过对国家行业系列规范及区域规划的梳理和解读，得出从贵州省方面是将全省打造成世界知名、国内一流的旅游目的地；从遵义市而言，行业或区域发展文件中提到遵义市作为黔北经济协作区，重点发展旅游等产业，在现代服务业亟待升级的背景下，应融合红色旅游、体育、休闲度假、非遗展示等多行业；提及余庆县的政府文件或上位规划中提到余庆县将构建乌江旅游经济带，余庆县的飞龙湖景区目标为 5A 景区，开发过程中服务设施配套标准与资源保护成为重点突破方向。

从而我们可以得出结论：顺应政策的导向与行业规范，未来浪水湾将承接旅游综合服务和国际休闲度假的双重功能。

（五）市场研究

1. 市场规模与预测（见附表 3）

附表 3　市场规模预测表

292.43 万人	商务旅客每年可到达景区市场潜力人数
1 077.54 万人	旅游旅客每年可到达景区市场潜力人数
1 369.97 万人	每年可到达景区的市场潜力总人数

通过对航空通道、省道、高速公路、水运航道四大可进入景区的通道进行市场规模的测算总结出未来浪水湾承接一定量的国际、中远程游客以及大规模的观光客源，因此在项目策划时应考虑其设施与服务空间配置及指标承载量。

2. 消费结构的预测

浪水湾未来将承接游客的住宿、购物、会议、娱乐等多样消费需求，需布局酒店、演艺中心、购物街、度假居所、会议中心、俱乐部等低、中、高端多元旅游业态。消费结构偏好如附表 4 所示。

附表 4 消费结构偏好表

资源类型	内 容	消费方式
旅游资源	山水资源、特色文化、户外运动、养生环境	观光休闲度假
休闲活动	娱乐活动、品尝美食、养生和运动体验、文化体验	
特色文化	文化演艺、手工艺制作、文化设施	
户外运动	山地型运动、航空运动、娱乐性户外运动	体验休闲度假
住宿	经济型酒店、度假别墅、露营帐篷、高档星级酒店	
美食购物	美食街、风味餐厅、主题餐厅、酒吧、茶吧	

三、高端定位

依托浪水湾优越的空间位置和景观资源，推进国际化特色旅游战略、中远程度假旅游战略、城市群观光旅游战略。瞄准高原湖泊国际避暑养生旅游目的地构建目标，挖掘乌江文化的核心价值，体现山水峡谷的自然地貌，创意旅游客源的高端业态，实现飞龙湖旅游综合服务区和旅游度假区的双重功能落地，打造以山水观光、休闲度假、避暑养生、民俗体验、运动飞行等为核心价值的旅游度假综合体。

四、核心策划

（一）景前区综合服务港

依托项目地优质的湖泊资源与地形条件，承接飞龙湖景区的旅游接待功能，既为外来游客提供咨询、集散、换乘、娱乐等功能，又为本地居民的日常生活、工作就业、休闲活动提供场所，打造"1＋2"模式，最终形成具备5A级景区标准的、主客共享的景前区综合服务港（见附图29）。

附图 29 景前区综合服务港模式示意图

（二）猕猴半岛

基于项目地丰富的猕猴资源和具有半岛特色的山水环境，打造"1＋2＋1"的项目模式（见附图30）。半岛将山、水、动植物资源有机地结合在一起，使游客感受到猕猴的聪颖、顽皮、可爱以及与猕猴和谐相处的快乐，带给游客视觉、听觉、触觉等多方面的感觉体验和享受，使游客流连忘返。

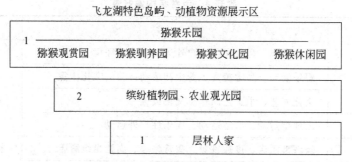

附图 30 猕猴半岛模式结构图

（三）乌江风情园

在空间上，完全尊重地形特征，并依照地形走势塑其形；在创意上，以大乌江流域非物质文化遗产为素材，在浪水湾打造乌江非遗品牌，当提起浪水湾就能立刻想到乌江流域文化，再以余庆县民俗为补充，将余庆县的历史文化进行提炼、升华、再设计，物化无形的浪水湾资源；在业态上，围绕"赏"演艺、"感"风情、"品"特色三大核心，打造"1＋3＋1"的模式（见附图 31）。

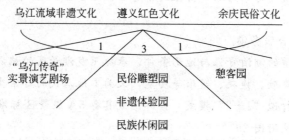

附图 31 乌江风情园模式结构图

（四）浪淘沙运动公园

"真正的场所并不存在于大楼之间，而是存在于人们值得记忆的体验中。"浪淘沙运动公园凭借乌江特有山水胜景、人文风情，联合水、陆、空三大空间打造运动基地，结合当地独特的山水资源形成"2＋3＋1"运动集聚（见附图 32）。

（五）多彩会都

承接会议市场的郊区化发展趋势与未来大交通干线的改善，依托浪水湾良好的生态避暑小气候与自然景观优势，融入余庆的多民族文化与夜市文化，以得天独厚的资源加完善高级的硬件设施组合，打造"3＋3＋1"模式形成观光、休闲、度假、会议复合型高端目的地形象（见附图 33）。主题上呼应"多彩贵州"的广告效应，同时在景观、夜景设计以及建筑设计上体现"多彩"意境。

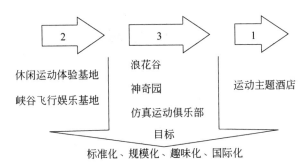

附图32　浪淘沙运动公园模式结构图

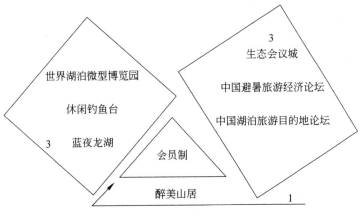

附图33　多彩会都模式结构图

【思考与讨论】

1. 你认为该项目策划是如何体现"国内唯一性"原则的？

2. 谈谈该策划案例中"场地基础"分析的必要性。

3. 你是如何理解该项目策划中"核心策划"的提法的？

参 考 文 献

[1] 余明阳. 中国咨询策划业全景透视 [J]. 公关世界，2003 (6)：6-11.

[2] 苏少敏，赵飞. 关于旅游开发策划的初步探讨 [J]. 经济与社会发展，2005 (7).

[3] 王庆生. 旅游规划与开发 [M]. 北京：中国铁道出版社，2011：12.

[4] 李庆雷. 旅游策划论 [M]. 天津：南开大学出版社，2009：115-142.

[5] 吴宝昌. 旅游项目策划研究 [D]. 广西大学，2004.

[6] 仇保兴. 地区形象建设理论与实践 [M]. 北京：人民出版社，1996：1-3.

[7] 李蕾蕾. 旅游地形象策划：理论与实务 [M]. 广州：广东省旅游出版社，1999：39-92.

[8] 林兴良，文吉. 旅游地形象策划研究：以广东省台山市（县）为例 [J]. 人文地理，2003 (6)：
    52-55.

[9] 谢朝武，黄远水. 论旅游地形象策划的参与型组织模式 [J]. 旅游学刊，2002 (2)：63，64.

[10] 王涛. 广告学通论 [M]. 北京：北京大学出版社，2004：91.

[11] 张佑印，马耀峰. 基于 4P 的中国入境旅游市场营销 [J]. 旅游学刊，2009 (4).

[12] 朱强华，张振超. 旅游景区品牌管理模型研究 [J]. 桂林旅游高等专科学校学报，2004 (12)：31.

[13] 郭英之. 旅游目的地品牌营销 [J]. 旅游学刊，2006 (7)：9-10.

[14] 刘丽娟，李天元. 国外旅游目的地品牌化研究现状与分析 [J]. 人文地理，2012 (2)：27.

[15] Blain C, Levy S E, Ritchie J R B. Destination branding：insights and practises from destination
    management organizations [J]. Journal of Travel Research，2005，43：328-338.

[16] Plog S C. Leisure travel：a marketing handbook [M]. Upper Saddle River：Prentice Hall，
    2004：130.

[17] 申葆嘉. 旅游学原理：旅游运行规律之系统陈述 [M]. 北京：中国旅游出版社，2010：139.

[18] 吕连琴. 谈旅游产品开发规划的理念和途径 [J]. 地域研究与开发，2008 (6).

[19] 吴必虎. 区域旅游开发的 RMP 分析——以河南省洛阳市为例 [J]. 地理研究，2001 (2).

[20] 郭鲁芳，吴儒练. 旅游商品：概念·范畴·特征 [J]. 江苏商论，2008 (10)：94.

[21] 肖星. 旅游策划教程 [M]. 广州：华南理工大学出版社，2005.

[22] 许豫宏，崔宴芳. 旅游地产开发概论（北京盛方咨询集团文化旅游经济丛书）[M]. 北京：旅游
    教育出版社，2012.

[23] 吴必虎，伍佳. 中国乡村旅游发展产业升级问题 [J]. 旅游科学，2007 (3)：12，13.

[24] 王庆生. 生态旅游：人与自然和谐共存 [N]. 大河报，1999-04-27.

[25] 吴楚才，等. 生态旅游概念的研究 [J]. 旅游学刊，2007 (1).

[26] 黄晓玲，林盛. 论自然保护区生态旅游的内涵实质与基本特征 [J]. 林业经济问题，2003 (6).

[27] 王义民，李兴诚. 中国自然保护区生态旅游开发的对策 [J]. 社会科学家，1999 (2).

[28] 丁娟，张光生，焦华富. 试论我国自然保护区生态旅游的管理 [J]. 安徽师范大学学报（自然科
    学版），第 26 卷 3 期.

[29] 刘红，袁兴中，李瑞波. 山东省自然保护区生态旅游开发 [J]. 地域研究与开发，1995（4）.

[30] 卢云亭. 生态旅游发展与规划 [J]. 自然资源学报，1998（1）：22-28.

[31] 卢云亭，王建军. 生态旅游学 [M]. 北京：旅游教育出版社，2001.

[32] 和琳. 论生态旅游促进蜀南竹海旅游业可持续发展 [J]. 旅游学刊，1999（6）：49-53.

[33] 斯震，施涵. 生态旅游项目的可持续设计 [J]. 中国人口资源与环境，2001（11）.

[34] 王如渊，蔡运龙. 生态旅游概念的发展及其在中国的应用 [J]. 生态学杂志，2001（3）：56-59.

[35] 张广瑞. 生态旅游的理论与实践 [J]. 旅游学刊，1999（1）：51.

[36] 许峰，权晓红. 生态旅游概念内涵、原则与演进 [J]. 人文地理，2001（8）.

[37] 黄金火，杨新军，马晓龙. 国内外生态旅游研究的问题及进展 [J]. 生态学杂志，2005（2）.

[38] 王庆生，马晓巍. 城市旅游产品体系初探 [J]. 全国商情（经济理论研究），2008（1）：108，109，103.

[39] 熊元斌，黄浩. 论城市旅游的特点及发展趋势 [J]. 武汉理工大学学报，2001（3）.

[40] 古诗韵，保继刚. 城市旅游研究进展 [J]. 旅游学刊，1999（2）.

[41] 刘颂. 城市旅游可持续发展初探 [J]. 地域研究与开发，1999（12）.

[42] 陈建斌，成伟光. 城市旅游地域特色略论 [J]. 地域研究与开发，1999（12）.

[43] 吴必虎，唐俊雅. 中国城市居民旅游目的地选择行为研究 [J]. 地理学报，1997（3）.

[44] 魏小安. 旅游城市与城市旅游 [J]. 旅游学刊，2001（12）.

[45] 唐恩富. 城市旅游刍议 [J]. 旅游经济，2005（7）.

[46] 陈传康. 城市旅游开发规划研究提纲 [J]. 旅游学刊，1996（5）.

[47] 章尚正. 打造城市旅游亮点 [J]. 旅游经济，2001（5）.

[48] 章海荣. 都市旅游：城市旅游后发的豪华市场 [J]. 桂林旅游高等专科学校学报，2005（2）.

[49] 洪岱. 中国都市旅游发展的新趋势（中国旅游绿皮书，2002—2004 中国旅游发展：分析与预测）[M]. 北京：社会科学文献出版社，2002：358，359.

[50] 彭新沙. 试论中国工业旅游的发展现状和推进对策 [J]. 湖南社会科学，2005（1）.

[51] 李炯华，卢媛. 工业旅游 [J]. 企业管理，2006（3）.

[52] 苏萍，蔡庆华. 工业旅游：现状与走势 [J]. 商业研究，2006（2）.

[53] 吴相利. 工业旅游产品个性特征的认知 [J]. 旅游科学，2002（4）.

[54] 佟春光. 工业旅游大创意 [J]. 企业研究，2001（8）.

[55] 李炯华，卢媛. 工业旅游及其发展对策研究 [J]. 商场现代化，2006（3）.

[56] 覃建雄. 工业旅游现状、进展与前瞻 [J]. 企业世界，2005（2）.

[57] 王宝恒. 我国工业旅游研究的回顾与思考 [J]. 厦门大学学报，2003（6）.

[58] 何振波. 工业旅游开发初探 [J]. 武汉工学院学报，2001（2）.

[59] 阎友兵，裴泽生. 工业旅游开发漫议 [J]. 社会科学家，1997（5）.

[60] 李蕾蕾，Dietrich Soyez. 中国工业旅游发展评析：从西方的视角看中国 [J]. 人文地理，2003（6）.

[61] 邓海云. 工业旅游前景看好 [N]. 光明日报，2000-07-28.

[62] 王宝恒. 工业旅游的开发条件及风险提示 [J]. 桂林旅游高等专科学校学报，2004（2）.

[63] 戴道平. 工业旅游：增强企业活力的一种有益尝试 [J]. 改革与战略，2002 (10).

[64] 徐虹，王磊. 天津发展工业旅游的 SWOT 分析及其策略研究 [J]. 都市旅游国际会议论文集，2006 (11).

[65] 陈业玮，戴道平. 浅析工业旅游的基本特征 [J]. 技术经济与管理研究，2003 (2).

[66] 吴相利. 中国工业旅游产品开发模式研究 [J]. 桂林旅游高等专科学校学报，2003 (3).

[67] 朱佩军. 旅游节庆是都市旅游的生力军 [J]. 桂林旅专学报，1998 (3).

[68] 吴忠军，陆军. 民族旅游节庆策划研究——以桂林龙胜各族自治县为例 [J]. 桂林旅专学报，2005 (9).

[69] 周永广. 日本节庆活动对我国旅游节庆开发的启示 [J]. 旅游学刊，2005 (2).

[70] 徐舟. 旅游节庆活动的策划规划方法初探 [J]. 平原大学学报，2005 (2).

[71] 郭胜. 旅游节庆的策划和市场化运作 [J]. 北京第二外国语学报，2005 (3).

[72] 章平. 论大型节庆活动与宁波旅游发展 [J]. 宁波大学学报（人文科学版），2000 (3).

[73] 蔡梅良. 论湖湘民间节庆文化在旅游经济活动中的作用 [J]. 湘潭大学学报（哲学社会科学版），2005 (2).

[74] 杨兴柱，陆林. 大型节事旅游基本特征及发展对策的初步研究 [J]. 人文地理，2005 (2).

[75] 周春发. 国内会展旅游研究进展 [J]. 桂林旅游高等专科学校学报，2001 (4).

[76] 许峰. 会展旅游的概念内涵与市场开发 [J]. 旅游学刊，2002 (4).

[77] 王保伦. 会展旅游发展模式之探讨 [J]. 旅游学刊，2003 (1).

[78] 王云龙. 会展活动与旅游活动的比较 [J]. 旅游学刊，2003 (5).

[79] 韦小良. 新加坡会展业成功战略的探讨 [J]. 桂林旅游高等专科学校学报，2003 (6).

[80] 冯玮，舒伯阳. 关于创建中国会展旅游品牌的思考 [J]. 华侨大学学报，2003 (4).

[81] 陈才. 中国城市会展旅游发展潜力研究 [J]. 桂林旅游高等专科学校学报，2003 (12).

[82] 祝荣. 从发达国家会展业运作模式看我国会展经济 [J]. 中共桂林市委党校学报，2004 (1).

[83] 梁留科，等. 会展旅游的理论及其案例研究 [J]. 经济地理，2004 (1).

[84] 何建英. 论会展旅游的概念内涵 [J]. 哈尔滨商业大学学报，2004 (3).

[85] 赵毅，黎霞. 发展会展旅游需要理顺的几个关系 [J]. 西南师范大学学报，2005 (2).

[86] 赵军. 论中国会展旅游的问题与对策 [J]. 江苏商论，2005 (9).

[87] 郭蔓，傅云新. 试论会展与旅行社互动发展 [J]. 桂林旅游高等专科学校学报，2006 (3).

[88] 刘耿大. 会展旅游概念内涵及发展历史探析 [J]. 桂林旅游高等专科学校学报，2007 (2).

[89] 唐善茂，张鲜艳. 旅行社经营会展旅游探析 [J]. 广西财经学院学报，2007 (2).

[90] 谢勇. 我国发展特种旅游探析 [N]. 中国旅游报，2006-08-02.

[91] 王洋. 专业＋规范，让探险旅游不冒险 [N]. 中国旅游报，2006-06-24.

[92] 邱宇. 新疆：中国探险旅游热区 [N]. 中国改革报，2006-08-01.

[93] 张君，林刚. 洞穴探险旅游开发的探讨 [J]. 桂林工学院学报，2004 (10).

[94] 范钟庆. 青藏高原可靠探险旅游开发浅析 [J]. 甘肃农业，2004 (8).

[95] 徐家成. 喜雅旅行社探险旅游营销模式研究 [D]. 西南交通大学研究生硕士论文，2000.

[96] 吴必虎. 区域旅游规划原理 [M]. 北京：中国旅游出版社，2001.

[97] 刘丽娜. 探险旅游及其在云南发展的初步研究 [D]. 云南师范大学硕士论文, 2001: 6-11.

[98] 张珺, 林刚. 洞穴探险旅游开发的探讨 [J]. 桂林工学院学报, 2004 (10).

[99] 朱颖. 浅析探险旅游项目的开发与管理 [J]. 沿海企业与科技, 2007 (3).

[100] 王小利, 张树夫. 我国探险旅游安全保障体系的构建 [J]. 安徽农业科学, 2007 (7).

[101] 钟家雨, 戴美琪. 浅论漂流旅游项目的开发要略: 以湖南省漂流旅游为例 [J]. 湖南经济管理干部学院学报, 2005 (7).

[102] 沈祖祥. 旅游文化概论 [M]. 厦门: 福建人民出版社, 1999.

[103] 高丙中. 民俗文化与民俗生活 [M]. 北京: 中国社会科学出版社, 1994.

[104] 陶立潘. 民俗学概论 [M]. 北京: 中央民族学院出版社, 1987.

[105] 乌丙安. 中国民俗学 [M]. 沈阳: 辽宁大学出版社, 1985.

[106] 许韶立, 王庆生. 地理环境与社会文化 [M]. 长沙: 经济地理杂志社, 1997.

[107] 伍强力. 开发民俗资源, 发展民俗文化旅游 [J]. 中南民族学院学报 (哲学社会科学版), 1995 (1).

[108] 李慧芳. 论"民俗文化"资源的研究与开发 [J]. 民俗研究, 1991 (3).

[109] 李慕寒. 试论民俗旅游的类型及区域特征 [J]. 民俗研究, 1991 (2).

[110] 田里. 论民俗旅游资源及其开发 [J]. 人文地理, 1997 (3).

[111] 管宁生. 云南丽江纳西民族文化旅游资源的开发 [J]. 地域研究与开发, 1996 (3).

[112] 陈鸣. 我国少数民族地区旅游资源的开发和利用 [J]. 地域研究与开发, 1997 (3).

[113] 姜文华. 论民俗旅游资源的利用和开发 [J]. 民俗研究, 1990 (2).

[114] 薛群慧, 张晓萍. 浅析民俗旅游资源的开发 [J]. 云南民族学院学报, 1997 (4).

[115] 金毅. 论民俗文化旅游在民族地区社会发展中的作用 [J]. 经济与社会发展, 2003 (12).

[116] 任媛媛. 民族文化旅游项目的真实性探析 [J]. 桂林旅游高等专科学校学报, 2005 (6).

[117] 马晓京. 西部地区民族旅游开发与民族文化保护 [J]. 旅游学刊, 2000 (5).

[118] 刘晓春. 民俗旅游的意识形态 [J]. 旅游学刊, 2002 (1).

[119] 黄亮, 等. 少数民族村寨的旅游发展模式研究 [J]. 旅游学刊, 2006 (5).

[120] 刘德谦. 乡村旅游、农业旅游与民俗旅游 [J]. 昆明大学学报 (综合版), 2005 (2A).

[121] 周尚意, 范丽娜. 中国民俗旅游资源开发浅探 [J]. 国土经济, 2001 (5).

[122] 张玲, 等. 论民俗旅游及营销策略 [J]. 西南农业大学学报 (社会科学版), 2005 (9).

[123] 闫喜琴. 论民俗旅游对旅游地民俗文化的"污染"与防治 [J]. 贵州民族研究, 2006 (1).

[124] 刘铁梁. 如何提高乡村民俗旅游项目的品位 [J]. 旅游学刊, 2006 (3).

[125] 潘宝明. 民俗旅游资源深度开发当议 [J]. 旅游科学, 2002 (3).

[126] 魏小安. 新时期中国旅游发展战略研究 [M]. 北京: 中国旅游出版社, 2010: 124, 125, 298-301.

[127] 王至元, 陈晓希. 智慧的本质和机制: 皮亚杰发生认识论介绍之二 [J]. 哲学动态, 1982 (3): 25-29.

[128] 郭辉勤. 创意经济学 [M]. 重庆: 重庆出版社, 2007: 172-175.

[129] 杨春燕. 可拓策划 [M]. 北京: 科学出版社, 2002: 104-106.

[130] 白学军. 智力心理学的研究进展 [M]. 杭州：浙江人民出版社，1997：27-29.

[131] [英] 克里斯·比尔顿. 创意与管理 [M]. 向勇译. 北京：新世界出版社，2010：3-8.

[132] [美] 詹姆斯·韦伯·扬. 创意：并非广告人独享的文字饕餮 [M]. 李旭大，译. 北京：中国海关出版社，2004：12-16.

[133] 容跃明. 超越文化产业：创意产业的本质与特征 [J]. 毛泽东邓小平理论研究，2004（5）：18-24.

[134] 曹启富. 成都市文化旅游综合开发研究 [M]. 社会科学研究，2005（1）：185-189.

[135] 夏春秋. 发展文化创意产业的哲学思考 [J]. 求索，2006（10）：134-136.

[136] 王鹏. 香港文化创意产业发展对我国内地的启示 [J]. 价格月刊，2007（4）：40-42.

[137] 李学江，杜岩. 体验经济给我国旅游商品开发的启示 [J]. 商业研究，2006（01）：183-185.

[138] 张京成. 中国创意产业发展报告（2006）[M]. 北京：中国经济出版社，2006.

[139] 贺寿昌. 创意学概论 [M]. 上海：上海人民出版社，2006.

[140] 刘文蕾. 主题街区对城市旅游的影响研究：以天津市为例 [D]. 天津商业大学硕士学位论文，2011.

[141] 熊清华. 休闲度假旅游是新时期旅游发展的主旋律 [J]. 学术探索，2007（2）：64.

[142] 肖胜和. 旅游休闲度假化转型中的新特征与新观念 [J]. 商业时代（原名"商业经济研究"），2010（6）：120，121，90.

[143] 邹统钎. 中国旅游景区管理模式研究 [M]. 天津：南开大学出版社，2006：421-429.

[144] 黄燕玲，黄震方. 城市居民休闲度假旅游需求实证研究：以南京为例 [J]. 人文地理，2007（3）.

[145] 刘群红. 发展我国休闲旅游产业问题的若干思考 [J]. 求实，2000（8）.

[146] 马惠娣. 未来10年，中国休闲旅游业发展前景瞭望 [J]. 齐鲁学刊，2002（2）.

[147] 王莹. 杭州国内休闲度假旅游市场调查及启示 [J]. 旅游学刊，2006（6）.

[148] 周建明. 旅游度假区的发展趋势与规划特点 [J]. 国外城市规划，2003（1）.

[149] 徐菊凤. 中国休闲度假旅游研究 [M]. 大连：东北财经大学出版社，2008.

[150] 邹宏霞. 浅析我国休闲旅游发展的主要障碍与解决途径 [J]. 商场现代化，2007（5）.

[151] 赵明辉. 青岛在新休假制度下的休闲度假旅游发展问题研究 [J]. 青岛职业技术学院学报，2008（3）.

[152] 张静. 我国休闲旅游产品开发现状及对策分析 [J]. 生产力研究，2006（11）.

[153] 熊清华. 休闲度假旅游是新时期旅游发展的主旋律：以云南省保山市为研究个案 [J]. 学术探索，2007（2）.

教师服务

  感谢您选用清华大学出版社的教材！为了更好地服务教学，我们为授课教师提供本书的教学辅助资源，以及本学科重点教材信息。请您扫码获取。

≫ 教辅获取

本书教辅资源，授课教师扫码获取

≫ 样书赠送

旅游管理类重点教材，教师扫码获取样书

 清华大学出版社

E-mail: tupfuwu@163.com

电话：010-83470332 / 83470142

地址：北京市海淀区双清路学研大厦 B 座 509

网址：http://www.tup.com.cn/

传真：8610-83470107

邮编：100084